Susi Piroué

Freude am Wein

Der umfassende
Führer zur Weinkenner-
schaft und zu den
Weinen der Welt

Fachliche Beratung:
Dr. Hans Ambrosi

Susi Piroué

Freude am Wein

Inhalt

Zum Nachschlagen

Ein Wort zuvor

Wein, von alters her als edles Getränk geschätzt, wird heute in einer nie da gewesenen Vielfalt angeboten. In den Regalen von Weinhandlungen und Warenhäusern findet man Weine aus allen Weinländern der Erde – vom einfachen Tafelwein bis zum kostbaren Spitzenwein. Doch die Fülle des Vorhandenen schafft beim Unkundigen eine gewisse Verunsicherung. Außerdem erschüttern immer wieder Nachrichten über unzulässige Manipulationen das Vertrauen der Käufer. Wie kann man dem Problem begegnen? Der engagierte Weintrinker wird sich nicht mit dem Standpunkt zufrieden geben, dass Weinkauf ausschließlich Vertrauenssache ist. Er will sich auf sein eigenes detailliertes Wissen verlassen, um die Spreu vom Weizen trennen zu können.

Dieses Buch hat es sich zum Anliegen gemacht, alle für den Weinfreund wichtigen Fragen kompetent und allgemein verständlich zu beantworten. Es bietet eine Fülle grundsätzlicher Informationen, die jeder Weinfreund zum besseren Verständnis des Weines braucht. Auch der erfahrene Weinkenner wird eine Menge Einzelheiten und Neuigkeiten erfahren, die es gerade auf diesem Gebiet in großer Vielfalt gibt.

Der erste Teil des Buches vermittelt einen Einblick in die Arbeit des Winzers und des Kellermeisters und stellt die verschiedenen Weinqualitäten vom einfachen Tafelwein bis hin zum Spitzenwein vor. Der Leser erhält Auskunft über die Angaben auf dem Etikett und den Wert der Gütezeichen, über Erzeuger, Abfüller und die verschiedenen Einkaufsquellen. Auf die Vorratshaltung, das Probieren und Bewerten sowie die Weinwahl zum Essen und das richtige Servieren wird ausführlich eingegangen.

Der zweite Teil des Buches lädt ein zu einer Reise durch die Weinländer der Erde. Von Frankreich mit seinen weltberühmten Châteaux über die deutschen Weinlande im Gebiet des Rheins und seiner Nebenflüsse, durch die klassischen italienischen Weinregionen, die Weingärten der Schweiz, die traditionsreiche Weinkultur Österreichs geht es nach Spanien und Portugal, der Heimat weltberühmter Weinspezialitäten. Die Weinländer Ost- und Südosteuropas wie Ungarn, die GUS-Staaten, Bulgarien, Rumänien, die Wiege der Weinkultur Europas, Griechenland, sowie der Nahe Osten werden ebenso beschrieben wie die überseeischen Gebiete in Afrika, Amerika und Australien, wo europäische Siedler die Weinkultur begründet haben und heute eine beachtliche eigenständige Weinkultur entsteht, die nicht nur in der Neuen Welt, sondern auch in den traditionell mit Weingenuss verbundenen Ländern Freunde gefunden hat. Auch Weinbauinseln wie Japan und Großbritannien werden berücksichtigt.

Der prachtvolle Bildband zeigt mit seinen brillanten Farbfotos nicht nur die Schönheiten der Weinlandschaften in aller Welt, er bringt uns auch die Menschen näher, die sich mit Anbau und Pflege des Weines befassen. Die detaillierten geographischen Karten weisen die Wege zu den Geburtsstätten der Weine. Im Nachschlageteil wird das Fachvokabular erläutert, werden französische und italienische Weinausdrücke übersetzt, sind die berühmten Weinnamen Frankreichs und Italiens zusammengefasst.

Mein Dank gilt Dr. Hans Ambrosi, ehemals Direktor der Hessischen Staatsweingüter in Eltville, für seinen fachlichen Rat. Danken möchte ich auch Jörg Linke, Weinhändler zu Neubiberg bei München, der mir stets mit seinem Fachwissen zur Verfügung stand und mir wertvolle Anregungen gab, außerdem allen Institutionen, die mir Bild- und Informationsmaterial zur Verfügung stellten.

Ich wünsche dem Leser, dass diese vollkommen überarbeitete, aktualisierte Neuausgabe sein Wissen um den Wein vertieft und damit seine Freude am Weingenuss erhöhen möge.

Susi Piroué

Alles über Wein

Wein – was ist das?

»Trinken wir ein Glas Wein zusammen« – diese Zauberformel verbindet Menschen, ob in vertrauter Zweisamkeit, in fröhlicher Gesellschaft oder in offizieller Runde. Miteinander Wein trinken schlägt Brücken, löst die Zunge, regt an, lässt neue Verbindungen entstehen und erhält alte am Leben. Der Wein macht den Umgang untereinander leichter, freundlicher, menschlicher. Das empfinden wir gerade heutzutage, da es mit den zwischenmenschlichen Beziehungen oft hapert, so stark wie selten zuvor.
Was ist das Geheimnis dieses Zaubertranks, der in elegant hochgestielten Gläsern wie in einfachen Karaffen verlockend funkelt, der so viel freundliche Zuneigung, ja sogar Ehrfurcht erregt? Was ist eigentlich Wein?

Die amtliche Begriffsbestimmung der Europäischen Gemeinschaft aus dem Jahre 1971 lautet: »Wein: Das Erzeugnis, das ausschließlich durch vollständige oder teilweise alkoholische Gärung der frischen, auch eingemaischten Weintrauben oder des Traubenmostes gewonnen wird.«
Das klingt zunächst wie jeder Gesetzestext nüchtern und verwirrend. Die Begriffe Most, Maische und Gärung gehören der Weinfachsprache an, was sie genau bedeuten, wird später im Kapitel »So wird Wein«, Seite 24ff., erklärt. Zunächst einmal sei grob vereinfachend festgestellt, dass Wein aus Traubensaft entsteht, nachdem durch Gärung ein größerer oder kleinerer Teil des Fruchtzuckers in Alkohol umgewandelt wurde.
Dabei stellt sich die Frage: Warum wollen wir so viel über den Wein wissen? Warum ist dieses Thema immer wieder Gegenstand von Prosa, Gedichten und Liedern? Warum schreibt man viel weniger über Bier, das doch auch durch alkoholische Gärung gewonnen wird? Warum hat eine Einladung zu einer Tasse Tee oder Kaffee nicht das gleiche Flair? Diese Fragen lassen sich nicht in einem Satz beantworten. Zu vielgestaltig sind die Gründe für das, was Poeten aller Zeiten zu Hymnen angeregt und Experten zu einer Fülle von Aussagen und Dementis veranlasst hat. Zu vielfältig ist auch das Erscheinungsbild des Weins selbst, von der einfachen Flasche Landwein in einer Taverne bis zum jahrzehntelang gehüteten Kleinod im Keller. Gießen wir uns ein Glas Wein ein und versuchen wir, dem Geheimnis auf die Spur zu kommen.

Das Getränk

Wein genießen bedeutet, ihn betrachten, ihn riechen und ihn schmecken. Schon die Römer kannten die Dreiheit der aufeinander folgenden Sinneseindrücke color – odor – sapor (Farbe – Geruch – Geschmack). Der Genuss beginnt also beim Anblick. Sehen wir uns den Wein im Glas zunächst einmal an. Eine durchsichtig klare Flüssigkeit steht vor uns, die wir gewohnheitsgemäß als rot oder weiß bezeichnen.

Die Farbe

Doch schon jetzt müsste man stutzig werden. Was ist eigentlich weiß, was rot? Weiß bedeutet in Bezug auf Wein eine Skala von zahlreichen schillernden Farbtönen, die vom hellen, fast grünlichen Zitronengelb über leuchtendes Gold bis zum dunklen Bernsteingelb, fast ins Braune hinein reicht. Nicht weniger faszinierend zeigt sich die rote Variante. Die hellen Roséweine sind mit ihren lichten Rosatönen kaum von Weißweinen zu unterscheiden, die hellsten Rotweine leuchten in freundlichem Kirschrot. Mit wachsender Farbintensität werden alle nur vorstellbaren Rottöne durchlaufen bis hin zu den fast nachtschwarzen, ins Bläulichviolette reichenden Schattierungen. Der Farbenreichtum ist nur ein äußeres Zeichen für die Vielfalt der Geschmacksnuancen der Weinarten und -qualitäten. Wie ist dieses Phänomen bei Erzeugnissen aus ein und derselben Frucht zu erklären?

Natürliche Vielfalt

Weintrauben gibt es, wie wir später sehen werden, von Natur aus in zahlreichen Sorten, die im Laufe der Jahrhunderte durch Kreuzungen noch vermehrt wurden. Die Beeren sind groß oder klein, schmecken süßer oder saurer, haben grüne, gelbe, rote oder dunkelblaue Schalen. Sie wachsen unter verschiedenartigen Bedingungen im kühlen Mitteleuropa wie in subtropischen bis tropischen Breiten.

Mittelalterliche Weinkelter. Handzeichnung von Sigmund Heldt, Nürnberg um 1570.

Außerdem tragen die aus alter Tradition und Kultur hervorgegangenen Kellermethoden zur Vielfalt des Weines bei: Die natürlichen Anlagen werden durch sie zur Vollendung gebracht. Geben Rebsorte, Herkunft und menschliche Kunstfertigkeit dem Wein das Gepräge, so beeinflusst eine Fülle weiterer Faktoren den Geschmack beim Weingenuss: objektiv das Glas und die Temperatur des Weines, subjektiv der Raum, die Umgebung und die Atmosphäre, in der man das Glas zur Hand nimmt und seinem Gegenüber zuprostet.

Die große Palette der Geruchs- und Geschmackseindrücke von zart und duftig bis aromatisch, von trocken bis edelsüß, im negativen Sinne auch von sauer bis pappig, ist in Kürze gar nicht zu beschreiben, sie ist Gegenstand dieses Buches.

Die Entwicklungsstadien

Eine weitere interessante Eigenart hat die Fantasie der Menschen zu allen Zeiten immer wieder angeregt: Der Wein durchläuft Entwicklungsstadien wie ein Lebewesen. Nach einer stürmischen Jugend, während der er unreif, unfertig, auch verschlossen genannt wird, dafür aber frisch und unkompliziert ist, verliert er allmählich seine Ecken und Kanten, er strebt dem Höhepunkt seiner Entwicklung zu, wird reif, ausdrucksvoll, männlich kräftig oder weiblich rund. Auf dieses Stadium folgt die leicht absinkende Altersphase, während der die (guten) Eigenschaften deutlicher hervortreten, die Nuancen aber langsam verschwinden und die Frische nachlässt. Sehr alte Weine werden wieder härter, ihren Geschmack bezeichnet man je nach Güte als edelfirn oder firn, wobei die erste Eigenschaft bei Weintrinkern wegen ihrer Vornehmheit noch geschätzt, die zweite wegen eines unangenehmen Oxidationstones abgelehnt wird. Dem Wein ergeht es dann wie jedem Lebewesen: Er stirbt, nachdem er schal, müde und stumpf geworden ist.

Wie stark die guten oder schlechten Eigenschaften zutage treten, wie hoch die Lebenserwartung des einzelnen Weines ist, hängt von seinem Kern ab, von seiner Grundmaterie, den mehr oder weniger edlen Trauben, aber auch von seinen Lebensumständen, das heißt der kundigen Bereitung und Lagerung in der Jugend und der liebevollen Pflege während der Reifezeit und des Alters. Berücksichtigt man neben Vielfalt und Wandlungsfähigkeit der Rot- und Weißweine noch all die Spezialitäten wie Schaumweine und Perlweine aller Art, Strohweine, die mit Alkohol verstärkten Spezialweine sowie die Weindestillate, so sieht man sich einer fast unüberschaubaren Fülle gegenüber.

Vom besonderen Wesen des Weines

Dieser kurze Einblick soll nicht nur zeigen, wie kompliziert es ist, dem Geheimnis auf die Spur zu kommen, sondern er soll verständlich machen, warum sich die Menschen zu allen Zeiten immer wieder gern mit dem Thema Wein beschäftigt haben. Eine Frage ist in diesem Zusammenhang interessant: Warum wird Wein aus Traubensaft und nicht aus anderen Fruchtsäften gewonnen? Bekanntlich gibt es Apfelwein, Birnenwein und Beerenweine, doch sie alle sind in keiner Hinsicht mit dem Wein aus Weintrauben *(vitis vinifera)* zu vergleichen. Sind erstere einfache, schmackhafte Durstlöscher, so ist letzterer ein Genussmittel bis hin zur hochedelsten Form. Nur die Traube enthält so viel natürlichen Fruchtzucker, dass aus ihrem Saft ohne Zusätze mit Hilfe von Hefepilzen Wein entstehen kann. Ihr Sortenreichtum, ihre Genügsamkeit in Bezug auf den Boden sowie menschliches Können haben das ihre dazu beigetragen, dass aus einem alkoholischen Getränk ein Kulturgut werden konnte. So spiegelt sich im Wein immer etwas vom Wesen des Volkes wider, das ihn hervorbringt, andererseits hat er aber auch durch die Jahrhunderte seinen Einfluss auf die Lebensweise dieser Völker ausgeübt.

Weinstock, Holzschnitt um 1500.

Die Geschichte

Seit Menschengedenken gibt es Wein, seine Anfänge verlieren sich in dunkler Vorgeschichte. Wahrscheinlich gab es ihn zuerst einmal überall dort, wo der Mensch auf Reben traf und mit ihnen umzugehen lernte. Man kann sagen, dass der Wein vielfach am Anfang einer Zivilisation stand, wie viele Zeugnisse aus alter Zeit beweisen.

Die allerersten Ursprünge von Weinkultur sind in Asien zu suchen. Frühe Funde stammen aus der Umgebung von Damaskus, wo man in neuerer Zeit auf eine 8000 Jahre alte Frucht- und Traubenpresse stieß. Ob allerdings der Wein auch nur im Entferntesten an den Wein von heute erinnerte, weiß man nicht. Weitere Funde aus früherer Zeit beweisen, dass vor allem im Mittelmeerraum Wein als berauschendes Getränk bekannt und verbreitet war.

Tut-ench-amun erhielt als Grabbeigabe 36 Amphoren mit Wein. Schon damals kannte man verschiedene Rebsorten. Schließlich finden wir auch Zeugnisse für Weinbau im Alten Testament.

An den Steilhängen des Moselufers wurden schon in römischer Zeit Reben kultiviert.

Von Dionysos bis zum Dreißigjährigen Krieg

Deutlicher in unser Blickfeld rückt der Wein allerdings erst im antiken Griechenland. Dionysos, Sohn des Zeus und Gott des Weines, soll es gewesen sein, der die Weinkultur hierher brachte und die Menschen den Weingenuss lehrte. Wir danken ihm das heute noch, wenn wir in »dionysische« Stimmung geraten. Aus griechischer Zeit kennen wir zahlreiche Darstellungen von Weinbau und Weinbereitung. Wir wissen, dass der Most in Behältern aus Ton oder Holz gärte und dass man das Öffnen der Gärbehälter feierte. Auch Zusätze verschiedener Art kannte man schon, mit denen man trockene oder süße Geschmacksrichtungen erzielte. Wo so fröhlich getrunken und gefeiert wurde, ließ sich alsbald auch der erste Mahner in Sachen Mäßigung hören. Kein anderer als Hippokrates, der Vater der ärztlichen Wissenschaft, forderte im 5. Jahrhundert vor Christi Geburt seine Mitmenschen auf, beim Weingenuss nicht über die Stränge zu schlagen. Er war damit der erste unter einer Reihe von Mediziner-Kollegen, die bis heute noch vor mehr oder weniger tauben Ohren predigen …

Die Griechen waren es auch, die etwa 500 Jahre vor Christi Geburt auf dem Wege der Kolonisation des heutigen Westeuropa den Wein und damit das Wissen vom Weinbau weitertrugen. Von Massilia, dem heutigen Marseille, wurden Weinamphoren nordwärts gebracht, so dass man sowohl in Südfrankreich als auch im Rhein- und Moselgebiet, in der Pfalz sowie Südbaden Weingefäße aus vorrömischer Zeit findet.

Die Römer verhalfen dem Weinbau in den letzten beiden Jahrhunderten vor Christi Geburt zu weiterer Verbreitung. Sie selbst hatten die Kenntnisse über die Etrusker von den Griechen übernommen. Zahlreiche Autoren beschäftigten sich mit den Methoden des Weinbaus, berichteten über Erfahrungen mit verschiedenen Erziehungsarten (siehe Seite 22), beschrieben Rebsorten, Klimafaktoren, Vor- und Nachteile von Lagen und wussten von der Bereitung von Spätlesen, Strohweinen und Auslesen. Die Ursprünge fast sämtlicher moderner Kellertechniken sind römisch. Der Weinbau breitete sich dann rheinaufwärts aus, wie zahlreiche Funde von Gerät für Weinbau und Weinbereitung beweisen.

In nachrömischer Zeit war es neben den Klöstern vor allen Dingen Karl dem Großen zu verdanken, dass der Weinbau eine intensive Förderung erfuhr. Im 13. und 14. Jahrhundert wurden einige Fachbücher geschrieben, die sich hauptsächlich auf die Kenntnisse der Antike stützten. Im 16. Jahrhundert war dann die größte Verbreitung von Rebstöcken in Europa erreicht, der Pro-Kopf-Verbrauch in Deutschland auf seinem Höhepunkt.

Nach dem Dreißigjährigen Krieg ging der Weinbau im nördlichen Europa drastisch zurück und wich damit den preiswerteren süßen Importen aus Südeuropa. Zu jener Zeit formten sich etwa die heutigen Weinbaugebiete, denn es blieben nur die besonders günstig gelegenen Regionen an den großen Flüssen übrig. Durch den verstärkten Handel lernte man Qualität schätzen und vergleichen, man achtete daher auf die Herkunft.

Das dramatische Jahrhundert

Erst mit dem Anbruch des 19. Jahrhunderts begann man sich wissenschaftlich mit dem Weinbau zu befassen. Man verbesserte die Auswahl an Rebsorten, züchtete auch neue, studierte die Erziehungsarten der Rebe und erreichte so erstmals seit der Antike einen wirklichen Fortschritt auf diesem Gebiet.

Die zahlreichen Studienreisen brachten es allerdings auch mit sich, dass Krankheiten und Schädlinge aus Nordamerika nach Europa eingeschleppt wurden, zuerst der Mehltau, den man bald mit Schwefel bekämpfen lernte, und gleich darauf die schlimmste Plage für den Weinbau überhaupt: die Reblaus. Sie kam mit nordamerikanischen Rebstöcken nach Frankreich und vernichtete dort in kurzer Zeit etwa 1 Million Hektar Rebfläche. Die Reblaus widerstand sämtlichen Vernichtungsversuchen, bis man herausfand, dass sie ausschließlich die Wurzeln europäischer Reben angriff, amerikanische dagegen verschonte. Da die europäischen Rebsorten wesentlich bessere Weine ergeben als die amerikanischen, pfropfte man europäische Reiser auf amerikanische Unterlagen. Auch heute noch stammen unsere Weine zum weitaus überwiegenden Teil aus Reben mit amerikanischen Wurzeln und europäischen Früchten. In Deutschland erreichte die Reblauskatastrophe nicht das gleiche Ausmaß wie in Frankreich, da man rechtzeitig darauf reagiert und die befallenen Gebiete in Quarantäne versetzt hatte.

Verknappung und Verteuerung der Weine führten zu zahlreichen Weinfälschungen, so dass um die Jahrhundertwende in Frankreich und Deutschland verstärkt Gesetze zum Schutz des Ursprungs erlassen werden mussten. Zuvor hatte es nur vereinzelte Regelungen gegeben: So stammt der Ursprungsschutz für Portwein schon aus dem Jahre 1756, die Klassifizierung der Bordeauxweine aus dem Médoc von 1855. Neu an den um die Jahrhundertwende entstandenen Weingesetzen war, dass Fälschungen unter Strafe gestellt und alle bei der Weinherstellung nicht ausdrücklich erlaubten Maßnahmen verboten wurden. Der Flascheninhalt und die Aussage auf dem Etikett mussten übereinstimmen.

Baumkeltern, die wegen ihrer Größe im Freien aufgestellt wurden, gab es schon in römischer Zeit. Diese historische Baumkelter befindet sich in Ellmendingen/ Baden.

Die oberirdische und unterirdische Entwicklung der Reblaus.

Harmonisierung und neue Impulse

Seit der Gründung der Europäischen Gemeinschaft ist man sowohl in den Mitgliedstaaten wie in den Drittländern bemüht, die Weingesetze aufeinander abzustimmen, um den Verbraucher vor Betrug zu schützen. Um heute Etiketten richtig zu lesen, bedarf es allerdings immer noch einiger Grundkenntnisse, die im Kapitel »Die Auskunft des Etiketts«, Seite 44ff., vermittelt werden sollen.

Die Geschichte des europäischen Weinbaues in unserem Jahrhundert ist einerseits von Kriegen, bei denen die Reblanlagen zerstört wurden, und durch Wirtschaftskrisen, die den Absatz gefährdeten, auf der anderen Seite aber von einem ständigen Bemühen um Erhöhung der Qualität auf Kosten der Quantität geprägt. Die im Laufe der Jahrzehnte erlassenen Gesetze haben nicht nur im Bereich der Europäischen Gemeinschaft und anderer westlicher Länder, sondern auch in den osteuropäischen Ländern zur Einführung von Qualitätsklassen geführt, deren Voraussetzung edle Rebsorten und Ertragsbeschränkungen sind. Allerdings wird in den europäischen Ländern immer noch mehr Wein produziert, als verbraucht werden kann, da Flurbereinigung und Intensiv-Weinbau die Erträge ansteigen lassen.

Zum Schluss noch ein Wort zum Weinbau in den Überseeländern: Er geht in allen Fällen auf die Zeit der Kolonisierung zurück. So wie die Kelten von Griechenland zuerst den Wein und dann die Kenntnisse vom Weinbau übernahmen, so waren es in Südamerika, den USA, Südafrika, Nordafrika und Australien europäische Siedler aus Deutschland, Italien und Frankreich, die ihr Können in die neue Heimat mitbrachten und dort weiterentwickelten. Diese »jungen« Weinbauländer haben zum Ende des Jahrtausends auch in der Alten Welt erheblich an Bedeutung gewonnen. Niemand kann sich mehr »Weinkenner« nennen, der diese Länder nicht in seinen Gesichtskreis mit einbezieht.

Sonne, Erde, Reben

Der Mensch kann viel beeinflussen, doch am Anfang des Weines steht die Natur. Im Laufe der Geschichte haben Weinbauern immer wieder die Natur belauscht, um den Reben optimale Bedingungen zu bieten. Schließlich wollten sie nicht nur Wein, sondern guten Wein erzeugen. Klima und Boden sind die natürlichen Voraussetzungen für das Gedeihen der Reben, so dass Weinbaugebiete nur dort anzutreffen sind, wo diese beiden Faktoren »stimmen«.

Vom Klima und den Jahrgängen

Wärme ist gut, doch extreme Hitze und Kälte schaden, ohne Luftfeuchtigkeit geht es nicht, andererseits ist Dauerregen dem Winzer verhasst – aus diesem Grund gibt es Weinbau nur in gemäßigten Klimazonen.

Neidvoll blicken die Nordeuropäer nach Süden, zu den sonnenverwöhnten Regionen, wo es sich dank des warmen Klimas leichter leben lässt. Nicht ohne Grund strömen sie im Sommer in vogelzugähnlichen Scharen in die Länder ihrer Träume, wo der Wein Volksgetränk ist und vom großen wie vom kleinen Mann zum Essen getrunken wird.

Das Reich des Weines beginnt in den relativ kleinen, hauptsächlich an Flüssen gelegenen deutschen Anbaugebieten und den ostfranzösischen Regionen Elsass und Champagne und wird zum Mittelmeer hin immer großflächiger und intensiver – bis nach Griechenland, Bulgarien, Sizilien, Spanien und Portugal. Jenseits des Mittelmeers ist es wieder zu heiß, die Weinfelder werden spärlicher, und in den tropisch heißen Gebieten Afrikas gibt es so gut wie keinen Wein mehr. Weinanbau findet im Großen und Ganzen auf der Welt nur zwischen dem 30. und 50. Grad nördlicher und dem 30. und 40. Grad südlicher Breite statt, das heißt also in den gemäßigten Zonen, wo es nicht zu kalt, aber auch nicht zu heiß und trocken ist. Nur in diesen Breiten ist Rebbau möglich – es herrscht das geeignete Großklima. Ob tatsächlich erfolgreich Weinbau betrieben werden kann, darüber entscheidet jedoch letztlich das örtliche Klima oder Kleinklima.

Wärme, Licht, Feuchtigkeit

Unter warmer Sonne gereifte süße Trauben sind die Voraussetzung für gute Weine, denn schließlich ist der Fruchtzucker die Basis der alkoholischen Gärung, ohne die kein Wein entsteht; zuckerarme Trauben ergeben dünne, ungenießbare Weine ohne Aroma und Duft. In den Trauben soll aber auch genügend Säure verbleiben, damit der Wein frisch und fruchtig schmeckt. Die Säure bildet sich bei kühlem Wetter und wird bei großer Hitze zum Teil veratmet. Auf das Zucker-Säure-Verhältnis hat die Temperatur also entscheidenden Einfluss. Die Rebpflanze ist darüber hinaus auch frostempfindlich, und zwar je nach Sorte unterschiedlich. Aus diesen Tatsachen ergibt sich die nördliche Begrenzung der Weinbaugebiete, jenseits deren die negativen Klimaeinflüsse so groß werden, dass keine Trauben mehr reifen. Eine weitere Begrenzung ergibt sich aufgrund der nach oben abnehmenden Wärme. Der höchste Weinberg Mitteleuropas befindet sich im Wallis (Schweiz) in Visperterminen – er liegt 1200 Meter hoch.

Die Weine der nördlichsten Weinbauländer sind besonders frisch und fein, doch haben die Winzer dieser Länder bezüglich der Wärme mit allerhand Schwierigkeiten zu kämpfen. Zunächst einmal bei der Anlage des Weinberges: Je nördlicher er liegt, desto mehr muss auf ein günstiges Kleinklima geachtet werden. Gerade in den deutschen, aber auch in den schweizerischen und österreichischen sowie in den ostfranzösischen Weinregionen würde die normale Jahresdurchschnittstemperatur

Ein besonderes Klima, eine besondere Lage, ein besonderer Wein: das hoch gelegene Weinbaugebiet im Schweizer Vispertal.

nicht ausreichen, und Frost kommt hier überall vor.

Daher ist die Lage des Weinbergs von großer Bedeutung. Es dürfen keine kalten Winde blasen, und die Frostgefahr muss so niedrig wie möglich sein. Um zusätzliche Wärme zu erhalten, setzt der Winzer die Rebstöcke dicht zusammen, die Pflanzen »wärmen« sich sozusagen gegenseitig. Bei breitem Zeilenabstand sinkt die Temperatur sofort, so dass sich der Weinbauer überlegen muss, wie weit er seinen Weinberg für mechanische Bearbeitung geeignet machen kann und wie weit er das sogenannte Bestandsklima berücksichtigen muss.

Einen guten Wärmespeicher stellen Seen und Flüsse dar. Durch sie wird das Klima gleichmäßiger, so dass sich die nächtliche Abkühlung und unfreundliches Wetter nicht so stark auswirken können. Ein geschützter Südhang über einem Fluss oder See bringt in kühleren Ländern schon einige Voraussetzungen für erfolgreichen Weinbau mit sich. Daher hat sich bei uns das Wort Wein»berg« für eine mit Reben bestandene Fläche eingebürgert. Die »Lage« ist eine mehr oder weniger große Parzelle, deren Name auf dem Etikett steht, also zum Namen des Weines gehört. Das trifft auch wieder hauptsächlich auf Deutschland zu, weil hier der Rebanbau wegen der Temperaturen nur in günstigen Lagen möglich ist. Man spricht hier von Spitzenlagen, die bei günstigen Wetterbedingungen – das ist dann eine Frage des Jahrganges – die besten Weine hervorbringen können.

Aus den starken Temperaturschwankungen ergibt sich, dass die Weine aus nördlichen Anbaugebieten je nach Lage und Jahrgang sehr unterschiedlich sind – was wiederum das Wissen um den Wein so reizvoll macht. Ein großes Problem für den Weinbau ist allerdings der Frost. Wenn auch der Rebstock an sich recht frostbeständig ist – ein gut ausgereifter Rebstock verträgt im Winter bis -20°C –, so werden die jungen Triebe im Frühjahr bei Temperaturen unter Null nachhaltig geschädigt. Maifröste, wie sie oft zur Zeit der Eisheiligen auftreten, sind zu Recht gefürchtet. Die Weinbauern versuchen ihre Bestände daher mit Öfchen, Strohmatten oder Plastikfolien über die kritische Zeit hinwegzuretten. Doch kosten diese zusätzlichen Maßnahmen eine Menge Geld.

Auch ein verfrühter Wintereinbruch, der allerdings selten vorkommt, kann zu erheblichen Schäden führen. Unreife Weinbeeren reifen nicht weiter, wenn sie einmal Frost ausgesetzt waren. Sie schrumpfen, werden braun, und wenn sie dennoch verarbeitet werden, ergeben sie ausgesprochen unangenehm schmeckende Weine. Anders ist es, wenn Frost die letzten, vollreif am Stock hängenden Trauben trifft. Die Beeren haben jetzt schon genügend Zucker gebildet, und die Kälte trägt zur natürlichen Konzentration des Beerensaftes bei. In dieser Zeit geerntete sogenannte Eisweine sind daher süß und aromatisch zugleich. Das nördliche, kühle Klima hat also auch einige Vorteile – es darf nur nicht zu kühl sein.

Im Süden spielen die Jahrgangsunterschiede nur eine untergeordnete Rolle, da es eigentlich immer ausreichend warm ist, auch wenn das Wetter in dem einen oder anderen Jahr außergewöhnlich verläuft. Hier braucht man nicht nach geschützten Ecken zu suchen, und daher kann wesentlich mehr und billigerer Wein erzeugt werden. Doch es gibt eine ausglei-

Wirkt sich das Klima auf Rot- und Weißweine unterschiedlich aus?

Rotweintrauben brauchen im Allgemeinen mehr Wärme, um zu reifen. Bei Weißweinen ist vor allem eine feine Fruchtsäure erwünscht.

chende Gerechtigkeit: Der Winzer im Norden wird für sein Bemühen mit wesentlich nuancenreicheren, feineren Weinen belohnt. Die Rebe braucht zwar Wärme, doch ist es besser, wenn die Trauben langsam reifen und ihre Säure nicht einbüßen. Zu viel Zucker kann ebenso problematisch sein wie zu wenig. Lässt man ihn zum großen Teil vergären, dann steigt der Alkoholgehalt zu stark an, man erhält einen alkoholreichen, klotzigen Wein, dem die Feinheit fehlt.

Allerdings gibt es Regionen, in denen die Winzer mit Hitze *und* Kälte zu kämpfen haben. Ein solcher Weinberg liegt bei Windhoek in Namibia, am Rande der Wüste. Hier ist es tagsüber heiß (Jahresdurchschnitt +20 °C), und nachts gibt es Frost.

Wie jede Pflanze braucht auch die Rebe eine gewisse Menge Licht, um zu gedeihen, doch reicht in den Monaten zwischen März und Oktober, in der Vegetationsperiode also, das Licht auch bei bedecktem Himmel aus, um ihr ausreichende Lebensbedingungen zu sichern.

Neben der Wärme und dem Licht braucht die Rebe zum guten Gedeihen genügend Luftfeuchtigkeit. Aus diesem Grund sind einige warme Regionen mit ausreichender Sonneneinstrahlung nicht für den Rebbau geeignet. Nur 70 bis 90 Prozent der benötigten Wassermenge bezieht die Pflanze aus dem Boden, den Rest nimmt sie über die Blätter aus der Luft auf. Nächtlicher Tau, Dunst und Nebel im Herbst begünstigen das Gedeihen der Früchte. Der Nebel verzögert den Reifeverlauf, da er die Sonneneinstrahlung abfängt, fördert aber im Herbst auch die Entstehung von Edelfäule. »Traubendrücker« nennt man Herbstnebel und Tau in den nördlichen Gebieten.

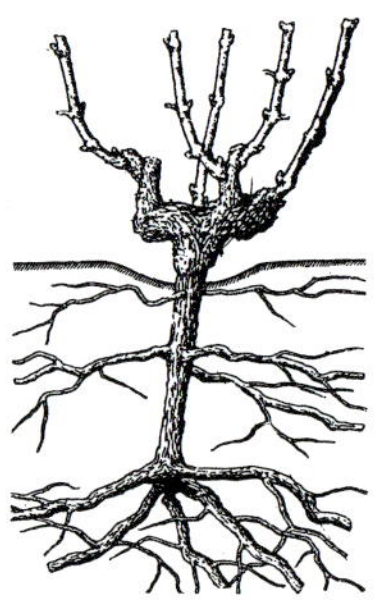

Alter Rebstock mit weit ausladenden Wurzeln.

Wetter und Jahrgang

Das beste Klima nützt nichts, wenn das Wetter in einem Jahr dem Winzer einen Strich durch die Rechnung macht. Je mehr es von dem »Idealzustand« (siehe Kasten) abweicht, desto geringer sind die Chancen für einen Spitzenwein. Der Wettergott zeigt sich dabei im Norden wesentlich launischer als im Süden. In Deutschland, Österreich, der Schweiz und Ostfrankreich reicht die warme Jahreszeit gerade aus, um Trauben reifen zu lassen. Je weiter man nach Süden kommt, desto früher beginnt das Frühjahr und desto länger ist der Herbst. Die Vollreife der Trauben ist hier gesichert.Es gibt keine großen Jahrgangsunterschiede, doch es fehlen im Allgemeinen auch die Spitzen, die großen Traumjahrgänge.

Wie man an den Jahrgangstabellen der einzelnen Länder innerhalb der entsprechenden Kapitel sieht, unterscheiden sich die guten Jahre oft innerhalb eines Landes, ja sie können innerhalb eines kleinen Bereichs von Fall zu Fall variieren. Von einem »neidischen« Herbst sprechen die Weinbauern, wenn es wegen des sehr unterschiedlichen Wetterablaufs auf kleinem Gebiet, von Tal zu Tal oder sogar von Weinberg zu Weinberg zu stark schwankenden Qualitäten und Quantitäten kommt.

Was ist »gutes« Wetter für den Weinbau?

Weinwetter ist nicht gleich Urlaubswetter: immer schön warm und trocken. Ein früher Frühling wirkt sich günstig aus, denn dann ist die Zeit bis zum Herbst ausreichend lang. Im Sommer muss es regelmäßig regnen, damit die Pflanze und ihre Früchte wachsen. Zur Reife brauchen die Trauben dann einen Herbst mit viel Wärme und Sonnenschein.

Am Stock gefrorene Rieslingtrauben, aus denen der hoch konzentrierte Eiswein gewonnen wird.

Vom fruchtbaren Boden

Tief wurzelt der Rebstock im Boden, aus dem er seine Nahrung bezieht. Die Mineralien und Gesteine des Weinbergs üben einen entscheidenden Einfluss auf den späteren Wein aus.

Die Rebe ist eine dankbare Pflanze, sie gedeiht im Prinzip auf fast jeder Bodenart. Doch gibt es Böden, die besonders gute Weine, und andere, die besonders große Mengen an Wein hervorbringen. Die steinigen Qualitätsböden sind warm und halten die Wärme auch, die eher sandigen Quantitätsböden erwärmen sich zwar rasch, kühlen aber auch schnell wieder ab. Natürlich weiß der Winzer, welche Rebsorten auf welchem Boden die besten Ergebnisse bringen. Der anspruchsvolle, edle Riesling zum Beispiel braucht durchlässige Tonschiefer- und Urgesteinsböden, der einfachere, genügsamere Silvaner gedeiht auf jedem Boden, der nicht zu trocken ist.

Inwiefern die Bodenart den Geschmack beeinflusst, kann man vor allem bei den Sorten nachprüfen, die in Bezug auf den Boden nicht wählerisch sind, und die auf vielerlei Böden gedeihen, wie zum Beispiel der Silvaner.

Eine Probe dieser Art ist allerdings nicht so leicht durchzuführen, da die Bodenart auf keinem Etikett der Welt vermerkt ist. Wer sich dafür interessiert, muss an Hand eines Lagenverzeichnisses mit entsprechenden Angaben oder einer geologischen Karte seine Proben zusammenstellen. Um anders geartete Geschmacksunterschiede möglichst gering zu halten, müssen Jahrgang und Rebsorte gleich sein, auch sollten die Herkunftsorte nicht extrem weit voneinander entfernt liegen.

Aus Erfahrung wissen Weinkenner, dass steinige Böden nervige, kräftige, feinfruchtige Weine hervorbringen, schwere Böden aus Löß und Lehm dagegen volle und blumige Kreszenzen. Auf leichten Böden gewachsene Weine sind spritziger, leichter. Von Kalkböden stammen die Sherrys und Champagner, sie verdanken ihnen ihre kräftige, extraktreiche Art. Der mineralreiche Schieferboden der Mosel bringt pikante, feinfruchtige Weine hervor. Feurig sind zum Beispiel die Rotweine von den Vulkanböden des Kaiserstuhls.

Der Wein schmeckt also nicht nach Basaltschiefer, Mergel oder Lehm, sondern der Boden macht sich durch seine Zusammensetzung im Geschmack bemerkbar.

Das für eine Rebsorte typische Aroma eines Weines wird in Beschreibungen oft mit bekannten Geschmackseindrücken verglichen. Von oben links nach unten rechts: Riesling, Müller-Thurgau, Grauburgunder, Dornfelder.

Von den saftigen Trauben

Am Anfang eines jeden Weines – ob Tischwein oder erlesene Kostbarkeit – steht die pralle, reife, saftige Traube. Den Reiz der Vielfalt bringt der ungewöhnliche Sortenreichtum der Rebe mit sich.

Von der Rebsorte lässt sich jedoch grundsätzlich auf den Geschmackstyp des Weines schließen. Von der Spezies *vitis vinifera* kennt man heute etwa 8000 Arten, doch höchstens ein Sechzehntel davon hat für den internationalen Weinbau Bedeutung. Und auch diese Zahl ist noch zu hoch gegriffen, denn nur ein kleiner Bruchteil davon erscheint auf Etiketten oder ist als Anteil in überregional bekannten Weinen enthalten.

Sortenreinheit oder Verschnitt?

Viele Weine tragen den Namen einer Rebsorte auf dem Etikett – zusätzlich zur Herkunftsbezeichnung oder als Name überhaupt. Man bezeichnet sie als sortenrein, da zu ihrer Herstellung nur eine einzige Rebsorte verwendet wurde. Bei ihnen tritt der sortentypische Geschmack naturgemäß am stärksten hervor. Sortenrein sind zum Beispiel die meisten deutschen Qualitätsweine, ein Großteil der Elsässer und Burgunder Weine, zahlreiche französische Landweine, einige italienische Qualitätsweine, österreichische und Schweizer Weine, aber auch in zunehmendem Maße Weine aus Übersee.

Verschnittweine dagegen werden aus mehreren, manchmal sogar mehr als 10 Traubensorten gewonnen (siehe Seite 28). Der Reiz ihres Geschmacks besteht in der sorgfältigen Abstimmung verschieden schmeckender Sorten aufeinander. Sie sind daher den sortenreinen in keiner Weise unterlegen. Man denke nur an die großen Bordeauxweine, die zu den teuersten und edelsten Kreszenzen der Welt gehören. Berühmte Verschnittweine kommen außerdem von den Côtes du Rhône, auch Chianti, Sherry, Champagner, Portwein und Tokajer werden aus mehreren Sorten gekeltert.

Anders ist es mit dem »gemischten Satz«: Bis sich der Qualitätsweinbau durch-

Was hat es mit dem »erdigen« Geschmack eines Weines auf sich?

Dieser Begriff wird häufig missverstanden. Schmeckt ein Wein tatsächlich nach Erde, dann ist das ein Zeichen für mindere Qualität durch unsauberes Lesegut. Richtig ist jedoch, dass die Bodenart sich indirekt bemerkbar macht, indem sie den der Sorte eigenen Geschmackston abwandelt.

setzte, wuchsen verschiedene Rebsorten auf dem gleichen Weinberg und wurden zusammen verarbeitet. Die Mischung blieb dann mehr oder weniger dem Zufall überlassen. Gemischten Satz gab es zum Beispiel noch bis kurz nach dem Zweiten Weltkrieg in Wien, doch werden heute in allen Qualitätsweinbaugebieten die Reben ausschließlich getrennt angebaut und die Grundweine nach sorgsam gehüteten Geheimrezepten verschnitten. Gemischten Satz praktiziert man kaum noch.

Sortenreinheit oder Verschnitt haben also keinerlei Einfluss auf die Qualität, sondern lediglich auf die Geschmacksrichtung.

Die Sorten

Die Namen der Rebsorten, ob auf dem Etikett oder in Veröffentlichungen über den Wein genannt, geben Auskunft über entscheidende Geschmackskomponenten. Daher ist es für den Weinfreund interessant, ihre wichtigsten Eigenschaften zu kennen. Den Fachmann interessieren allerdings nicht nur die Edelreben, die für den Geschmack des Weines ausschlaggebend sind, sondern auch die sogenannten Unterlagssorten, die den aufgepfropften Edelreisern ihre reblausresistenten Wurzeln zur Verfügung stellen. Sie fristen im wahrsten Sinne des Wortes ein Schattendasein, denn sie tragen keine Früchte.

Alle neu gezüchteten Rebsorten sind Kreuzungen von Edelreben – meistens zweier beliebter Sorten. Immer wieder wird auf diesem Wege mit mehr oder weniger großem Erfolg versucht, ihre guten Eigenschaften miteinander zu verbinden und das Sortiment so zu bereichern. Die in Deutschland berühmteste Kreuzung ist zum Beispiel der Müller-Thurgau, der heute den höchsten Anteil an der Gesamtrebfläche einnimmt. Da die beiden Kreuzungspartner nicht genau bekannt sind, ist die früher übliche Bezeichnung Riesling x Silvaner hier nicht mehr erlaubt, in der Schweiz jedoch noch üblich.

Bei der Entwicklung neuer Züchtungen sind menschlichem Fleiß und Erfindergabe keine Grenzen gesetzt. Bis eine neue Sorte für den Qualitätsweinbau zugelassen wird, muss sie allerdings harte Prüfungen bestehen. Daher ist der sogenannte Rebsortenspiegel immer noch überschaubar geblieben. In Deutschland entfallen 60 Prozent der Gesamternte auf nur 4 Sorten.

Da die Rebsorte beim Weineinkauf eine entscheidende Rolle spielt, seien hier die wichtigsten mit ihren Auswirkungen auf den Geschmack des Weines aufgezählt. Rebsorten mit lokaler Bedeutung sind an entsprechender Stelle bei den Weinregionen beschrieben. Die alphabetische Reihenfolge soll das Nachschlagen erleichtern.

➤ *Barbera:* italienische Rotweinsorte, die als Weinname auf Etiketten steht. Die dunkelroten Weine sind kräftig und herb.

➤ *Burgunder, Weißer* (Pinot Blanc, Pinot Bianco): alte Weißweinrebe, aus Burgund stammend. Nicht so kräftig wie Ruländer, doch gehaltvoll und blumig. Kann Spitzenqualitäten erreichen.

➤ *Cabernet Franc:* verbreitete französische Rotweinrebe, die in Bordeauxweinen enthalten ist, vor allem aber an der Loire zu Rot- und Roséweinen verarbeitet wird.

➤ *Cabernet Sauvignon:* französische Rotweinrebe, die außer in Bordeaux auch in Italien, Kalifornien, Australien, Argentinien und Chile angebaut wird. Die Weine sind kräftig bis hart, bukettreich und sehr haltbar, daher auch erst nach längerer Lagerzeit gut trinkbar. Die Sorte ist in den großen Bordeaux-Rotweinen enthalten.

➤ *Carignan Noir:* hauptsächlich in Südfrankreich, aber auch Algerien, Spanien und Kalifornien verbreitete Rotweinrebe, die meist mit Cinsault und Grenache verschnitten wird. Die aus ihr gewonnenen Rotweine sind säurearm und von höchstens mittlerer Qualität.

➤ *Chardonnay:* mit dem Weißen Burgunder verwandte Weißweinrebe. Chablis, Montrachet und Meursault in ihren besten Qualitäten stammen von ihr, ebenso Champagner (Blanc de Blancs). Die Traube ist in den letzten Jahren in der ganzen Welt zu einer der beliebtesten Sorten geworden. Die aus ihr gewonnenen Weine schmecken kräftig und relativ neutral.

Warum kreuzt man nicht reblausresistente mit edlen Rebsorten?

Man hat versucht, solche Kreuzungen durchzuführen, um sich auf diese Weise das arbeitsaufwändige Pfropfen mit Edelreisern zu ersparen. Die Ergebnisse, Hybriden oder Direktträger genannt, waren enttäuschend. Hybriden sind anfällig gegen die Geflügelte Reblaus, und außerdem haben die Weine den von amerikanischen Wildreben und deren Kreuzungen bekannten unangenehmen »Fuchsgeschmack«. Ihr Anbau ist in den meisten Ländern sogar verboten.

x oder *und* zwischen zwei Rebsorten – Was ist der Unterschied?

Beim x handelt es sich um eine einzige Rebsorte, die durch Kreuzung aus zwei Rebsorten hervorgegangen ist und deren Erbeigenschaften besitzt. Beim *und* haben wir es mit dem Verschnitt aus zwei Rebsorten zu tun.

Von links oben nach rechts unten: Weißer Riesling, die edelste Weißweinrebe; Grüner Silvaner; Kerner, eine viel versprechende Neuzüchtung aus Riesling und Trollinger; Weißer Burgunder liefert seine edelsten Weine im Burgund; Weißer Gutedel, aus dem die meisten Schweizer Weißweine gekeltert werden; Gewürztraminer; der Blaue Spätburgunder ist die edelste Rotweinsorte; Cabernet Sauvignon, ein unentbehrlicher Bestandteil der großen Bordeauxweine; Groß-Vernatsch, die Hauptrebsorte Südtirols.

➤ *Elbling, Weißer:* Weißweinrebe mit hohen Erträgen, die leichte, säurereiche Weine liefert. Vor allem für die Schaumweinindustrie von Bedeutung. Hauptanbau in Luxemburg und an der Obermosel.

➤ *Faber:* deutsche Weißweinrebe, Neuzüchtung; frische, fruchtige bis rassige Weine mit leichtem Muskataroma.

➤ *Folle Blanche:* französische Weißweinrebe, wird hauptsächlich zu Brennwein für die Cognac-Herstellung verarbeitet.

➤ *Furmint, Gelber:* ungarische Weißweinrebe, aus der Tokajer gewonnen wird. Die Weine sind rassig, feurig und dabei sehr haltbar.

➤ *Gamay Noir:* französische Rotweinrebe, die vor allem im Beaujolais, aber auch in Kalifornien angebaut wird. Sie liefert hellrote, frische, fruchtige Weine, die – wie im Fall des Beaujolais Primeur – sehr jung getrunken werden können, sich aber nicht lange halten.

➤ *Gewürztraminer* (Roter Traminer, Clevner, Savagnin): sehr alte Weißweinsorte, die hauptsächlich im Elsass angebaut wird, wo sie würzige, aromatische, rassige Weine hervorbringt.

➤ *Grenache Noir und Blanc:* französische Rot- und Weißweinreben, die vor allem in Südfrankreich, aber auch in Kalifornien, Nordafrika und Spanien verbreitet sind; beliebte Verschnittsorten.

➤ *Grignolino:* italienische Rotweinrebe, hauptsächlich im Piemont verbreitet; ergibt Weine mit zarter Blume und leicht bitterem Geschmack.

➤ *Gutedel, Weißer* (Chasselas, Fendant): europäische Weißweinrebe, die süffige, milde Weine liefert. Sie ist im Elsass, in Ostfrankreich und

***Oben:** Einzelstockerziehung an der Mosel.*
***Unten:** Mit der Mostwaage bestimmt der Winzer den Reifegrad, gemessen in Oechslegraden.*

Baden, vor allem aber in der Schweiz verbreitet.

➤ *Hárslevelü:* ungarische Weißweinrebe, liefert harmonische, milde, aromatische Weine.

➤ *Kerner:* deutsche Weißweinrebe, Neuzüchtung. Die Weine sind kräftig, fruchtig, rassig und im Grundton dem Riesling ähnlich.

➤ *Limberger, Blauer* (Blaufränkisch, Kékfrankos): Rotweinrebe, die hauptsächlich in Württemberg, Österreich und Ungarn angebaut wird. Sie liefert gerbstoffreiche, herbe Weine mit neutralem Geschmack.

➤ *Mädchentraube* (Leányka): in Ungarn, Rumänien und Bulgarien verbreitete Weißweinrebe, die weiche, feine, elegante Weine mit Honigaroma liefert.

➤ *Malvasier* (Malvoisie, Malvasia, Frühroter Veltliner): Rot- und Weißweinreben für Dessertweine, die in Italien, vor allem aber in Madeira angebaut werden. »Malmsey« ist ein Madeirawein-Typ, der süß, kräftig und dabei aromatisch schmeckt. Nicht zu verwechseln mit dem Schweizer Malvoisie, der aus Ruländer bereitet ist.

➤ *Merlot:* französische Rotweinrebe, die vor allem in Bordeauxweinen enthalten ist, doch auch in Südwest- und Südfrankreich, in der Schweiz, Norditalien und Kalifornien angebaut wird. Die Weine sind harmonisch, weich und zart.

➤ *Morio-Muskat:* deutsche Weißweinrebe, Neuzüchtung. Die Weine haben einen deutlichen Muskatton, der auch aufdringlich sein kann.

➤ *Müller-Thurgau* (Riesling x Sylvaner, Rivaner): diese beliebte Weißweinrebe steht in Deutschland mengenmäßig hinter dem Riesling an zweiter Stelle des Sortiments. Die gut verträglichen Weine sind weich mit dezentem, angenehmem Muskatgeschmack.

➤ *Muskateller, Gelber* (Moscato, Muscat, Muscatel): sehr alte Weißweinrebe, die in fast allen Mittelmeerländern verbreitet ist. Die vollen, schweren Weine haben ein feines Muskatbukett.

➤ *Nebbiolo:* italienische Rotweinrebe, deren Name auf dem Etikett lombardischer und piemontesischer Weine erscheint, doch stammen auch Spitzenweine wie Barbaresco und Barolo von ihr. Die Weine sind kernig und körperreich und gewinnen mit dem Alter.

➤ *Ortega:* deutsche Weißweinrebe, Neuzüchtung. Die Weine schmecken feinfruchtig, voll, harmonisch und haben ein ausgeprägtes Muskatbukett.

➤ *Pinot Meunier* (Müllerrebe, Schwarzriesling, Blaue Postitschtraube): Rotweinrebe, vor allem in der Champagne und im Elsass angebaut. Die Müllerrebe stammt vom Spätburgunder ab, ist aber nicht so edel; sie liefert farbintensive, oft etwas säurearme Weine.

➤ *Pinot Noir* (Blauer Spätburgunder, Blauburgunder, Pinot Nero, Klevner, Kék Kisburgundi, Modra Kleványkа): alte, hochedle Rotweinrebe, die allen Burgunderweinen ihre typische vollmundige, samtige Art mit dem feinen Bittermandelaroma verleiht. Weine aus dieser Rebe werden auf der ganzen Welt als »Burgunder« bezeichnet. In der Champagne wird die Traube hell gekeltert zur Champagnerbereitung verwendet.

➤ *Portugieser, Blauer* (Oportó, Vöslauer, Badener, Kraljevina): Rotweinrebe, die hauptsächlich in Österreich, aber auch in Deutschland und Ostfrankreich angebaut wird. Die Weine sind hell, mild, leicht, auch frisch, halten sich aber nicht lange.

➤ *Riesling, Weißer* (Rheinriesling, Gentil Aromatique, Johannisberg Riesling): edelste Weißweinrebe der Welt, die hauptsächlich im Mosel- und Rheintal hochfeine, rassige Weine ergibt. Obwohl die Sorte spät reift, werden in wärmeren Regionen qualitativ weit geringere Weine aus ihr gekeltert als in den angestammten kühleren.

➤ *Ruländer* (Malvoisie, Szürkebarat, Tokayer, Pinot Gris, Pinot Grigio): Weißweinrebe, die vom Blauen Spätburgunder abstammt und in Deutschland, der Schweiz (Wallis), in Ungarn, in Italien und im Elsass angebaut wird. In guten Lagen und Jahren ergibt der Ruländer delikate, sortentypische, fruchtige Weine.

➤ *Sangiovese:* in Italien weit verbreitete Rotweinrebe, vor allem im Chianti und in den Super-Toskanern enthalten. Neuerdings auch in Kalifornien und Argentinien angebaut.

➤ *Sauvignon Blanc:* auf der ganzen Welt, vor allem auch in Amerika und Slowenien bis nach Israel verbreitete Weißweinrebe. Berühmte Gewächse bringt sie vor allem im Bordelais hervor (Sauternes, Barsac, Graves). Sie liefert alkoholreiche, würzige Weine von großer Haltbarkeit.

➤ *Sémillon Blanc:* Weißweinrebe, die oft mit Sauvignon verschnitten wird und im Bordelais, in Südwestfrankreich sowie in Australien, Neuseeland, Kalifornien und Washington State angebaut wird. Liefert Süßweine und mit Sauvignon trockene, komplexe Weißweine. Die Beeren schmecken stark nach Muskat und werden oft von der Edelfäule befallen.

➤ *Silvaner, Grüner* (Frankenriesling, Fliegentraube, Grüner Zierfandl, Johannisberg, Gamay Blanc): weit verbreitete alte Weißweinrebe. Die größte Anbaufläche liegt in Deutschland, doch ist die Rebe auch in allen Nachbarländern zu finden. In guten Jahren ergibt sie milde, liebliche, fruchtige Weine mit zarter Säure.

➤ *Syrah/Shiraz:* französische Rotweinrebe, die in Frankreich an der Rhône, in Südafrika, Kalifornien und Australien angebaut wird. Die Weine sind körperreich, ausdrucksvoll und im Nachgeschmack leicht bitter.

➤ *Tempranillo* (Cencibel): wichtige spanische Rebsorte, vor allem im Riojagebiet, aber auch in diversen nord- und mittelspanischen Weinen enthalten.

➤ *Trebbiano:* italienische Weißweinrebe, die in ganz Italien angebaut wird. Die Weine sind farblich wie geschmacklich sehr unterschiedlich. Als Ugni Blanc ergibt die Rebe im Armagnac- und im Cognacgebiet ideale Brennweine.

➤ *Trollinger, Blauer* (Groß-Vernatsch, Edel-Vernatsch, Schiava, Meraner Kurtraube): Rotweinrebe, die hauptsächlich in Württemberg und Südtirol angebaut wird. Die hellroten Weine sind frisch und kernig.

➤ *Veltliner, Grüner:* eine alte Weißweinrebe, die hauptsächlich in Niederösterreich angebaut wird. Die Weine sind frisch, spritzig, leicht und pfeffrig im Geschmack.

➤ *Welschriesling* (Olaszriesling, Tocai, Riesling Italico): Weißweinrebe, die mit dem Weißen Riesling keine Verwandtschaft verbindet. Verbreitet in allen Balkanländern, in Österreich und Norditalien, liefert sie weiche, meist halbtrockene Weine, die bei kühlem Klima säurebetont sind.

Die Neuanlage von Qualitätsweinbaugebieten ist genehmigungspflichtig, damit nur geeignete Böden in guten Lagen mit Reben bepflanzt werden.

Optimierung der Qualität

Um den Wein in seiner ganzen Vielfalt besser zu verstehen, ist es gut, wenn man etwas von seinem »Vorleben« weiß, genauer, vom Leben des Rebstocks im Verlauf eines Vegetationszyklus. Die Natur trägt das ihre in Form der verschiedenen Wetterabläufe und des Bodens bei. Die Aufgabe des Winzers besteht darin, »seinem« Wein optimale Bedingungen zu schaffen, denn ohne entsprechendes Lesegut ist auch die Kunst des besten Kellermeisters vergebens.

Der Rebschnitt ist die erste Arbeit des Winzers im Weinberg.

Zunächst einmal eine wichtige wirtschaftliche Regel: Güte und Menge sind unvereinbare Gegensätze. Überall da, wo zu viele Trauben am Stock hängen, lässt die Qualität nach. Da in ganz Europa eher zu viel Wein produziert wird, der Absatz aber stagniert, sind in zahlreichen Ländern Beschränkungen der Quantität zugunsten der Qualität vorgeschrieben. Neuanlagen von Weinbergen sind genehmigungspflichtig, der Ertrag pro Hektar ist begrenzt, was allerdings nicht nur der Qualität, sondern auch der Erhaltung eines gewissen Preisniveaus dient. Der Winzer ist also bestrebt, ein Höchstmaß an Qualität bei befriedigender Quantität zu erreichen.

Die Rebe ist eine Schlingpflanze und würde bis in die Baumwipfel hinaufklettern, wenn der Weinbauer es ihr gestattete. Doch die Kraft einer so unmäßig wuchernden Pflanze reicht nicht aus, um große, saftige Trauben hervorzubringen. Im Spätwinter und im Vorfrühling werden die Triebe daher radikal beschnitten. Der Winzer weiß genau, wie viele Fruchtruten er stehen lassen kann und wie stark er sie einkürzen muss. Das ist von Sorte zu Sorte verschieden. Auch der Boden, das Klima und die Dichte der Rebpflanzen werden berücksichtigt.

Zur Erleichterung der Arbeit im Weinberg und zur Optimierung von Ertrag und Qualität werden die Ruten in verschiedener Form angebunden, ihr Wildwuchs wird gelenkt, sie werden »erzogen«. Die Erziehungsform, beispielsweise Pfahl- oder Drahtrahmenerziehung, richtet sich nach der Neigung des Hanges, nach der Fruchtbarkeit des Bodens, nach der Art der gewünschten Unterstützung, hauptsächlich aber auch nach den Traditionen des jeweiligen Gebiets.

Der Rebschnitt im Spätwinter oder Vorfrühling dient dem Grundsatz: »Qualität vor Quantität«.

Die Rebe im Jahreslauf

Im Frühjahr beginnt, wenn etwa 8 °C im Tagesdurchschnitt erreicht werden, der Austrieb, das heißt, Blätter und Triebe entwickeln sich. Die darauf folgende Blüte, die in Deutschland etwa im Juni erfolgt, ist nicht so spektakulär wie etwa die Obstbaumblüte, sie fällt dem unwissenden Betrachter nicht einmal auf, nur der Duft ist deutlich wahrnehmbar. Rebblüten sind Zwitter, das heißt, sie befruchten sich selbst. Ist der Frühling nasskalt, erfolgt keine Befruchtung, und die Blüten fallen zu Boden, der Ertrag wird entsprechend gering ausfallen. Zu Beginn der Traubenreife sind allerdings neben Wärme auch Sommerregen erwünscht, damit sich die für den frischen, fruchtigen Weingeschmack so erwünschte Säure bilden kann. Große Hitze und Trockenheit während der Reifezeit sind der Grund, warum südländische Weine oft an Säurearmut leiden. Der Herbst soll golden sein, denn nun reifen die Trauben vollends aus und setzen täglich weiter Zucker an. Den Zucker braucht die Beere, denn sonst findet, wie wir im nächsten Kapitel sehen werden, keine Gärung statt. Den Ernte- und Lesetermin können die Winzer nicht selbst bestimmen, er wird von der Behörde nach Anhörung des Leseausschusses bestimmt. Diese Behörde spricht auch den sogenannten Herbstbann aus, der vom Beginn der Traubenreife bis zum letzten Lesetag dauert. In dieser Zeit dürfen Weinberge nur mit Genehmigung der Behörde

die von allein nicht stehen kann, zeigt, wie die ersten Flaschen ausgesehen haben. Frühe Flaschenformen ähnelten einer Zwiebel, die zylindrische Form setzte sich erst im Laufe des 18. Jahrhunderts durch.

Heute gibt es Flaschen in vielen verschiedenen Größen, die gebräuchlichsten mit 0,75 Liter (seit 1979 haben sie die 0,7 Liter-Flaschen abgelöst), 1 Liter oder 2 Litern Inhalt. Die größte Flasche mit 30 Litern Inhalt heißt Demijohn. Sie ist mit Korb umwickelt. Vor allem Champagnerflaschen haben sehr unterschiedliche Größen, die zum Teil historische Namen tragen: Magnum (2 Normalflaschen Inhalt), Doppelmagnum (4), Rehoboam (6), Methusalem (8), Salmanasar (12), Balthesar (16) und Nebukadnezar (20). Auch Bordeauxweine werden manchmal in große Flaschen abgefüllt. Die kleinsten Weinflaschen sind etwa halb so groß wie die Normalflasche. Besonders hübsch und zierlich sieht die »Filette« aus dem Loiretal aus.

Die Farbe der Flaschen hat keinen Einfluss auf die Qualität. Allerdings sind Weinflaschen bestimmter Farben für einzelne Regionen typisch. Die ehemals blaue Moselweinflasche ist seit einigen Jahrzehnten verschwunden. Sie ist heute grün wie auch die meisten Rotweinflaschen und die Frankenwein- und Elsassweinflaschen. Braune Flaschen werden für Rhein-, Nahe- und Neckarweine und für einige Rotweine, vor allem aus Bordeaux, verwendet. Farblose Flaschen findet man bei Sauternes und Tokajer sowie bei italienischen Weinen. Die drei häufigsten Flaschenformen sind die langgezogene Schlegelflasche, die in Deutschland, der Schweiz und Österreich verbreitet ist, die gedrungenere Burgunderflasche, die außer in Burgund auch in Deutschland als Rotweinflasche Verwendung findet, sowie die walzenförmige, kurzhalsige Bordeauxflasche. Die elsässische »Flûte« ist noch schlanker als die Schlegelflasche.

Der Bocksbeutel, ein abgeplattetes, dickbauchiges Glasgefäß, ist seit dem 18. Jahrhundert offiziell für Frankenwein eingeführt. Auf fränkischem Boden hat man eine Tonflasche von ähnlicher Form gefunden, die aus der Zeit um 1400 vor Christi Geburt, aus keltischer Zeit also, stammen muss. Die Bocksbeutelform ist in Deutschland nur fränkischen Qualitätsweinen und einigen badischen Weinen vorbehalten. Vergeblich versuchten die deutschen Weinbauern, diese Flasche für sich zu schützen. Der Europäische Gerichtshof entschied anders. In Bocksbeutelflaschen gibt es auch den berühmten portugiesischen Mateus Rosé und den italienischen Orvieto.

Im Keller des Heidelberger Schlosses steht ein Riesenfass aus dem 18. Jahrhundert, das »Heidelberger Fass«.

Wein in Plastikflaschen oder Papp-Tetraedern – ist das die Verpackungsform der Zukunft?

Das einzige wirklich geschmacksneutrale, chemisch einwandfreie Material für die Einzelverpackung ist Glas. Sein Nachteil, dass es leicht bricht, wird durch die Vorteile bei weitem aufgehoben. Die »modernen« Verpackungsweisen werden weiterhin den einfachsten Tischweinen vorbehalten bleiben.

Bauchig und niedrig ist der Clavelin für den französischen Château-Chalon, auffallend langhalsig sind die Halbliterflaschen für Tokajer. Weitere Spezialflaschen gibt es für Wermut, Cognac und Armagnac, außerdem trendige Farben und groteske Flaschenformen, die mit ihrer vermeintlichen Originalität von der Qualität des Weines ablenken.
Eine Besonderheit stellen die Schaumweinflaschen dar: Ihr Glas ist dicker, denn sie müssen beachtlichen Druck von innen aushalten. Schaumweinflaschen sind, wie wir im nächsten Abschnitt sehen werden, Gärgefäße, weil nämlich die 2. Gärung auf der Flasche stattfindet.

Traditionsreiche Weinspezialitäten

Solange es Wein gibt, haben Weinbauern und Kellermeister immer wieder darüber nachgedacht, wie man das eine oder andere besser oder anders machen kann. In vielen Fällen waren sie durch die äußeren Umstände wie Klima oder Boden sogar dazu gezwungen. Wenn dem menschlichen Erfindergeist auch durch das Weinrecht Grenzen gesetzt sind, so hat er doch einiges in dieser Hinsicht geleistet.

Perlen im Wein

Beginnen wir mit den charmanten, beschwingenden Schaumweinen, die dem menschlichen Beisammensein, ob zu zweit oder in festlicher Runde, das gewisse Etwas, Heiterkeit und Unbeschwertheit vermitteln. Niemals wird man zu einem traurigen Anlass Sekt oder Champagner trinken, und er passt auch nicht zu einem deftigen Alltagsmenü oder zu einsamen Stunden – es sei denn, man will sich aufheitern.
Schaumwein ist Wein, in dem die durch Gärung entstandene Kohlensäure nicht entweichen konnte. Die Kohlensäure übt einen bestimmten Druck auf das Gefäß, sei es nun Flasche oder Tank, aus. Dieser Überdruck muss laut Gesetz bei 20 °C mindestens 3 bar betragen, wenn die Bezeichnung Schaumwein gerechtfertigt sein soll.
Schaumwein entsteht entweder durch Vergärung des Mostes in geschlossenen Behältern oder durch eine zweite Gärung von fertigem Wein, hervorgerufen durch Zuckerzusatz. Eine primitive Methode der Schaumweinbereitung besteht darin, einfach Kohlensäuregas in den Wein zu drücken (Imprägnierverfahren). Dieses letzte Verfahren wird nur bei billiger Ware angewendet und muss auf dem Etikett erwähnt werden, zum Beispiel »mit zugesetzter Kohlensäure«. Es ist klar, dass sich das Gas niemals mit der Flüssigkeit so verbindet, als wenn es aus ihr entstanden ist. Die weitaus meisten Schaumweine der Welt werden nach den beiden erstgenannten Verfahren gewonnen.
Das erste Verfahren, Schaumwein mittels Vergärung von Traubenmost herzustellen, ist das ältere. In Italien gewinnt man auf diese Weise unter anderem den bekannten Asti Spumante, in Frankreich Gaillac und Clairette de Die. Vor allem Muskatweine eignen sich für diese Herstellungsart, sie werden damit besonders fruchtig und fein. Um einen solchen Schaumwein zu gewinnen, verlangsamt man die normale Gärung des Mostes, indem man häufig filtert und absticht, bis die Gärung fast, jedoch nicht ganz zum Stillstand gekommen ist. Der unvollständig vergorene Wein, der jetzt noch ausreichend Zucker enthält, wird in diesem Stadium auf Flaschen gefüllt, wo er von selbst ohne weiteres Zutun wieder zu gären beginnt. Solange die Flaschen fest verschlossen sind, bleibt die entstehende Kohlensäure unter Druck im Wein gelöst und steigt erst beim Herausziehen des Korkens in Form von kleinen Bläschen auf.
Durch eine einzige Gärung gewonnene Schaumweine sind alkoholärmer, da der Zusatz von Dosage (Seite 33) eine Erhöhung des Alkoholgehalts mit sich bringt. Die Gärung erfolgt nicht immer auf der Flasche, sondern zuweilen auch in Tanks.

Die zweifache Gärung

Will man bei der Schaumweinbereitung feinere, höhere Qualitäten erreichen, braucht man eine zweite Gärung. Diese Methode, die ursprünglich aus der Champagne stammt und nur noch in diesem Gebiet so genannt werden darf, hat ihren Ursprung in einem Ärgernis: Immer wieder neigten Weine der Region, auch wenn sie schon auf Flaschen gefüllt waren, im Frühjahr bei steigenden Temperaturen zur Nachgärung. Die Flaschen platzten, und der Kunde fühlte sich übervorteilt. Bis man eines Tages in einflussreichen Kreisen Englands darauf kam, dass dieses kohlensäurehaltige Getränk, wenn die Flasche die Gärung überstanden hatte, frisch und angenehm prickelnd schmeckte. Im Nu wurde es schick, schäumenden Wein zu trinken, so dass die Winzer darüber nachdachten, wie man diese zweite Gärung gezielt herbeiführen könne.
Ein weiteres Problem bestand darin, den Flaschenverschluss

Warum wird die einfache Vergärungsmethode nur beim geringsten Teil der Schaumweine angewandt?

Dem Kellermeister bleiben bei dieser Art der Schaumweinherstellung kaum Möglichkeiten, regulierend einzugreifen. Der Zuckergehalt der Moste muss relativ hoch sein, was bei den Weinen der nördlichen Anbaugebiete (Champagne und Deutschland) nicht der Fall ist. Doch gerade die fruchtige Frische der im Norden gewachsenen Weine verleiht den Schaumweinen ihren Reiz. Hinzu kommen noch einige technische Mängel der Methode: Die Flaschen platzen häufig, oder es entsteht zu wenig oder gar kein Schaum. Das Produkt ist außerdem naturtrüb, was nicht nur auf die Hefen zurückzuführen ist, die man wie nach dem in der Champagne angewandten Verfahren entfernen könnte. Ein unfertig vergorener Most enthält zwangsläufig noch andere Schwebstoffe, die nur mittels Filtration unter Druck aus dem Wein entfernt werden können.

zu finden, der dem Kohlensäuredruck von innen standhielt.
Es war Dom Pérignon, der berühmte Mönch und Kellermeister der Abtei von Hautvillers, der zu Ende des 17. Jahrhunderts dieses Problem löste und daher bis heute als Erfinder des Champagners gefeiert wird. Er hat sich in vielerlei Hinsicht um den Wein verdient gemacht: So verstand er es, verschiedene Moste zu mischen und aus dem roten Pinot Noir weißen Wein zu keltern. Anscheinend hat er auch als erster die Reimser Kreidestollen aus gallo-römischer Zeit für den langsamen Ausbau der Weine genützt.
Es dauerte jedoch ein volles Jahrhundert, bis der Apotheker François de Châlons, der heute zu Unrecht vergessen ist, die Dosage so vervollkommnete, dass Qualität und Charme nicht mehr Zufällen, sondern exaktem Wissen zu verdanken und berechenbar waren.
In Deutschland gibt es Sekt seit 1826, als in Esslingen die erste Schaumweinfirma eröffnet wurde. Die Bezeichnung »Sekt« ist seit der zweiten Hälfte des 20. Jahrhunderts üblich und durch den Versailler Vertrag gesetzliche Bezeichnung für Schaumweine aus Deutschland. Das Wort selbst stammt von »sec« (trocken), das sich im Englischen in »sack« verwandelte und eigentlich auf Sherry angewandt wurde. Angeblich soll der berühmte Schauspieler Ludwig Devrient mit folgendem Zitat aus Shakespeares Heinrich IV. in Berlin Champagner bestellt haben: »Bring mir Sekt, Bube – ist keine Tugend mehr auf Erden?« Ein neuer Begriff war geboren und hat sich bis heute erhalten.

Oben: Rüttelpult in einer Champagnerkellerei.
Unten: Größtes Geheimnis eines jeden Champagner-Hauses ist die Zusammensetzung der Cuvée.

Bis zum Ende der ersten Gärung verläuft der Herstellungsprozess von Schaumwein wie beim entsprechenden stillen Wein. Allerdings sind die Pressen in der Champagne besonders großflächig. Die Weine werden dann nach bestimmten Rezepten verschnitten, wie schon auf Seite 28 beschrieben. Nicht nach dieser Methode verschnitten werden die Champagnes Blanc de Blancs, die nur aus weißen Trauben gewonnen werden, sowie Jahrgangschampagner. Eine Cuvée kann aus bis zu 30 Grundweinen bestehen. Jetzt erfolgt der entscheidende Schritt: Im Frühjahr, wenn der Wein von Natur aus eine Neigung zum Nachgären zeigt, füllt man ihn auf Flaschen und setzt ihm eine so genannte »Dosage« aus in altem Wein gelöstem Zucker und Hefe zu. Die Dosage wird nach dem noch im Wein enthaltenen Zucker bemessen. Zuviel Zucker würde die Gärung so verstärken, dass die Flaschen platzen, eine zu geringe Menge nicht ausreichend Mousseux (Schaum) hervorrufen. Die Flaschen werden fest verschlossen. Die zweite Gärung setzt ein, der Zucker spaltet sich in Alkohol und Kohlendioxid auf, wobei Letzteres nicht entweichen kann und sich unter Druck mit der Flüssigkeit verbindet. Weine, die nicht nach der klassischen, in der Champagne entwickelten Methode hergestellt werden, machen die zweite Gärung im Großraumtank durch.
Die zweite Gärung dauert länger als die erste: etwa 3 bis 4 Monate. Danach lagert der entstehende Champagner noch mindestens 1 Jahr, üblicherweise jedoch 3 bis 5 Jahre auf dem Satz aus Hefe und anderen Gärungsrückständen. Die kühlen, feuchten Kellergewölbe der Champagne haben sich hierfür als besonders günstig erwiesen.

Rütteln, Enthefen, Abstimmen

Gegen Ende dieser Reifezeit werden die Champagnerflaschen mit dem Hals nach unten in schrägstehende Rüttelpulte gesteckt und nach einem bestimmten Schema sowohl gedreht als auch immer senkrechter gestellt, sie werden »gerüttelt«. Der Satz wandert auf diese Weise zum Korken hin. Das Rütteln ist ein sehr arbeits- und kostenaufwendiges Verfahren, wenn auch ein guter Rüttler am Tag bis zu 40 000 Flaschen bewältigt. Neue Verfahren werden wahrscheinlich in Zukunft diese Berufssparte aussterben lassen.
Nach 6 Wochen bis 3 Monaten stehen die Flaschen auf der Spitze, bereit für das Degorgieren oder Abschlämmen des Satzes. Hierbei kommt es darauf an, möglichst wenig

> **Unterschiedliche Geschmacksbilder**
>
> Warum kann ein Schaumwein mit 35 Gramm Restsüße pro Liter noch als »trocken« bezeichnet werden, während ein Stillwein mit den gleichen Werten süß schmeckt?
> Das im Wein gelöste Kohlendioxid verändert den Geschmackseindruck, es lässt den Wein spitzer erscheinen. Ein Schaumwein ohne jegliche Restsüße schmeckt nur gut, wenn er aus erstklassigen Weinen bereitet wurde.

von dem kostbaren Wein zu vergeuden. Früher war man dabei nur auf die menschliche Geschicklichkeit angewiesen, heute steckt man die Flaschen kurz in eine Gefrierlösung, so dass der Satz zu einem Stopfen aus Eis gefriert. Beim Entfernen des Korkens drückt die Kohlensäure das Eis heraus. Die Verluste sind äußerst gering, und auch hier hat man es verstanden, aus der Not eine Tugend zu machen: Den vom Eis hinterlassenen Raum füllt man mit der so genannten Versanddosage auf, einer Mischung aus Zucker und altem Wein, mit deren Hilfe das endgültige Geschmacksbild des Schaumweines entsteht.
Das Entfernen des Satzes bei Tankgärung erfolgt unter Gegendruck mit Hilfe eines Filters. Bei Schaumweinen, die nicht nach dem Rüttelverfahren entheft werden, gibt man den Inhalt der Flaschen unter Druck in einen Tank und filtert wie beim Tankverfahren. Diesen Schaumweinen setzt man die Versand- oder Fülldosage schon zu Beginn der zweiten Gärung zu.
Die Geschmacksbezeichnungen sind für alle Schaumweine gleich, da sie sich ausschließlich auf das Ergebnis beziehen. Die seit 1974 beziehungsweise 1985 geltenden Regelungen der EU, denen sich die Drittländer im Großen und Ganzen angeschlossen haben, sehen folgende Geschmacksbezeichnungen, gestaffelt nach dem Restzuckergehalt, vor:

- *extra herb, extra brut:* 0 bis 6 Gramm pro Liter
- *herb, brut:* 0 bis15 Gramm pro Liter
- *extra trocken, extra dry, extra sec:* 12 bis 20 Gramm pro Liter
- *trocken, dry, sec:* 17 bis 35 Gramm pro Liter
- *halbtrocken, medium dry, demi-sec, demi-doux:* 33 bis 50 Gramm pro Liter
- *mild, süß, doux:* mehr als 50 Gramm pro Liter.

Bei allen Schaumweinarten gleich ist das Verkorken und Sichern mit dem Drahtkörbchen. Allerdings verwendet man heute in Gebieten außerhalb der Champagne häufig Kunststoffpfropfen statt des üblichen breit ausladenden natürlichen Schaumweinkorkens. Mehr über die Qualitätsstufen steht auf den Seiten 37ff.

Die Schweren und die Süßen

Schätzt man Tafelweine im weitesten Sinne als Begleiter zum Essen, so schmecken die zucker- und/oder alkoholreichen Weinspezialitäten eher nach dem Essen zum Dessert oder für sich allein. Die Begriffe Südwein, Süßwein, Dessertwein und Likörwein, die man auf diese Gruppe von Weinen anwendet, sind teils gesetzlich definiert, teils aber auch im Sprachgebrauch entstanden und überschneiden sich. Zur Klärung sind im Folgenden alle diese Weine im Hinblick auf ihre Herstellungsverfahren zusammengefasst.
Beginnen wir mit den kostbaren Kreszenzen, die aus natürlich überreifen, von Edelfäule befallenen Trauben gewonnen werden: Dazu gehören die berühmten deutschen und österreichischen Beeren- und Trockenbeerenauslesen, der österreichische Ausbruch, der französische Sauternes sowie der ungarische Tokajer, neuerdings auch entsprechende Kreszenzen in Kalifornien. Ihr Zuckergehalt stammt ausschließlich aus dem Lesegut. Da der Pilz, der die Edelfäule bewirkt, die Zusammensetzung des Fruchtfleisches auf vielfältige Weise verändert hat, tritt die Hefe weniger stark in Aktion als bei normalen Mosten. Die Gärung vollzieht sich schleppend, so dass ein großer Teil des Zuckers erhalten bleibt

Weltweit sind Champagner und Schaumwein ein Inbegriff für Lebensfreude und stilvolle Feiern.

und nur wenig Alkohol gebildet wird. Alle diese Tropfen sind Raritäten und ihr Preis wegen der geringen Ausbeute und des Risikos, die Trauben bis in den Spätherbst hängen zu lassen, sehr hoch. Die Eisweine wurden bereits erwähnt. Es sind Weine aus am Stock gefrorenen Trauben, bei denen das Wasser in der Beere als Eis zurückgehalten wird. Eisweine gibt es traditionell in Deutschland und Österreich, neuerdings groß in Mode und sehr erfolgreich in Kanada und den nördlichen USA.

Strohweine sind ebenfalls Süßweine ohne Zusatz. Sie werden in Südtirol und vor allem im französischen Jura gewonnen. Die Trauben für diese Weinarten werden auf Strohmatten getrocknet, bevor man sie auspresst. Sie sind ebenfalls aromatisch und süß, jedoch nicht so edel wie die Beerenauslesen. In der Schweiz gibt es sogenannte natürlich süße Luxusweine, die ebenfalls ohne Zusätze bereitet werden.

Cognacbrennerei. Cognac ist ein Verschnittprodukt und kann sich aus bis zu 80 verschiedenen Destillaten zusammensetzen.

Die zweite große Gruppe bilden die Weine, die in den verschiedensten Stadien der Gärung einen Zusatz von Alkohol erhalten. Die berühmtesten Weine dieser Art sind Portwein und Sherry. Bei beiden wird die Gärung durch Weingeist unterbrochen.

Beide gibt es in den Geschmacksrichtungen trocken bis vollsüß. Bei der Sherrybereitung spielt die spezielle Fasslagerung nach dem Solerasystem eine entscheidende Rolle (siehe Seite 28). Portwein stammt von den Weinbergen des Douro und muss in Oporto (Porto) fertig gestellt werden. Er reist deshalb vom Erzeugergebiet den Fluss abwärts in die Stadt am Meer, deren Namen er trägt. Madeira wird ähnlich hergestellt und nach dem Solerasystem verschnitten.

Die sogenannten Vins doux naturels aus Frankreich sind keinesfalls auf natürliche Weise gewonnene Süßweine. Den aus frischen Trauben gewonnenen Mosten wird im Verlauf der Gärung hochprozentiger Alkohol zugefügt. Zu ihnen gehören zum Beispiel Rasteau, Banyuls, Rivesaltes und Muscat de Frontignan. Alle diese traditionsreichen Weine enthalten etwa 15 Volumen Prozent mehr Alkohol als die entsprechenden Tafelweine.

Die französischen Likörweine (Vins de liqueur) werden im Prinzip nach dem gleichen Verfahren hergestellt, nur enthalten sie noch mehr Alkohol-Prozente (bis 23 Volumenprozent), und der zugesetzte Alkohol muss nicht neutral sein; es können auch Weinbrand oder andere Spirituosen zugefügt werden. Ein bekanntes Beispiel für diese Weinart ist der Pineau des Charentes, der aus frischem Weinmost der Cognacregion und Cognac besteht. Aus Likörweinen werden die aromatisierten Weine wie Wermut, Dubonnet und Picon gewonnen. Einfacher Marsala wird aus Mistella, unter Zusatz von Alkohol eingedicktem, unvergorenem Traubenmost, erzeugt. Auch er kann gewürzt werden. Malaga wird ebenfalls unter Zusatz von Alkohol gewonnen, man trocknet die frischen Trauben vor der Bereitung des Mostes auf Strohmatten. Diese Gruppe süßer und alkoholstarker Weine ist heterogen, ihre Herstellungsweise traditionsgebunden und

Süß und klebrig – Stickys aus Australien

Muscat Liqueur ist eine sehr süße, aufgespritete Spezialität aus dem Staat Victoria, ein originelles Relikt aus einer Zeit, als Süß in diesem heißen Erdteil noch vorherrschte.

regional verschieden. Daher wird in den einzelnen Länderkapiteln noch einmal näher auf ihre Besonderheiten eingegangen.

Weinbrände

Eigentlich gehören sie nicht unbedingt in ein Buch über Wein, da man sie wie die Obstbrände den Spirituosen zurechnet. Ihr Ausgangsprodukt ist jedoch Wein oder, beim Marc oder Grappa, Trester, das heißt der feste Rückstand, der beim Keltern des Mostes zurückbleibt.
Die berühmtesten Weinbrände sind Cognac und Armagnac, doch auch in Deutschland gibt es Weinbrände von guter Qualität. Fast jedes Weinbauland stellt seinen Weinbrand her, gute gibt es zum Beispiel in Spanien und Griechenland.
Weinbrand und Tresterschnaps unterscheiden sich vom Wein dadurch, dass man die Weine nach der Gärung destilliert. Destillieren heißt, vereinfacht ausgedrückt, verdampfen und mit Hilfe von Kühlung wiedergewinnen, so wie sich Wasserdampf am kühlen Topfdeckel in Form von Tröpfchen niederschlägt. Bei Cognac erfolgt dieser Vorgang zweimal, bei Armagnac nur einmal. In Deutschland werden beide Verfahren angewandt. Eine wesentliche Rolle spielt bei allen Weinbränden das anschließende Lagern in ganz bestimmten Eichenholzfässern, die das spätere Aroma und die Farbe der trinkfertigen Spirituose entscheidend beeinflussen. Deutscher Weinbrand darf durch Auszüge aus Eichenholzspänen, Pflaumen, grünen Walnüssen oder Mandelkernen – die so genannte Typage – im Geschmack veredelt werden.
Alle Weinbrände werden im Verlauf ihres Reifeprozesses mit Hilfe von destilliertem Wasser von 55 (Armagnac) bis 70 Volumenprozent Alkohol (Cognac) auf eine bekömmlichere Trinkstärke von etwa 40 Volumenprozent herabgesetzt.
Der Grundwein für Marc, Grappa und andere Tresterbranntweine wird aus unvergorenen Weißwein- oder aus vergorenen Rotweintrauben-Rückständen gewonnen, wobei die Weißweintrester bei der Grundweinbereitung nachvergoren werden müssen. Geschmack und Qualität von Tresterbranntweinen variieren je nach Grundwein stark. Besondere Spezialitäten sind der Marc de Dôle aus der Schweiz und der Marc de Bourgogne aus der Heimat der feinen Rotweine, Burgund.
Der italienische Grappa ist in den letzten Jahren bei uns Modegetränk geworden, was die Hersteller darauf brachte, »reinsortige« Grappe mit dem Namen der Rebsorte auf den Markt zu bringen.
Vielfältig sind die Verarbeitungsmöglichkeiten für reifes Lesegut. Neben den Grundverfahren zur Weinbereitung gibt es überall örtliche Varianten. Da Landschaft und Weinbereitung sich oft gegenseitig bedingen, soll auf besondere Eigenheiten in den Länderbeschreibungen näher eingegangen werden.

Vor und nach dem Essen schmecken verschiedene Getränke auf der Basis von Wein.

Was unterscheidet die ungleichen Bürder Armagnac und Cognac?

Zunächst einmal werden die Grundweine aus unterschiedlichen Rebsorten gewonnen. Cognac-Grundwein besteht hauptsächlich aus Saint-Émilion-Trauben, auch Ugni Blanc genannt, verschnitten mit Folle Blanche und Colombard. Bei Armagnac spielt außer der traditionellen Folle Blanche und Ugni Blanc eine ganze Reihe von Weißweinreben bei der Herstellung eine Rolle.
Die Böden der beiden Gebiete sind unterschiedlich. Stammt der beste Cognac von Kalkböden, ist es bei Armagnac ein bestimmter Sandboden, der die besten Ergebnisse bringt. Auch die Destillationsverfahren unterscheiden sich.
Nach dem Destillieren enthält Armagnac weniger Alkohol als Cognac, dafür mehr Bukettstoffe. Der Ausbau von Armagnac erfolgt in Fässern aus der dunklen Pyrenäeneiche, der von Cognac in Gebinden aus der hellen Steineiche des Limousin. Armagnac entwickelt sich im Durchschnitt schneller als Cognac. Dieser wird nach der Reifung aus bis zu 80 Destillaten verschiedenen Alters und verschiedener Herkunft zusammengestellt. Armagnacs können, müssen aber nicht auf diese Weise verschnitten werden.
Im Geschmack ist Armagnac rustikaler, derber und kerniger als der adelige, feine, bukettreiche Cognac. Der bäuerliche Armagnac ist dennoch der ältere Bruder des Cognacs.

Die gute Weinwahl

Die richtige Weinwahl ist nicht leicht. Das Zeitalter der Selbstbedienungsläden, verbunden mit einem vergrößerten Angebot, hat es mit sich gebracht, dass sich viele Käufer verunsichert fühlen. Die Flaschen ähneln sich äußerlich mehr oder weniger. Man muss die Etiketten zu lesen verstehen, denn auch der Preis gibt nicht immer Auskunft über die tatsächliche Qualität des Inhalts. Hinzu kommen noch Berichte in der Presse, die aktuelle Tagesprobleme aufgreifen und damit dem Normalverbraucher zusätzliche Unsicherheit bescheren. Im Folgenden soll das Thema Weineinkauf unter möglichst vielen Aspekten beleuchtet werden, um auch noch unerfahrenen Weinfreunden Entscheidungshilfen zu bieten.

Tafelwein oder Spitzenwein?

Da stehen sie in den Regalen mit ihren bunten Schildchen, dickbauchig, schmal, langhalsig, stämmig, elegant, gedrungen oder grotesk verformt – Armeen von Flaschen aus aller Welt. Sie geben ihr Geheimnis nur preis, wenn man ihr Aushängeschild, das Etikett, zu lesen versteht. So bringt zum Beispiel eine sündteure Trockenbeerenauslese sicher nur Enttäuschung, wenn sie zum Essen serviert wird. Die Hierarchie der Weine ist also ein Studium wert.

Die Gesetzgeber der europäischen Länder haben etwa seit der Jahrhundertwende verbindliche Qualitätskriterien für Wein festgelegt, die immer wieder verbessert und revidiert wurden. Hinzu kommt eine gewisse Harmonisierung im Bereich der Europäischen Union. Der internationale Vergleich der Weinqualitäten ist dennoch problematisch, da Wein nun einmal ein Individualist ist, der sich gegen Kategorisierung sperrt. Man kann immerhin sagen, dass die untersten Sprossen der Stufenleiter besetzt sind von den Tisch-, Land- und Tafelweinen, dass weiter oben die Qualitätsweine und an der Spitze die verschiedenartigsten Prädikatsweine, der Hochadel unter den Kreszenzen, stehen.

Tafelwein und Landwein

Diese Weine sind in allen Ländern die Schoppenweine für den täglichen Genuss – im günstigen Fall frisch und leicht und mehr oder weniger typisch für die Region, in der sie gewachsen sind. Aus Frankreich kennen wir vor allem die Vins de table (Tafelweine), jene unkomplizierten Tropfen, die meist aus dem südlichen Frankreich stammen. Knapp 40 Prozent der französischen Ernte werden zu Tafelweinen verarbeitet. Es gibt 2 Kategorien: Tafelweine im engeren Sinne sind Verschnittweine ohne Ursprungsbezeichnung oder aus verschiedenen Gründen (zu hoher Hektarertrag, zu junge Rebstöcke, schlechtes Jahr) deklassierte Weine höherer Klasse. Ein Mindestalkoholgehalt und bestimmte Rebsorten sind vorgeschrieben. Darüber stehen die Landweine (Vins de Pays) mit dem Recht auf eine geographische Bezeichnung. Hektarertrag, Rebsorten und Herkunftsgebiete sind gesetzlich festgelegt.

In Deutschland gibt es die Kategorie der Tafelweine seit dem deutschen Weingesetz von 1971, neu geschaffen wurde 1982 die Klasse der Landweine. Die deutschen Tafelweinbaugebiete überschneiden sich zwar mit den Qualitätsweinbaugebieten, sind jedoch flächenmäßig nicht mit ihnen identisch.

Deutscher Tafelwein muss aus im Inland geernteten, zugelassenen Rebsorten stammen. Er darf im gesetzlich vorgeschriebenen Rahmen angereichert, also mit Hilfe von Zucker auf höhere Alkoholgrade gebracht werden.

Die deutschen Landweine sind gehobene Tafelweine mit gebietstypischem Charakter, die eine geographische Bezeichnung auf dem Etikett tragen. Sie kommen unter Namen wie »Rheingauer Landwein« oder »Landwein der Mosel« in den Handel. Bereichsnamen sind nicht mehr zugelassen. Landweine aus Bayern (Franken) gibt es bisher nicht. Landweine sind trocken bis halbtrocken.

Eine Kategorie für sich stellen die Markenweine dar. Hier ist man bestrebt, durch Verschnitte Jahr für Jahr die gleiche Qualität zu liefern. Sie tragen keine geographischen Bezeichnungen, sondern Fantasienamen, die allerdings keine Herkunft vortäuschen dürfen.

In Italien dürfen die ganz einfachen Vini da Tavola weder einen Jahrgang noch eine Rebsorte noch eine geographische Bezeichnung auf dem Etikett tragen, sondern lediglich einen Fantasienamen und einen Hinweis auf die Farbe des Weines.

Tafel- und Tischweine gibt es auch in anderen Ländern, sie alle sind mehr oder weniger frische einfache Tropfen für den täglichen Konsum, unkomplizierte Durstlöscher, unter denen es manche interessante regionale Spezialität zu entdecken gibt.

Die riesigen Weinfelder in Mittelspanien bringen ausschließlich einfache Tafelweinqualitäten hervor.

Nach dem österreichischen Weingesetz gibt es Tafelweine sowie Landweine. Das Lesegut muss einen bestimmten Reifegrad aufweisen, die Trauben müssen aus Österreich stammen. Landweine dürfen nur aus einer einzigen Weinbauregion stammen. Beide Qualitäten dürfen nur in 1-Liter- oder größeren Flaschen oder in Flaschen unter 0,25 Liter abgefüllt werden.

Auch die Schweiz hat eine Klassifizierung der Weine eingeführt, die den internationalen Normen entspricht. Begriffe wie »Vin de table«, »Vin rouge«, aber auch »Hügelwein« oder entprechend »Montagne« weisen hier auf die Klasse der Tisch- oder Tafelweine hin.

Eine 1996 geschaffene weitere Kategorie stellen die gehobenen Tafelweine dar: die Indicazione geografica tipica (I.G.T.). Sie entsprechen den deutschen Landweinen oder französischen Vins de pays. Etwa 120 I.G.T.-Bezeichnungen wurden geschaffen, und man rechnet damit, dass zukünftig etwa die Hälfte aller italienischen Weine dieser Kategorie angehören werden. Viele der früher als V.d.T. bezeichneten Spitzenweine, die den Vorschriften für die D.O.C. wegen ihrer Rebsorten oder ihrer Herstellungsweise nicht entsprachen, werden zukünftig mit I.G.T. bezeichnet, soweit sie nicht bereits in das höhere System der D.O.C. oder D.O.C.G. eingebunden wurden.

Qualitätsweine in Frankreich und Deutschland

Qualitätsweine gibt es in fast allen Weinbauländern der Welt. Sie genügen höheren Ansprüchen als Tafel- und Landweine. Nach welchen Kriterien Wein in die gehobene Klasse gelangt, entscheiden die Gesetze der Länder, die sich auf alte Traditionen in Weinbau und Weinbereitung gründen.

Ein Vergleich zum Beispiel zwischen einem deutschen Qualitätswein bestimmter Anbaugebiete und einem französischen Wein mit kontrollierter Herkunftsbezeichnung (Appellation contrôlée) ist nicht ohne weiteres möglich, da die Systeme grundlegende Unterschiede aufweisen: In Deutschland, Luxemburg, der Schweiz und Österreich rücken Weine in die Klasse der Qualitätsweine auf, wenn sie bei einer Prüfung bestimmte Eigenschaften aufweisen. Zu den entscheidenden Kriterien gehören zum Beispiel ein Mindestmostgewicht und Mindestpunktzahlen bei einer Sinnenprüfung, die Farbe, Klarheit, Geruch und Geschmack bewertet. Die Weine werden von den Betrieben zur Prüfung an die entsprechende Behörde gesandt. In Frankreich, Italien und Spanien wird eine bestimmte abgegrenzte Rebfläche zum Qualitätsgebiet erklärt, für das strenge Regeln in Bezug auf Rebsorten, Maximalertrag, Rebschnitt und Anbaumethoden gelten. Zusätzlich muss der Wein nach den für diese Fläche festgelegten Kellermethoden bereitet werden. Mindestmostgewicht und Mindestalkoholgehalt sind vorgeschrieben und werden überwacht. In Frankreich gilt die Appellation d'origine contrôlée oder Appellation contrôlée (kontrollierte Ursprungsbezeichnung) für alle Qualitätsweine der Mittelklasse bis hinauf zu den Spitzenweinen. Daneben gibt es, vor allem für die erst in späterer Zeit zum Qualitätsweinbaugebiet erklärten Regionen, die Vins délimités de qualité supérieure (V.D.Q.S.), Weine höherer Qualität aus begrenzten Gebieten. Sie sind, wenn man sie auch instinktiv so einstufen mag, in der Qualität nicht unbedingt ge-

Mit übergroßer Hitze haben die Weinbauern in Apulien zu kämpfen. Im Hintergrund die charakteristischen Trulli, kegelförmige Häuser unbekannten Ursprungs.

ringer zu bewerten als A.C.-Weine. Die Gebiete überschneiden sich nicht, die Vorschriften sind gleich streng. In den obersten Qualitätsklassen gibt es allerdings keine V.D.Q.S. Weine, schon weil die Spitzenweine Frankreichs auf Rebflächen mit uralter Tradition gedeihen. In neuerer Zeit werden immer wieder V.D.Q.S.-Weine zu A. C.-Weinen erklärt.
Mengenmäßig sind die A. C.-Weine überlegen. Es gibt fast 400 A. C.-Flächen, die etwa 50 Prozent der französischen Rebfläche einnehmen, und rund 40 V.D.Q.S.-Gebiete mit einem Anteil von etwa 1 Prozent an der Weinproduktion Frankreichs.
Unter den A. C.-Weinen gibt es wiederum hierarchische Gliederungen, die in den einzelnen Anbaugebieten sehr unterschiedlich sind. Ganz allgemein ist die engste geographische Bezeichnung wie sonst überall auch ein Zeichen für die höchste Qualität. Bei den Burgunderweinen zum Beispiel gibt die Lage (Premier Cru, Grand Cru) Aufschluss über die Qualität, im Bordelais sind die Châteaux, die großen Weingüter, klassifiziert. Der sprichwörtliche Individualismus der Franzosen hat hier eine kontrollierte Unübersichtlichkeit geschaffen, in die im Rahmen dieser kurzen Zusammenfassung keine Klarheit zu bringen ist. Daher gehen wir in den Kapiteln über die Weinregionen Frankreichs sowie im Nachschlageteil auf die Qualitätsklassen ein.
In Deutschland hat das Weingesetz von 1971 etwas mehr Übersichtlichkeit gebracht. Nach diesem Gesetz gibt es die einfacheren Qualitätsweine bestimmter Anbaugebiete (Q.b.A.) und die gehobeneren Qualitätsweine mit Prädikat. Um diese Klassifizierung zu erhalten, müssen die Weine in einem der 13 deutschen Qualitätsweinbaugebiete gewachsen sein und nur von zugelassenen Rebsorten stammen. Doch das allein genügt nicht: Der einzelne Wein muss geprüft sein und die bestandene Prüfung durch eine amtliche Prüfungsnummer ausweisen. Qualitätsweine b. A. müssen ein bestimmtes Mindestmostgewicht (natürliche Süße des Lesegutes) aufweisen, sie dürfen mit Zucker, jedoch nicht mit konzentriertem Traubenmost angereichert werden.
Für die Qualitätsweine mit Prädikat gibt es 5 Klassen: Kabinett, Spätlese, Auslese, Beerenauslese und Trockenbeerenauslese sowie Eiswein, der mindestens die Voraussetzungen für eine Beerenauslese erfüllen muss. Die deutschen Prädikatsweine dürfen nicht angereichert werden. Für die Höhe des Prädikats ist die Süße der geernteten Trauben ausschlaggebend, und zwar aufsteigend von Kabinett bis Trockenbeerenauslese. Zusätzlich müssen bei der Spätlese die Trauben später gelesen sein, das heißt nach der amtlich verordneten Hauptlese. Bei der Auslese verlangt man getrennte Kelterung der vollreifen Beeren, für eine Beerenauslese müssen die Beeren nicht nur reif, sondern überreif, unter Umständen aber auch edelfaul sein, während eine Trockenbeerenauslese nur aus eingeschrumpften edelfaulen Weinbeeren gewonnen werden darf. Eiswein wird aus gefrorenen Weinbeeren gekeltert.

Zukunftsaussichten

Deutsche Qualitätsweine werden in Kürze unter bestimmten Bedingungen zwei neue Bezeichnungen tragen: Classic und Selection. Die Europäische Kommission hat bereits zugestimmt, die genauen Kriterien liegen noch nicht fest. Gewiss ist, dass es sich um trockene Weine aus gebietstypischen Rebsorten der mittleren bis gehobenen Preisklasse handeln wird.

Österreich, Schweiz und Luxemburg

Die österreichischen Qualitätsstufen entsprechen etwa den deutschen. Auch hier gibt es die einfachen Qualitätsweine aus den vier Weinbauregionen, die nach österreichischer Terminologie mit Zucker »aufgebessert« werden dürfen. In diese Klasse gehören im Gegensatz zu Deutschland auch die Kabinettweine, doch dürfen diese nicht aufgebessert sein. Darüber hinaus gelten Kriterien wie Fehlerfreiheit, Mindestalkohol und Mindestsäuregehalt.
Die Prädikatsweine untergliedern sich in sieben Stufen. Spätlese, Auslese und Beerenauslese sind charakterisiert durch einen festgelegten Reifegrad des Lesegutes sowie durch späte Lese und speziell ausgelesene Beeren. Im Unterschied zu Deutschland gibt es noch die Klassen Ausbruch und Strohwein. Das Mostgewicht liegt bei beiden höher als bei der Auslese. Strohwein stammt aus vollreifen Beeren, die vor der Kelterung mindestens drei Monate auf Stroh oder Schilf gelagert wurden. Beim Ausbruch wird der Most aus überreifen, edelfaulen Beeren »ausgebrochen«, das heißt mit dem Saft aus frischen Beeren versetzt, damit er beim Keltern leichter abfließt. Für eine Trockenbeerenauslese muss das Mostgewicht noch höher liegen. Der Begriff »Eiswein« ist im Gesetz auch erwähnt.

Etikett eines Landweines.

In der Schweiz waren die Vorschriften für die Etiketten bisher kantonal geregelt. Nur die Angabe der Kategorie (Wein mit Ursprungsbezeichnung, zum Beispiel Auvernier, Wein mit Herkunftsbezeichnung, zum Beispiel Ostschweiz, und Wein ohne Angabe der genauen Herkunft – in den beiden ersten Fällen in Verbindung mit der Rebsorte) sowie des Herstellers, der Handelsmarke oder des Verkäufers waren bindend vorgeschrieben. Im Sommer 1992 wurde ein so genannter Rebbaubeschluss gefasst, um die Regelungen an europäische Maßstäbe anzugleichen. Er betrifft die Förderung umweltfreundlicher Musterbetriebe, Einteilung der Moste nach Mindestzuckergehalt und genaue Ursprungsbezeichnungen, ferner Ertragsbeschränkungen für Moste der höchsten Kategorie. Die Appellation contrôlée für diese Weine wird von den Kantonen Wallis,

Oben: Von Edelfäule befallene Rieslingtrauben liefern die begehrten Trockenbeerenauslesen. Mitte: Kellereingang im »Bernkasteler Doctor«, der höchstbewerteten deutschen Lage.

Etikett eines italienischen D.O.C.G.-Weines.

Waadt, Genf, Neuenburg und Tessin bereits nach europäischer Norm angewandt.

In Luxemburg entspricht die Klassifizierung eher dem deutschen System. Die einfache Marque Nationale mit dem Zusatz »Appellation contrôlée« klebt auf etwa 80 Prozent der luxemburgischen Flaschen mit kontrolliertem Qualitätswein. Die bei der Kontrolle erreichte Punktezahl entscheidet auch über die höheren Prädikate Vin classé, Premier cru und Grand premier cru. Anreichern darf man alle Qualitätsstufen, doch macht man von dieser Methode nur selten Gebrauch.

Italien, Spanien und Portugal

Dem französischen System entspricht die italienische Klassifizierung durch kontrollierte Ursprungsbezeichnungen (Denominazione di origine controllata, D.O.C.). Die Vorschriften über Rebsorten, Ertragsbeschränkung pro Hektar, Weinbereitung, Eigenschaften und anderes mehr entsprechen etwa den französischen, nur ist das Gesetzeswerk viel jünger. D.O.C.-Weine gibt es seit 1966, und erst seit 1981 wird außer der Herkunft auch die Qualität kontrolliert. Bisher sind knapp 20 Prozent der Weine klassifiziert, es kommen jedoch immer noch neue hinzu. Zusätze wie »vecchio«, »Riserva« für längere Lagerung und höheren Alkoholgehalt sowie »classico« für Wein aus dem besten Bezirk des Herkunftsgebiets ergänzen die D.O.C.-Bezeichnung.

Eine dritte Kategorie entspricht den Prädikatsweinen anderer Länder: Die Denominazione di origine controllata e garantita, D.O.C.G., die kontrollierte und garantierte Ursprungsbezeichnung, wurde bisher 20 traditionsreichen Weinen zuerkannt. Sie verbürgt die besondere Qualität und die Herkunft sowie die Echtheit der verwendeten Traubensorten. Ein neues Gesetz sieht vor, hervorragende Lagen innerhalb der D.O.C.-Gebiete ebenfalls mit diesem höchsten Prädikat zu versehen.

In Spanien kennt man ebenfalls das System der kontrollierten Ursprungsbezeichnung (D. O.), dem noch ein relativ geringer Teil der spanischen Weinproduktion unterliegt. Auf höhere Qualität weist die Bezeichnung D.O.C. hin, wobei das C für Calificado steht.

In Portugal dagegen genießen 35 Prozent der Weine die gesetzlich kontrollierte Ursprungsbezeichnung. Portugal ist sogar das Mutterland dieses Systems, denn schon 1756 wurde hier erstmals auf der Welt das Herkunftsgebiet von Portwein gesetzlich abgegrenzt.

Qualitätskriterien in Südosteuropa

In Ungarn hat man 1970 Qualitätsklassen geschaffen, die den einfachen Qualitätswein (Minöségi Bor) vom Spezial-Qualitätswein (Különleges Minöség) unterscheidet.

In Tschechien und der Slowakei entsprechen die Weine mit Angabe der Rebsorte Qualitätsweinen. Die verwendeten Rebsorten sind unter sich in Klassen eingestuft.

In diesem Zusammenhang interessant ist noch Rumänien, da es echte Qualitätsklassen kennt, die von unten nach oben lauten: Vin de calitate superioara, Vin de calitate superioara cu denumire de origine (mit Herkunftsbezeichnung) und Vin de calitate superioara cu denumire de origine si trepte de calitate (mit Herkunftsbezeichnung und Qualitätsstufe). Unter den Spitzenweinen kennt man die Spätlese (C.M.D.), die Spätlese mit Edelfäule (C.M.I.) und einen der Beerenauslese ähnlichen Wein aus ausgewählten edelfaulen Trauben (C.I.B.).

In Griechenland gibt es die kontrollierte Ursprungsbezeichnung A.O.; das System entspricht dem französischen.

In Europa wird ein Land nach dem anderen zu Systemen der Güteklassifizierung finden, auch in den osteuropäischen Ländern bemüht man sich, wo noch nicht vorhanden, um Qualitätssteigerung und entsprechende Klassifizierungen, um die Qualität nach außen hin transparent zu machen.

Außereuropäische Länder

Südafrika hat 1957 nach dem Muster der europäischen Staaten 13 Weinbaugebiete geschaffen, die Weine mit kontrolliertem Ursprung erzeugen.

In Kalifornien hat man die Weinbaugebiete nach Wärmezonen eingeteilt, wobei die kühleren Regionen den besseren Wein hervorbringen. Neu geschaffen wurden in den USA die American Viticultural Areas (A.V.A.), die Ursprungsgarantie im europäischen Sinne gewähren, jedoch keine Garantie für Qualität.

In Südamerika und Australien kennt man Qualitätsbezeichnungen im europäischen Sinne bisher nicht. In Australien arbeitet man an einem offiziellen System, nach dem die Weinbauzonen und ihre Regionen festgelegt werden sollen. Auch einzelne bedeutende Weinlagen sollen dabei in Zukunft berücksichtigt werden.

Schaumwein, Sekt, Champagner

Schaumweine kauft man im Allgemeinen nach der mehr oder weniger bekannten Marke, die für eine bestimmte, gleichbleibende Qualität bürgt. Bei ihnen kommt es weniger auf die engere Herkunft, sondern auf die Firma an, die die Zusammenstellung der Cuvée (siehe Seite 28) vorgenommen hat.

Dennoch gibt es in einigen Ländern auch für Schaumweine Qualitätsstufen, die in den Weingesetzen geregelt sind. Diese Qualitätsstufen beziehen sich hauptsächlich auf die Herkunft der Grundweine, im Fall Frankreich auch auf das Herstellungsverfahren.

In Frankreich unterscheidet man einfache Schaumweine und Schaumweine mit Appellation contrôlée. Letztere müssen bereits aus A. C.-Grundweinen durch Flaschengärung gewonnen werden, entweder nach der traditionellen Methode durch spontane Weitergärung des Mostes auf der Flasche oder in den meisten Fällen durch Flaschengärung nach Hinzufügung von Dosage (siehe Seite 33). Die berühmteste kontrollierte Herkunftsbezeichnung für Schaumwein ist die A. C. Champagne. Nur Weine aus diesem begrenzten Gebiet dürfen sich Champagner nennen. Seit 1994 ist auch der Begriff Méthode champenoise oder Champagnermethode einzig und allein für Schaumweine aus der Champagne geschützt. Es gibt in Frankreich noch einige andere A. C. Schaumweine (Vins mousseux), die bei den Weinregionen beschrieben sind, zum Beispiel Gaillac, Clairette de Die, Bourgogne mousseux.

Oben: Eine gewisse Kenntnis der Weinqualitäten ist bei einer solchen Auswahl wünschenswert. Unten: Champagner-Etikett.

Das deutsche Weingesetz unterscheidet Schaumwein, Qualitätsschaumwein oder Sekt und Qualitätsschaumwein oder Sekt bestimmter Anbaugebiete. Während beim einfachen Schaumwein nur ein Mindestdruck von 3 bar bei 20°C vorgeschrieben ist, werden bei den beiden höheren Klassen gewisse Ansprüche an die Qualität gestellt. Die beiden Klassen unterscheiden sich durch die Herkunft der Grundweine. Qualitätsschaumwein oder Sekt muss 9 Monate gelagert und eine der Qualitätsweinprüfung entsprechende Prüfung erfolgreich bestanden haben, was durch die Prüfungsnummer auf dem Etikett dokumentiert wird. Bei Qualitätsschaumweinen bestimmter Anbaugebiete müssen die Grundweine aus einem der Qualitätsweinbaugebiete Deutschlands stammen. Ein geringer Teil der deutschen Sektproduktion besteht aus Lagensekten, die den Namen einer bestimmten Lage auf dem Etikett tragen.

In Italien gilt die Denominazione di origine controllata für Schaumweine, deren Grundweine in einem D.O.C.-Gebiet gewachsen sind. Einen besonderen Schutz genießt der Asti Spumante, der einzig und allein aus Moscato d'Asti hergestellt werden darf.

Junger Wein – alter Wein

Junge Weine schmecken frisch, sind dafür in manchen Fällen aber eckig, kantig und unfertig. Alte Weine sind bekömmlicher, würdiger, können aber auch müde und matt wirken. Bei der Entscheidung für den einen oder anderen helfen Kriterien, die jeder interessierte Weinfreund kennen sollte.

In früheren Zeiten musste ein Wein älter werden als heute, um genießbar zu sein. Erst die moderne Kellertechnik hat es ermöglicht, dass Weine früh trinkfertig werden. Der Trend geht zum jungen, spritzigen Wein und gipfelt in der Begeisterung für den allerjüngsten, den Beaujolais Nouveau oder Primeur, zu dessen Ruhm sogar alljährlich eine Ralley von Mâcon nach London veranstaltet wird. Auch der Federweiße, noch gärender Most, der früher nur in den Weinbaugebieten angeboten wurde, hat überall Freunde gefunden.

Wie im Eingangskapitel schon erwähnt, durchläuft jeder Wein Entwicklungsstadien, auch wenn er auf die Flasche gefüllt ist. Was die Entscheidung für diesen jungen oder für jenen älteren Wein so schwer macht, ist die unterschiedliche Lebenserwartung der Weine. Je früher ein Wein trinkfertig ist, desto kürzer ist sie. Ein Wein, der gut altert, schmeckt in der Jugend noch nicht.

Doch wovon hängt die Lebensdauer eines Weines genau ab? Das Gerüst oder der Extrakt eines Weines und damit die Lebensdauer hängen von der Rebsorte ab, aber auch von dem Jahrgang, in dem die Trauben reif wurden. Außerdem spielt die Art des Ausbaus eine Rolle. Die Rebsorten mit der höchsten Qualität sind Spätburgunder und Riesling. Beim Cabernet Sauvignon wie bei anderen gerbstoffreichen Bordeaux-Rotweinsorten verzögert sich die Reife, so dass diese Weine relativ spät trinkfertig werden. Burgunderweine kann man nach etwa 5 Jahren genießen, einige hochwertige Bordeauxweine erst nach etwa 10 bis 20 Jahren.

Der Jahrgang beeinflusst die Lebensdauer, da vollreifes Lesegut mit entsprechend hohem Mostgewicht langlebige Weine ergibt. Die Ausbaumethode spielt insofern eine Rolle, als Sauerstoff die Weine früher reifen und auch altern lässt. In nördlichen Weinbaugebieten achtet man beim Weinausbau darauf, dass möglichst wenig Sauerstoff an Most und Wein gelangt. Der sogenannte reduktive Ausbau (Seite 29) sichert die Frische.

Die Jungen, Leichten

Abgesehen von den unfertigen Sausern, Bitzlern, Federweißen und wie sie alle heißen mögen, sind die jüngsten Weine die roten Primeurs, die 6 Wochen nach der Lese schon auf dem Tisch stehen. Sie kommen heute nicht mehr ausschließlich aus dem Beaujolais, sondern auch aus anderen Anbaugebieten Frankreichs und Italiens. Berühmte junge Weißweine

Soll man lieber jungen oder alten Wein trinken?

Diese Frage lässt sich nicht mit einem Satz beantworten.
Ein Beispiel: Wer einen Wein zum Picknick im Freien sucht, der gut gekühlt vor allem Durstlöscher sein soll, der greife zu einem jungen, spritzigen Tropfen. Wer zum Festmahl mit Braten seinen Gästen etwas Erlesenes vorsetzen will, soll nicht nur auf den Preis, sondern auch auf das Alter des Weines achten. Hier passt vielleicht ein reifer, schön ausgewogener Tropfen besser als ein jugendlicher.

Ehrwürdiger Kellerschimmel überzieht diese alten Flaschen im Keller von Schloss Johannisberg.

sind zum Beispiel der österreichische Heurige und der direkt von der Hefe abgefüllte Muscadet aus Westfrankreich. Ganz allgemein sind leichte, alkohol- und säurearme Tafelweine am ehesten trinkfertig, altern aber rasch. Ihre Lebensdauer überschreitet selten 2 Jahre, dann sind sie matt. Ihre Lebenskraft aus Alkohol und dem Gerüst aus Säure und Süße ist schnell verbraucht.
Auch Roséweine werden wegen ihres geringen Gerbstoffgehaltes, der andererseits ihren besonderen Charme ausmacht, nicht alt.
Folgende Weine sollten im allgemeinen nicht älter als 3 Jahre werden: Grüner Veltliner, Müller-Thurgau, Silvaner, die meisten Schweizer Weißweine, Trollinger, Portugieser, Gamay, leichte italienische Rotweine wie Lambrusco, Bardolino, Valpolicella und Kalterersee, sowie Weine aus dem Languedoc und der Provence.

Die Edlen, Vollreifen

In der mittleren Kategorie sind alle gehobenen Tischweine zu finden. Sie brauchen einige Zeit, um alles zu zeigen, was in ihnen steckt. Rieslinge gehören zu den wenigen Weißweinen, die sich erst nach längerer Zeit entfalten. Je höher die Qualitätsstufe, desto später: Spätlesen zum Beispiel zwischen ihrem 5. und 10. Jahr.

Etikett eines A.C.-Weines.

Dieses alte Etikett aus Schloss Johannisberg wurde vom Kellermeister handsigniert.

In die mittlere Altersklasse fallen vor allem die gehaltvolleren Rotweine, außer den schon erwähnten Burgundern und edlen Bordeauxweinen brauchen auch die Weine der Côtes du Rhône eine gewisse Lagerzeit, ebenso die edlen Piemonteser Rotweine wie Barbera und Barbaresco, die höher qualifizierten Chianti classici und die Super-Toscaner, zum Beispiel der Sassicaia. Ganz allgemein benötigen alle Weine aus Cabernet Sauvignon, Merlot, Nebbiolo, Sangiovese oder Syrah, zum Beispiel der australische Shiraz ein paar Jahre Zeit, bis sie den vollen Genuss bringen.

Die Alten, Ehrwürdigen

Das höchste Lebensalter unter den nicht mit Alkohol verstärkten Weinen erreichen Riesling Trockenbeerenauslesen – sie können 100 Jahre alt werden – sowie die Burgunder- und Bordeauxweine der höchsten Qualitätsklassen, wobei die Bordeauxweine wegen ihres höheren Gerbstoffgehaltes noch älter werden.
Besonders gut altern die mit Alkohol aufgespriteten Weine wie Sherry, Madeira, Samos und Marsala. Eine Kuriosität in dieser Hinsicht ist der Gelbwein (Vin jaune) aus dem französischen Jura. Man kann ihn wie Sherry praktisch unbegrenzt aufbewahren, doch ist er nicht wie dieser mit Alkohol verstärkt. Eine dünne Schicht aus Hefepilzen schützt ihn während der Fassreife vor Oxidation, und das Holz gibt außerdem seine Gerbstoffe an den Wein ab (siehe auch Seite 29).
Zu alte Weine werden firn, schließlich matt, ausdruckslos, tot.
Keine Alterung auf der Flasche benötigen Schaumweine. Sie sind bei ihrer Abfüllung trinkreif.

Die Auskunft des Etiketts

Eine verschlossene Flasche auf dem Regal gibt das Geheimnis ihres Inhalts nicht preis, es sei denn, man öffnet sie und probiert. Diese Möglichkeit ist nicht immer gegeben. Den einzigen Aufschluss erhält man durch das mehr oder weniger ansprechend gestaltete Etikett, das jede Weinflasche nach dem Gesetz tragen muss. Was das Etikett verrät und was es verschweigt, muss jeder wissen, der auf eigene Faust Wein einkaufen will.
Weinetiketten gibt es seit dem vorigen Jahrhundert. Sie sollen über den Inhalt der Flasche möglichst genau und absolut wahrheitsgemäß Auskunft geben. Ein Etikett muss den gesetzlichen Regelungen entsprechende Angaben tragen, wobei sogar die Schriftgrößen in ihrem Verhältnis zueinander festgelegt sind. Dieser Aufschrift kommt heutzutage noch mehr Bedeutung zu als früher, da ein nicht unerheblicher Teil der Weine in Selbstbedienungsläden gekauft wird, in denen das Sortiment wegen der starken Nachfrage seit ein paar Jahren beträchtlich erweitert wurde. Das Etikett kann die Weinprobe nicht ersetzen, doch ist es allemal ein wichtiger Helfer auf dem Weg zur Weinkennerschaft.
Im Zuge der EU-Harmonisierung sind die Vorschriften einander angeglichen worden. So darf der Verschnittanteil in jedem Wein, was die Rebsorte, den Jahrgang und die Lage betrifft, höchstens 15 Prozent betragen, das heißt, 85 Prozent des Weines müssen den Angaben auf dem Etikett entsprechen.
Das erste Augenmerk sollte neben dem Preis der Qualitätsstufe gelten, die auf jedem Etikett angegeben ist. Für den täglichen Bedarf wird man unter den deutschen und österreichischen Weinen einen Qualitätswein oder Kabinett wählen, unter den französischen einen A. C. oder V.D.Q.S.-Wein ohne zusätzliche Prädikate, unter den italienischen einen mit D.O.C. Die Spannweite dieser groben Klassifizierung ist jedoch zu groß, um eine Weinwahl allein nach diesem Kriterium zu ermöglichen.

Die Herkunftsbezeichnung

Der Weinname ist in den meisten Fällen identisch mit der Herkunftsbezeichnung oder einer Rebsorte, es kann aber auch wie bei den Markenweinen und Schaumweinen ein Fantasiename sein.

In manchen Fällen steht die Rebsorte auch neben der Herkunftsangabe auf dem Etikett.
Für alle Herkunftsangaben gilt: Je genauer, desto höher ist die Qualität des Weines.

... in Frankreich
In Frankreich ist die Herkunftsangabe mit der Appellation contrôlée verbunden. Appellation Bourgogne contrôlée weist auf einen einfacheren Wein hin, während die Angabe einer Lage (Clos, Climat), wie zum Beispiel Corton, auf einen Wein höchster Qualität hinweist. Leider gelten in Frankreich für jede Region leicht voneinander abweichende Bezeichnungen in der Hierarchie der Ursprungsangaben, so dass der Laie zuerst einmal verwirrt reagiert. In den Abschnitten über die Weinbaugebiete und im Nachschlageteil wird noch einmal gesondert darauf eingegangen.
In Frankreich gibt es eine Ausnahme: Bei den elsässischen Weinen wird meist statt einer Ortsbezeichnung die Rebsorte angegeben, so dass der Einkäufer von der Qualität dieser Sorte auf Geschmack und Güte des Weines schließen kann.

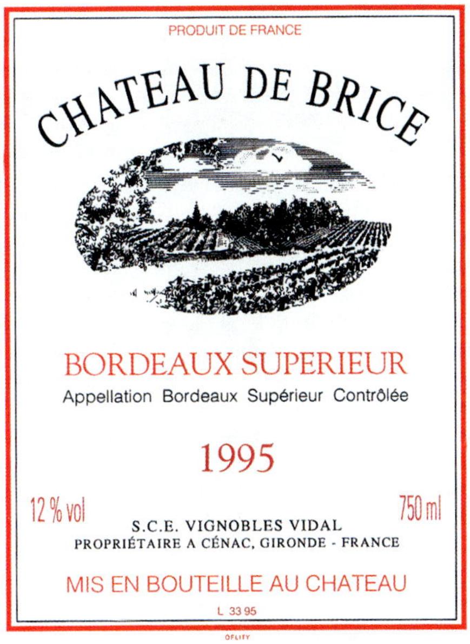

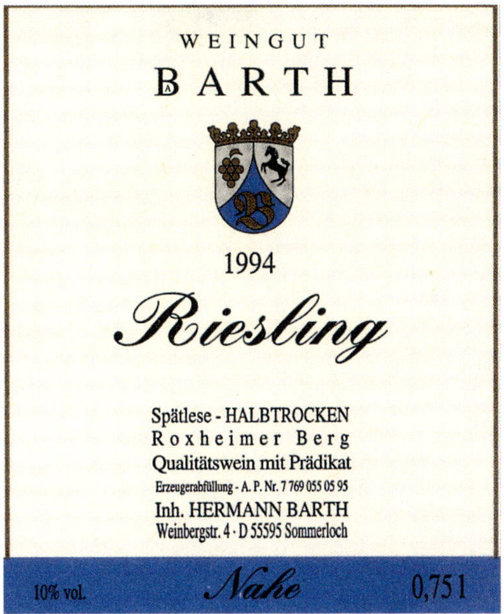

Oben: Etikett eines französischen A.C.-Weines, der im Weingut selbst abgefüllt wurde.
Unten: Etikett eines deutschen Qualitätsweines mit dem Prädikat Spätlese.

... in Deutschland
In Deutschland stellen sich die Qualitätsweine – und um solche handelt es sich fast ausschließlich – mit den Namen ihrer Gemeinde (zum Beispiel Bernkasteler), ihrer Lage (zum Beispiel Doctor) und ihrer Rebsorte (zum Beispiel Riesling) vor. Außerdem ist auf jedem Etikett eines der 13 bestimmten Weinbaugebiete angegeben. Die Angabe des Weinbaugebietes sagt schon etwas über die Art des Weines aus, jedoch nicht über die Qualität, denn in jedem der 13 Gebiete gibt es edle und einfachere Tropfen. Wichtig ist, ob es sich bei der Lage um eine Einzellage handelt oder um eine Großlage. Eine Großlage ist aus mehreren Rebparzellen ähnlicher Beschaffenheit zusammengefasst, die Einzellage umfasst nur eine einzige Parzelle. Spitzenlagen sind immer Einzellagen. Ob es sich um eine Groß- oder Einzellage handelt, ist aus dem Etikett nur mit Hilfe eines Lagenverzeichnisses ersichtlich.
Außerdem ist noch die Rebsortenangabe zu beachten, die immer vorhanden ist, wenn ein Wein zu mindestens 85 Prozent aus dieser Sorte stammt. Die Qualität der Rebsorte bestimmt neben der Qualität der Lage entscheidend den Wert des Weines, doch ist hierbei zu beachten, dass manche Rebsorten in dem einen Gebiet wertvollere Weine hervorbringen als in einem anderen. Zum Beispiel ergeben Müller-Thurgau und Silvaner in Franken Spitzenweine, was anderswo nicht unbedingt der Fall ist. Das mag zunächst verwirrend klingen, doch kann man sich darauf verlassen, dass eine gute oder hervorragende Lage immer mit der Rebsorte bepflanzt ist, die hier optimale Ergebnisse bringt. Man sollte also die Lage vor der Rebsorte beachten, wenn man nicht eine ganz spezielle Vorliebe, etwa für Riesling oder Trollinger, hegt.

... in Österreich
In Österreich wurde das Bezeichnungsrecht 1999 an das EU-Recht angepasst und entspricht seitdem den Vorschriften in den anderen europäischen Ländern. Es wurden größere Weinbaugebiete geschaffen, die auf den Etiketten von Qualitätsweinen verzeichnet sein müssen. Alle kleineren Einheiten wie Großlagen, Gemeinden und Riede (Einzellagen) dürfen nur angegeben sein, wenn der Wein zu 85 Prozent daraus stammt, sind bei Landweinen jedoch verboten. Eine Rebsorte wird angegeben, wenn der Wein zu 85 Prozent daraus gekeltert wurde, bei zwei Rebsorten müssen es 100 Prozent sein.

... in der Schweiz
Die Schweiz, die für ihre relativ teuren, qualitativ einwandfreien Weine bekannt ist, gibt selten Lagennamen an, dafür umso häufiger die Rebsorte, die wie anderswo Orte und Lagen (im Wallis)

der Appellation contrôlée unterliegen. Dazu gehören die Weißweine Fendant (Chasselas), Johannisberg (Sylvaner) und die Rotweine Dôle (reiner Spätburgunder oder mindestens 80 Prozent Spätburgunder und Gamay) und Pinot Noir. Roséweine aus 100 Prozent Spätburgunder tragen die Bezeichnung Oeil de Perdrix. Die Appellationen im Waadt, in Genf und Neuenburg beziehen sich auf Orte. In der Schweiz sind auch Markennamen üblich.

... in Südeuropa

Die Italiener benennen ihre Weine entweder nach dem Ort in Verbindung mit einer Rebsorte oder mit der Rebsorte allein, manchmal auch mit Markennamen. Dass das eine oder andere ein besonderes Qualitätsmerkmal ist, kann man nicht behaupten. Hier hilft nur ein Blick auf die Qualitätsstufe und Ausprobieren und Notieren. Früher waren die norditalienischen Weine den süditalienischen weit überlegen, doch heute holen zum Beispiel die Inseln Sizilien und Sardinien auf.
Das Gleiche gilt für Spanien, Portugal und viele andere Mittelmeerländer. Die mehr oder weniger einfachen, trockenen, preiswerten Tropfen sollte man entweder im Land selbst oder auch auf gut Glück zu Hause durchprobieren. Man macht dabei die eine oder andere liebenswerte Entdeckung, und es ist kein großer Kapitaleinsatz notwendig. Ein wichtiger Hinweis ist immer die Qualitätsbezeichnung.

... beim Schaumwein

Bei Champagner und Schaumweinen herrschen die Firmen- und Markennamen vor, die gleichbleibende Qualität garantieren. Jeder kennt Namen wie Heidsieck, Pommery, Deinhard. Der Preis sagt einiges über die Qualität aus. Die Geschmacksart ist aus den Bezeichnungen brut (extra dry) – sec – demi-sec zu entnehmen. Gebiets-, Lagen-, Jahrgangs-, Winzer- und Rieslingsekte in Deutschland gehören allesamt einer gehobenen Qualitätskategorie an (siehe auch Seite 42).

Der Hinweis auf den Erzeuger ist wichtig, denn der Kellermeister trägt entscheidend zur Qualität des Weines bei.

Das Geburtsdatum

Aus der Jahrgangsangabe geht nicht nur das Alter des Weines hervor, sie kann unter Umständen auch einen Hinweis auf die Qualität liefern. Weine, die zum überwiegenden Teil aus dem Lesegut eines Jahrgangs stammen, tragen eine entsprechende Angabe auf dem Etikett, die allerdings nicht obligatorisch ist. Fehlt diese Angabe, handelt es sich meistens um Verschnittwein aus verschiedenen Ernten. Es sind mit wenigen Ausnahmen (zum Beispiel Sherry und Portwein) keine hochqualifizierten Gewächse.
Zunächst einmal sagt die Jahrgangsangabe etwas über das Alter des Weines aus. Je besser der Jahrgang war, desto älter darf der Wein in den Grenzen der anderen Gegebenheiten – Rotwein oder Weißwein, Rebsorte, Herkunft – sein. Über die Haltbarkeit der Weine steht Ausführlicheres im vorhergehenden Abschnitt über junge und alte Weine (siehe Seite 44). Eine zweite, mindestens ebenso interessante Information liefert die Jahrgangsangabe: Sie sagt in den nördlichen Gebieten wie Deutschland, Frankreich, Österreich, Schweiz und Südtirol viel über die Qualität des Weines aus. War der Wetterablauf ungünstig, sind die Ernten gering und die Qualitäten schlecht ausgefallen. Es gibt aber auch Jahre mit hohen Erträgen und dünnen Weinen, und die guten Jahre haben nicht immer viel Wein hervorgebracht. Wie schon im Kapitel »Vom Klima und den Jahrgängen« (siehe Seite 14) beschrieben, kommt es auf viele Wetterfaktoren an, die entweder zum Teil oder gemeinsam auftreten. Generelles zu sagen, ist unmöglich, da das Wetter in der gemäßigten Zone Mitteleuropas von Land zu Land, oft von Tal zu Tal verschieden sein kann. Die Qualität der letzten Jahrgänge ist in einigen Abschnitten über die Weinbaugebiete angegeben.
Schaumweine tragen im Allgemeinen keine Jahrgangsangabe. Ist sie jedoch vorhanden, deutet das auf einen besonderen Charakter des Getränks hin, da die Schaumweinhersteller sie nur in guten Jahren auf den Markt bringen. Jahrgangschampagner wird 3 Jahre gelagert, ehe er verkauft wird. Er wird fast ausschließlich in der herbsten Geschmacksrichtung (brut) hergestellt, da sie den Charakter des Grundweines, der aus einem besonders guten Jahrgang stammt, am besten zur Geltung bringt.
Entsprechend kann man bei Jahrgangsportwein mit hoher Qualität rechnen. Er unterliegt strengen Vorschriften: 2 Jahre Fassausbau und 5 Jahre Flaschenlager unter staatlicher Kontrolle.

Erzeuger oder Abfüller

Die unterste Zeile des Etiketts ist für den Weinfreund besonders interessant: Ob der Wein in der Nähe seines Entstehungsortes oder fernab davon in einer Großkellerei ab-

Wie hier in Gumpoldskirchen verfügen viele Kellereien über eine Schatzkammer mit alten Weinen.

gefüllt wurde, ist aus der gesetzlich vorgeschriebenen Angabe der Abfüllfirma und ihres Firmensitzes ersichtlich. Die Erzeugerabfüllung kann auf höhere Qualitäten hinweisen, denn dort wird der Wein auf individuelle Weise gepflegt und ausgebaut. Der Erzeuger steht mit seinem Namen für die Qualität ein. Die Angabe einer Winzergenossenschaft bedeutet ebenfalls sorgfältige Weinbehandlung, denn sie verarbeitet das Lesegut ihrer Mitglieder getrennt nach Sorten und Lagen und berät die Winzer auch beim Anbau. So kann mancher Wein gehobener Qualität erzeugt werden, den ein einzelner Winzer wegen der eingeschränkten Möglichkeiten eines Kleinbetriebs gar nicht realisieren könnte. Den Begriff Erzeugerabfüllung gibt es auch in der Provinz Bozen.

In Frankreich bezeichnet man im Erzeugerbetrieb abgefüllte Weine mit Mise en bouteilles à la propriété, Mise en bouteilles au domaine oder Mise du domaine, Mise d'origine (nur für A.C. und V.D.Q.S.) und Mise en bouteilles au château (vor allem im Bordelais). Kleine Winzer, zum Beispiel im Burgund, vertrauen ihre Jungweine häufig einem Händler an, da die Betriebe zu klein sind, um Erzeugung und Abfüllung selbst vorzunehmen. Die Händler (Négociants-Éleveurs), die oft eine hohe Reputation genießen, bauen die Weine aus und füllen sie auch ab. Der Weinkäufer kann ihrem Namen ebenso vertrauen wie dem des Gutsbesitzers selbst. Der Ausdruck Mise en bouteilles par les producteurs réunis weist auf die Abfüllung durch eine Winzergenossenschaft hin.

Auf Champagneretiketten stehen neben der Erzeugernummer zwei Buchstaben. Sie bedeuten: N. M. von einem Champagnerhaus bereitet, M. A. Handelsmarke, wobei der Markeninhaber der Kunde und nicht der Hersteller ist, R. M. Herstellung durch einen Winzer der Champagne, C.M. Herstellung durch eine Winzergenossenschaft, R. C. Genossenschaftswinzer, der Grundweine oder fertigen Champagner von der Genossenschaft erhält, S.R. Herstellung durch eine Winzervereinigung, N. D. Vertriebsgesellschaft, die Champagner fertig aufkauft und etikettiert, R. Winzer, der keiner Genossenschaft angehört und seine Grundweine an ein Champagnerhaus abliefert.

In Österreich muss der Erzeuger (Hauer), der Abfüller mit Namen und Firmensitz angegeben sein, wobei »abgefüllt durch...« auf den Abfüller selbst hinweist und »abgefüllt für...« Lohnabfüllung bedeutet. In der Schweiz wird die Kellerei (Cave) genannt, die den Wein abgefüllt hat, Mise en bouteilles au domaine deutet auf eine Erzeugerabfüllung hin.

Die italienischen Bezeichnungen für den Abfüllbetrieb heißen: Imbottigliato dal produttore beziehungsweise all'origine (Erzeugerabfüllung), Imbottigliato al castello (Schlossabfüllung), Imbottigliato alla fattoria (Abfüllung auf dem Weingut), Imbottigliato alla cantina (Kellereiabfüllung), Imbottigliato nella zona origine (Abgefüllt im Anbaugebiet). Als Qualitätshinweis gilt die Angabe des Weinerzeugers.

Entsprechende Regelungen gibt es auch in den übrigen europäischen Ländern, wobei die osteuropäischen Länder ihre Verordnungen zunehmend dem übrigen Europa anpassen.

Bei Sherry, Port und Madeira bürgt der Name der Handelsfirma, die den Verschnitt vornimmt, für die Qualität.

In den außereuropäischen Ländern sind in der letzten Zeile entweder Erzeuger oder Handelsfirmen, oft ohne Zusatz des Ortes, genannt. Da es dort keine Qualitätsstufen im euroäischen Sinne gibt, ist die Erzeugerangabe besonders zu beachten.

Die Prüfungsnummer

In Deutschland trägt jeder Qualitätswein und Qualitätsschaumwein eine amtliche Prüfungsnummer. Die meisten Elemente dieser Nummer sind für den Weinkäufer ohne Bedeutung. Die Zahlen beziehen sich auf die Nummer der Prüfungsbehörde, eine Ortskennzahl

für den Sitz der Kellerei oder des Winzers, die Betriebszahl der Kellerei oder des Winzers und die laufende Antragsnummer. Die letzten beiden Zahlen geben das Jahr der Anstellung zur Prüfung an, die nicht mit dem Jahrgang übereinstimmen muss.
Das österreichische Weingesetz sieht ebenfalls eine staatliche Prüfnummer für Qualitäts- und Prädikatsweine vor.

Alkohol und Restzucker

In den meisten Ländern der Welt muss auf allen Weinetiketten der vorhandene Alkoholgehalt in Volumenprozent (% Vol.) ausgewiesen sein. Angaben über Restzuckergehalt (zum Beispiel »trocken«, »lieblich«) sind in Deutschland erlaubt, in Österreich dagegen vorgeschrieben, wobei diese Begriffe klar definiert sind.

Was nicht auf dem Etikett steht

Über den Geschmack des Flascheninhalts erfährt man nichts auf dem Etikett. Er verändert sich ja auch im Laufe der Flaschenlagerung. Man muss – und das macht das Studium der Etikettangaben so notwendig und interessant zugleich – sich aus den einzelnen Angaben, die teils vorgeschrieben, teils erlaubt sind, ein Bild machen. Das gelingt umso besser, je öfter man Weine verkostet und die Geschmackseindrücke mit den Angaben vergleicht.

Oben: Das deutsche Weinsiegel. Unten: Das Gütezeichen Franken.

Ist deutscher Wein ohne Siegel minderwertig?

Keinesfalls. Er kann die Eigenschaften eines »besiegelten« oder prämierten Weines haben. Die Prüfung ist freiwillig, und kein Betrieb ist verpflichtet, seine Weine einzureichen.

Siegel, Marken, Gütezeichen

Um das Etikett herum gibt es eine Fülle von Halsschleifen, runden Aufklebern, Rückenetiketten, deren Bedeutung für die wirkliche Qualität äußerst unterschiedlich ist.
Am untersten Ende der Skala stehen in allen Ländern die Aufkleber, die lediglich die Herkunft garantieren. Je edler Herkunftsort oder Gebiet, desto wertvoller die Marke. Eine achteckige Marke mit einer Bereichsbezeichnung – zum Beispiel Bereich Südliche Weinstraße – sagt jedoch auch nicht mehr aus als die Herkunftsangabe auf dem Etikett.
Frankreich kennt nur das Garantieschildchen für die V.D.Q.S.-Weine, das ihre Qualitätsklasse bezeichnet.
Die zahlreichen italienischen Schutzsiegel bestätigen ebenfalls die Herkunft. Am bekanntesten ist bei uns der schwarze Hahn (Gallo Nero) für Chianti classico und der Putto, der für Chianti rund um die Classico-Zone reserviert ist.
Das Portweinsiegel garantiert Originalabfüllung.

Die Amtlichen

Interessanter für den Käufer sind die amtlichen Gütesiegel. Sie setzen eine erneute Verkostung und Bewertung voraus. Der deutsche Käufer verbindet mit dem Begriff »Qualitätssiegel« sofort das auffällige rote Weinsiegel. Es wird an Qualitätsweine verliehen, die auf Antrag nach Erhalt der amtlichen Prüfungsnummer einer weiteren Sinnenprüfung unterzogen wurden und mehr Punkte erhalten haben als für die Prüfungsnummer notwendig wäre. Das entsprechende Weinsiegel in Gelb kam später hinzu; es signalisiert einen trockenen Wein. Das letzte Glied dieser Kette ist das Weinsiegel in Grün, das auf einen halbtrockenen Wein hinweist. Das älteste, das rote Siegel, erhalten milde oder liebliche Weine.
Noch höhere Punktzahlen müssen die Weine bei der Prüfung für das badische Gütezeichen erreichen. Sie dürfen nur in 0,75-Liter-Flaschen abgefüllt werden und müssen trocken sein.
Das Gütezeichen Franken ist das jüngste Qualitätssiegel. Es ist seit 1981 zugelassen und wird nach zusätzlicher Analyse und Sinnenprüfung beim Vorhandensein strenger Qualitätskriterien verliehen. Der Restzucker ist begrenzt. Das grüne Gütezeichen wird halbtrockenen, das gelbe trockenen Frankenweinen verliehen. Ein Siegel für milde Weine gibt es nicht.
Noch höhere Anforderungen gelten bei den Gebietsweinprämierungen. Ob die Auszeichnung Kammerpreismünze, Medaille oder einfach Preismünze heißt, ob sie in Gold, Silber oder Bronze in Form einer so genannten Halsschleife aufgeklebt oder ins Etikett eingedruckt wird – immer handelt es sich um Weine, die mit noch höherer Punktezahl über der amtlichen und der Weinsiegelprüfung liegen. Die bei diesen Prämierungen ausgezeichneten Weine dürfen dann zur Bundesweinprämierung eingereicht werden, bei der die Deutsche Landwirtschaftsgesellschaft (DLG) wiederum einen bronzenen, silbernen und Großen Preis verleiht. Einen Ehrenpreis kann ein Betrieb für seine Gesamtleistung erringen. Er erscheint auf keiner Flasche, da ja auch kein einzelner Wein dafür geprüft wurde.
Zu verwirrend? Fassen wir zusammen. Die Hierarchie ist klar: Am unteren Ende der Skala steht das Weinsiegel, ganz oben der Große Preis der DLG.
In Österreich gibt es ebenfalls Gütesiegel, die auf geprüfte höhere Qualität hinweisen. Aus der Vielzahl der teilweise regionalen Marken und Medaillen können hier nur einige wenige herausgegriffen werden.

Aufkleber der DLG-Prämierung.

In allen Weinbauregionen (Bundesländern) gibt es offizielle Landesprämierungen, bei denen auf Antrag Weine nach Verkostung bewertet und mit Medaillen versehen werden. Die Sieger der Landesprämierungen nehmen nach einem bestimmten Schlüssel am »Salon österreichischer Wein» teil, der seit 1988 alljährlich in Krems stattfindet. In 17 Kategorien (nach Rebsorten und Qualitätsstufen gestaffelt) wird je 1 Bundessieger ermittelt, der ein Zusatzetikett bekommt.
Überregionale Bedeutung hat die Marke Vinobilitas einer Arbeitsgemeinschaft von 6 Herrschaftsweingütern, Adelssitzen und Stiften, die ebenfalls nach zusätzlicher Prüfung verliehen wird.
Daneben existieren Auszeichnungen örtlicher Veranstaltungen, Marken für bestimmte Weine, das Wiener Weinsiegel und das Siegel »Direkt vom Weinbau- und Kellermeister«. Das Wiener Weinsiegel gilt als Garant für einen typischen, sauberen Wiener Wein; das letztgenannte wird von einer Arbeitsgemeinschaft qualitätsbewusster Betriebe nach Prüfung an niederösterreichische Weine vergeben.
Einfacher ist das Prämierungssystem in der Schweiz. Hier gibt es keine amtlichen Qualitätsklassen. Man hat sich hier auf die Schutzzeichen Attestierter Winzer-Wy und Viti (Vini ticinesi) beschränkt. Das erste bestätigt eine unverschnittene Erzeugerabfüllung, ein bestimmtes Mindestmostgewicht und eine Mindestpunktzahl, das zweite gilt für qualitativ wertvolle Merlot-Rotweine aus dem Tessin. Bei den anderen europäischen Ländern gibt es Prämierungen in diesem Sinne nicht.

Rückenetiketten

Auf Rückenetiketten findet man Geschmacksangaben, Servierhinweise, Skizzen vom Weinbaugebiet und anderes, was auf den gesetzlich streng geregelten Hauptetiketten nicht stehen darf. Eine Besonderheit ist das deutsche Rückenetikett, das Diabetikern die für sie notwendigen Analysewerte angibt, mit dem Zusatz: »Für Diabetiker geeignet, nur nach Befragen des Arztes«, wenn der Wein bestimmte Restzucker-, Alkohol- und Schwefelwerte nicht überschreitet.

Das Ergebnis fachmännischer Prüfungen erscheint auf dem Etikett – dem Verbraucher hilft es bei der Auswahl.

Der gute Einkauf

Wein ist heute auch abseits der Weinbaugebiete zum Volksgetränk geworden, und entsprechend haben sich die Einkaufsquellen vermehrt. Vorteil: Wein gibt es an jeder Ecke. Nachteil: Der Unerfahrene weiß oft nicht, wohin er sich wenden soll. Ein Überblick tut daher Not.
Prestige genießt derjenige im Freundeskreis, der es immer wieder versteht, neue Weinquellen zu erschließen und seine Mitwelt mit interessanten Entdeckungen zu überraschen. Die Möglichkeiten, Wein zu kaufen, ob mit oder ohne Beratung und Verkostung, sind außerordentlich zahlreich: beim Winzer selbst, auf Ausstellungen, Messen und Weinmärkten, im Weinbaugebiet oder in den Wein-Boutiquen, Wein-Fachgeschäften, Lebensmittelgeschäften und Supermärkten am Ort des Verbrauchers sowie durch Versand, per Auftrag oder nach einem Vertreterbesuch zu Hause.

Beim Winzer

Beginnen wir bei der Quelle aller Quellen – dem Winzer. Für den Einkauf direkt beim Erzeuger kommen nur Winzer in Frage, die ihre Kunden selbst beliefern, die so genannten Selbstmarkter, denn bei weitem nicht alle verkaufen direkt an den Verbraucher. Viele liefern ihr Traubengut bei der Genossenschaft ab und keltern nicht selbst, andere verkaufen ausschließlich an den Handel oder die Gastronomie.
Billiger bekommt man den Wein allerdings an der Quelle nicht. Die Selbstmarkter verkaufen ihre Erzeugnisse im Allgemeinen zu Endpreisen. Sie wollen damit dem Handel seine Chance lassen. Die Erfahrung lehrt jedoch, dass man an Ort und Stelle häufig sehr guten Wein bekommt. Ein weiterer Vorteil besteht darin, dass man den Wein im Angesicht der Weinberge probieren und vom Winzer viel Interessantes über seinen Ursprung und seine Herstellung erfahren kann. Der Einkauf ist häufig auch an Wochenenden und abends möglich.
Der Transport im eigenen

Wagen ist bei den nach modernen Kellermethoden ausgebauten Weinen unproblematisch. Allerdings sollte man dem Wein nach der Reise etwas Zeit zum Ausruhen lassen, nach einer kurzen Reise einige Tage, nach längeren Fahrten Wochen. Kostbaren Weinen sollte man 6 Wochen Ruhe gönnen.

Wer keine Möglichkeit hat, den Wein selbst mitzunehmen, lässt ihn sich am besten per Bahnfracht schicken. Geld spart derjenige, der seine Weinkiste selbst am Bahnhof abholt. Die Zustellung kostet extra. Vorsichtige notieren sich die amtliche Prüfungsnummer des beim Winzer verkosteten Weines und vergleichen sie mit dem Etikett der gelieferten Sendung.

Der Einkauf bei einer Winzergenossenschaft hat den Vorteil, dass man ein breiteres Angebot vorfindet als beim einzelnen Winzer.

Beim Einkauf im Ausland sollte man sich vorher um eventuelle Zollvorschriften kümmern. Import aus EU-Ländern ist billiger als der aus Drittländern.

Weinschenken im Anbaugebiet

An Ort und Stelle probieren kann man auch in den Strauß-, Besen- oder Heckenwirtschaften, in Buschenschenken oder Heurigen, das heißt einfachen ländlichen Weinschenken direkt auf dem Gelände des Winzers, die oft nur aus ein paar Bänken und Tischen im Hof oder in den Wirtschaftsgebäuden bestehen.

Ein Sonderfall sind die großen Wiener Heurigen, die so genannten Nobelheurigen mit Musik und Gesang, zu denen alljährlich Tausende von Touristen pilgern. Doch gibt es auch in Wien noch

Oben: Heurigentafel im Wiener Weinort Grinzing. Wer geöffnet hat, zeigt dies durch einen »ausg'steckten« Kiefernbusch an.
Unten: Auch deutsche Straußwirtschaften haben alte Tradition.

den einfachen Heurigen, wo man in der Stille den Wein wirklich genießen kann. In Österreich ist diese Art von Weinschenken weit verbreitet, man findet sie allerdings auch in deutschen Weinbaugebieten, gekennzeichnet durch den »ausgesteckten« Besen aus Zweigen oder einen Kranz.

Die Gesetze sind in Deutschland und in Österreich ähnlich: Wichtig ist, dass ausschließlich Eigenbauwein ausgeschenkt werden darf und dass die Betriebsdauer in jedem Fall begrenzt ist (in Deutschland 4 Monate genehmigungsfrei, in Österreich 300 Tage). Es dürfen nur einfache landesübliche Speisen gereicht werden. Neben kalten Platten sind aber auch kleine warme Gerichte zulässig.

Weingeschäfte aller Art

Das Wein-Fachgeschäft, oft mit Delikatessenhandel gekoppelt, war in früheren Zeiten die Hauptbezugsquelle für Wein abseits vom Erzeugergebiet. Man kaufte in »seinem Geschäft«, der Fachhändler kannte den Geschmack des einzelnen Kunden, ging auf seine Wünsche ein und beriet ihn persönlich. Diese Geschäfte gibt es heute noch, allerdings hauptsächlich in größeren Städten. Sie werden höchsten Ansprüchen gerecht.

Heute hat sich die Schar der Weintrinker außerhalb der Weinbaugebiete vervielfacht. Junge Menschen mit geringen Weinkenntnissen, Hausfrauen und Berufstätige aller Altersgruppen suchen vermehrt nach preiswerten Tropfen für den täglichen Konsum. Sie finden sie in den Wein-Boutiquen und bei Weinhändlern, die direkt ab Lager verkaufen. Sie bieten Kostproben und stellen auch zu. Sie sind hauptsächlich in größeren Städten und ihrem Umkreis anzutreffen. Einige haben sich auf bestimmte Länder spezialisiert, aus denen sie selbst importieren, andere bieten eine breite Palette in- und ausländischer Weine an. Diese Händler sind auf ein breiteres, auch junges Publikum eingestellt und daher mit preiswerten Weinen gut bestückt. Vorteil: Bei dieser Art von Weingeschäften handelt es sich oft um Familienbetriebe, deren Inhaber sich in den von ihm betreuten Gebieten gut auskennen und gerne fachmännische Ratschläge geben.

Supermarkt und Kaufhaus

Sehr viel Wein wird heute im Selbstbedienungsladen, also im Kaufhaus, Supermarkt oder Lebensmittelgeschäft erworben. Das Angebot ist breit, neben einfachen Konsumweinen findet man zunehmend gehobene Qualität sowie Weine aus Übersee. Die starke Nachfrage hat zur Verbesserung des Angebots beigetragen. Im Kaufhaus ist heute auch fachliche Beratung möglich, Computerprogramme führen durch das reichhaltige, oft unübersichtliche Sortiment. Im Supermarkt ist man allerdings auf sich selbst angewiesen, es fehlt an fachlicher Beratung. Daher empfiehlt es sich, zunächst nur eine Flasche mitzunehmen und zu Hause zu probieren. Meistens kaufen Ladenketten in größeren Partien ein, so dass bei Gefallen mühelos nachgekauft werden kann. Wer Freude hat am Studium der Weinetiketten und des Flascheninhalts, den sie ausweisen, der kann sich hier nach Herzenslust informieren und weiterbilden.

Für Kenner und Sammler von Spitzenweinen, Raritäten und älteren Jahrgängen sind die Versteigerungen der großen Weingüter in Deutschland und Frankreich interessant. Der Kunde hat zwar Zutritt zu diesen Veranstaltungen, muss aber einen Kommissionär mit dem Ersteigern beauftragen. Weinmärkte und -messen sind zwar hauptsächlich für Wiederverkäufer bestimmt, gestatten Endverbrauchern jedoch auch Zutritt.

...und im Lokal

Die Qual der Wahl macht manchem noch nicht kundigen Weinfreund bei der Bestellung im Lokal zu schaffen. Während man in Weinstuben und Restaurants der oberen Klasse auf fachmännische Beratung vertrauen kann, ist man in einfacheren Gasthäusern auf sich selbst angewiesen. Häufig sind Weinkarten mit einer Charakterisierung der Weine ausgestattet. Dann ist es gut, wenn man sich in der so genannten Weinansprache (siehe Nachschlageteil) auskennt und weiß, welcher Wein zu welchem Essen gut passt (siehe Seite 60/61). Viele Weinfreunde neigen zu einer bestimmten Geschmacksrichtung (säurereich, mild, fruchtig oder stahlig), so wie man bestimmte Speisen bevorzugt, andere dagegen ablehnt. Eine Hilfe zur Weinwahl soll die Tabelle »Wie finde ich meinen Wein?« auf Seite 62 bieten, die Weine der größten Anbaugebiete vorstellt.

Beim Einkauf zu bedenken

Eine grundsätzliche Entscheidung muss man schon vor dem Einkauf fällen: Ist der Wein zum sofortigen Konsum oder zur längeren Lagerung im Keller bestimmt? Einfache Weine für den täglichen Gebrauch kauft man heute meist nach Bedarf in kleinen Mengen ein. Auch ihnen sollte man in jedem Fall eine kurze Ruhepause gönnen, je nachdem wie lange sie beim Transport durchgeschüttelt wurden. Für den Vorrat kauft man im Allgemeinen höherpreisige Qualitäten ein, die man beim Weinhändler seines Vertrauens oder im Erzeugergebiet erwirbt. Es gibt mehrere Gründe für die Anschaffung eines Vorrats: Zunächst einmal ist es angenehm, für alle Fälle einige gelagerte Weine im Hause zu haben, um je nach Bedarf wählen zu können. Außerdem lohnt es sich zuzugreifen, wenn ein Weinhändler vor dem Eintreffen

Glücklich derjenige, der im Urlaub eine regionale Weinhandlung, wie hier im Loire-Gebiet, aufsuchen kann.

Einkauf zu Hause und auf Veranstaltungen

Wer den Wein lieber zu Hause probiert oder keine Quelle in der Nähe hat, kann sich von Vertretern großer Kellereien oder Handelshäuser beraten lassen und in seinen eigenen vier Wänden probieren – was viele als großen Vorteil empfinden, vor allem, wenn sich keine Weinhandlung in der Nähe befindet. Preiswert ist der Wein im Allgemeinen nicht, da die Vertreter natürlich auch Geld kosten.

Auf den zahlreichen Weinfesten in den Erzeugergebieten ist jedermann willkommen. Es gibt Veranstaltungen dieser Art in nahezu allen europäischen und einigen außereuropäischen Ländern. Ihr Vorteil: große Auswahl, Probiermöglichkeit zahlreicher für das Gebiet typischer Weine in allen Preislagen. Nachteil: Die Veranstaltungen dauern nur wenige Tage und sind daher manchmal schwer mit dem Terminkalender zu vereinbaren.

des neuen Jahrgangs seine Lager räumt und daher Sonderangebote macht. Schließlich kauft man Spitzenweine billiger, wenn man sie jung erwirbt und im eigenen Keller noch nachreifen lässt. Mit hochwertigen Bordeauxweinen wird spekuliert wie mit Aktien.

Der Vorrat im Keller

Im trockenen, gut durchlüfteten Keller fühlt sich Wein am wohlsten, doch wer keinen Keller hat, braucht auf Weinvorräte nicht zu verzichten.

Eine so noble Patina müssen Ihre Weinvorräte nicht unbedingt ansetzen – genießen Sie sie auf jeden Fall rechtzeitig!

Der Raum

Wer sich einen kleineren oder größeren Weinvorrat anlegen will, muss sich über die räumlichen Gegebenheiten Gedanken machen. Je länger die vorgesehene Lagerdauer, desto besser müssen die Bedingungen beschaffen sein.
Wer seine Weine wenige Wochen bis zum Verbrauch aufbewahren will, braucht nicht unbedingt einen Keller. Die Weine sind heute stabil genug, um wenige Wochen bei einer Lufttemperatur bis zu 20 °C aufbewahrt werden zu können, wenn der Lagerraum keinen allzu großen Temperaturschwankungen ausgesetzt ist. Eine Dachkammer ist allerdings auch für die kurzfristige Aufbewahrung von Wein ungeeignet.
Bei einer Lagerung über Monate oder Jahre hinweg müssen die räumlichen Voraussetzungen dagegen günstiger sein. Wer keinen Keller hat, behilft sich mit einem ständig auf 10 °C eingestellten Kühlschrank in einer erschütterungsfreien Ecke der Wohnung. Die Anschaffung eines speziellen Weinkühlschranks mit langen Fächern und unterschiedlichen Temperaturbereichen lohnt sich, wenn häufig verschiedene Weinarten gleichzeitig gelagert werden sollen. Ein gut durchlüfteter, trockener Keller mit Temperaturen zwischen 10 und 15 °C hat sich als optimal für die Lagerung von Wein erwiesen. Vorteilhaft ist eine mittlere Luftfeuchtigkeit, denn im feuchten Keller modern die Korken, im zu trockenen schrumpfen sie schnell ein. Bei einer Lagerung in größeren Vorratsräumen sollte man unbedingt die Nähe von stark riechenden Käsesorten, Räucherwaren, Waschmitteln und auch Autoreifen meiden, da die Fremdgerüche durch den Korken in die Flaschen eindringen können.

Die Lagerung

Unbedingt notwendig ist die liegende Lagerung von Flaschen mit Naturkorkverschluss. Der Wein muss den Korken ständig umspülen, sonst trocknet dieser aus und lässt Sauerstoff in die Flasche eindringen. Sehr alte Bestände müssen nach etwa 20 Jahren umgekorkt werden.
Sherry und Port kann man stehend aufbewahren, denn sie vertragen das Eindringen von Sauerstoff. Ebenso können Weine mit Kronkorken und Schaumweine mit Kunststoffpfropfen im Weinregal stehen. Schaumweine vertragen allerdings kein weißes Licht. Sonneneinstrahlung und Neonbeleuchtung sind Gift für sie.
Ein eigenes Regal für den Weinvorrat ist sehr praktisch. Außer den herkömmlichen Holzregalen werden Kunststoffelemente angeboten, die man in gewünschter Größe zum Weineinlagern zusammensetzen kann. Auch Drainagerohre, die man in Baugeschäften erhält, eignen sich hervorragend. Allerdings muss man an ihnen eine Kennzeichnung des Inhalts anbringen, da das Etikett nur lesbar ist, wenn man die Flasche herauszieht.

Das Kellerbuch

Bei größeren Vorräten verschiedener Weinarten ist ein Kellerbuch zweckmäßig. Man bekommt solche Bücher vorgedruckt zu kaufen, doch genügt es auch, Weinnamen und Etikettangaben wie Jahrgang, Anbaugebiet, Lage, Rebsorte, Prädikat und Abfüller zu notieren, vor allem aber das Datum des Einkaufs und die Quelle, außerdem den Preis und die Gesamtzahl der erworbenen Flaschen. Interessant sind Notizen über einzelne Verkostungen, eventuell versehen mit Beurteilungen durch weitere Teilnehmer an der Weinkost. Manch einer schreibt auch dazu, zu welchem Essen der Wein besonders gut gepasst hat. Der individuellen Möglichkeiten gibt es viele, niemand ist an ein Schema gebunden.

Vom Weingenuss

Jetzt sind wir am Hauptpunkt angelangt. Was nützt die schönste Flasche, das genaueste Etikett nach dem besten Weingesetz, wenn man den Wein nicht so genießt, wie es ihm zusteht? Die komplizierten Arbeiten im Weinberg, die Künste der Kellermeister und die kluge Weinwahl sollen schließlich in dem genussreichen Ahhh! des Weintrinkers münden. Hoffentlich! Denn auch das Genießen will gelernt sein, und es wäre schade, ein liebevoll hergestelltes Getränk gedankenlos zu konsumieren.

Probieren und Bewerten

Ob Profi oder Laie – jeder kommt einmal in die angenehme Verlegenheit, Wein zu probieren, sei es beim Weinhändler oder auf einer Weinmesse zum Zweck des Einkaufs oder bei einer Weinprobe mit Freunden. Nach der Probe wird man ganz von selbst über das Erlebnis sprechen. Ahh! und Ohh! sagen nicht viel aus. Daher hat sich im Laufe der Jahre eine eigene Sprache entwickelt – die Weinansprache. Man kann seine Empfindungen jedoch auch nüchterner in Form von Punkten ausdrücken.

Der Geruchssinn spielt beim Probieren eine vielleicht noch größere Rolle als der Geschmackssinn, der ja nur Süß und Salzig, Sauer und Bitter unterscheiden kann. Schließlich wirkt der optische Eindruck auf den Probierenden. Schon Horaz hat diese drei Erlebnisse in einer Formel zusammengefasst: cos (color = Farbe, odor = Geruch, sapor = Geschmack).

Eindruck und Ausdruck

Bei einer Weinprobe sind Dinge erlaubt, die Knigge und seine Nachfolger als miserables Betragen bei Tisch einstufen würden. Der beruflich Probierende schluckt den Wein, nachdem er ihn berochen, mit Luft eingeschlürft und über die Zunge hin und hergerollt hat, nicht herunter. Er spuckt ihn wieder aus. Der Weinfreund trinkt ihn genüsslich und gibt sein Urteil ab. Was er empfunden hat, kann er mit eigenen Worten ausdrücken. Er kann sich aber auch, um sich besser verständlich zu machen, der sogenannten Weinansprache bedienen. Diese eigene Terminologie ist international üblich. Für Weinfreunde, die gern reisen, sind auf Seite 222 die wichtigsten französischen und italienischen Ausdrücke zusammengefasst. Auch die nachstehend aufgeführten deutschen Begriffe sind, da sie auf Speisekarten und Weinlisten stehen, auf Seite 220 noch ausführlicher erläutert.

Wein trinken – immer ein Erlebnis, bei dem eine Vielzahl von Geschmackseindrücken ebenso viele Stimmungen widerspiegeln kann.

Die Sinneseindrücke einer Probe fasst man in Begriffen zusammen, die allgemein bekannt und anerkannt sind. So weiß jeder Teilnehmer, was gemeint ist.

Jeder Sinneseindruck kann sich positiv wie negativ auswirken. Daher beginnt jede der folgenden Reihen mit einem negativen Eindruck, dem Minimum, das erreicht werden kann. Bei den mit einem + versehenen Wörtern beginnen die positiven Eindrücke. Da zu viel des Guten sich dann wieder ins Gegenteil verkehrt, stehen am Ende, wieder negative Geschmackseindrücke. Dabei gibt es zwei Ausnahmen: Wein kann niemals zu klar sein, und er kann nie zu wenig Restzucker enthalten, denn ein durchgegorener Wein ist trocken, aber nicht fehlerhaft.

➤ *Farbe Weißweine:* – farblos, wässrig, + hellfarbig, grünlichgelb, gelb, goldgelb, bernsteinfarben, – hochfarbig, braun

➤ *Farbe Rotweine:* – roséfarben, hellrot, + rubin, granatrot, – braunrot

➤ *Klarheit:* – blind, matt, + hell, blank, glanzhell

➤ *Geruch:* – duftlos, flüchtig, + zart, duftig, blumig, fruchtig, aromatisch, – aufdringlich

➤ *Süße:* + durchgegoren, trocken, leichte Restsüße, harmonisch, reife edle Süße, – süß, pappig

➤ *Säure:* – weich, + mild, harmonisch, rassig, herb, stahlig, – spitz, unreife Säure, ziehend, sauer

➤ *Alkoholgehalt:* – arm, + leicht, schwer, – spritig

➤ *Reife:* – mostig, gärig, unentwickelt, + jung, frisch, lebendig, reif, auf der Höhe, abgelagert, edelfirn, – firn, gealtert, müde, passé, tot

➤ *Körper:* – dünn, + leicht, kurz, zart, kräftig, vollmundig, ölig, edle Fülle, – dick, plump

Auf internationalen Weinwettbewerben bedient man sich eines 20-Punkte-Schemas, mit dem die oben genannten Eigenschaften objektiv erfasst und zahlenmäßig ausgedrückt werden können. Seit dem 1.1.1988 ist in Deutschland ein 5-Punkte-Schema bei amtlichen und DLG-Prüfungen eingeführt worden. Die angestrebten Güteklassen, Prädikate und Siegel werden je nach erreichter Punktezahl vergeben (siehe Kasten).

Amtliche Sinnenprüfungen werden auch in allen europäischen Weinbauländern durchgeführt, ob nun der einzelne Wein zur Prüfung für eine Qualitätsstufe eingereicht wird oder ob der Wein

Verkoster bei der Beurteilung von Farbe und Geruch eines Schaumweines.

Das amtliche 5-Punkte-Schema

Schritt 1:
Prüfung der Vorbedingungen
Der Wein ist typisch für ...

... die Rebsorte(n)	Ja	Nein
... die Qualitätsstufe	Ja	Nein
... das Anbaugebiet	Ja	Nein
die Farbe ist einwandfrei	Ja	Nein
die Klarheit ist in Ordnung	Ja	Nein
(im Fall von Schaumwein)		
das Mousseux stimmt	Ja	Nein

Wird nur eine einzige Frage mit Nein beantwortet, hat der Wein die Prüfung nicht bestanden.

Schritt 2: Prüfung auf Geruch und Geschmack sowie auf die Harmonie der beiden Eindrücke

hervorragend	4,5–5
sehr gut	3,5–4,49
gut	2,5–3,49
zufriedenstellend	1,5–2,49
nicht zufriedenstellend	0,5–1,49
keine Bewertung (d.h. Ausschluss der Probe)	0

Die Summe der Noten wird durch 3 geteilt und ergibt die Qualitätszahl, die im besten Fall 5,0 beträgt. Ein Wein mit der Mindestqualitätszahl 1,5 bekommt die Amtliche Prüfungsnummer, erreicht er 2,5, kann er das Deutsche Weinsiegel erhalten.

Weinbeurteilung nach den drei Kriterien Farbe, Geruch, Geschmack.

von einer bereits klassifizierten Anbaufläche stammt. Natürlich kann man sich das 5-Punkte-Schema oder aber die oben angeführte Skala bei privaten Weinproben zu eigen machen und jedem Gast einen Vordruck überreichen, damit er seine Eindrücke festhält und am Ende der Probe kundtut.

Warum spricht man in Zusammenhang mit Wein häufig von Butter, Blüten oder gar Teer?

Bei Weinproben und -beurteilungen wendet man zunehmend seine Aufmerksamkeit auf die so genannten Aromen, die man mit der Nase und dem Gaumen zugleich wahrnimmt. So manchem unerfahrenem Weinfreund mag es zunächst seltsam vorkommen, wenn von Teer, Butter oder Blüten gesprochen wird. Doch es lohnt sich durchaus, diesen ungewohnten Begriffen einmal nachzugehen und mit Gaumen und Nase zu forschen, ohne beim ersten Scheitern auf weiteren Weingenuss zu verzichten.

Wählen Sie für eine Weinprobe farblich neutrale Gläser, damit die Farbe des Weines unverändert zur Geltung kommt.

Die gesellige Weinprobe

Eine private Weinprobe unter Freunden soll vor allem unbeschwert und heiter verlaufen. Wie viele Weine angeboten werden, steht dem Gastgeber im Prinzip frei, doch sollten es nicht weniger als 3 und nicht zu viele sein. Eine 0,75-Liter-Flasche reicht für etwa 15 Gläser. Für den Ablauf gibt es einige Grundregeln, die der Gastgeber beachten sollte:

Auch wenn es noch so verlockend ist, bei gedämpftem Licht oder Kerzenschein zusammenzurücken und Wein zu trinken, für eine Weinprobe eignet sich schlechte Beleuchtung nicht. Die Gläser werden nur halbvoll gegossen, damit sich der Duft im oberen Teil des Glases ausbreiten kann.

Zum Wein Brot, milden Käse, nicht zu stark gesalzenes Kleingebäck, wie zum Beispiel Crackers, reichen. Stark gewürzte Speisen machen die Geschmacksnerven unempfindlich und stumpf.

Das Rauchen muss im Proberaum unterbleiben. Wo es um feine Weindüfte geht, hat grober Tabakqualm nichts verloren. Auch Parfümduft beeinträchtigt die Sinne.

Der Sensibilisierung der feinen Geschmacks- und Geruchsnerven kommt es auch zugute, wenn sich der Gastgeber an die vielfach bewährte Weinfolge hält: leichter Wein vor schwerem Wein, trockener Wein vor süßem, säurereicher vor mildem sowie leichter, säurereicher Weißwein vor Rotwein, Rotwein vor süßem Weißwein.

Bei einer Probe durch die Jahrgänge hindurch reicht man den jüngeren vor dem älteren Wein. Die gleichen Regeln wie oben gelten bei einer Probe durch die Rebsorten – man beginnt mit den neutraleren und endet bei den stark würzigen (siehe Seite 18ff.).

Qualitätsstufen steigert man von unten nach oben.

Interessant und lehrreich zugleich kann eine Blindprobe sein. Das Etikett wird mit einer Serviette verdeckt, und jeder Teilnehmer kann so unbelastet von Vorurteilen seine Meinung über den Wein feststellen und ausdrücken.

Die Rebsorte zu erraten, ist häufig einfach; Jahrgang und Herkunft herauszufinden, verlangt Erfahrung. Man sollte dabei seine Gäste nicht überfordern und sie für die Rebsorte und das Gebiet untypische Weine erraten lassen oder sie gar durch Vertauschen von Etiketten aufs Glatteis zu führen versuchen. Besser ist es, sich ihr Urteil für künftige Anschaffungen zunutze zu machen.

Emblem der Chevaliers du Tastevin, der berühmtesten französischen Weinbruderschaft.

Wie stellt man die Temperatur des Weines objektiv fest?

Es gibt verschiedene Ausführungen von Weinthermometern zu kaufen. Allerdings kann man mit einiger Übung die richtige Temperatur auch selbst einschätzen.

Weißwein schenkt man in kleinere Gläser, damit er sich nicht zu stark erwärmt.

Wie man Wein richtig serviert

Eine Geheimwissenschaft ist es nicht – und doch will jeder Wein mit der ihm gemäßen Temperatur im geeigneten Glas auf den Tisch gebracht werden. Er dankt es dem Genießenden mit der Entfaltung all seiner guten Eigenschaften.

Ob alltäglicher Gebrauch oder festliche Gelegenheit – der Wein, der auf den Tisch kommt, muss, wie bereits erwähnt, ausgeruht sein. Je länger der Weg und je edler der Wein, eine desto längere Ruhezeit sollte man ihm gönnen.

Die Trinktemperatur

Über die genauen Trinktemperaturen gehen die Meinungen leicht auseinander, auch spielen hier Gewohnheiten, persönliche wie landschaftlich bedingte, durchaus eine Rolle.

Grundsätzlich gilt jedoch unbestritten, dass Weiß- und Roséweine gekühlt, Rotweine dagegen etwas temperiert besser schmecken, wobei ein deutlicher Trend zum kühleren Getränk vorherrscht. Besonders Rotweine trinkt man nicht mehr so warm wie früher, vor allem wenn es sich um leichte, helle Qualitäten handelt. Auch bei den Weißweinen trinkt man junge, leichte Sorten kühler als schwerere.

Am kühlsten wird trockener weißer Schaumwein und Prosecco serviert. Doch sollte man ihn nicht beißend kalt einschenken, etwa 5 bis 6°C genügen, sonst empfindet die Zunge außer der Kälte nicht mehr viel. Auch für Schaumweine gilt, dass süße und sehr teure, edle Sorten sowie roter Sekt etwas wärmer serviert werden. Schaumweine niemals im Eiswürfelfach herunterkühlen, denn schnelle Kühlung zerstört alle wertvollen Geschmacksstoffe. Normale Kühlschranktemperaturen dagegen schaden dem Schaumwein nicht. Nichts einzuwenden ist gegen einen Sektkühler, in dem die Flasche auf dem Tisch kühl gehalten wird.

In Frankreich serviert man natürliche weiße Süßweine ebenfalls kühl, etwa mit 5°C. Auch Roséweine vertragen relativ niedrige Temperaturen, die leichten etwa 6 bis 7 °C, die edleren um 10 °C. Einfache Weißweinqualitäten, junge und säurereiche Sorten schmecken gut, wenn sie etwa 8 °C aufweisen, die edleren, schwereren Weißweine kommen je nach Alter und Rebsorte bei 11 bis 13 °C am besten zur Geltung. Sherry trinkt man (bei 10 bis 12 °C) kühler als Portwein und Madeira (13 bis 15°C). Etwa 13 °C vertragen die jungen leichten Rotweine, deren bekanntester Vertreter der Beaujolais Primeur ist, aber auch Trollinger und italienische Landrotweine zeigen ihre unkomplizierte Art am günstigsten bei kühleren Temperaturen. Edlere Rotweine serviert man wärmer: zwischen 14 und 16 °C. Die weißen deutschen Beeren- und Trockenbeerenauslesen entwickeln ihre reichen Duftstoffe im Temperaturbereich von 14 bis 18°C am besten. Am wärmsten trinkt man die vollreifen, edlen Burgunder, Bordeauxweine und entsprechende rote Kreszenzen anderer Länder. Doch sollte man diese Weine nicht wärmer als mit 18 °C auf den Tisch bringen. Ist der Rot-

Reich verzierter alter Korkenzieher.

Gibt es eine Rettung, wenn der Korken abbricht und in den Flaschenhals rutscht?

Mit einem guten Korkenzieher dürfte das kaum passieren, doch kann der Korken auch einmal fehlerhaft sein. Einen abgebrochenen Korken bekommt man mit etwas Geschick aus dem Flaschenhals, wenn man ihn schräg mit dem Korkenzieher zu fassen bekommt und Zentimeter für Zentimeter nach oben befördert. Ebenso kann man übrigens mit sehr jungen harten Korken verfahren. Ist der Korken zu tief in die Flasche gerutscht, hilft eine feste Schnur mit Knoten am Ende oder eine Schlinge. Die Schnur darf keine Geschmacksstoffe abgeben.

wein aus dem Keller zu kühl, darf er keinesfalls neben die Heizung gestellt werden. Langsame Erwärmung über 2 bis 3 Stunden in einem normalen Raum tut ihm gut.
Diese »Regeln« mögen kompliziert erscheinen, sie sind es jedoch nicht, wenn man sich einfach einprägt, dass die Trinktemperatur mit steigendem Gehalt höher sein soll.

Die Flasche wird geöffnet

Kühle Weine bringt man kurz vor dem Servieren auf den Tisch, eventuell in einem Kühler. Man öffnet sie kurz vor dem Eingießen. Rotwein wird schon einige Stunden vor dem Servieren geöffnet. Er »atmet« den Luftsauerstoff ein und bringt seine Inhaltsstoffe so zum Leben.
Es gibt heutzutage schon hier und da Weinflaschen mit Kronkorken oder Schraubverschluss – vielleicht sind das sogar die Verschlüsse der Zukunft. Sie lassen sich problemlos öffnen. Meist sind Weinflaschen jedoch mit Naturkork verschlossen, der in vielen Fällen mit einer Metall- oder Kunststoffkapsel geschützt ist.
Zuerst wird die Kapsel mit einem scharfen Messer unterhalb der Mündung am Flaschenhals abgeschnitten. Das gilt vor allem für Metallkapseln, mit denen der Wein beim Einschenken nicht in Berührung kommen soll, da sie den Geschmack leicht verändern könnten. Bei Plastikkapseln ist diese Vorsichtsmaßnahme eigentlich nicht notwendig, doch empfiehlt es sich, genauso zu verfahren, damit sich nicht Krümel zwischen Flaschenhals und Kapsel festsetzen können. In einzelnen Fällen sind die Kapseln sogar mit einem Aufreißband versehen.

Schenken Sie ein wie ein Geizhals!

Füllen Sie bei Weinproben wie im geselligen Kreis die Weingläser nur zur Hälfte. Das hat nichts mit Geiz zu tun, sondern zeugt von Weinkennerschaft, denn im oberen Teil des Glases sammeln sich die Duft- und Aromastoffe.

Oben: Abschneiden der Kapsel unterhalb der Mündung.
Unten: Auf das »Plopp« folgt der Genuss: das Öffnen von Schaumweinflaschen ist nicht schwer.

Vor dem Ziehen des Korkens sollten Sie die Flaschenmündung rundum mit einem sauberen Tuch reinigen, damit keine Schmutzpartikel mit dem Wein in das Glas gelangen. Das kann bei älteren Weinen etwas Mühe kosten, ist aber gerade hier besonders notwendig.

Korkenzieher gibt es in mannigfachen modernen, kitschigen, luxuriösen und gottlob auch praktischen Ausführungen. Zu achten ist vor allem darauf, dass das Gewinde eine offene Spirale mit nicht zu scharfen Rändern bildet. Ein Korkenzieher sollte unbedingt mit einer Hand bedient werden können, damit die andere Hand die Flasche festhalten kann. Hebelarme oder Gegengewinde haben den Vorteil, dass der Wein kaum geschüttelt wird und der Korken langsam herausgleitet.
Zum Schluss wird der Flaschenhals noch einmal vorsichtig gesäubert.
Der Hausherr gießt sich nun den ersten Schluck selbst ein, um sich von der richtigen Temperatur und der Fehlerlosigkeit des Weines zu überzeugen. Außerdem gelangen auf diese Weise eventuell vorhandene Korkkrümel in sein eigenes Glas.

Das Öffnen von Schaumweinflaschen

Etwas komplizierter und von Anfängern vielfach gefürchtet ist das Öffnen von Schaumweinflaschen. Am leichtesten lassen sich Plastikpfropfen herausziehen. Doch auch die bei allen echten Champagnern und hochwertigen Schaumweinen verwendeten pilzförmigen Naturkorken lassen sich ohne Probleme entfernen, wenn man ein paar Regeln beachtet. Hat man erst etwas Übung, weiß man hinterher gar nicht mehr, was einen zu Anfang geängstigt hat.
Dass die Schaumweinflasche vor dem Öffnen nicht geschüttelt werden sollte, versteht sich von selbst. Im Zweifelsfall lässt man sie noch einen Augenblick im Sektkühler stehen. Unbedingt

Sektkelche oder -schalen bereitstellen! Nach dem Entfernen des Stanniolpapiers wird die Agraffe, die Verschlusskappe aus Draht, durch Abbrechen der Schlaufe gelöst. Mit der anderen Hand hält man dabei den Stopfen fest. Die Flasche beim Öffnen schräg halten, damit der Druck nicht allein auf dem Pfropfen lastet. Den Verschluss kann man nun durch vorsichtiges Drehen lockern und schließlich behutsam entfernen. Das Knallen von Sektkorken sollte man vermeiden, da man mit einem solchen »Geschoss« nur zu leicht Schaden anrichtet. Für zu fest sitzende Korken gibt es eine Sektzange, bricht der Korken ab, muss man den Korkenzieher nehmen.

Angebrochene und nicht ausgetrunkene Flaschen verschließt man mit einem eigens für Sektflaschen konstruierten Verschluss, gegebenenfalls mit dem Plastikpfropfen. Im Kühlschrank hält sich Schaumwein noch mehrere Tage.

Eine Unart ist es übrigens, Schaumwein umzurühren. Man zerstört dadurch mühsame Arbeit. Wer den Schaum nicht verträgt, sollte lieber Stillwein trinken.

Eingegossen wird bei offiziellen Anlässen rechts herum, den Damen zuerst. In zwangloser Gesellschaft bleibt es dem Gastgeber überlassen, wie die Gäste bedient werden und wie man sich zuprostet.

Weinfehler und Beanstandungen

Der erste Schluck, der sowohl im Restaurant als auch zu Hause dem Gastgeber eingegossen wird, bringt so manchen in Verlegenheit. Irgend etwas stimmt nicht, und doch ist man unsicher, ob man die Flasche beanstanden kann.

Kein Weinfehler und damit kein Grund für Beanstandung sind jene durchsichtigen, geschmacksneutralen Kristalle, die wie Zucker am Grund mancher Weinflaschen liegen. Man nennt sie Weinstein. Sie sind ein Zeichen für kühle Lagerung eines früh abgefüllten Weines. Bei starkem Weinsteinausfall kann der Wein etwas milder schmecken, da die Kristalle einen Teil der Weinsäure binden und ausfällen.

Am häufigsten wird Korkgeschmack beanstandet. Dieser unangenehme, muffige Geschmackston entsteht durch unsaubere oder auch schimmelige Korken. Leider ist dieser Weinfehler immer häufiger anzutreffen, da durch die enorm gestiegene Nachfrage die Qualität der naturgewachsenen Korken nachlässt. Händler und Gastwirt sind in diesem Fall zu Rücknahme verpflichtet.

Überschwefelung tritt bei Qualitätsweinen so gut wie nie auf. Sie macht sich durch ein kratziges Gefühl im Hals bemerkbar und versursacht bei empfindlichen Menschen Kopfschmerzen.

Alterungston oder Firne ist an sich kein Weinfehler, sondern ein Zeichen, dass der Wein dem Ende seines Lebens entgegengeht. Man spricht von »Edelfirne«, wenn ein edler Weißwein angenehme Reife zeigt, dunkler aussieht und nicht mehr spritzig und frisch schmeckt. Mancher Weinfreund schätzt diesen Geschmack sogar. Ein Grund zur Beanstandung ergibt sich jedoch, wenn sich bei einem leichten Trinkwein ein Sherry- oder Oxidationston eingestellt hat. Dieser Wein hat dann tatsächlich abgebaut.

Das richtige Weinglas

Ein guter Wein gewinnt noch hinzu, wenn er aus dem geeigneten Glas getrunken wird. In den Weinbaugebieten verwendet man meist durch Jahrhunderte unveränderte, traditionelle Glasformen. Für den häuslichen Gebrauch sollte man sich Gläser anschaffen, die den folgenden Grundanforderungen entsprechen:

Weißweingläser sollten einen Stiel haben, sonst wird der Wein durch die ständige Berührung mit der Hand zu schnell warm. Ein stabilerer Stiel fasst sich angenehmer an als ein zu feiner.

Der Kelch sollte sich nach oben zu verjüngen, damit sich die Duftstoffe im Glas sammeln und nicht gleich verfliegen. Aus dem gleichen Grund gießt man auch die Gläser nicht voll.

Kostbare Dessertweine trinkt man aus kleinen Gläsern, die man auch für Aperitifs verwenden kann.

Für Schaumweine eignen sich spitze Kelche. Manch einer bevorzugt Sektschalen, sollte aber bedenken, dass das Mousseux sich in ihnen schneller verflüchtigt.

Weinbrand schmeckt aus dem bauchigen Schwenker am besten, in dem sich die Duftstoffe gut sammeln.

Dünnes Glas lässt den Wein feiner erscheinen als dickes.

Dass Weingläser einwandfrei sauber sein müssen, versteht

Weingläser mit Tulpenform. Von links nach rechts: Weißweinglas, Rotweinglas, Dessertweinglas.

sich von selbst. Man muss sie mit spülmittelfreiem Wasser nachspülen, da chemische Mittel leicht Reste am Glas hinterlassen, die sich nachteilig auf den Geschmack des Weines auswirken und bei Schaumwein das Perlen beeinträchtigen können.
Die Gläser sollen beim Einschenken weder eiskalt noch warm sein. Ein kaltes Glas erschreckt die aufnahmebereiten Geschmacksnerven, ein zu warmes lässt den Inhalt fad erscheinen.
Beim Weinwechsel während eines Festmahles wechselt man auch die Gläser. Beim Umtrunk unter Freunden sollte man zumindest beim Übergang von Weiß auf Rot neue Gläser bringen.
Eine festliche Tafel deckt man mit allen Gläsern, die im Verlauf des Menüs gebraucht werden, und zwar in der Abfolge der Gänge von außen nach innen, beziehungsweise von rechts nach links.

Ein gehaltvoller Rotwein aus Frankreich oder Spanien schmeckt vorzüglich zu einem mit dem gleichen Wein zubereiteten Fleischgericht.

Wein rund um das Menü

In allen klassischen Weinländern ist der Wein Bestandteil des Menüs. Arm und Reich, Jung und Alt kennen keinen besseren Begleiter zum Essen.
Bestimmte Weine zu bestimmten Speisen zu empfehlen, ist problematisch, daher behandelt man dieses Thema heute wesentlich freizügiger und lässt dem individuellen Geschmack mehr Spielraum. Bei aller Freizügigkeit haben sich jedoch ein paar Grundregeln eingebürgert, die man beherzigen sollte, nicht weil es sich so gehört, sondern weil es so am besten schmeckt.

Freunde und Feinde

Wein und Speisen passen im Allgemeinen gut zusammen. Fisch, Fleisch und Geflügel verlangen geradezu nach einem Gläschen Wein als Begleitung. Käse wird von den meisten Menschen als der ideale Partner für Wein angesehen. Das mag seine Richtigkeit haben, doch muss man hier wegen der Verschiedenartigkeit der Käsesorten besonders auf die Harmonie achten.
Ein Feind des Weines ist mit Essig oder Zitrone angemachter Salat. Die verschiedenartigen Säuren vertragen sich nicht. Da ein Gang jedoch niemals aus Salat allein besteht, wird man den Wein sowieso dem Hauptgericht anpassen.
Schokolade schmeckt nicht zu Wein. Räucherfische wie Makrele oder Bücklinge sollte man lieber mit Bier kombinieren. Scharfen Gewürzen sind kühle, leichte Weißweine gewachsen. Keinen Fehler kann man mit Allroundweinen machen, die mit einer Vielzahl von Gerichten harmonieren und vorzüglich zu den verschiedenen Gängen eines Menüs passen. Dazu gehört in erster Linie der Rosé, jener Rotwein mit Weißweincharakter, der in guter Qualität allen Gerichten einen heiteren Akzent gibt. Unter den Weißweinen kann man mit einem feinen Riesling, Qualitätswein oder Kabinett, oder auch mit einem Landwein kaum einen Fehler machen. Helle leichte Rotweine aus Württemberg, Südtirol oder Österreich sowie französische und italienische Landrotweine passen ebenfalls zu einer Vielzahl von Speisen.
Zu den Spezialitäten einer Region serviert man am besten den Wein aus der gleichen Gegend, also einen Schweizer Wein zum Fondue.

Die Weinfolge

Wenn man zu einem, meist offiziellen, Essen zu jedem Gang einen anderen Wein servieren möchte, gelten die gleichen Gesetze wie bei der Weinprobe (siehe Seite 55). Daraus Goldene Regeln abzuleiten, würde eine unnötige Einengung bedeuten. Konkrete Vorschläge für die Kombination von Gerichten und Speisen sind in den Tabellen auf den folgenden Seiten enthalten.
Zur Begrüßung reicht man auch hierzulande gern den in Frankreich bei jedermann so beliebten Aperitif. Er gibt Gelegenheit, den Stress des Alltags und des Kochens (für den Gastgeber) und des Weges (für den Gast) abzulegen, Neuigkeiten auszutauschen und eventuell noch unbekannte weitere Gäste kennen zu lernen, bevor man zu Tisch geht.
Zum Aperitif schmecken trockener Sherry (Fino), trockener Schaumwein oder ein Prosecco. Gegen einen trockenen Portwein ist ebenfalls nichts einzuwenden. Bewährte Aperitifs sind auch magenöffnende Bittergetränke wie Campari und andere italienische oder französische Markenprodukte.
Nach dem Essen beendet man in Frankreich seinen Rotwein gern mit Käse. Der Käse wiederum ist oft ein angenehmer Vorwand, noch eine Flasche zu öffnen.
Frisches Obst bringt Weinfehler sehr deutlich zur Geltung. Daher nur edlen Wein dazu reichen. Zu Kuchen und anderen Süßspeisen passen Auslesen, Dessertweine und süße Schaumweine. Den Kaffee genießt man in Frankreich und Italien mit Weinbrand, Tresterschnaps, wie Marc oder Grappa, oder Obstbränden.

Welcher Wein zu welchem Gericht?

Vorschläge zur guten Weinwahl

	Frankreich	Deutschland	Österreich	Schweiz
Aperitif	Champagner, leichter Rosé, Vouvray mousseux	trockener Sekt, rassiger Riesling	trockener Sekt	Epesses
Schal- und Krustentiere	weißer Burgunder (Chablis) Champagner, Gaillac	trockener Riesling (Mittelrhein oder Rheingau)	Grüner Veltliner, Rheinriesling	Neuchâteler Chasselas, Fendant
Flussfisch, blau	Elsässer Riesling	Moselriesling	Grüner Veltliner, Rheinriesling	Fendant, Perlan
Flussfisch, gebraten	kräftige Elsässer (z.B. Edelzwicker)	kräftiger Riesling, z. B. Pfälzer	Pinot Blanc, Barrique-Chardonnay	Johannisberg, Petite Arvine, Amigne trocken
Seefisch, blau	weißer Loirewein, weißer Burgunder	trockener Riesling, z. B. aus Baden	Welschriesling	Muscat
Seefisch, gebraten	weißer Bordeaux, Elsass Grand Cru	schwerer Riesling, Weißburgunder, trockener Gewürztraminer	Pinot Blanc	Johannisberg, Petite Arvine
Omelette	Elsässer Silvaner	Müller-Thurgau, Silvaner	Pinot Blanc	Dezaley, Aigle
Spargel	Elsässer Riesling, rassiger Sauvignon	Moselriesling	Rheinriesling, Welschriesling	Johannisberg
Terrinen, Wurstplatten	roter Côtes-du-Rhône, Beaujolais Primeur	Franken (weiß), Pfälzer, Weiß- oder Rotwein	Blauburgunder, Schilcher	Gamay von La Côte
Gänseleber	Champagner, Sauternes, Tokay d'Alsace, Graves	Riesling-Spätlese	Süßwein vom Neusiedler See	Arvine, Riesling, Amigne edelsüß
dunkles Fleisch (Rind, Lamm)	roter Bordeaux, roter Burgunder (Côte d'Or), roter Côtes-de-Provence	roter Pfälzer, Ahrwein, Rheingauer Rotwein	Blauburgunder, Blaufränkisch	Dôle, Pinot Noir, Merlot del Ticino
helles Fleisch (Kalb, Schwein)	Beaujolais, Tokay-Pinot Gris (Elsass)	milde Rheinpfälzer, Rheinhessen-Riesling, Silvaner, Ruländer	Weißburgunder, Welschriesling, Schilcher	Goron, Ostschweizer Rotweine
helles Geflügel (Huhn)	Beaujolais, Elsässer Riesling	zarter Moselriesling, Mittelrhein- oder Rheinhessen-Riesling, Weißherbst, Schillerwein	Neuburger	Johannisberg
dunkles Geflügel (Ente, Gans, Truthahn)	roter Burgunder, roter Bordeaux, Elsässer Weißwein, Loire-Weißwein	badischer Ruländer, Spätburgunder Weißherbst (Baden)	Portugieser Rotweine	Hermitage (Wallis), Rouge du Pays (Wallis)
Wildgeflügel	Beaujolais, Coteaux du Languedoc, Côtes du Jura, roter Bordeaux	alter Frankenwein, Spätburgunder (Rheinhessen oder Ahr)	Blauburgunder	Ostschweizer Rotweine, Goron
Wild	Châteauneuf-du-Pape, Crozes-Hermitage	Spätburgunder Spätlese trocken (Ahr, Rheinhessen, Rheingau)	Blauburgunder, Blaufränkisch, auch Spätlese	Pinot Noir de Genève, Salvagnin, Dôle, Pinot Noir, Merlot del Ticino
Käse, mild	roter Burgunder, Rosé d'Anjou	Weißherbst, Schillerwein	Welschriesling, Silvaner, Blauer Portugieser	Perlan, Œil de Perdrix
Käse, würzig	Gelbwein, Sauternes, Saint-Émilion, korsischer Rosé	Spätburgunder, Trollinger	kräftiger Blaufränkisch, Zweigelt	Dôle, Salvagnin
Kuchen	Champagne demi-sec, Barsac, Monbazillac, Muscat, Sauternes	Eiswein, Beerenauslese	Ruster Ausbruchweine, Traminer Auslesen	Gewürztraminer, Amigne, Ermitage
Früchte (Pfirsiche, Erdbeeren, Nüsse)	Elsässer Gewürztraminer, Banyuls, Rivesaltes, Vouvray mousseux	Riesling-Trockenbeerenauslese	Ruländer, Traminer	Ostschweizer Tokayer

Italien	Spanien und Portugal	Osteuropa	Übersee	
Vernaccia di Oristano, Vernacchia di San Gimignano	Sherry Fino, trockener Madeira	Riesling vom Plattensee (Ungarn)	Sauvignon Blanc oder Riesling aus Neuseeland	**Aperitif**
Colli albani, Orvieto secco	Ribeiro, Vinho verde, Sherry Fino Blanc de Blancs Penedés	trockener Szürkebarát (Ungarn)	Steen (Chenin Blanc, Südafrika)	**Schal- und Krustentiere**
sardischer trockener Weißwein	Ribeiro, Vinho verde	Patras Weiß (Griechenland)	neuseeländischer Riesling trocken	**Flussfisch, blau**
Soave	–	Soproni Veltlini (Ungarn)	trockener australischer Colombard, chilenischer Chardonnay	**Flussfisch, gebraten**
Est! Est!! Est!!! di Montefiascone, Soave	Ribeiro	Patras Weiß (Griechenland)	neuseeländischer Weißwein	**Seefisch, blau**
Frascati	Douro (Portugal)	Misket (Bulgarien)	trockener australischer Weißwein	**Seefisch, gebraten**
Chiaretto del Garda	Rosados, Mateus Rosé	Ruzica (Kroatien)	kalifornischer Rosé	**Omelette**
Tocai del Friuli, Trebbiano	Ribeiro	Demestica Weiß (Griechenland)	kalifornischer Sauvignon	**Spargel**
Barbera, Valpolicella, Barbaresco	Valdepeñas	Mavrud (Bulgarien) Kékfrankos (Ungarn)	argentinischer oder südafrikanischer Pinot Noir	**Terrinen, Wurstplatten**
Recioto di Soave	Sherry Fino	Tokajer (Ungarn)	Kalifornische Riesling-Auslese aus Late Pick	**Gänseleber**
Barbaresco, Barolo, Chianti, Kalterersee, St. Magdalener	Rioja, Ribeira del Duero	Gamza (Bulgarien), Kadarka, Erlauer Stierblut (Ungarn)	Shiraz (Australien), Syrah (Südafrika)	**dunkles Fleisch (Rind, Lamm)**
Frascati secco, Nebbiolo (Piemont), Corvo, Bardolino, Valpolicella	Ribeiro, Valdeorras, Valdepeñas Rot	Furmint, Hárslevelü (Ungarn)	chilenischer oder argentinischer Rotwein	**helles Fleisch (Kalb, Schwein)**
Tocai del Friuli, Carmignano Rot, Frascati secco	Rosados	rumänischer Weißwein aus Siebenbürgen	trockener südafrikanischer Steen	**helles Geflügel (Huhn)**
Barolo	Rioja Weiß, Valdepeñas Rot	Plattenseer Olaszrizling, Bulgarische oder rumänische Rotweine	Zinfandel (USA)	**dunkles Geflügel (Ente, Gans, Truthahn)**
Barbera d'Asti, Vino nobile di Montepulciano	Valdepeñas, Ribeiro, leichter Rioja	ungarischer Cabernet, Dingač, bulgarischer Trakia	südafrikanische, südamerikanische, kalifornische, australische Rotweine	**Wildgeflügel**
Brunello di Montalcino, Barolo	alter Rioja, Colares	Erlauer Stierblut, Plavac, Trakia (Bulgarien)	südafrikanische, australische, kalifornische Rotweine	**Wild**
Bardolino, Valpolicella	Rioja Weiß, spanischer Rosado	weiße Plattenseeweine, rumänische Weißweine	südafrikanische Bordeaux-Cuvée	**Käse, mild**
Dolcetto	Rioja, Ribera del Duero	ungarischer Rosé, bulgarischer Pamid	Merlot (Chile oder USA)	**Käse, würzig**
Asti spumante, Picolit, Cinque Terre (süß), Marsala, Vinsanto	Sherry, Oloroso, Moscatel, roter Port	Prošek, rumänische Edelreiflesen, Cotnari, Tokajer, Commandaria (Zypern)	Fortified Muscat, Wines aus Übersee	**Kuchen**
Frascati amabilie, Moscato di Pantelleria, di Siracusa	Moscatel de Setúbal, roter Portwein	Tokajer	Fortified Muscat Wines aus Übersee	**Früchte (Pfirsiche, Erdbeeren, Nüsse)**

Wie finde ich meinen Wein?

	Frankreich	Deutschland	Österreich	Schweiz
WEISSWEINE spritzig, frisch	Jurançon sec, Sancerre, junge Burgunder, Muscadet	Moselriesling, Bodensee-, Naheweine	Wiener Weine, Grüne Veltliner aus Niederösterreich, Welschriesling	Neuchâteler Chasselas, Fendant, Perlan
sehr trocken	Entre-Deux-mers, Bordeaux sec, Graves	Weine mit gelbem Siegel, zum Beispiel junge Frankenweine	–	–
zart, blumig	Pouilly fumé, Pouilly-Fuissé, Arbois	Mittelrhein-, Moselrieslinge	–	Johannisberg
fruchtig, vollmundig	Riesling d'Alsace	Franken-Silvaner, Weißburgunder	Traminer, Neuburger	Silvaner
elegant, nervig	alle weißen Burgunder von der Côte d'Or außer den ganz großen	Frankenriesling	Rheinriesling	Aligoté de Genève
mild	weißer Beaujolais, Graves Supérieures	Rheinpfälzer Riesling, Rheinpfälzer Müller-Thurgau	Sandweine vom Neusiedler See	Riesling-Sylvaner
würzig, aromatisch	Elsässer Gewürztraminer, Tokay d'Alsace	Franken-Müller-Thurgau, Gewürztraminer	Gewürztraminer, Muskat-Silvaner, Bouvier	Muskat, Chardonnay de Genève
kräftig, stahlig	Chablis Premier Cru, Chablis Grand Cru, Riesling (Elsass)	Rheingauer Riesling Saarwein	Rheinriesling aus Niederösterreich	–
körperreich, voll	Montrachet Premier Cru und Grand Cru	Rheinhessenweine, Franken-Spätlesen	Weißburgunder, Ruländer	Amigne
edel, süß	Sauternes, Barsac, Monbazillac, Vouvray	Auslesen, Trockenbeerenauslesen, Eisweine	Burgenländer Ausbruchweine	Gewürztraminer, Malvoisie, Hermitage
ROSÉWEINE leicht	Midi, Roussillon, Loire, Provence	Assmannshäuser Weißherbst	burgenländischer Gleichgepresster	–
gehaltvoll	Burgunder, korsischer Rosé	badische, württembergische, fränkische, Pfälzer Weißherbste	–	Westschweizer Œil de Perdrix
ROTWEINE leicht, fruchtig	Beaujolais, Chinon, Coteaux du Languedoc, Vin des Sables, Landwein aus Korsika	–	Blaufränkisch	–
leicht, elegant	junge Bordeaux aus kleinen Jahrgängen, Savoyer Rotweine	Rheinhessen, Württemberger Trollinger und Pfälzer Portugieser	Schilcher	–
leicht, mild	–	–	Blauer Portugieser (Vöslau, Retz), Zweigelt	–
fruchtig, samtig	Saint-Émilion, Graves, Pomerol, Burgunder	Ahrburgunder, Rheingauer Spätburgunder, Württemberger Schwarzriesling, Badener Spätburgunder	Burgenländer, Blauburgunder	Dôle, Salvagnin, Blauburgunder der Ostschweiz
kernig, kräftig, körperreich	Haut-Médoc, Cahors, Corbières	–	–	–
schwer, gehaltvoll	Hermitage, Châteauneuf-du-Pape, Côte-Rôtie, Saint-Joseph	–	–	Merlot del Ticino
schwer, süß	–	–	–	–

Italien	Spanien und Portugal	Osteuropa	Übersee	
Terlaner	Vinho verde	Veltliner aus Mähren, Riesling aus Böhmen	Neuseeländer Weißweine	**WEISSWEINE spritzig, frisch**
Frascati secco, Orvieto secco	junge Weißweine aus Valdepeñas, Ribeiro, Bucelas, Rías Baixas	Hymettos (Griechenland)	Sauvignon Blanc (Chile)	**sehr trocken**
Tocai Friulano, Lugano, Vernaccia di San Gimignano	Rías Baixas, Somontano	Furmint (Ungarn)	–	**zart, blumig**
–	weißer Rioja (Barrique)	Riesling aus Slowenien	Chardonnay	**fruchtig, vollmundig**
–	–	–	Riesling, Sauvignon (Neuseeland, Washington)	**elegant, nervig**
–	–	–	»off dry«-Weine aus Südafrika	**mild**
–	Rioja (Barrique)	Hárslevelü (Ungarn)	Blanc Fumé (Kalifornien, Südafrika)	**würzig, aromatisch**
–	–	–	–	**kräftig, stahlig**
Orvieto amabile, Frascati amabile	Rioja Valdepeñas	ungarische Plattenseeweine (z. B. Baadacsonyi Szürkebarát)	Barrique-Chardonnay aus Südafrika, Riesling aus Barossa Valley (Australien)	**körperreich, voll**
Marsala, Moscato di Noto, Picolit, Vin Santo	Moscatel de Setúbal	Tokajer, Spätreiflesen aus Rumänien	Late Pick aus Kalifornien, Australien, Südafrika	**edel, süß**
–	Roséweine aus Portugal, z. B. Mateus Rosé	–	White Zinfandel (Kalifornien)	**ROSÉWEINE leicht**
Chiaretto del Garda	Claretes aus Rioja	Amselfelder Rosé, kroatischer Ruzica	Roséweine aus Nord- und Südafrika	**gehaltvoll**
Merlot (Isonzo, Grave del Friuli)	junger Rioja aus Rioja alta	Soproni Kékfrankos (Ungarn)	Pinotage, ohne Eiche (Südafrika), preiswerte Zinfandels	**ROTWEINE leicht, fruchtig**
Kalterersee, Sankt Magdalener, Bozner, Meraner, Grignolino	Tempranillo aus Penedés	Soproni Kékfrankos (Ungarn)	Pinotage, ohne Eiche (Südafrika), preiswerte Zinfandels	**leicht, elegant**
–	–	Amselfelder Rotwein	–	**leicht, mild**
Valpolicella, Bardolino, Chianti classico	Rioja, Coronas	Soproni Kékfrankos	hochwertige Zinfandels, Shiraz (Australien	**fruchtig, samtig**
Barbaresco, Barbera, Rosso Conero	–	ungarischer Kékfrankos (Blaufränkisch), Mavro Romeiko, Xynomavro aus Naoussa (Griechenland)	rote Kapweine, kalifornische Qualitätsweine, chilenische Qualitätsweine	**kernig, kräftig, körperreich**
Barolo, Brunello di Montalcino, Cirò	einfache spanische Rotweine, Dão Colares	ungarische Cabernetweine, Erlauter Stierblut, dalmatinische Rotweine z. B. Dingač	nordafrikanische Rotweine z. B. Coteaux du Zaccar	**schwer, gehaltvoll**
Cirò di Cagliari, Lambrusco, Aleatico di Puglia	Tarragona classico	Prošek, Mavrud, Commandaria	Mornay	**schwer, süß**

Die Weinländer der Welt

Weinbau in der Welt

Der Weinbau ist ein Zweig der Landwirtschaft. Er nimmt etwa 0,5 Prozent der gesamten Ackerfläche in der Welt ein. Reben können nur in Regionen angebaut werden, in denen das Klima ausreichend warm und der Boden geeignet ist. Andererseits ist die Weinerzeugung eng mit der Kultur, mit der Lebensweise, mit der Religion eines Volkes verknüpft. Daher gibt es Länder, in denen Rebstöcke zwar gedeihen, die Trauben aber nur dem Verzehr als Tafeltrauben dienen. Das trifft vor allem auf viele islamische Länder zu, in denen Alkoholgenuss und -herstellung verpönt sind. Immerhin werden jedoch rund 85 Prozent aller in der Welt geernteten Trauben zu Wein verarbeitet.

Zahlen im Vergleich

Weltweit werden in über 50 Ländern der Welt Trauben zur Weinbereitung angebaut, wobei die Europäer mit etwa 60 Prozent der Erzeugung dominieren. In den letzten Jahren ist weltweit eine Stagnation oder auch ein Rückgang der Anbauflächen zu verzeichnen. Durch Verbesserung der Anbaumethoden kam es jedoch zunächst zu einem Zuwachs der Produktion. Heute werden mit staatlicher Förderung Rebflächen minderer Qualität aufgelassen, gleichzeitig aber in allen Ländern Ertragsbeschränkungen für Qualitätsweine verordnet. Der vor allem in Europa allmählich überschwappende »Weinsee« soll mit Hilfe dieser Maßnahmen trockengelegt werden. Der gesundheitsbewusste Konsument unserer Tage stellt allerorten Qualität über Quantität. Nur so wird Wein zu einem wirklichen Genuss für unbeschwerte Stunden.

Größtes Weinbauland in Bezug auf die Rebfläche ist mit rund 1,2 Millionen Hektar Spanien, gefolgt von Italien und Frankreich (je etwa 900.000). Im Hinblick auf die Produktion verschieben sich jedoch die Verhältnisse unter den Giganten. An erster Stelle stehen Frankreich und Italien mit einer Produktion von rund 60 Millionen Hektolitern, während Spanien mit rund 30 Millionen Hektolitern zurückfällt.

Im jährlichen Pro-Kopf-Verbrauch liegen die Franzosen und Italiener etwa gleich. Knapp 60 Liter trinkt der Durchschnittsverbraucher hier jährlich, vor 40 Jahren waren es in Frankreich allerdings noch 100 Liter. Gleich darauf folgt Portugal mit rund 50 Litern.

Deutschland nimmt sich, gemessen an den Weinriesen, relativ bescheiden aus. Seiner Rebfläche nach liegt es an erster Stelle hinter den klassischen europäischen Weinländern am Mittelmeer, jedoch hinter Portugal, Grie-

Die Steillagen an der Mosel erfordern höchsten Arbeitsaufwand – er lohnt sich.

chenland, Bulgarien, Ungarn und den Nachfolgestaaten der Sowjetunion. Im jährlichen Pro-Kopf-Verbrauch fällt das Land der Biertrinker mit 23 Litern noch hinter seine Nachbarn Österreich (34 Liter) und Schweiz (41 Liter) zurück. Der Kleinste muss jedoch nicht der Unscheinbarste sein. Der David unter den Weinbauländern genießt dank seiner frischen, fruchtigen Kreszenzen weltweite Reputation, was sich in einem Exportanteil von mehr als einem Viertel der deutschen Ernte niederschlägt.
Größte Weinexporteure der Welt sind Frankreich und Italien (13 beziehungsweise 14 Millionen Hektoliter) vor Spanien (etwa 6 Millionen Hektoliter), doch schon an 4. Stelle der Exportländer steht Deutschland.
Obwohl in Deutschland weit weniger Wein getrunken wird als in anderen Ländern, ist es doch mit 11 Millionen Hektolitern vor Großbritannien der größte Weinimporteur der Welt. Frankreich importiert trotz seiner eigenen großen Produktion immerhin noch 6 Millionen Hektoliter und die USA 4,5 Millionen Hektoliter.

Die nördliche Grenze des Weinbaus markiert dieses Schild im Rheingau.

In England sind Weinkennerschaft und Liebe zum Wein besonders ausgeprägt, nirgendwo sonst ist das Weinangebot so breit wie hier. Engländer haben in vielen Ländern als Initiatoren eine entscheidende Rolle gespielt, wie in den Kapiteln über Portwein und Sherry sowie über Bordeaux zu lesen ist. Um so tragischer, dass sich die kühle, feuchte Insel bis auf wenige, hauptsächlich von Hobbywinzern gepflegte Parzellen nicht für den Weinbau eignet. Die britische Begeisterung für Wein geht sogar so weit, dass in winzigen schottischen Tante-Emma-Läden, wo die Füchse sich durchnässt und frierend gute Nacht sagen, noch Substanzen zur Weinherstellung aus Kräutern und Früchten angeboten werden.

Wo es Wein gibt

Rund 70 Prozent der Weltrebfläche liegen trotz wachsender Verbreitung des Weinbaus in Europa. Obwohl die Kunst der Weinbereitung wohl ursprünglich aus Asien stammt, ist sie seit der Antike in Europa zu Hause, und alle überseeischen Bestrebungen in dieser Richtung, sei es in Kalifornien oder Chile, gingen zunächst von europäischen Siedlern aus.
Weinbau wird hauptsächlich in der gemäßigten Zone nördlich beziehungsweise südlich des 30. Breitengrades betrieben. Seine natürliche Begrenzung findet er dort, wo die Winter zu lang, Nacht-

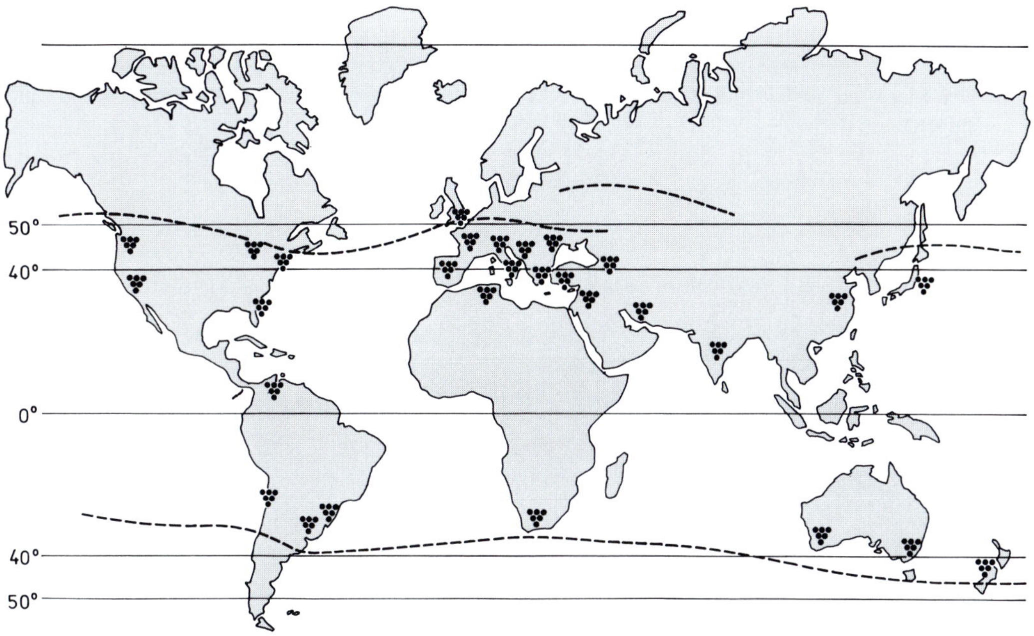

Die Verbreitung des Weinbaus in der Welt zeigt die Vorliebe der Rebe für gemäßigte Klimazonen.

Italien, das klassische Oinotria, ist ein Stammland des Weines. Die Griechen begründetetn die europäische Weinkultur, doch den Römern verdanken wir ihre Ausbreitung und Weiterentwicklung.

fröste im Frühjahr häufig und die Herbste nicht sonnig genug sind. Das bedeutet auf der nördlichen Halbkugel, dass die Grenze des kommerziellen Weinbaus in der Nähe des 50. Breitengrades verläuft, südlich des Äquators liegt sie beim 40. Breitengrad. Darüber hinaus finden wir lediglich Nischen mit einem für den Weinbau günstigen Kleinklima.

Europa

In Europa wird in allen Ländern, in denen es der geographischen Lage nach möglich ist, Wein angebaut. Unter ihnen stehen die Staaten der Europäischen Union nach Fläche und Produktion an erster Stelle. Die Europäische Union erzeugt rund 80 Prozent der Gesamtmenge. Deutschland ist das nördlichst gelegene Weinbauland der EU, es gehört mit Ausnahme von Baden zur Weinbauzone A, das heißt zur kühlsten Zone, für die andere Mindestmostgewichte und Maßnahmen in der Weinbereitung festgelegt wurden als für die wärmeren Zonen B und C. Auch Luxemburg gehört zu dieser Zone. Nördlich von Deutschland gibt es Rebparzellen in England (rund 1000 Hektar) und Treibhauskulturen von Trauben in Holland und Belgien. Mittel- und Ostfrankreich sowie Österreich gehören zur EG-Weinbauzone B, während Südfrankreich, Italien, Griechenland, Spanien und Portugal der fünffach unterteilten C-Zone zugehören. Nördlichen Charakter haben die beiden Weinländer Österreich und Schweiz. Ihre Weine gehören in die gleiche fruchtige, frische Geschmackskategorie wie die deutschen.
Unter den osteuropäischen Staaten gibt es eine Reihe von alters her bedeutende Weinländer mit entsprechenden Qualitäten. Dazu gehört vor allem Ungarn, aber auch Rumänien, das als eines der ältesten Weinbauländer Europas gilt. Der Weinbau Tschechiens und der Slowakei geht schon auf die Römer zurück. Bulgarien ist ein bedeutender Exporteur innerhalb Osteuropas. Größter Produzent sind die Nachfolgestaaten der Sowjetunion, die trotz ihrer 7,6 Millionen Hektoliter Eigenproduktion bedeutende Importeure sind. Es wird Wein rings um das Schwarze Meer bis hin zum Kaspischen Meer angebaut. Wein von der Krim gibt es schon seit der Antike. In Albanien existiert eine Weinbaufläche von 5000 Hektar, der Wein wird zum großen Teil exportiert. In Polen genügt die inländische Produktion von etwa 100 Hektar Rebfläche bei weitem nicht, um den Bedarf zu decken. Jugoslawien war vor dem Krieg sowohl großer Produzent als auch Konsument, dabei ein bedeutender Exporteur. Weinbau wird in allen Landesteilen von Nord nach Süd betrieben.

Außereuropäische Länder

Betrachtet man eine Weltkarte, auf der die Weinbaugebiete markiert sind, fällt auf, dass die rund 30 Prozent außereuropäischer Rebflächen recht verstreut liegen. In den nordafrikanischen Mittelmeerländern Marokko, Algerien und Tunesien ist der Weinbau auf die ehemalige Zugehörigkeit zu Frankreich zurückzuführen. Ägypten ist wegen seiner überwiegend islamischen Bevölkerung kein bedeutendes Weinland mehr, obwohl es im Altertum durchaus Weinbau und Weinkonsum gegeben hat. Großflächigen Anbau und gute bis hervorragende Qualitäten gibt es auf dem afrikanischen Kontinent nur in Südafrika, wo die Gründer der Kapkolonie im 17. Jahrhundert schon die ersten Reben pflanzten. Französische Hugenotten und deutsche Siedler verhalfen der Weinkultur zur Blüte.

Auch das riesige Asien hat vergleichsweise kleine Rebinseln aufzuweisen, obwohl die Genzentren der Rebpflanze im Kaukasus vermutet werden. Hier ist der vorwiegend islamische Glaube der Bevölkerung der Grund dafür, dass sich der Weinbau trotz klimatisch günstiger Verhältnisse nicht weiter ausgebreitet hat. Der Großteil der Anbaufläche entfällt auf die alten mediterranen Kulturländer des Nahen Ostens, Türkei (600.000 Hektar), Zypern (20.000 Hektar), Syrien (65.000 Hektar) sowie Afghanistan (65.000 Hektar) und Indien (35.000 Hektar). Nennenswerte Weinerzeugung oder entsprechenden Verbrauch gibt es auf Zypern (550.000 Hektoliter, 13 Liter Konsum pro Kopf und Jahr) und in Israel (4 Liter), in der Türkei werden etwa 0,5 Liter pro Kopf im Jahr getrunken. Die übrigen Länder des Nahen Ostens bauen überwiegend Tafeltrauben an.

Im Fernen Osten strebt Japan eine Verbesserung seiner Kellertechniken und eine Ausweitung seiner heute über das ganze Land verstreut liegenden Rebflächen an. Immerhin beträgt der Pro-Kopf-Verbrauch heute schon 2,5 Liter im Jahr und der Import rund 1 Million Hektoliter. Das kleine Japan hat heute schon ein Achtel der Rebfläche Chinas, wo der Weinbau bis weit in vorchristliche Zeiten zurückreicht.

Einen beachtlichen Aufschwung erlebt Australien als Weinregion – quantitativ wie qualitativ. Der Weinbau geht zwar auf europäische Siedler zurück, doch verzichtet man heute auf Imitationen und hat seinen eigenen Stil entwickelt. Die Rebfläche ist allerdings kleiner als die Deutschlands und beschränkt

Antipoden im weltweiten Weinbau: das Weingut Thirty Bench in Ontario, Kanada, und Weinberge in Klein-Karoo, Südafrika.

sich wegen des heißen Klimas auf wenige Regionen. Die Australier trinken etwa halb so viel Wein wie die Spanier (20 Liter), der Exportanteil ist weiter steigend und liegt bei einem Drittel der Gesamtproduktion.

Neuseeland hat wegen seiner überwiegend europäischen Bevölkerung und seines gemäßigten Klimas eine stark ansteigende Weinproduktion zu verzeichnen. Immerhin trinken die Neuseeländer pro Kopf und Jahr 10 Liter Wein, etwa halb so viel wie die Deutschen, und das hauptsächlich aus inländischer Produktion. Es gibt kaum Import.

In Amerika ist der Weinbau ebenfalls europäischen Siedlern zu verdanken. Es mag für manchen erstaunlich klingen, dass die Kanadier mit 8 Litern pro Kopf und Jahr etwa genauso viel trinken wie die Nordamerikaner (8 Liter). Ihre Rebfläche ist mit 7000 Hektar jedoch viel kleiner als die der Vereinigten Staaten (315.000 Hektar). Bei beiden reicht die einheimische Produktion nicht aus, das bevölkerungsarme Kanada importiert immerhin 1,3 Millionen Hektoliter, die großen USA nur knapp doppelt so viel. Der weitaus größte Teil der Rebflächen befindet sich in Kalifornien.

In Mittelamerika ist Mexiko der einzige Weinproduzent. Obwohl Weinbau seit dem 16. Jahrhundert betrieben wird, ist der inländische Konsum eher gering.

In Südamerika gibt es etwa ab dem 30. Breitengrad wieder Qualitätsweinanbau. Nennenswerte Weinländer sind Chile, Argentinien, Brasilien und Uruguay, wobei Argentinien, wie bereits erwähnt, zu den größten Weinkonsumenten gehört. In Chile und Uruguay wird fast ebenso viel oder sogar mehr Wein getrunken als in Deutschland (18 beziehungsweise 32 Liter pro Kopf und Jahr). Während Argentinien und Chile Wein exportieren, wird der Wein aus Uruguay im Land selbst getrunken.

Peru und Bolivien haben geringen Rebbau in den wenigen gemäßigten Zonen aufzuweisen.

Heute versucht man mehr und mehr, auch in den Tropen Reben anzubauen, nicht zuletzt wegen des hohen Nährwertes der Trauben. Die fehlende Winterruhe des Rebstocks muss durch starken Schnitt und Entfernung der Blätter kompensiert werden. Dafür sind zwei bis drei Traubenernten im Jahr möglich, was dem steigenden Vitamin- und Nahrungsbedarf dieser Länder nur entgegenkommen kann.

In den letzten Jahren hat bei uns das Interesse an Überseeweinen explosionsartig zugenommen. Mit der Verbesserung der An- und Ausbaumethoden kommen daher immer mehr gute Tropfen über den Ozean zu uns.

Frankreich

Leben wie Gott in Frankreich heißt gut essen und trinken – es sich wohl sein lassen in jeder Beziehung. In diesem Land gibt es bis auf die Regionen nördlich der Hauptstadt praktisch überall Weinbau, das bevorzugte Getränk der Franzosen ist Wein. Man trinkt ihn oft schon am späten Vormittag, ganz sicher aber mittags und zur Hauptmahlzeit am Abend. Nach dem Essen, wenn man hierzulande zu gemütlicher Schoppenrunde zusammenrückt, hören die Franzosen dagegen gewöhnlich mit dem Weintrinken auf.

Früher kannte man bei uns hauptsächlich die teuren französischen Spitzenweine, die edlen Bordeaux und Burgunder für den festlichen Anlass. Das hat sich gründlich geändert. Man fährt häufig nach Frankreich, nicht nur um Land und Leute kennen zu lernen, sondern auch um die Küche und die Weine an Ort und Stelle zu genießen. Was liegt daher näher, als preiswerte französische Weine für den täglichen Bedarf nach Deutschland einzuführen? Heutzutage sind französische Weine durchaus bezahlbar, das Angebot entspricht den tatsächlichen Verhältnissen auf dem französischen Weinmarkt. Schließlich machen die Weine mit kontrollierter Herkunftsbezeichnung (Appellation contrôlée) und mit dem Siegel V.D.Q.S. (Vins délimités de qualité supérieure), die Qualitätsweine also, nur etwas weniger als die Hälfte der Weinernte aus. Alles andere sind Landweine, Tafelweine und Grundweine für die Cognac- und Armagnacbereitung. Was es mit diesen Qualitäten auf sich hat, steht auf Seite 37ff.

In den Beschreibungen der Weinbaugebiete wird dennoch vorwiegend von A. C.-Weinen die Rede sein, weil sich an ihnen die Eigenart der Regionen besser veranschaulichen lässt und alle berühmten, traditionsreichen Spezialitäten natürlich aus Qualitätsweinregionen stammen. Dennoch werden die Landweine nicht zu kurz kommen, da sie an Bedeutung gewinnen.

Vor dem Start auf die Reise durch das Weinland Frankreich noch kurz ein paar charakteristische Zahlen: Frankreich ist wie bereits an anderer Stelle erwähnt, Weltmeister im Weintrinken, liegt an zweiter Stelle in der Erntemenge und belegt zusammen mit Italien den zweiten Platz mit seiner Rebfläche. Im Weinexport liegen Frankreich und Italien an der Weltspitze. Der Import beträgt etwa die Hälfte des Exports.

In Frankreich ist die Welt der Weine so vielgestaltig wie die Menschen individualistisch geprägt sind. De Gaulle be-

Kleine Festungskirche inmitten der Weinberge von Hunawihr im Elsass.

schwerte sich einmal über die Unregierbarkeit eines Volkes mit so vielen Käsesorten, wie es sie in diesem Land gibt. Hat er die Weinsorten nur nicht gezählt, um nicht frühzeitig zurücktreten zu müssen, oder wagte er sich nicht an die heilige Kuh heran?
Es gibt 11 Qualitätsweinbaugebiete in Frankreich, nach denen das folgende Kapitel aufgeteilt ist, 4 Landweinregionen und rund 100 enger begrenzte Anbaugebiete für Landwein, die allerdings nicht gesondert besprochen, sondern je nach ihrer Lage mit den Qualitätsweingebieten zusammen erwähnt werden.

Elsass und Lothringen

Das Elsass ist nicht nur das östlichste, es ist das originellste Weinland Frankreichs – zumindest in den Augen der Franzosen. Schließlich wird hier fast ausschließlich Weißwein erzeugt, die Weine sind nach der Rebsorte benannt, und die Gerichte, die es zu diesen Weinen gibt, sind alemannisch. Schweinefleisch und Gans, dazu die elsässische Choucroute (garniertes Sauerkraut) passen gut zu den trockenen, gehaltvollen Elsässer Weinen.
Das elsässische Weinbaugebiet ist, abgesehen von ein paar kleinen Flächen um Wissembourg, 100 Kilometer lang und nur selten breiter als 5 Kilometer. Die Elsässische Weinstraße, die alle bedeutenden Weinbauorte berührt, durchzieht es in nordsüdlicher Richtung. Ein Besuch des Elsass lohnt sich wegen der malerischen Städte mit ihren Fachwerkhäusern, wegen der Gastlichkeit vieler gemütlicher Restaurants und im Herbst nicht zuletzt wegen der traditionsreichen Weinfeste. Am Anfang oder am Ende einer solchen Weinreise sollte immer der Besuch von Straßburg stehen, jener alten Weinhandelsstadt, wo heute noch wichtige Firmen ihren Sitz haben.
Die Weinberge fallen von den schützenden Vogesen zum Rheintal hin ab. Charakteristisch sind die unterschiedlichen Bodenarten, das kontinentale Großklima, unterschiedliches Mikroklima in den Lagen und ein breit gestreutes Rebsortiment. Eine weitere Besonderheit des Elsass: Die Weine werden nach ihren Rebsorten benannt, was in Frankreich außer bei Landweinen sonst nicht üblich ist.
Elsässische Weine gibt es ausschließlich in der typischen »Flûte«, jener langgezogenen Schlegelflasche, die der deutschen Moselweinflasche in der Form ähnelt, jedoch noch schlanker ist als diese.

Alte Winzerwerkzeuge schmücken diese elsässische Fassade und bezeugen die lange Tradition des Weinbaus in dieser Region.

Rebsorten und Weinbezeichnungen

Die einfacheren Weinsorten gewinnt man aus Knipperlé, bei uns als Ortlieber bekannt, und aus Chasselas (Gutedel). A. C.-Qualitätsweine werden aus den folgenden Rebsorten gewonnen: Der Sylvaner ergibt fruchtige, frische, auch spritzige Weine, die herb bis trocken ausgebaut werden. Einige feine Tischweine stammen vom Pinot Blanc, auch Klevner genannt, sie sind mild, süffig und eher geschmacksneutral. Pinot Blanc und Chasselas ergeben zusammen mit anderen weißen Sorten die wohl berühmteste Elsässer Spezialität: den Edelzwicker. Edelzwicker kann trocken und kräftig, aber auch dünn und langweilig schmecken. Hier lohnt es sich, auf eines der bekannten Weinhandelshäuser zu vertrauen.
Höhere Qualitäten bis hin zu Spitzenweinen können bei entsprechender Herkunft in guten Jahren aus den Sorten Riesling, Tokay Pinot Gris, Gewurztraminer, Muscat d'Alsace und Pinot Noir entstehen. Riesling ist auch hier ein feiner, fruchtiger, eleganter Wein, oft körperreicher, da höher im Alkohol, als in Deutschland. Tokay Pinot Gris hat nichts mit dem ungarischen Tokajer zu tun, der im übrigen aus Furmint gewonnen wird. Tokay ist ein Synonym für Ruländer. Die Weine sind füllig, aromareich, manchmal fruchtig. Würzig,

aromatisch und trocken ist der Gewurztraminer, den man auch außerhalb des Elsass häufig bekommt. Der Muscat d'Alsace ist der einzige trockene französische Muskateller, der oft durch feine Fruchtigkeit besticht.
Einzige Rotweinrebe ist der Spätburgunder oder Pinot Noir, der im Elsass oft einfach Burgunder genannt wird. Seine Bedeutung ist im Rotweinland Frankreich qualitativ wie quantitativ gering. Aus dem Pinot Noir werden auch Roséweine gekeltert.
Das System der elsässischen Herkunftsbezeichnungen, das hier seit 1945 existiert, ist so einfach wie nirgendwo sonst in Frankreich. Die Bezeichnung lautet Alsace oder Vin d'Alsace. Der Name der Rebsorte oder die Bezeichnung Edelzwicker dürfen angefügt werden. Die A. C. Vin d'Alsace darf allerdings nur der Wein tragen, der von den bevorzugten Hügellagen stammt und vom Nationalen Weininstitut auf Antrag einer Prüfungskommission ein Zertifikat bekommen hat. Grands Crus werden häufig mit dem Herkunftsort oder einer der 50 gesetzlich festgelegten Lagen bezeichnet. Zusätzlich zu den Bezeichnungen Alsace oder Alsace Grand Cru gibt es die Prädikate Vendanges tardives (Spätlese) und Sélection de grains nobles (Auslese), letzteres für Weine aus sorgfältig ausgelesenen und von Edelfäule befallenen Weinbeeren.
Die Bezeichnung Crémant d'Alsace darf nur für Schaumweine aus Pinot Blanc, Riesling, Pinot Gris, seltener aus Chardonnay oder in seiner Rosé-Version aus Pinot Noir verwandt werden. Sie müssen die zweite Gärung auf der Flasche durchgemacht und mindestens 9 Monate auf der Hefe gelegen haben.

Die bekannten Weinorte

Wo bekommt man nun den besten Wein? Das Oberelsass, also der südliche Teil des Gebiets, hat mehr berühmte Namen aufzuweisen als der Norden. Beginnen wir trotzdem im unteren Elsass, überlassen die Schönheit der Stadtbilder Reiseprospekten und konzentrieren uns auf die Weine: Der Klevner de Heiligenstein ist eine geschätzte Spezialität, Barr und Andlau haben bemerkenswerte Gewächse zu bieten. Doch die großen Namen kommen erst jetzt: Ribeauvillé eröffnet den Reigen mit Riesling und Traminer, sein Nachbar Riquewihr ist noch berühmter für seinen Spitzenriesling und seine kostbaren Traminer. In Riquewihr sind namhafte Weingüter ansässig. Kientzheim, Kaysersberg und Ammerschwihr liegen dicht beieinander, letzteres beherbergt in seinen Mauern die bekannte Lage Kaeferkopf. Um Colmar, das Zentrum des Oberelsass, gruppieren sich renommierte Weinorte wie Turckheim, Wintzenheim und Eguisheim. Guebwiller im Süden, wo die Berge steiler werden, hat starke, feurige Tropfen zu bieten. Am Ende der Weinstraße im Süden liegt Thann, dessen berühmte Lage Rangen alkoholreiche, schwere Weine hervorbringt.
Eine Besonderheit des elsässischen Weinbaus ist der Kleinbetrieb. Eine große Rolle spielen die sogenannten Producteurs-Négociants, Weinbauern, die einerseits Eigenbauweine herstellen, andererseits aber auch fremdes Lesegut und Weine aus anderen Betrieben vermarkten.

Hervorragende Jahrgänge im Elsass

Außergewöhnlich: 1983, 1985, 1988, 1989, 1990
Gut: 1981, 1996

Elsässer in traditioneller Tracht.

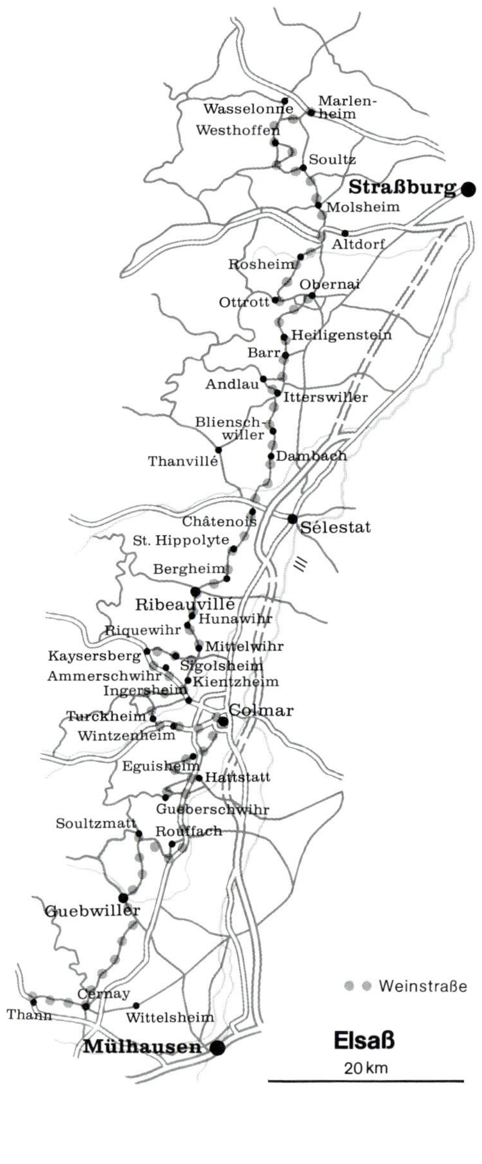

Blick auf Riquewihr im Herbst, gesehen von der Grand Cru Lage des Weinbergs Schoenenbourg.

Die zarten Lothringer

Eine lothringische Appellation contrôlée gibt es nicht, wohl aber 2 Vins délimités de qualité supérieure. Die Rebfläche Lothringens ist infolge der zahlreichen Kriege, die dieses Grenzland immer wieder heimgesucht haben, sehr klein geworden. Auch die Reblaus hat zu dieser negativen Entwicklung beigetragen. Heute beschäftigt man sich eher mit intensivem Obstbau, die Mirabelle hat den Weinbau verdrängt. Einige beharrliche Winzer bauen jedoch weiterhin auf der seit hundert Jahren auf ein Zehntel geschrumpften Rebfläche Weine an, die nach Prüfung das V.D.Q.S.-Siegel und die Bezeichnungen Vin de Moselle und Côtes de Toul tragen dürfen. Es handelt sich in beiden Fällen um zarte, blumige Rot- und Weißweine. Den Côtes de Toul gibt es hauptsächlich als Rosé.

Champagne

Eine einzige Bezeichnung nur für die Region und ihren Wein – besser kann man die innige Verbundenheit nicht beschreiben. »Le« Champagne, das moussierende Festtagsgetränk, Liebling der Gourmets in aller Welt, wäre ohne »la« Champagne, die Landschaft mit dem Kreideboden, auf dem und in dem – nämlich in den 200 Kilometer langen Kreidestollen – er gedeiht, nicht zu denken. Das Weinbaugebiet Champagne ist das mit nur 3 Prozent Anteil an der Gesamtrebfläche kleinste in Frankreich. Es liegt zudem schon sehr nahe an der nördlichen Grenze für Weinbau, und seine mittlere Jahrestemperatur von 10° C reicht gerade aus, um Trauben zur Reife zu bringen. Die relativ milden Winter sind der geringen Höhenlage zu verdanken. Positiv wirkt sich auch die hohe Luftfeuchtigkeit, hervorgerufen durch Flüsse und Wälder, aus. Ein Problem können in dieser kühlen Gegend die Frühjahrsfröste sein, die die Winzer sogar mit zwischen den Rebzeilen aufgestellten Öfchen bekämpfen. Schäumenden Champagnerwein hat es nicht immer gegeben. Vor seiner Entdeckung lagen das Burgund und die Champagne lange Zeit in edlem Wettstreit um den besten roten oder weißen Stillwein. Es sind auch heute noch die angestammten Rebsorten des Burgund, die all die feinen Champagner ergeben.

Wie gewinnt man weißen Wein aus blauen Trauben?

Der berühmteste weiße Schaumwein der Welt wird aus 3/4 blauen und nur 1/4 weißen Trauben gekeltert. Heller Most entsteht, wenn die dunklen Schalen vor der Gärung entfernt werden.

Die Reben und die Cuvée

Zunächst mag es manchem verwunderlich erscheinen, dass weißer Champagner zu zwei Dritteln aus blauen Trauben gewonnen wird, und zwar aus der feinsten blauen Sorte, die im Burgund die großen Rotweine hervorbringt, dem Pinot Noir oder Blauen Spätburgunder. Er verleiht dem Champagner Körper und Fülle. Die zweite Champagnerrebe ist der Chardonnay, der in Burgund die berühmten Weißweine liefert und heute in der ganzen Welt verbreitet ist. Hier wird er wegen seiner Frische und seiner Feinheit, aber auch wegen seines hellen Saftes und seiner Moussierfähigkeit geschätzt. Champagner aus Rotweintrauben nennt man Blanc de Noirs (d.h. Weißwein aus dunklen Trauben), jene aus Weißweintrauben Blanc de Blancs (Weißwein aus hellen Trauben). Die dritte, ebenfalls rote Sorte, der Pinot Meunier, bei uns als Müllerrebe bekannt, ist widerstandsfähig und wird daher in frostgefährdeten Lagen angebaut; sie verleiht dem Wein Kraft und Jugend.

Geerntet werden die kleinen, dünnschaligen Beeren Ende September, wenn sie reif, jedoch nicht überreif sind. Überreife würde die Säure des Champagners zu stark abbauen. Danach werden die Trauben sorgfältig verlesen. Beim Champagner spielt die Lage, also die Herkunft, im Allgemeinen keine Rolle. Die großen Champagnerhäuser, die selbst kaum Weinbergsbesitz haben, kaufen die Trauben und bereiten den Grundwein in ihren eigenen Kelle-

Auf keiner Hochzeit, keiner Taufe, keinem großen Geburtstagsfest darf er fehlen: Champagner, der berühmteste Schaumwein der Welt.

Der poröse Kreideboden der Champagne speichert optimal die Wärme des Sommers und Herbstes in dieser für den Weinbau kühlen Region.

reien. Wie bereits beschrieben (siehe Seite 28), werden im Spätwinter bis März die Weine zur Cuvée gemischt. Jedes Champagnerhaus hat geheime Rezepturen, nach denen es unter Berücksichtigung vom Reifezustand des Lesegutes seine Verschnitte zusammenstellt.

Man kauft also die Marke des Hauses und nicht Champagner einer bestimmten Lage.

In normalen Jahren hat die Cuvée etwa folgende Zusammensetzung: ein Viertel aus der Gegend um Ay für Rasse und Eleganz, ein Viertel von der Nordseite des Marnetals für Kraft und Körper, ein Viertel aus dem Bergland auf der Reimser Seite für Frische und Bukett, ein Viertel von der Côte des Blancs für Anmut und Feinheit.

Es gibt jedoch zwei Ausnahmen: Erstens stellen in besonderen Jahren die Champagnerhäuser so genannte Jahrgangschampagner aus den Trauben einer einzigen Ernte her. Zweitens gibt es kleine Erzeuger, die Champagner aus einer einzigen Gemeinde, zum Beispiel Cramant, Ay oder Mesnil herstellen. Indirekt gibt es herkunftsbezogene Unterschiede, da die großen Champagnerhäuser ihre Grundweine immer wieder aus den gleichen hoch bewerteten Gemeinden beziehen.

Das Weinland und seine Gemeinden

Das Herzstück des Champagnergebietes liegt an der Marne. Es unterteilt sich in das Reimser Bergland (Montagne de Reims), das Marnetal (Vallée de la Marne) und die Côte des Blancs. In den Departements Aube und Aisne befinden sich noch vereinzelte Rebflächen und einige wenige Hektar im Departement Seine-et-Marne.

Die Route du Champagne, die Champagner-Weinstraße, führt in verschiedenen Verzweigungen durch das Gebiet mit seinen Weinbergen. Immer wieder ergeben sich von den Höhen überraschend schöne Ausblicke auf das Hügelland. Die Landschaft ist still, für Frankreich nordisch-karg. Zentrum des Gebietes ist Épernay, wo eine Reihe von Champagnerhäusern ihren Sitz hat, zum Beispiel Moët & Chandon, Perrier-Jouët, Pol Roger & Co. Ausgangspunkt und Tor zur Champagne ist im Norden das gastfreundliche Reims. Hier befindet sich ein Großteil der berühmten Champagnerhäuser wie z.B. Veuve Clicquot-Ponsardin, Heidsieck & Co., Charles Heidsieck, Mumm, Krug, Piper-Heidsieck, Roederer, Pommery & Greno, Ruinart.

Die Küche des Landes passt zur Landschaft und den Menschen. Sie ist einfach und maßvoll. Fisch und Wildbret werden vielfach mit Champagner-Stillwein bereitet. Berühmte Käse sind der sanfte, milde Brie und der Coulommiers.

Nach dem Bewertungssystem für Champagner-Grundwein gibt es 17 Gemeinden, die für ihre Gewächse die höchsten Anteile von dem in jedem Jahr kurz vor der Lese neu ausgehandelten Richtpreis bekommen. Das sind im Reimser Bergland: Verzenay, Beaumont-sur-Vesle, Sillery, Ambonnay, Louvois, Tours-sur-Marne, Mailly, Puisieulx, Verzy und Bouzy. Im Marnetal bekommt nur Ay die

100 Prozent, an der Côte des Blancs Avize, Chouilly (nur weiß), Le Mesnil-sur Oger, Oiry und Cramant. Sie werden als Grands Crus bezeichnet.

Sehenswert ist Hautvillers, wo sich einst die mächtige Benediktinerabtei befand, in der Dom Pérignon um die Mitte des 17. Jahrhunderts den Champagner »erfand«. Sein Grabmal in der ehemaligen Klosterkirche kann dort besichtigt werden.

Die Weine mit A. C. Champagne

Es ist wohl überflüssig zu betonen, dass in einem so kostbaren Gebiet, wo nur in klimabegünstigten Lagen Weinbau möglich ist, kein Landwein erzeugt wird. Schließlich gehört der Kreideboden der Champagne, auf dem Weinbau betrieben wird, zu den höchstbewerteten landwirtschaftlichen Flächen der Welt. Für die A. C.-Herkunftsbezeichnung Champagne müssen die Weine von bestimmten Flächen und den drei genannten Rebsorten stammen, ein Höchstertrag darf nicht überschritten werden. Das vorgeschriebene Herstellungsverfahren ist die Méthode champenoise, die eine zweite Gärung auf der Flasche vorsieht.

Eine Spezialität ist der Champagne rosé. Bei der Zusammenstellung der Cuvée werden weiße Grundweine mit geringen Mengen ausnahmsweise rot gekelterter Grundweine aus der Champagne vermählt.

Es gibt zusätzlich zwei Herkunftsbezeichnungen für stille, also nicht moussierende Weine aus der Champagne: Coteaux champenois (seit 1974 für Champagne nature) und Rosé des Riceys, einen der besten Roseéweine.

Hervorragende Jahrgänge der Champagne

Champagner sind meist Jahrgangsverschnitte. In den folgenden guten Jahren wurden viele Jahrgangschampagner erzeugt: 1969, 1971, 1973, 1976, 1979, 1982, 1985, 1989, 1990, 1995, 1996, 1997

Champagnerlagerung in den Kreidestollen von Reims, der ehemaligen Königsstadt.

Rosé des Riceys ist eine echte Rarität, da die Winzer der Gegend ihre Trauben vornehmlich zur Champagnergewinnung verkaufen. Zur Herstellung dieses Rosé-Stillweines darf nur Pinot Noir verwendet werden. Die Bereitung dieses Weines ist sehr heikel. Der Winzer muss genau abschätzen, wie lange er den Wein mit den Beerenschalen gären lässt und wann er das Holzfasslager beendet. Um Bouzy werden einige stille Rotweine aus Pinot Noir erzeugt, die meist jung getrunken werden, jedoch auch gut altern. Sie sind zart und bukettreich. Die stillen Weißweine stammen von der Côte des Blancs aus der Chardonnayrebe. Es sind trockene, erfrischende, anmutige Weine, die jung getrunken werden sollten.

Burgund und Beaujolais

Das ehemalige Herzogtum Burgund im Osten Frankreichs bringt Rotweine hervor, die das Wort »Burgunder« zum Synonym für voll-

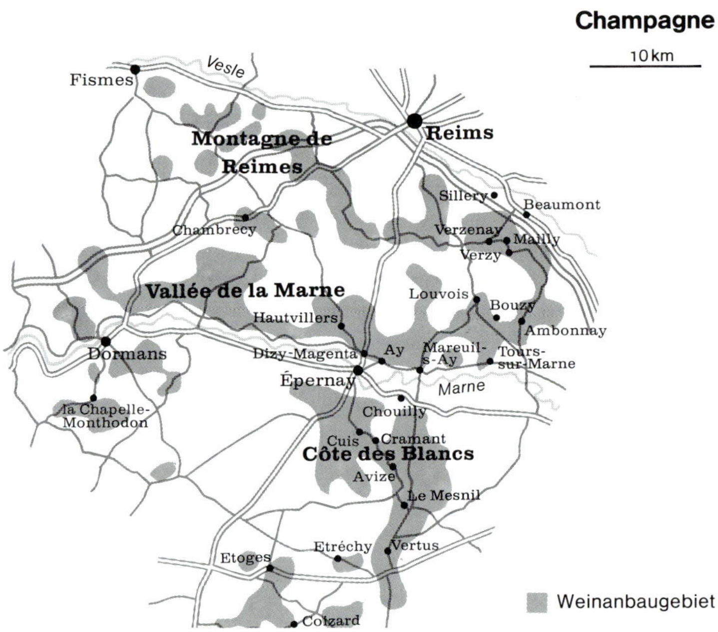

mundigen, gehaltvollen Rotwein schlechthin gemacht haben. Seine Kreszenzen bilden das würdige Gegengewicht zu den männlich-herben Château-Weinen des Bordelais. Doch auch weltbekannte, teuerste Weißweine haben ihre Heimat im Burgund und – mehr preiswerte, einfachere Tropfen, als man ahnt. Man denke nur an den Beaujolais. Burgund hat seine Bedeutung als Weinbaugebiet den Mönchen zu verdanken, die schon im frühen Mittelalter in nachrömischer Zeit Weinberge anlegten und die Kellertechniken verbesserten. Heute ist Burgund ein Bauernland mit einer großen Anzahl von Klein- und Kleinstbetrieben – 90 Prozent der Winzer besitzen weniger als 1 Hektar Land.

Das Weinbaugebiet Burgund beginnt im Norden mit Chablis, dem Weißweingebiet, südöstlich davon liegt das Herzstück des Burgunderweinbaus, das dieses Land weltberühmt gemacht hat, die Côte d'Or mit dem nördlichen Teil Côte de Nuits und dem südlichen Côte de Beaune. Von Norden nach Süden folgen die bekannten Namen Côte Chalonnaise, Mâconnais und Beaujolais.

Ein Großteil aller Burgunderweine unterliegt der Appellation contrôlée, der Anteil der nicht klassifizierten Rebflächen geht eher noch zurück. Fast die Hälfte aller Weine wird exportiert.

Das Benennungssystem

In einem Gebiet, wo die Spitzenqualitäten oft nur wenige Meter von gutem Durchschnitt entfernt gedeihen, lohnt es sich besonders, wenn man sich mit dem Benennungssystem vertraut macht. Wie überall sonst auch weist die genaueste Bezeichnung auf den besten Wein hin. Beispiel: Chambertin-Clos de Bèze bezeichnet einen Lagenwein, Gevrey-Chambertin einen Wein aus der gleichnamigen Gemeinde, der erste ist dem zweiten also überlegen. Andererseits steht ein Gevrey-Chambertin über einem Côte de Nuits und weit über einem Wein mit der allgemeinen Angabe Bourgogne. Das System umfasst von unten angefangen vier Klassen (siehe Kasten).

Burgunder und andere Rebsorten

Der Überblick über das Rebsortiment ist relativ einfach. Es ist kaum vorstellbar, doch bringen im Wesentlichen nur vier Sorten die vielen verschiedenartigen Weine auf kleinstem Raum hervor. Hier kann man studieren – und eine Reise durch das Land lohnt gewiss –, wie sehr verschiedene Böden und das Kleinklima sich auf den Charakter des Weines auswirken. Von den vier Hauptrebsorten sind zwei Burgunder, nämlich der Pinot Noir oder Blaue Spätburgunder, die kostbare Rotweinrebe, die in der Champagne die hellen Champagner ergibt, hier aber ihre wunderschöne Farbe zeigen darf, und der Pinot Blanc oder Weiße Burgunder, der helle Bruder oder, wissenschaftlich ausgedrückt, eine Mutation dieses Pinot Noir. Eine weitere einheimische Burgundersorte ist der Char-

Das Klassensystem in Burgund

1. Regionale oder allgemeine Herkunftsbezeichnungen: Hier haben wir es mit einer schmalen Unterschicht zu tun, denn ihr Anteil an der Weinerzeugung liegt bei nur etwa 15 Prozent. Die Weine sind geprüfte Qualitätsweine, dafür tragen sie die A.C., sind aber wesentlich preisgünstiger und damit erschwinglicher als die feinen Herrschaften an der Spitze. Ihre Namen lauten zum Beispiel Bourgogne, Bourgogne Ordinaire – was nichts mit dem gleichklingenden deutschen Wort zu tun hat – oder auch Bourgogne passe-tout-grains.
2. Unterregionale Bezeichnungen: Diese Weine bilden sozusagen das Großbürgertum unter den burgundischen Kreszenzen. Sie haben, da wir uns schließlich in Burgund befinden, Qualität und Rasse. Weine aus einem enger begrenzten Gebiet mit den Zusätzen »Villages« (zum Beispiel Beaujolais-Villages, Mâcon-Villages) oder »Supérieur« (zum Beispiel Beaujolais Supérieur, Mâcon Supérieur) gehören dieser Klasse an.
3. Gemeindebezeichnungen: Ist ein Wein ausschließlich innerhalb der Grenzen einer Gemeinde gewachsen, führt er auf dem Etikett den Namen des Dorfes. Stammt er von einer als Premier Cru eingestuften Lage, so wird diese Lage zusammen mit dem Ortsnamen genannt. Wir haben es hier sozusagen mit dem niederen und dem höheren Adel zu tun, der seinen Namen mit dem des Herkunftsortes verbindet.
4. Lagebezeichnungen: Die 31 Grands Crus, die 1936 festgelegt wurden, tragen wie Könige nur einen einzigen Namen, nämlich den Namen des winzigen Fleckchens Erde, das sie hervorgebracht hat, zum Beispiel »Le Chambertin«.

Etikett eines Burgunders mit einfacher Appellation.

Etikett eines Burgunders mit unterregionaler Appellation.

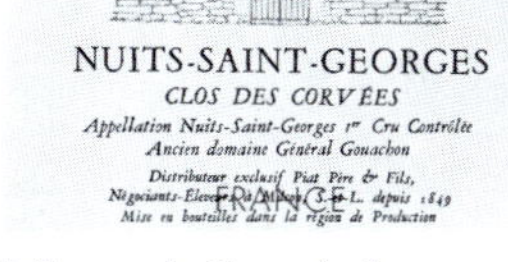

Etikett mit Gemeindebezeichnung.

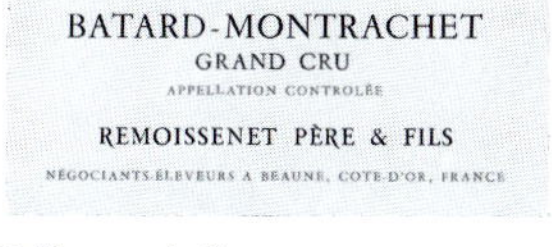

Etikett mit Lagenbezeichnung.

donnay, eine Spielart des Pinot Blanc. Ihm sind die besten Weißweine aus dem Chablis und der Côte d'Or zu verdanken. Die vierte Sorte, Gamay, gehört zwar nicht zur Familie, doch stammt sie höchstwahrscheinlich aus der gleichen Gegend. Vermutlich hängt der Name mit einem kleinen Ort bei Puligny-Montrachet zusammen. Gamay ist die einzige rote Rebsorte des Beaujolais. Sie wird weltweit hauptsächlich hier und in Kalifornien angebaut, wo man die aus ihr gewonnenen Weine »Gamay du Beaujolais« nennt.

Daneben gibt es noch einige alte Rebsorten von lokaler Bedeutung. Erwähnenswert ist hiervon eigentlich nur der Aligoté, der einen einfachen, aber frischen, säurereichen und herzhaften Weißwein mit der Bezeichnung Bourgogne Aligoté ergibt.

Die schlichten Burgunder

Trägt ein Wein die einfache Bezeichnung Bourgogne, weist er sich immerhin als Burgunder aus. Er kann allerdings irgendwo in dem Gebiet, das sich über die Departements Yonne, Côte-d'Or, Saône-et-Loire und Rhône erstreckt, gewachsen sein, ganz sicher entstammt er jedoch keiner der höher klassifizierten Lagen. Schlicht Bourgogne heißen im Übrigen nur Rot- und Weißweine, bei den Roseéweinen kommt der Zusatz »Rosé« oder »Clairet« hinzu.

Immerhin werden auch die einfachen Burgunder Rotweine in der Côte d'Or aus dem edlen Pinot Noir gewonnen, im Mâconnais und Beaujolais aus Gamay Noir, im Departement Yonne sind die alten Rebsorten César und Tressot zugelassen. Einfache Burgunder Rotweine sind kräftig im Geschmack. Die einfachen Weißweine stammen wie die großen aus Chardonnay und Pinot Blanc. Sie sind trocken und rassig. Ihr Mindestalkoholgehalt und der Höchstertrag sind geregelt.

Unter bestimmten Bedingungen dürfen die Bezeichnungen Marsannay-la-Côte oder Marsannay sowie Hautes-Côtes-de-Nuits oder Hautes-Côtes-de-Beaune der Appellation Bourgogne hinzugefügt werden.

Typisch für Burgund sind diese großen bäuerlichen Lesekörbe aus Weidengeflecht.

Bourgogne Ordinaire werden aus den oben genannten Rebsorten gewonnen, bei den Weißweinen kommen einige örtliche Rebsorten hinzu. Sie sind etwas alkoholärmer als der Bourgogne, sind also leichter und schmecken, da sie nicht aus den besten Lagen stammen, auch dünner. Sie sind allerdings nur wenig verbreitet.

Zu den schlichten Burgundern gehört ferner der bereits erwähnte Bourgogne Aligoté, der in der Mischung mit Cassis als Kir wohl bekannt ist.

Bourgogne Passe-tout-grains ist ebenfalls ein einfacher Rotwein, zu zwei Dritteln aus der Gamayrebe, der Rebe des Beaujolais, und zu einem Drittel aus örtlichen Pinot-Varianten gekeltert. Es ist ein einfacher, oft recht kräftiger Wein, der gut zu einem ländlichen Menü schmeckt.

Die Bezeichnung Crémant de Bourgogne steht für weiße und Rosé-Schaumweine, die vorher Bourgogne Mousseux hießen. Gewährleistet wird ein gewisses Qualitätsniveau durch die Verwendung von erstklassigen Rebsorten wie Pinot Noir und Chardonnay. Sie müssen zu mindestens 30 Prozent enthalten sein, der Anteil an Gamay darf bis höchstens 20 Prozent betragen. Die spritzigen Schaumweine stammen zumeist von der Côte Chalonnaise und aus dem Mâconnais.

Befand sich die Champagne einst in edlem Wettstreit mit Burgund um die Königskrone in der Rotweinerzeugung – Frankreichs Hochadel lag sich zur Zeit Ludwigs XIV. jahrzehntelang wegen dieses Themas in den Haaren –, so ist es heute klar: Es gibt zwei Könige, die friedlich nebeneinander regieren, der eine bei Aperitif und Dessert, der andere über den Rest des Menüs.

Die besseren Burgunder

Die Weine, deren Herkunftsbezeichnung sich auf eine Teil- oder Unterregion bezieht, heben sich deutlich von den »schlichten« Burgundern ab. Sie stammen aus enger begrenzten Gebieten und sind schon deshalb eher gebietstypisch. Der Côte-de-Beaune ist rot oder weiß und stammt aus 16 Gemeinden dieses Gebiets. Es sind die Weine zweiten Ranges, die unter diesem Begriff zusammengefasst werden; Côte-de-Beaune-Villages gilt nur für Rotweine.

Bei 0,5 Volumenprozent mehr Alkohol darf roter wie weißer Côte-de-Beaune den

Zusatz einer Lage tragen. Hier heißt es aufpassen: Es handelt sich nicht um einen der berühmten großen Lagenweine, die Bezeichnung Côte-de-Beaune weist immer auf einen Verschnitt aus einem größeren Gebiet hin. Im Grundcharakter ähneln diese Weine ihren höher qualifizierten Brüdern, sind charmant und fein, ohne jedoch deren Glanz zu besitzen.

Die Bezeichnungen Mâcon und Mâcon Supérieur beziehen sich auf Rot-, Rosé- und Weißweine, die von bestimmten Anbauflächen der Gemeinde um das Städtchen Mâcon, nördlich des Beaujolais, stammen. Die Rotweine sind durchaus erfreuliche Karaffenweine, ähnlich dem Beaujolais, doch herber. Sie werden wie dieser aus Gamay gewonnen und sind jung trinkfertig. Der Zusatz »Supérieur« bezieht sich auf 0,5 Volumenprozent mehr Alkohol und die Herkunft aus bestimmten Gemeinden, die auf dem Etikett genannt werden dürfen.

Die bekannteren Mâcon-Weißweine stammen wie die großen Burgunder aus Chardonnay und Pinot Blanc. Sie kommen daher auch unter dem Namen Pinot-Chardonnay-Mâcon auf den Markt. Für weißen Mâcon supérieur gilt ebenfalls der höhere Alkoholgehalt, außerdem ist ihm, wenn er aus bestimmten Gemeinden stammt, der Zusatz »Villages« vorbehalten. Mâcon blanc schmeckt angenehm fruchtig und eignet sich, da er trocken ist, gut als Aperitif oder als Begleiter zu Fisch und Meeresfrüchten. Alte Reputation genießen die Weine aus Viré.

Die bekannteste unterregionale Herkunftsbezeichnung ist Beaujolais mit den Zusätzen »supérieur« (mehr Alkohol) und »Villages« (aus bestimmten Gemeinden), die ähnlich zu verstehen sind wie beim Mâcon.

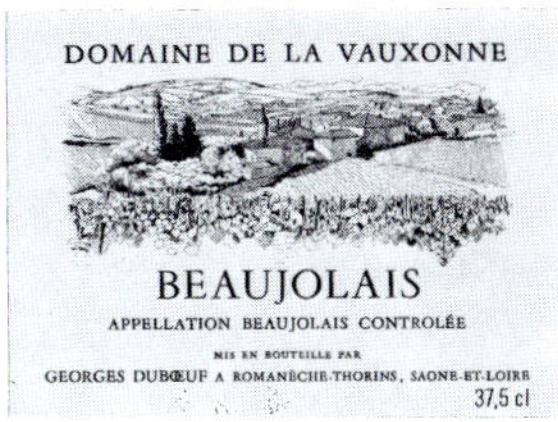

Beaujolais-Etikett ohne nähere Herkunftsbezeichnung.

Die Appellation bezieht sich auf Rot-, Weiß- und Roséweine. Bekannt ist hauptsächlich der Rotwein, der auch den überwiegenden Anteil an der Produktion ausmacht. Roter Beaujolais stammt ausschließlich aus der Gamayrebe, die nur auf den Granitböden des Gebiets jenen frischen, fruchtigen, charmanten Rotwein ergibt, den man wegen seiner beschwingten Jugendlichkeit sogar kühl trinken darf. Er war lange Zeit der einzige Rotwein der Welt, der schon 6 Wochen nach der Ernte trinkfertig war. Obwohl es heute eine Anzahl weiterer Primeurs gibt, ist er es immer noch, der unter dem Applaus der Weintrinker als Beaujolais Nouveau oder Primeur die Bühne betritt und Fröhlichkeit in die düstere Spätherbstzeit bringt.

Oft wird gefragt, wie es überhaupt möglich ist, dass ein Rotwein in so kurzer Zeit trinkfertig sein kann. Dazu ein kurzer Exkurs:

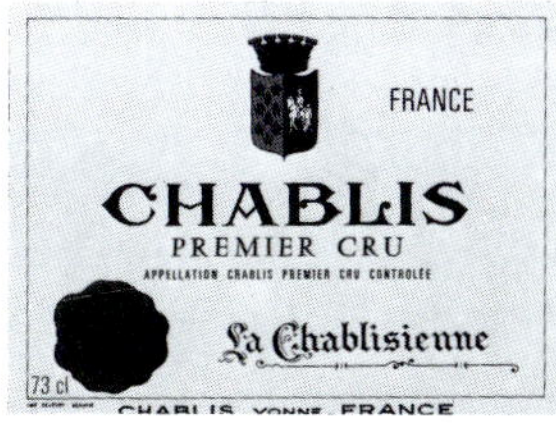

Etikett eines Chablis Premier Cru.

Die Trauben werden nicht gemahlen, sondern im Ganzen, Beeren und Saft, in einem Behälter unter Luftabschluss vergoren. Die Inhaltsstoffe der Schalen lösen sich im Most, und es werden Duftstoffe frei, die bei normaler Gärung nie entstanden wären. Nach ein paar Tagen wird der Gärbehälter geöffnet, die Maische normal abgepresst und die Gärung im Holzfass beendet. Dieses Verfahren heißt »Macération carbonique«, wobei macération so viel bedeutet wie etwas in Flüssigkeit einlegen, um Substanzen herauszulösen.

Eigenarten aller auf diese Weise gewonnenen Weine sind ihre schöne Farbe, ihr feines Aroma und das Fehlen von Bitterstoffen, weswegen sie so frühzeitig trinkbar werden.

Beaujolais Primeur ist so in Mode gekommen, dass die Qualität stark darunter gelitten hat. Da die Etikettaufschrift keine weitere Auskunft gibt, muss man probieren oder seinem Weinhändler vertrauen. Im Selbstbedienungsladen kauft man am besten vorerst einmal eine Flasche und bezieht bei Gefallen nach. Beaujolais Primeur hält sich allerdings nicht allzu lange. Er sollte nach spätestens 2 Jahren, am besten innerhalb von 1 Jahr getrunken werden. Höherwertige Beaujolais werden nicht so jung getrunken.

Das Chablis-Gebiet

Die Herkunftsbezeichnung Chablis gehört eigentlich zu den Gemeindeappellationen, doch umfasst sie ein kleines Gebiet mit 16 Dörfern rings um den Hauptort Chablis und wird aus diesem Grund an dieser Stelle behandelt.

Es gibt 4 Qualitätsstufen, von unten nach oben: Petit Chablis, Chablis, Chablis Premier Cru und Chablis Grand Cru. Die beiden oberen Stufen können den Namen einer Lage führen. Die Weine unterscheiden sich durch die Reife des Lesegutes, die sich in steigenden Alkoholgraden bemerkbar macht. Bei der obersten Stufe ist außerdem der Ertrag strenger begrenzt. Chablisweine sind von grüngoldener Farbe, leicht und nervig – ideale Begleiter von Fisch und Schaltieren. Sie stammen aus Chardonnay, der alle großen weißen Burgunder hervorbringt.

Der Rebbestand des Chablis-Anbaugebietes, wo früher ein Drittel aller Burgunder erzeugt wurde, ist im vorigen Jahrhundert nahezu vollständig von der Reblaus zerstört worden. Nur in den besten Lagen wurden wieder Weinberge angelegt, die im Frühjahr jedoch ständig vom Frost bedroht sind. Heute versucht man, mit Hilfe von Öfen und sogar Infrarotstrahlern dieser Bedrohung Herr zu werden. In schlechten Jahren ist ein Petit Chablis daher wirklich klein, in guten Jahren kann ein Chablis Grand Cru ein großer Burgunder sein.

Chablis-Jahrgänge sind sehr unterschiedlich.
Die besten der letzten Zeit:

1990, 1993, 1994, 1995, 1996

Die gehobenen Burgunder

Die Weine mit Gemeindeappellationen sind Festtagsweine, die unmittelbar unter den gekrönten Häuptern, den Lagenweinen, stehen. Insgesamt bringen 25 Orte an der Côte d'Or (davon 18 an der Côte de Beaune und 7 an der Côte de Nuits), 10 Gemeinden im Beaujolais, 4 im Mâconnais und 4 an der Côte Chalonnaise Weine mit Dorfnamen hervor.

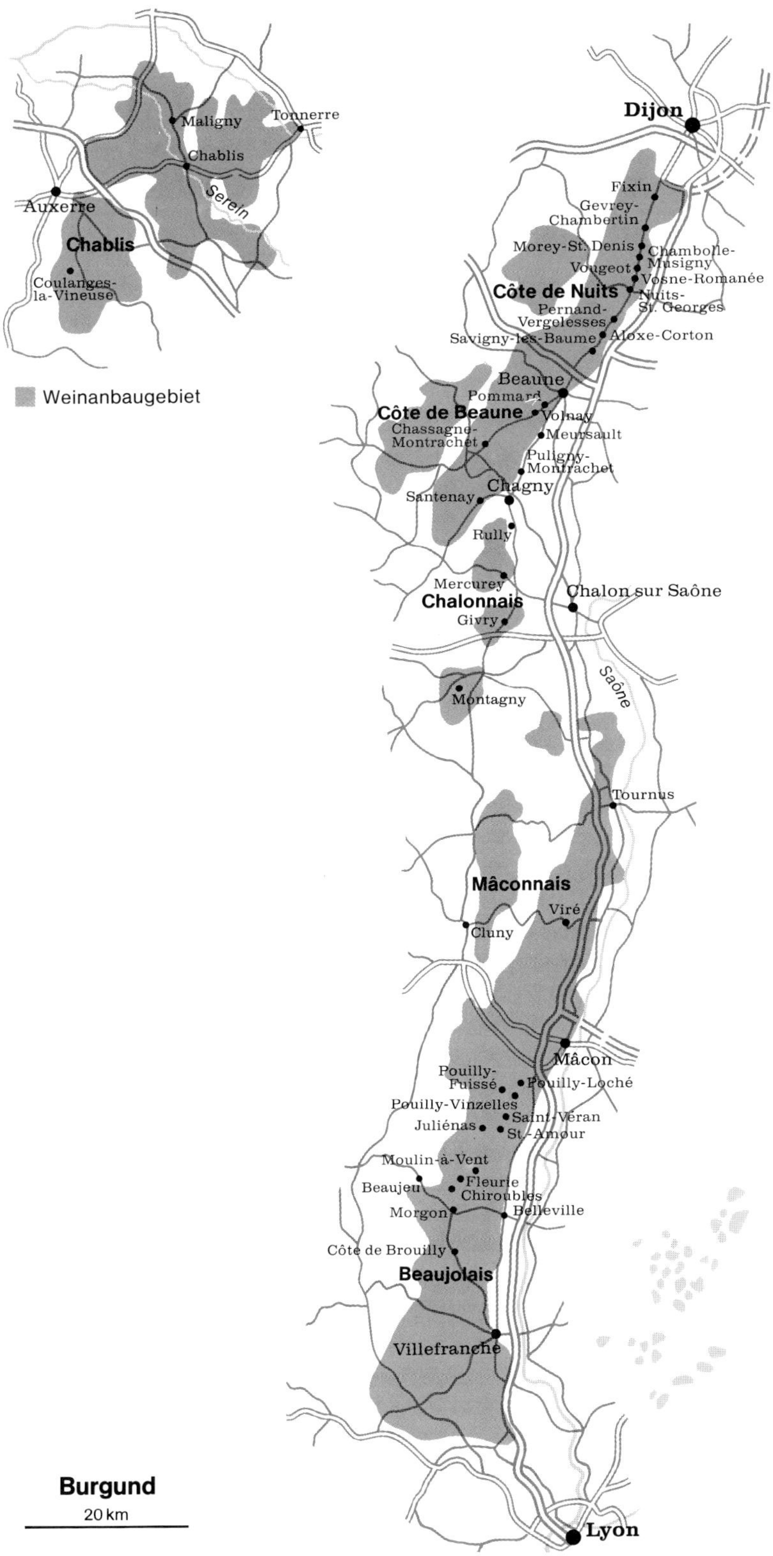

Die Weine mit Dorfnamen kann man nicht mehr gebietsweise charakterisieren, denn je höher die Qualitätsstufe, desto größer die Differenzierung.

Die Côte d'Or, das Kernland Burgunds, bringt die berühmtesten Rot- und Weißweine des Landes hervor. Das Benennungssystem ist hier allerdings auch am kompliziertesten: Ein Meursault-Genevrières ist ein Wein von der Lage Les Genevrières in der Gemeinde Meursault, ein Aloxe-Corton dagegen ist kein Lagenwein. Warum nicht? Einige Orte der Côte d'Or haben ihrem Ortsnamen den Namen ihrer besten Lage angehängt. Ein echter Corton Grand Cru wird niemals den Dorfnamen auf dem Etikett tragen. Um die Übersicht zu vereinfachen, sind im Nachschlageteil alle Orte mit ihren Lagen zusammengestellt.

Die Bezeichnung Côte-de-Beaune-Villages ist einer Gemeindeappellation gleichwertig. Alle Gemeinden der Côte de Beaune, mit Ausnahme von Beaune, Pommard, Volnay und Aloxe-Corton, können sowohl unter dem Ortsnamen mit oder ohne als Premier Cru eingestufter Lage oder unter der allgemeinen Bezeichnung Côte-de-Beaune Villages verkauft werden.

Die Gemeinden der Côte de Beaune

Da die Weine aus den Gemeinden der Côte d'Or sehr verschiedenartig sind, sollen sie hier einzeln vorgestellt werden. Die Weine mit Dorfnamen und mit Lagennamen ähneln sich im Grundcharakter. Den gekrönten Häuptern, den Grand Crus, ist ein gesonderter Abschnitt am Ende dieses Kapitels gewidmet. Beginnen wir im Süden der Côte de Beaune: Der Ort Santenay erzeugt samtige, kräftige, leicht herbe Rotweine, die an die Gewächse von Chassagne-Montrachet erinnern. Saint-Aubin liegt Puligny-Montrachet und Chassagne-Montrachet gegenüber. Seine Rot- und Weißweine stehen deutlich im Schatten der berühmten Nachbarn. Chassagne-Montrachet ist einer der Weinorte, die sich den Namen ihrer Spitzenlage angehängt haben. Er bringt Rot- und Weißweine hervor, der Nachbarort Puligny-Montrachet mehr Weiß- als Rotweine. Die Weißweine beider Orte haben das Nuss- oder Mandelaroma gemeinsam, sie sind fein und delikat und altern hervorragend. Die Weißweine aus Puligny sind etwas feiner, die von Chassagne ein wenig kräftiger. Die Rotweine von Chassagne erinnern an die Weine der Côte de Nuits, sie entfalten ihren subtilen Duft erst nach etwa 5 Jahren.

Weiß und Rot: Von Mersault bis Aloxe-Corton

Meursault bringt fast ausschließlich Weißweine hervor, die zu den besten Frankreichs gehören. Sie sind zugleich vollmundig und trocken, kräftig und bukettreich, hellgolden, saftig und geschmeidig. Auxey-Duresses ist wieder hauptsächlich Rotweinort, wo ebenso wie aus dem Nachbarstädtchen Monthélie, einem der malerischsten von Burgund, preiswertere Kreszenzen herkommen, denen es jedoch an Duft und Feinheit nicht mangelt. Volnay, Pommard und Beaune sind reine Rotweinorte mit einer Anzahl Premiers Crus. Volnay bringt zarte Weine hervor. Pommard ist im Ausland am besten bekannt. Seine Weine sind kräftig, vollmundig, einfach und dabei ehrlich.

Beaune, die Hauptstadt des Gebiets, ist bekannt für seine vornehmen ausgeglichenen Rotweine. Doch noch bekannter ist es für seine alljährliche Weinversteigerung in den Hospizien, einer Stiftung von Nicolas Rolin, seinerzeit Kanzler des Herzogs von Burgund, aus dem Jahre 1443. Der Stiftung gehören Weinberge in den besten Lagen Burgunds, und die erzielten Preise gelten als Index für die Weinpreise im ganzen darauf folgenden Jahr.

Chorey-lès-Beaune heißt die nächste Gemeinde, die robuste, nicht ganz so feine Rotweine wie die nachfolgenden Orte erzeugt. Unter der Gemeindebezeichnung Pernand-Vergelesses gibt es hauptsächlich feurige, kernige Rotweine mit Himbeerduft, die sich lange halten.

Montrachet ist eine Spitzenlage für weißen Burgunder aus der Chardonnay-Traube.

Savigny-lès-Beaune produziert leichte, zarte, aromareiche Rotweine voller Grazie, die relativ jung getrunken werden.

Aloxe-Corton, das ebenfalls den Namen seines Grand Cru an den Dorfnamen angehängt hat, bringt Rotweine hervor, die viele Kenner für die besten der Region halten. Sie sind harmonisch, kräftig und haben einen großartigen Duft. Die sehr herben goldgelben Weißweine sind saftig und duften ein wenig nach Zimt. Mancher Weinfreund zieht sie den Meursaults vor.

Die Vielfalt der Rotweine in der Côte de Nuits

An der Côte de Nuits sind ausschließlich Rotweine höher klassifiziert. Die Gemeindeappellationen umfassen oft mehrere berühmte Orte. Auch hier werden die Premiers Crus mit dem Ortsnamen verbunden. Unter die Bezeichnung Nuits-Saint-Georges fallen auch die Gewächse von Prémeaux. Sie liegen geschmacklich etwa in der Mitte zwischen Gevrey-Chambertin und Chambolle-Musigny: Sie sind nicht so kräftig wie die Weine von Gevrey, doch körperreicher als die von Chambolle.

Die mit Gemeindeappellation versehenen, »einfacheren« Weine aus dem berühmten Vosne-Romanée sind elegant, harmonisch und fein im Bukett. Die Premiers Crus von Vougeot sind duftig, herzhaft, rund und delikat.

Chambolle-Musigny hat ebenfalls den Namen seiner Spitzenlage für Rot- und etwas Weißwein an den Dorfnamen angehängt. Die Rotweine des Ortes gelten als weiblich, zart und fein.

Morey-Saint-Denis bringt seine Weine noch nicht lange unter dem Gemeindenamen heraus. Sie sind vielleicht daher nicht so bekannt. Seine Weinberge liegen zwischen Gevrey-Chambertin und Chambolle Musigny, die Rotweine haben daher mit beiden Nachbarn etwas gemeinsam: die einen die Männlichkeit des Gevrey-Chambertin, die anderen die Zartheit der Roten von Chambolle-Musigny. Alle sind reich im Bukett, duften nach Himbeeren oder Veilchen, sind stoffig und von hoher Klasse.

Die Gemeindeappellation Gevrey Chambertin umfasst auch die Weine von Brochon, Letztere kommen auch als Côtes de-Nuits-Villages in den Handel. Auch hier verleiht der Grand Cru dem Gemeindenamen den Glanz. Etwa 20 Premiers Crus gedeihen in den Grenzen der Gemeinde. Die Weine mit der Bezeichnung Gevrey-Chambertin sind kernig, aus-

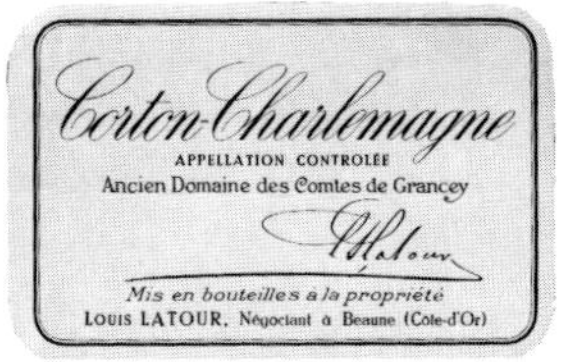

Etikett eines der am höchsten bewerteten Lagenweine Burgunds.

drucksvoll und dunkel, können aber auch samtig-weich schmecken. Bei Fixin endet die Côte de Nuits. Seine Weine sind nicht so bekannt, doch ähneln einige im Charakter den feinen Gewächsen von Gevrey-Chambertin.

Die Crus des Beaujolais

Im Beaujolais ist die höchste Qualitätsstufe, die ein Wein erreichen kann, die Gemeindeappellation. Alle Beaujolais dieser Stufe sind rot, dabei kräftig, fein und elegant. Der Wein aus Brouilly im Süden der Region ist ein typischer Beaujolais: frisch, fruchtig und zart. Er muss jung getrunken werden. Nahebei liegt der Ort Côte de Brouilly mit seinen umliegenden Gemeinden, der noch feinere Weine hervorbringt als Brouilly. Dunkelpurpurn und körperreich, doch fruchtig und duftig, ist er einer der besten Beaujolais überhaupt.

Flasche eines Burgunder Lagenweines.

Er verträgt eine gewisse Lagerung, verliert dabei etwas von seiner Fruchtigkeit, doch verfeinert sich sein Bukett beim Älterwerden.
Zwischen Brouilly und Morgon liegt Régnié, das erst 1988 den Cru-Status erhalten hat. Der Morgon wird manchmal als »zu burgundisch und zuwenig beaujolaisähnlich« bezeichnet. Er ist dunkel-granatrot, körperreich und fest und altert sehr gut. Er erinnert im Geschmack etwas an Kirschen. Chiroubles ist ein typischer Beaujolais, fruchtig, zart und charmant. Auch den Fleurie trinkt man jung und kühl, er hat ein ausgeprägtes Traubenaroma. Der Moulin-à-Vent wird als der beste Beaujolais bezeichnet, denn er erinnert in manchen Jahren an die Weine der Côte d'Or. Er ist eher herb und dunkelrot und hat die längste Lagerfähigkeit. Der Chénas, ebenfalls ein typischer Beaujolais, ist leichter als der Moulin-à-Vent.
Juliénas erzeugt einen dunkelroten, körperreichen, doch immer noch frischen Wein, der gut altert. Saint-Amour, sein Nachbar, hat nicht nur einen liebenswerten Namen, der Wein ist ebenso liebenswert, delikat und eher leicht bei rubinroter Farbe.

Mâconnais, Saint-Véran und Côte Chalonnaise

Im Mâconnais beziehen sich alle Gemeindeappellationen auf Weißweine. Höhere Klassifikationen gibt es hier nicht; sie sind der Côte d'Or vorbehalten. Die Weine aus Pouilly-Fuissé mit seinen Nachbarn Pouilly-Loché und Pouilly-Vinzelles stammen aus der Chardonnay, sie haben eine schöne grüngoldene Farbe, sind trocken und dabei weich, kräftig und originell. Sie halten sich gut 20 Jahre. Saint-Véran, eine neuere Appellation für Weißwein, existiert erst seit 1971. Das Gebiet liegt an der Grenze von Beaujolais und Mâconnais. Der Wein altert bemerkenswert gut, wobei er seine Frische behält. Man sollte ihn nicht zu jung trinken. Mit seinem feinen Bukett und seinem Nussgeschmack ähnelt er etwas dem Pouilly Fuissé.
Fast ausschließlich Gemeindeappellationen gibt es an der Côte Chalonnaise, die nur in geringem Maße einfache Burgunder erzeugt. Die 4 Appellationen lauten Rully, Mercurey, Givry und Montagny – alle sind als Premier cru eingestuft. Die Rebsorten sind Pinot Noir (rot) und Chardonnay (weiß).
Rully, dessen Weine früher unter der Bezeichnung Beaune verkauft wurden, bringt vor allem typische trockene, fruchtige Weißweine hervor, aber auch die Rotweine haben die Feinheit der benachbarten Gewächse der Côte der Beaune. Mercurey erzeugt vor allem Rotweine aus Pinot Noir und älteren lokalen Sorten. Sie sind schön purpurrot, und ihr Geschmack erinnert an Johannisbeeren oder schwarze Kirschen. Ebenso fein sind die Rotweine von Givry, jedoch etwas leichter. Die Appellation Montagny ist ausschließlich Weißweinen aus Chardonnay vorbehalten. Dieser große weiße Burgunder mit seiner grüngoldenen Farbe, dem Nussgeschmack und seiner Feinheit war einst der Lieblingswein der Mönche von Cluny.

Die Spitzen-Burgunder

Die Grands Crus von Burgund sind den meisten Menschen nur in Form von Literatur bekannt. Sie sind rar und entsprechend teuer – Könige unter den Weinen dieses an Kostbarkeiten nicht armen Landstrichs. Ihren Grundcharakter haben sie mit den Premiers Crus der Orte gemeinsam, nur sind sie eben unendlich viel feiner, größer, schöner als diese.
Die großen Weißweine wachsen nahezu ausschließlich an der Côte de Beaune. Montrachet, Chevalier-Montrachet, Bâtard Montrachet, Bienvenues-Bâtard-Montrachet und Criots-Bâtard-Montrachet heißen die Grands Crus von Puligny und Chassagne, die sich stolz mit dem Namen ihres kostbaren Weinbergs schmücken.
»Le Montrachet« ist der Grandseigneur, niemand wagt, an seinem Prestige zu zweifeln. Blass golden mit grünlichem Schimmer präsentiert sich der Stolze, saftig und reich duftend ... und sehr, sehr rar. Die 4 anderen Grands Crus sind ihm ähnlich, erreichen ihn jedoch nicht ganz.
Corton und Charlemagne, auch Corton-Charlemagne, heißen die Weißen vom Hochadel, die bei Aloxe gedeihen. Corton reicht manchmal an den Montrachet heran, Corton-Charlemagne ist ihm wirklich ebenbürtig. Es ist ein mächtiger, goldener, reicher, rassiger Wein. Man sagt, der Weinberg sei ein Geschenk Kaiser Karls des Großen gewesen, daher der Name Charlemagne.
Alle roten Grands Crus der Côte de Beaune stammen aus der Lage Corton. Während der Weinberg oben die besten Weißweinreben trägt, sind die Mitte und der untere Teil den roten Rebsorten vorbehalten. Der Corton-Rotwein präsentiert sich mit seinem weichen Aroma äußerst gehaltvoll und kernig. Die Namen Les Renardes, Clos du

Oberhalb des Dorfes Aloxe-Corton, im Herzen der für ihre unvergleichlichen Rot- und Weißweine geschätzten Côte de Beaune, liegt dieses Weingut, Château Corton André.

Roi oder Les Bressandes werden in manchen Fällen angefügt.

Die Côte de Nuits ist die eigentliche Heimat der roten Grands Crus, die den Burgunder als Inbegriff edlen Rotweins bei den Weinkennern in aller Welt so berühmt gemacht haben.

5 Orte beherbergen insgesamt 22 Spitzenlagen in ihren Grenzen, deren berühmteste zum Bestandteil des Dorfnamens geworden sind.

Chambertin heißt der Grand Cru von Gevrey-Chambertin, um den sich wie Satelliten weitere illustre Namen scharen: Chambertin-Closde-Bèze, Charmes Chambertin, Mazoyères-Chambertin, Chapelle-Chambertin, Griotte-Chambertin, Latriciéres-Chambertin, Mazis-Chambertin und Ruchottes-Chambertin. Körperreich, männlich, stark und stolz präsentieren sie sich in schönstem Rot.

Bonnes-Mares liegt sowohl auf dem Gebiet von Morey-Saint-Denis als auch von Chambolle-Musigny. Die edlen, feinen Rotweine werden wegen ihrer zarten weiblichen Art geschätzt. Ähnlich im Charakter ist der Musigny. Morey-Saint-Denis bringt außer Bonnes-Mares 3 weitere rote Grands Crus hervor: Clos de la Roche, Clos Saint-Denis und Clos de Tart. Der Clos de la Roche erinnert mit seiner delikaten Zartheit, die sich unter der kräftigen Art verbirgt, etwas an Musigny. Clos Saint-Denis gehört zu den leichtesten großen Burgundern. Der Clos de Tart ist kraftvoll und dabei subtil im Bukett.

Zu Vougeot gehört ein einziger Grand Cru, der Clos de Vougeot. Die 50 Hektar große Fläche ist unter viele Besitzer aufgeteilt. Die sehr unterschiedlichen Weine zeichnen sich durch große Feinheit aus. Nicht weniger als 7 Grands Crus gedeihen auf dem Gebiet der Gemeinde Vosne-Romanée. Die Produktion ist gering, um so höher die Qualität dieser einmaligen Tropfen. Gilt der Romanée-Conti als der vollkommenste und teuerste von allen, so stehen ihm die benachbarten Grands Crus, La Romanée und Romanée-Saint-Vivant im Hinblick auf Feinheit, Bukett und schöne Farbe in keiner Weise nach.

Die Weine mit dem Namen Richebourg können sehr unterschiedlich sein, da verschiedene Besitzer sich den kostbaren Weinberg teilen. Zeichnen sich alle Weine von

Hervorragende Burgunder-Jahrgänge

Rotwein
Außergewöhnlich: 1961, 1978, 1985, 1988, 1990
Gut: 1928, 1945, 1947, 1955, 1964, 1966, 1969, 1971, 1976, 1983, 1989, 1993, 1995
Weißwein
Außergewöhnlich: 1970, 1979, 1989, 1996
Gut: 1983, 1985, 1986, 1988, 1990, 1992, 1995

Burgundischer Kellermeister bei der Weinprobe mit dem silbernen Tastevin.

Vosne-Romanée durch ihre Samtigkeit aus, ist beim Richebourg diese Eigenschaft besonders ausgeprägt. La Tâche hat ein besonders schönes Rot, sein Geschmack ist nuancenreich, man entdeckt immer wieder neue Reize. Grands Echézeaux und Echézeaux liegen zwischen den Weinbergen von Vougeot und Vosne-Romanée, vom ersten haben sie ihre kraftvolle Art, vom zweiten ihre rassige Eleganz.

Zwei neue A. C.-Weine

Coteaux du Lyonnais aus der Gegend von Lyon wird im Departement Rhône gewonnen, wo auch der Beaujolais herkommt. Mit dem Beaujolais hat er Boden und Rebsorten gemeinsam: Gamay für Rot- und Roséweine, Chardonnay und Aligoté für die weißen. Es sind Weine mit großer Tradition, und man sagte, dass »alle, die etwas in Lyon besaßen, zuerst einmal einen großen oder kleinen Weinberg hatten«. Die Rotweine sind liebenswürdig und fein und ähneln den Beaujolais. Die hiesigen Roséweine schmecken frisch, die weißen sind leichte Durstlöscher. Die Côte Roannaise mit ihren dem Beaujolais ähnlichen Rotweinen ist ebenfalls in die Klasse der A. C.-Weine aufgenommen worden.

In Burgund gibt es keine Tafelweine, wohl aber einen beachtenswerten Landwein, den Vin de Pays de l'Yonne, einen Chardonnay.

Jura und Savoyen

Neben dem großen Nachbarn Burgund wirken die Regionen Jura und Savoyen bescheiden. Sie sind jedoch beachtenswert, denn nirgendwo sonst als im Jura gibt es so viele Weinspezialitäten – Rot- und Weiß-, Rosé und Gelb-, Stroh- und Schaumwein laden den Neugierigen zu Entdeckungsreisen ein. Savoyen war als Weinland wenig bekannt, bis die Wintersportler von Grenoble und Umgebung die spritzigen Weißweine und die pikanten Perl- und Schaumweine des Gebiets schätzen lernten.

Vielseitiger, vielfarbiger Jura

Das Weinbaugebiet Jura, 80 Kilometer lang und nur etwa 6 Kilometer breit, liegt östlich parallel zur Côte d'Or am Rand der Bresse. Mittelpunkt ist Arbois, die Stadt, in der sich Louis Pasteur mit Forschungen über die Gärung und die Weinkrankheiten befasste.

Das halbkontinentale Klima beschert recht kalte Winter und warme, trockene Herbste. Wie bereits erwähnt, ist die Vielfalt der Weine außerordentlich groß, das Rebsortiment dagegen eher beschränkt. Edle Rotweinreben sind Trousseau und Poulsard, aber auch Pinot Noir. Die Weißweine stammen aus Savagnin oder Nature (Traminer) und Chardonnay.

Das Landweingebiet Jura produziert einfache Weine unter der Bezeichnung Vin de pays de Franche-Comté. Dieser Name gilt ebenfalls für die Landweine aus dem Departement Haute-Saône im Norden.

Es existieren 4 kontrollierte Herkunftsbezeichnungen: Côtes du Jura, Arbois, L'Étoile und Château-Chalon, letztere ausschließlich für Vin jaune (Gelbwein).

Die Weine, die unter der allgemeinen Appellation Côtes-du-Jura verkauft werden, stammen von Weinbergen des ganzen Gebiets. Sie können weiß, rot, rosé, gelb oder schäumend sein; auch Strohweine sind darunter. Die Weißweine sind trocken und haltbar, sie riechen wie die Blüte des Weinstocks. Nach 4 Jahren Fasslagerung bekommen sie den für diese Gegend charakteristischen Feuersteingeschmack (goût de pierre à fusil). Die Rotweine reifen 1 bis 3 Jahre im Eichenfass, bevor sie abgefüllt werden. Je nach Rebsorte sind sie fein und bukettreich –wenn der Poulsard vorherrscht, hell und fein, bei Dominanz von Trousseau dunkler und kräftiger. Die Roséweine sind fruchtig, dabei aber nicht so charaktervoll wie die roten.

Die Strohweine des Jura stammen aus allen für dieses Gebiet genannten Rebsorten. Man sagt ihnen kräftigende Wirkung nach. Wie sie bereitet werden, steht auf Seite 35. Die Schaumweine werden nach traditioneller Flaschengärmethode in Weiß und Rosé sowie in allen Geschmacksrichtungen hergestellt.

Die Appellation Arbois bezieht sich auf 4 Gemeinden um den Hauptort herum. Am bekanntesten ist der trockene, fruchtige Rosé d'Arbois, der schon zu Ende des 13. Jahrhunderts die Tafeln der Könige von Frankreich geschmückt haben soll. Sonst gibt es alle Farben und Ge-

schmacksrichtungen. Das Rebsortiment ist auf die oben genannten Edelreben begrenzt. Pupillin hat als einzige Gemeinde das Recht, ihren Namen dem von Arbois hinzuzufügen.
L'Étoile steht hauptsächlich auf den Flaschen von Weiß- und Schaumweinen, aber auch von einigen Gelb- und Strohweinen. Der Name stammt wahrscheinlich von den sternförmigen Fossilien, die man hier häufig findet. Die delikaten Weißweine dieser Bezeichnung gehören zu den besten Weinen des Gebiets, auch die Schaumweine des französischen Jura sind fein und elegant.

Die Spezialität: Gelbwein

Zum Schluss sei Château-Chalon genannt, eine Gemeindeappellation, unter der ausschließlich Vin jaune (Gelbwein) hergestellt wird. Die anspruchsvolle weiße Rebsorte Savagnin (Roter Traminer) findet hier ideale klimatische und geologische Bedingungen. Unter den Gelbweinen des Jura ist Château-Chalon der berühmteste. Die Lese erfolgt spät, oft nach Allerheiligen im November. Nach der Gärung wird der junge Wein in Holzfässer gefüllt, wo er mindestens 6 Jahre bleibt, ohne dass nachgefüllt wird. Auf dem Wein bildet sich wie beim Sherry eine dicke Flor-Hefeschicht, die ihn zu der Spezialität macht, die er ist. Gelbwein hält sich nach dieser Vorbehandlung auf der Flasche praktisch unendlich lange. Man kann ihn sogar offen stehen lassen.
Verkauft wird er im Clavelin, jener breitschultrigen Spezialflasche, die ihm allein vorbehalten ist. Der amberfarbene Vin jaune passt, dank seines nachhaltigen Nussgeschmacks und seines ausgeprägten Dufts, gut zu aromatischen, würzigen Käsesorten, aber auch zu Wild und Leberpastete. Man serviert ihn so wohl temperiert wie guten Rotwein.

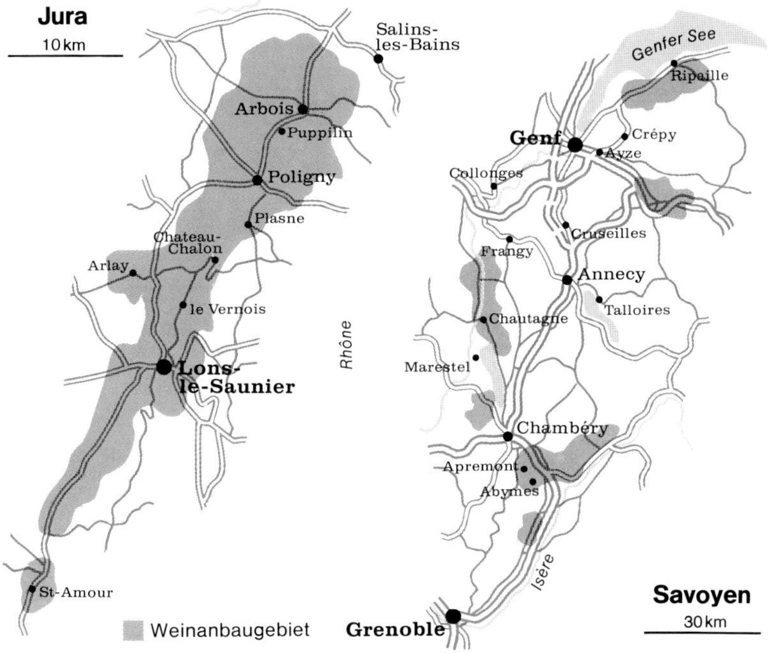

Eine weniger bekannte Spezialität des Jura ist der Macvin. Man konzentriert Traubenmost durch Hitze und versetzt ihn mit Tresterschnaps (Marc) oder Weinbrand aus dem Jura. Der Most darf nur aus edlen Trauben stammen. Der Alkoholgehalt des Getränks liegt bei 20 Volumenprozent, und es muss 2 bis 3 Jahre in Eichenfässern lagern, bevor es harmonisch wird.

Savoyen – alte Weintradition neu entdeckt

Tatsächlich geht der Weinbau in Savoyen, an der Schweizer Grenze und am Rande der Alpenausläufer gelegen, schon auf die Römer zurück. Lucullus wußte bereits Savoyer Wein zu schätzen, und Plinius der Ältere rühmte die Gewächse in seinen Werken.
Hier am Rande der rauen schneebedeckten Berge gedeihen lebendige, charmante Weißweine, die zum Teil erst seit 1973 die kontrollierte Ursprungsbezeichnung führen dürfen.
Die kontrollierten Herkunftsbezeichnungen Vin de Savoie und Roussette de Savoie beziehen sich auf Weine aus den Departements Savoie, Haute-Savoie, Isère und Ain (nur Rotweine). Für die Rotweine sind die Rebsorten Pinot Noir, Gamay und Mondeuse sowie verschiedene lokale Sorten zugelassen; für die Weißweine verwendet man Chardonnay, Roussette, Aligoté und Chasselas sowie in den einzelnen Departements unterschiedliche lokale Sorten. Der Wein mit der Bezeichnung Roussette darf höchstens zur Hälfte aus Chardonnay, sonst aus Roussette und Mondeuse hergestellt werden.
Vins de Savoie sind jeweils um 0,5 Volumenprozent Alkohol leichter als die entsprechenden Roussettes. Wenn sie bestimmte Bedingungen erfüllen, unter anderem noch 0,5 Volumenprozent mehr Alkohol als den Mindestgehalt aufweisen und von festgelegten Flächen stammen, dürfen sie den Namen der Gemeinde führen. Von leicht bis gehaltvoll sieht die Skala so aus: Vin de Savoie, Vin de Savoie mit Gemeindenamen, Roussette de Savoie, Roussette de Savoie mit Gemeindenamen.
Die Weißweine sind in der Überzahl. Sie erinnern ein wenig an die Schweizer Gewächse, sind leicht, frisch, lebendig, in schlechten Jahren eher ein bisschen zu sauer. Sie schmecken gut zu den Flussfischen der Berge, aber auch als Aperitif. Höher qua-

Etikett des berühmten Gelbweines von Château Chalon.

Etikett eines einfachen Savoyer Weines.

Etikett eines Weines mit Gemeindebezeichnung.

lifizierte Weißweine sind unter der A. C. Roussette de Savoie zusammengefasst, die besten mit Gemeindenamen. Hier handelt es sich um rassige, körper- und bukettreiche Weine, wobei der Frangy, aber auch der Marestel honigartig und voll schmecken. Die Rot- und Roséweine mit dem Namen Vin de Savoie sind leicht und fruchtig; wenn sie aus der Chautagne stammen, wo Gamay und Pinot Noir angebaut werden, geraten sie ausdrucksvoller.
Allgemeine Herkunftsbezeichnungen tragen auch die Perlweine (Vins pétillants) und die Schaumweine (Vins mousseux). Beide werden nach dem Champagnerverfahren gewonnen, wobei der Vin petillant nicht so stark moussiert. Sie schmecken leicht und fein. Perlweine und Schaumweine aus Ayze und Umgebung dürfen den Dorfnamen auf dem Etikett tragen. Hier sind bestimmte Rebsorten vorgeschrieben, die 2. Gärung auf der Flasche ist jedoch nicht Pflicht. Es gibt auch Weine, die ohne Zusatz von Dosage weitergären, wie auf Seite 32 beschrieben. Die Ayze-Schaumweine sind delikat und charaktervoll und duften verführerisch.
Die beiden einzigen Gemeindeappellationen in Savoyen lauten Seyssel und Crépy.
Seyssel stammt aus dem Rhônetal. Es ist ein Weißwein mit charakteristischem Veilchenduft, den er dem Boden verdankt. Er wird nur aus Roussette und Altesse gekeltert. Der hellgoldene Seyssel schmeckt weich und fein. Es gibt auch einen Seyssel mousseux aus örtlichen Rebsorten, der traditionell nach dem Champagnerverfahren gewonnen wird.
Crépy ist der einzige Savoyer Wein, der auch aus dem Produktionsgebiet hinausgelangt. Er wächst wie sein Nachbar in der Schweiz am Ufer des Genfer Sees. Seine Rebsorte ist der Chasselas (Gutedel), der am anderen Ufer Fendant heißt. Er hat viel mit dem Schweizer Verwandten gemeinsam, ist von heller Farbe, schmeckt frisch und prickelt leicht auf der Zunge. Der hell-goldene Crépy hat viel Körper und ausreichend Säure, die ihm ein langes Leben von jugendlicher Frische sichern. Im Alter wird er sogar noch reizvoller: Er legt einiges von seiner Säure ab und gewinnt noch einen feinen Duft nach Haselnüssen und Veilchen dazu.
Außerhalb des A. C.-Gebietes, in den Departements Rhône, Ain und Yonne, wird eine Reihe von Vins délimités de qualité supérieure (V.D.Q.S.) erzeugt. Sie sind im Nachschlageteil einzeln aufgezählt. Die stillen und schäumenden Weißweine sowie die Rot- und Roséweine aus Bugey im Departement Ain wachsen unweit von Seyssel, zwischen dem Beaujolais und dem eigentlichen Savoyen. Die Rotweine von Seyssel selbst gehören ebenfalls dazu. Sie ähneln den A. C.-Weinen von Savoyen und bekommen ihr V.D.Q.S.-Label nur nach chemischer Analyse und Verkostung. Der Weinbau ist in diesem Gebiet stark rückläufig. Auch hier gilt: Je genauer die auf dem Etikett angegebene Herkunft, desto höher die Qualität. Rebsorte und Gemeindenamen deuten auf strengste Eingrenzung hin.

Côtes du Rhône

Mit dieser Weinbauregion öffnet sich das Tor zum Süden. Sind die Weine im nördlichen Teil noch vornehm-elegant und die Zahl der Rebsorten gering, entfaltet sich im Süden das mediterrane Temperament. Kennzeichnend für dieses Gebiet ist die große Zahl der verwendeten Rebsorten, deren harmonischem Zusammenwirken ein paar außerordentliche Tropfen zu verdanken sind.
Das Weinbaugebiet Côtes du Rhône folgt dem nord-südlichen Verlauf des Rhônetales. Es beginnt südlich von Lyon bei Vienne, hört etwa bei Valence auf, schöpft Atem und setzt sich südlich von Montélimar breiter werdend fort, um bei Avignon das Feld den Côtes de Provence zu überlassen. Sind die Weinberge im nördlichen Teil steil und schmal, bei feuchtem, warmem Klima, findet man im Süden ausgedehnte Weingärten in der Ebene mit heißen, doch recht windigen, trockenen Sommern.

Weine einfacher Herkunft

Bevor wir uns den besonderen zuwenden, sollen die als Côtes-du-Rhône bezeichneten einfachen, preiswerten Weine Beachtung finden, denn sie machen mengenmäßig den weitaus größten Teil der Produktion aus. Insgesamt werden etwa 3 Millionen Hektoliter A. C.-Weine erzeugt.
Weine mit der allgemeinen Herkunftsbezeichnung Côtes-du-Rhône können weiß und trocken, aber auch weiß und süß sein, die roten je nach Herkunft leicht oder kräftig. Ferner gibt es Roséweine, Strohweine, Dessertweine und Schaumweine mit diesem Namen. Sie können aus nördlichem und südlichem Lesegut oder auch aus Trauben beider Regionen verschnitten sein, meist stammen sie schon aus Gründen der größeren Erträge aus dem Süden. Genauso unterschiedlich ist die Qualität. In guten Jahren ergibt diese Klasse sogar mehr als akzeptable Tischweine.

Die Weine der Côtes-du-Rhône-Villages

Höher eingestuft sind die Côtes-du-Rhône-Villages, die aus 78 Gemeinden in den Departements Drôme, Vaucluse und Gard im südlichen Teil der Region stammen und von denen 16 ihren Namen auf dem Etikett nennen dürfen. Das nördlichste Gebiet der Südregion, das im Departement Drôme liegt, produziert aromareiche, frische Rot- und Roséweine, die bis auf wenige Ausnahmen

jung getrunken werden. Die aus dem Departement Vaucluse stammenden Rotweine sollten dagegen länger lagern. Man lässt ihnen am besten 2 bis 3 Jahre Zeit, dann zeigen sie ihre männliche Kraft und ihren leicht pfeffrigen Geschmack in Vollendung.
Die weniger bedeutenden Roséweine sind körper- und bukettreich und die Weißweine geschmeidig und dabei doch kraftvoll.
Im südlichsten Teil der Côtes-du-Rhône-Villages liegen die beiden Gemeinden Chusclan und Laudun, die dieser Appellation als allererste angehörten. Chusclan ist vor allem bekannt für einen Rosé, den schon der Sonnenkönig zu schätzen wusste. Hat die Anwesenheit eines Königs den Wein berühmt gemacht – ein Ort heißt seitdem Clos du Roi –, so schadet die Anwesenheit eines Vertreters unserer Zeit den Weinbergen – das Atomzentrum Marcoule hat sich in das kostbare Terrain hineingefressen.
Der Rosé des Gebiets ist männlicher und kräftiger als Tavel und Lirac, dabei sehr fruchtig mit einem Aroma von Pflaumen und Akazien. Gewonnen wird er aus den Rebsorten Gamay, außerdem Cinsault und Camarèse, die dem Wein seine Originalität verleihen. Laudun, der zweite Ort der Appellation, liegt nicht weit davon entfernt. An dieser Stelle hat Cäsar einst ein Lager aufgeschlagen, um das Tal zu beobachten. Auch hier werden alle drei Weinarten erzeugt, doch genießt nur der feine Weißwein aus Clairette und Bourboulenc altes Renommé. Man sollte ihn jung trinken. Die Weine von Laudun schmecken gut zu ländlichen Wurstplatten.

In der Region um das berühmte Châteauneuf-du-Pape spürt man schon die Nähe des Südens.

Weine der Könige und Päpste

Fast alle Weine mit den im Folgenden genannten Gemeindeappellationen haben irgendeinen Bezug zu historischen Persönlichkeiten. Dass der Weinbau in Massilia (Marseille) begann, ist bekannt, und der natürliche Weg nach Norden war die Wasserstraße der Rhône. Der Weinbau an den Ufern der Rhône geht daher schon auf die Phokäer zurück.
Folgen wir dem Weg der Griechen von Süd nach Nord: Südöstlich der Stadt Avignon, ganz nahe dem Bergmassiv des Ventoux, gedeihen die Weiß-, Rot- und Roséweine der Côtes du Lubéron, die 1988 in die A. C.-Kategorie aufgerückt sind. Der beste ist der Rosé, doch ähneln auch die Rotweine im Grundcharakter dem Nachbarn im Norden.
Die A. C.-Weine der Côtes du Ventoux sind hauptsächlich hellfarbene Rotweine, die schon den Übergang zu den provenzalischen Gewächsen bilden und die man wie diese zu allen Gängen eines Menüs genießen kann. Auch die frischen, fruchtigen Rosés sind ein Beweis dafür, dass wir uns hier auf dem Boden der Provence befinden, wenn die Anbauregion auch nicht ihren Namen trägt.
Jetzt wird es Zeit für den ersten Höhepunkt: für den Châteauneuf-du-Pape, der mit seinem Namen an die Gegenpäpste von Avignon erinnert. Die Weinberge liegen unterhalb der Ruinen des einstigen Papstschlosses auf geschichtsträchtigem Boden. Nicht weniger als 13 (!) Rebsorten, in glühender Sonne gereift, sind in dem purpurn leuchtenden, warmen, kräftigen Wein enthalten, der sich auch neben stark würzigen

Käsesorten behaupten kann. Erst 4 Jahre nach der Ernte verliert er allmählich seine jugendliche Härte. Die Weißweine sind teils fruchtig, teils recht schwer.
Freundlich, fruchtig, frisch und jung begegnet uns der Tavel, auch er ein Liebling der Könige und Dichter. Ein Recht auf diese Herkunftsbezeichnung hat nur der typische, elegante, leicht pfeffrig schmeckende Rosé mit seiner hell-rubinroten Farbe, die im Alter topasähnliche Töne annimmt. Doch dazu kommt es selten, die Einheimischen trinken ihn, solange er noch nicht 2 Jahre alt ist. Liebhaber behaupten jedoch, er sei der einzige Rosé, der wirklich gut altert. Auch er stammt aus einer Vielzahl sorgfältig aufeinander abgestimmter Rebsorten. Tavel gehörte zu den frühesten Exporten nach Amerika.

Der nächste Nachbar von Tavel ist Lirac, unweit von Roquemaure, das im 16. Jahrhundert ein lebhafter Flusshafen war, so dass Liracweine schon früh rhôneaufwärts nach Nordeuropa gelangten. Die Roséweine stehen etwas im Schatten des Tavel. Die Rotweine sind harmonisch und weich. Seit 1979 ist genau festgelegt, welche Rebsorten in welchen Proportionen darin enthalten sein dürfen. Eine der Hauptsorten ist die Grenache, doch kommen noch viele andere hinzu. Die feinen, duftigen Weißweine aus Lirac sind rar und sollten möglichst jung getrunken werden.

Der auffallende grobkörnige Kiesboden der Côtes du Rhône, wie hier vor Châteauneuf-du-Pape, bringt Trauben für feurige, kräftige Weine hervor.

Süßwein-Spezialitäten

Weiter nach Norden auf der linken Flussseite liegt das Anbaugebiet für einen ganz anderen Wein, nämlich einen Süßwein (Vin doux naturel): Beaumes de Venise. Auf weichen Sandböden wächst hier die Muscatrebe, die den goldenen, aufgespriteten Dessert- und Aperitifwein ergibt. Gut schmeckt er zum Beispiel in einer gelben Melonenhälfte oder mit einer Zitronenscheibe zur Appetitanregung vor dem Essen.
Rasteau, jenseits eines Rhône-Nebenflusses, erzeugt ebenfalls Süßweine, nur ist hier die Grenache Hauptrebsorte. Je nachdem, ob der Most mit oder ohne Schalen vergoren wurde, ergibt sich roter oder goldgelber Wein. Roter Rasteau sollte nicht jünger als 10, heller nicht weniger als 3 bis 8 Jahre alt sein. Seine süßen Varianten schmecken zum Aperitif, als Longdrinks oder zu Kuchen. Zwischen den beiden Süßweinproduzenten liegt Gigondas, der höchste Punkt dieses Ufers, von Plinius erwähnt und von den Erzbischöfen von Orange im Mittelalter gefördert. Grenache, Syrah, Cinsault und Mourvèdre ergeben hier einen körper- und alkoholreichen, majestätischen Rotwein, der auch im Glas noch etwas von der heißen südlichen Sonne des Gebiets ahnen lässt. Der Wein, der sehr gut altert, reift in einem ehemaligen Eisenbahntunnel, den ein pfiffiger Weingutsbesitzer dem Staat nach Stilllegung der Strecke abkaufte. Die gleichmäßige Kühle in einem sonst heißen und trockenen Land erweist sich als ideal für die würdige Entwicklung eines Rotweines wie diesen.
Nördlich von Rasteau werden einfache Rot- und Roséweine unter der A.C. Coteaux du Tricastin erzeugt. Dann hört der Weinbau ganz auf – das Tal wird zu eng. Erst in der Nähe der Stadt Valence geht es weiter.

Der Norden und seine Raritäten

Der Stadt gleich gegenüber am anderen Rhôneufer befinden sich zwei A. C.-Gebiete, Cornas und Saint-Péray. Cornas ist ein dunkelroter, männlicher, kräftiger Rotwein, den schon Karl der Große, Ludwig der Heilige und Ludwig XV. lobten. Er stammt ausschließlich aus der Syrah und gewinnt erst nach einigen Jahren Lagerung an Weichheit.
Der Saint-Péray dagegen wurde von Heinrich IV. besonders geschätzt. Der weiße Stillwein aus Roussanne und Marsanne ist fein und riecht nach Veilchen. Bekannter ist der Schaumwein, Saint-Péray mousseux, den einige Liebhaber gleich hinter dem Champagner einstufen. Er ist kräftiger und dunkler als die-

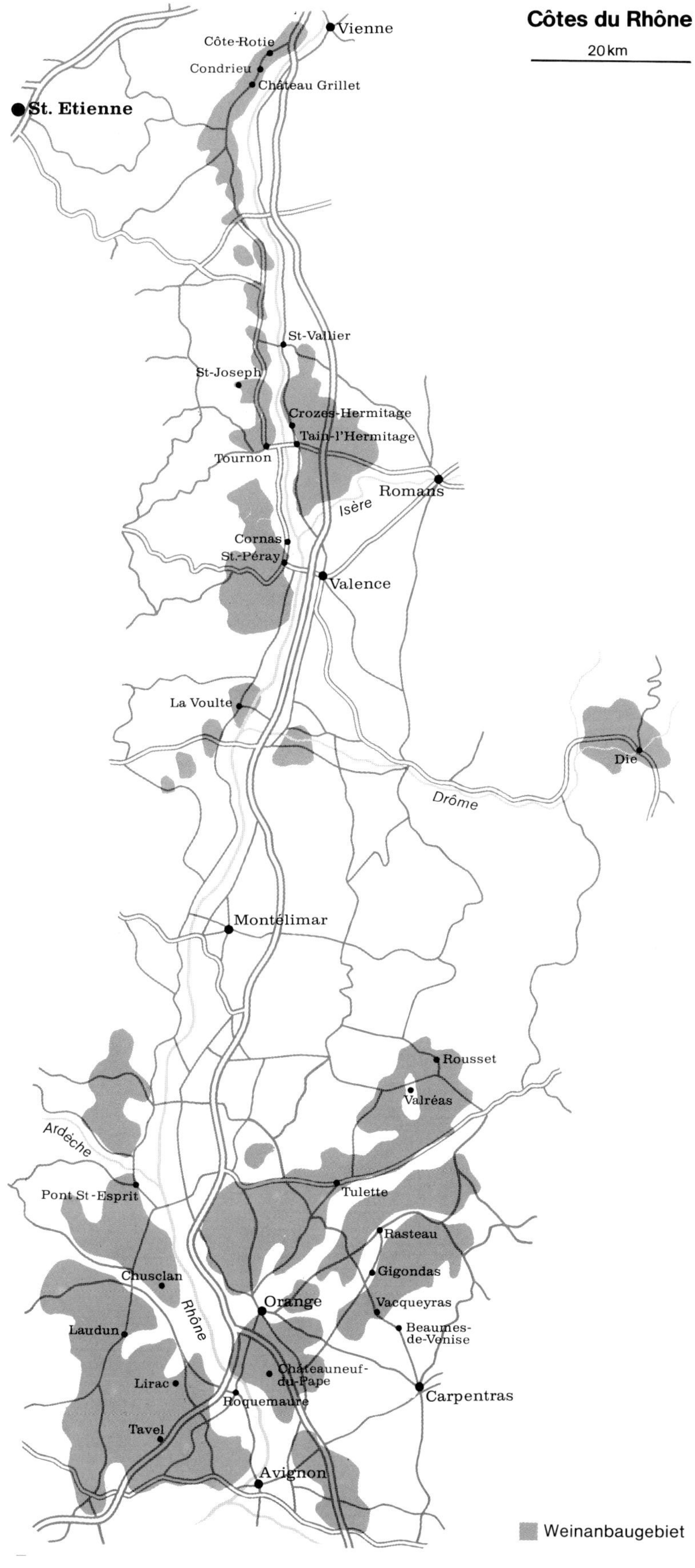

ser und behält auch nach der Flaschengärung sein charakteristisches Veilchenbukett. Wegen der übermächtigen Champagner-Konkurrenz geht die Produktion zurück. Nördlich von Saint-Péray auf der gleichen Flussseite wachsen die Weiß- und Rotweine von Saint-Joseph, auch sie Lieblinge der Könige. Victor Hugo hat ihnen ein Denkmal in Worten gesetzt. Am bekanntesten ist der Rotwein aus der Syrah. Feinheit und Eleganz sowie Nuancenreichtum machen ihn zu einem der besten Rotweine. Der kühle und fruchtige Weißwein aus Marsanne und Roussanne spielt eine geringere Rolle.

Am linken Ufer, nördlich von Valence, stehen die Weinberge von Hermitage und Crozes-Hermitage. Der Weinberg von Hermitage erhebt sich terrassenförmig oberhalb des Dorfes Tain-l'Hermitage. Hier wurde wahrscheinlich schon im 4. Jahrhundert vor Christi Geburt Wein gebaut. Die Syrah ist die einzige Rebe für den Rotwein, der wie alle Syrahweine mehrere Jahre lagern muss, bis er sein prächtiges Bukett und seine Eleganz voll entfaltet. Purpurn leuchtet er im Glas, und auch im Alter zeigt er noch markanten Charakter. Den aus Marsanne und Roussanne gekelterten weißen Hermitage trinkt man nach dem 1. Jahr. Er ist säurearm, trocken und dabei doch weich.

Das Gebiet von Crozes-Hermitage umfasst die Gemeinden nördlich von Hermitage. Die Reben sind hier die gleichen, doch ist der Rotwein leichter, heller, jedoch nicht ohne Charme. Auch die Weißweine des Gebiets stehen im Schatten des großen Verwandten, sie sind leich-

Hervorragende Jahrgänge der Côtes du Rhône

Außergewöhnlich: 1983, 1991
Gut: 1983, 1985, 1988, 1989, 1990, 1994, 1995

Das Dorf Tain-l'Hermitage liegt unterhalb seiner berühmten Weinberge am Ufer der Rhône.

ter, blasser, weicher, werden im Alter jedoch trocken.
Wieder folgt eine lange Strecke mit Weinbau ohne höher qualifizierte Weinberge. Erst im Norden bei Vienne liegen noch 2 letzte A.C.-Weißweingebiete und 1 A.C.-Rotweinzone.
Château Grillet umfasst nur 2 Hektar, die lediglich einzelne Fässer für wenige Privilegierte ergeben. Wie im benachbarten Condrieu steht hier die Viognier-Rebe, die überreif geerntet wird. In dem steilen, kiesigen Weinberg ist nur Handarbeit möglich, und der einzige Besitzer widmet sich diesem Fleck Erde mit seiner ganzen Liebe. Lassen wir Curnonsky, den Feinschmecker, diesen sehr schwierig zu definierenden Wein beschreiben: »Vital, intensiv, brillierend wie eine schöne Frau, mit dem Geschmack nach Rebblüten und Mandeln, und einem erstaunlichen Bukett von Wiesenblumen und Veilchen.« Es ist nur leider schwierig, einer dieser seltenen Flaschen habhaft zu werden.
Condrieu wird jung getrunken, er ist frisch und weich zugleich.
Den Abschluss dieses interessanten Weingebiets bilden die Côte Blonde und Côte Brune, die zusammen das A. C.-Gebiet Côte Rôtie ergeben, einen Weinberg, der auf das 1. Jahrhundert nach Christi Geburt zurückgeht. So werden auch die Ernten des »braunen« und des »blonden« Hügels gemeinsam verarbeitet, da sie sich hervorragend ergänzen. Sind die einen körperreicher und haltbarer, bringen die anderen Leichtigkeit und Zartheit dazu. Das Ergebnis ist ein purpurner Wein, ebenso üppig wie der Châteauneuf-du-Pape, jedoch noch vornehmer als dieser.
Ein »Außenseiter« ist noch zu nennen: Das Anbaugebiet für Clairette-de-Die liegt nicht am Ufer der Rhône, wird aber dennoch zu den Côtes du Rhône gerechnet, da es sich im Departement Drôme befindet. Auch dieser Wein war schon der Liebling gekrönter Häupter, und zwar, wie Plinius versichert, der römischen Kaiser. Clairette-de-Die ist ein Schaumwein aus der Clairette-Rebe, die ihm die Frische bringt, und Muscat, der seinen besonderen Charakter bestimmt. Der Wein wird nach der »Méthode dioise« ohne Zusatz von Zucker auf der Flasche weitervergoren, denn der nach der Gärung verbleibende Zucker reicht völlig aus, um eine Flaschengärung einzuleiten. Dadurch bleibt das Muskataroma am besten erhalten. Schwierig ist bei diesem Verfahren, den Wein klar zu bekommen, denn es ist auch keine Dosage am Schluss erlaubt. Man filtert unter Druck von Flasche zu Flasche oder im Großraumtank oder bedient sich der klassischen Enthefung durch Degorgieren. Das komplizierte Verfahren wird bei Grundweinen mit mindestens 50 Prozent Muscat angewendet.
Schaumweine, die zu mindestens 75 Prozent aus der Clairette stammen, werden nach der Champagnermethode mit zwei Dosagen hergestellt und abgestimmt. Clairette-de-Die ohne Muscat heißt »brut«, der nach alter Methode vergorene Muskatschaumwein »traditionel«.

Schankweine für den täglichen Genuss

Um das Bild abzurunden, sollen noch die Weine erwähnt werden, die nicht im goldenen Becher der Könige gefunkelt haben, sondern jedermann im einfachen Glas zum ländlichen Menü schmecken. Die V.D.Q.S.-Weine mit dem Namen Côtes-du-Vivarais gibt es im Departement Ardèche in Rot, Weiß und Rosé. 3 Gemeindebezeichnungen sind zugelassen.

Unter südlicher Sonne gedeihen die Weine von Château Vignelaure in den Coteaux d'Aix-en Provence.

Die Provence

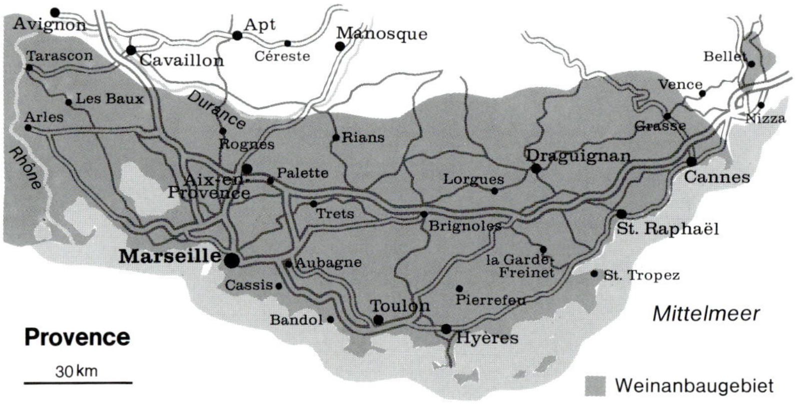

Würzig duftende Provence – Ferienland, Land der großen Maler aus aller Welt, Land der weiten Steppen mit den weißen Pferden, der bunten südländischen Hafenstädte, bewohnt von einer bodenständigen Bevölkerung, die sich ihre Küche und ihre Traditionen bewahrt hat. Hier gibt es keine Königsweine, sondern kühle, freundliche, zugängliche, erfrischende Tropfen.

Das Weinbaugebiet Provence ist kleiner als die gleichnamige ehemalige Provinz. Eigentlich gehört der südliche Teil der Côtes du Rhône mit seinen Spitzenweinen kulturell und gastronomisch dazu. Doch immer noch befindet sich die Wiege des französischen Weinbaus, Marseille, hier, wo im Jahre 600 vor Christi Geburt die griechischen Phokäer die ersten Rebstöcke pflanzten.

Was im Süden der Côtes du Rhône begann, setzt sich in der Provence fort: der reichhaltige Rebsortenspiegel. Zur Appellation contrôlée sind einige zugelassen, andere gelten als Ergänzungssorten.

Die A. C.-Weine

Palette, in der Nähe von Aix-en-Provence, bringt feine, elegante, frische und vornehme Rot-, Rosé- und Weißweine hervor. Besonders der Weiße ist jedoch im eigentlichen Sinne kein südlicher Wein. Der Rosé gehört zu den besten Frankreichs. Besonders hervorzuheben ist hier Château Simone, das seine Weine in Bordeauxflaschen auf den Markt bringt. Sie sind eine Reise wert...

Der Weinberg von Cassis steigt steil terrassenförmig über dem gleichnamigen, in einen Kalkfelsen gehauenen Mittelmeerhafen an. Der Weißwein, bekannter als die Rot- und Roséweine, ist ebenso charmant wie das Leben unten, seine feine Frische und Trockenheit machen ihn zum idealen Begleiter der einheimischen Bouillabaisse und anderer Fischgerichte.

Auch der Bandol aus der Gegend von Toulon stammt von steil ansteigenden Terrassen. Geschützt vor Kälte durch den steilen Hang, geschützt vor übergroßer Hitze durch die Nähe des Meeres, gab es schon einen blühenden Weinbau, als die Römer 125 vor Christi Geburt hierher kamen. Aus den Hauptrebsorten Mourvèdre für Bukett, Körper und Farbe, Cinsault für die süffige Art und Grenache für das Gerüst sowie einigen Ergänzungssorten entsteht nach mindestens 18 Monaten Lagerung einer der besten provenzalischen Rotweine: dunkelrot und harmonisch. Aus den gleichen Reben stammen die Rosés.

Der Bellet wächst auf einem winzigen Weinberg zwischen den Nelkenkulturen von Nizza. Die Rot- und Roséweine sind leicht, fein und elegant, die weißen trotz südlicher Sonne frisch und fein.

Ein großes Gebiet umfasst die A. C.-Fläche der Côtes de

Oben: In der Provence verbirgt sich auch hinter manch unscheinbarer Fassade eine gute Weinadresse.
Unten: In der Camargue westlich der Rhônemündung bewässert man die Reben durch Überflutung.

Provence. Es reicht von Marseille bis Nizza. Auf unterschiedlichen Böden, auf Terrassen und in der Ebene wachsen hier die Trauben, aus denen vor allem der populäre Roséwein mit der Bezeichnung Côtes-de-Provence gewonnen wird. Er ist trocken, fruchtig, recht körperreich und schmeckt gut gekühlt zu den würzigen Gerichten des Landes. Die nicht so bekannten Rotweine sind bukett- und körperreich. Sie können je nach Anbauregion geschmeidig oder feurig, aber auch leicht und delikat sein. Sie altern gut, doch werden sie meist jung getrunken. Die Rot- und Roséweine müssen heute zu 70 Prozent und mehr aus edlen Hauptrebsorten hergestellt werden, wobei der Massenträger Carignan in den kommenden Jahren zugunsten von Tibouren, Grenache, Mourvèdre und Cinsault immer mehr zurückgenommen wird. Die fruchtigen, trockenen Weißweine aus Clairette, Vermentino, Sémillon und Ugni Blanc müssen jung getrunken werden, sie oxidieren leicht. Strenge Vorschriften sieht das Gesetz auch für die Weinbereitung in diesem Gebiet vor.

Die ehemaligen V.D.Q.S.-Weine Coteaux-d'Aix-en-Provence und und Coteaux Varois erhielten inzwischen den A. C.-Status. Seit 1995 gibt es die A.C. Les Baux-de-Provence für Rot- und Roséweine – entstanden aus einer Initiative von einigen Winzern, die sich dafür einsetzten, das kleine Gebiet aus den Coteaux d'Aix-en-Provence herauszulösen.

V.D.Q.S.- und Landweine

Der einzige V.D.Q.S.-Wein heißt Coteaux de Pierrevert (rot und rosé). Es ist ein typischer Provencewein, frisch, unkompliziert und durstlöschend, dabei fruchtig und gehaltvoll.

Für die zahlreichen Landweine der Provence gilt das Gleiche wie für alle Landweine des Südens: Probieren und entdecken! Es sind immer wieder frische, feine, wenn auch einfache, erfreuliche Tropfen darunter, zumal die Klasse der Landweine in den letzten Jahren eine beachtliche Aufwertung erfahren hat.

Korsika

Die Insel der Schönheit mit ihren hohen, auch im Sommer noch schneebedeckten Bergen, dem blauen Meer, der aufsässigen Bevölkerung und den endlosen Touristenströmen im Sommer will nicht zu Frankreich gehören. Doch sind die Weine französische Gewächse, angenehme, saubere, frische Sommergetränke, originell und typisch.

Die Anbaugebiete für Wein sind über die gesamte Insel verteilt. Die größeren Rebflächen befinden sich jedoch nur an den Küsten, die größte im Osten bei Aléria. Die Appellation contrôlée wurde ihnen zwischen 1968 und 1976 zuerkannt.

Die Reben gedeihen auf trockener Kieselerde. Im Allgemeinen sind die Weißweine trocken, fein und duftig. Die Rotweine präsentieren sich mächtig und kräftig, ohne dass es ihnen an Schliff fehlt. Sie erinnern in einigen

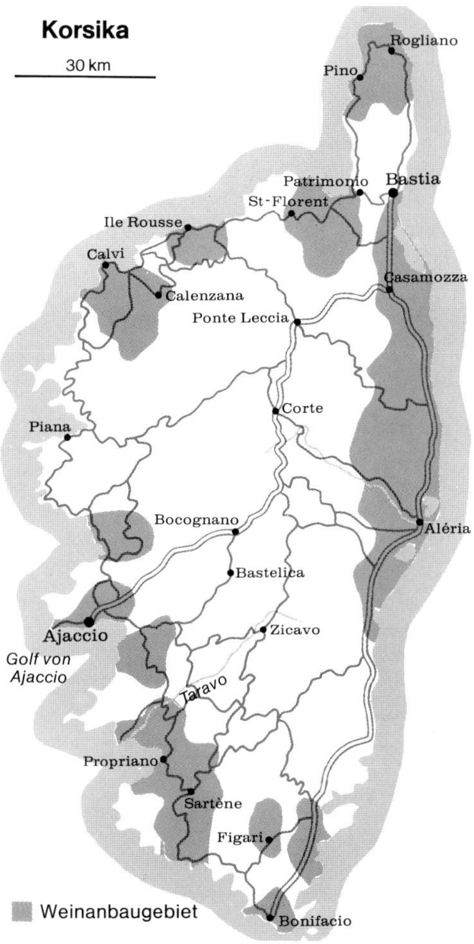

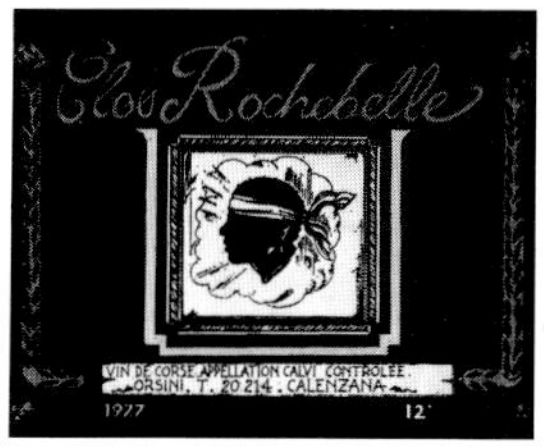

Etikett eines korsischen Weines mit dem Wahrzeichen der Insel, dem Mohrenkopf.

Fällen an Châteauneuf-du-Pape. Die Roséweine, pfeffrig-würzig, fruchtig und feurig, geben den Charakter der Insel am besten wieder, denn im Lande riecht es überall würzig nach den Kräutern der Macchia.

Insgesamt 60 Gemeinden auf Korsika bringen ihre Weine unter der Herkunftsbezeichnung Vin de Corse auf den Markt, 5 dürfen ihre Ortsnamen hinzufügen: Coteaux du Cap Corse, Sartène, Calvi, Figari und Porto-Vecchio. Ajaccio und Patrimonio führen eine eigene Herkunftsbezeichnung.

Die Hauptrebsorten für Rotweine sind Nielluccio und Sciacarello, beides alte, traditionsreiche Reben, von denen die erste für Körperreichtum und Duft steht, die zweite für Haltbarkeit und Finesse. Nielluccio muss zu 60 Prozent im Patrimonio enthalten sein, auch in den anderen Gebieten wird diesen beiden Sorten in den Herkunftsbestimmungen immer mehr Vorrang eingeräumt. Die Weißweine bestehen im wesentlichen aus Vermentino (zartes Bukett, leicht bitter) und einem kleineren Teil Ugni Blanc (Trebbiano), beides sonst vor allem in Italien verbreitete Mittelmeerrebsorten.

Im Norden der Insel, auf dem schmalen Cap Corse, wird unter dem Namen des Anbaugebiets ein Süßwein aus

Muskateller und Malvoisie bereitet, der auch außerhalb der Insel schon viele Freunde gefunden hat.
Bemerkenswert sind die Weine aus Patrimonio, südlich von Cap Corse. Die Weißen sind körperreich und duftig, die Roséweine gelten als die besten korsischen Weine überhaupt. Auch sie zeichnen sich durch ihren delikaten Duft und ihre Kraft aus. Die Rotweine sind zwar in der Minderzahl, doch qualitativ ebenfalls gut. Auch die Rot- und Roséweine von Ajaccio werden in steigendem Maße aus der ursprünglich in Italien beheimateten Sciacarello-Traube hergestellt.
Den etwa 80.000 Hektoliter A.C.-Weinen steht etwa das Dreifache an Vins de Pays de l'Île de Beauté gegenüber, hauptsächlich Rotweine aus dem Norden des Landes.
Korsische Weine bekommt man hier und da auch auf dem Festland zu kaufen, die skandinavischen Länder importieren die einfachsten Qualitäten (Tafelweine) in größeren Mengen, doch die besten erhält man nur im Lande selbst. Es lohnt sich allemal, die Insel der Schönheit außerhalb der Touristensaison, die sich im Wesentlichen auf die Monate Juli und August beschränkt, auch in Bezug auf ihre Weine zu erforschen, die dank ihrer Originalität dem Bild von Menschen und Landschaft einen nicht unwesentlichen Akzent geben.

Etikett eines französischen Landweines.

Languedoc-Roussillon

Weinfelder so weit das Auge reicht – rund ein Drittel der gesamten Rebfläche Frankreichs liegt in den beiden Mittelmeerregionen, und etwa ein Drittel aller in Frankreich konsumierten Weine kommt aus diesem gewaltigen Weinkeller. Über diesen Superlativen sollte man nicht vergessen, dass sich hier Europas größter Anbieter an Bioweinen befindet, dass das Languedoc viele der neuen, interessanten Landweine erzeugt und daneben auch Heimat einiger traditionsreicher origineller Spezialitäten ist.
Languedoc und Roussillon heißen die beiden Mittelmeerregionen westlich der Provence bis hin zur spanischen Grenze – von vielen Touristen in den Ferien besucht. Hier bestimmen große Zahlen das Bild, handelt es sich doch um eines der größten Weinbaugebiete der Welt. Bei ständig günstigem Wetter lag die Herstellung von Massenweinen nahe. Doch die Absatzchancen für minderwertige Ware wurden immer geringer, und so besannen sich auch die Winzer dieses Sonnenlandes auf mehr Qualität. Der Anteil der einfachsten Tafelweine ist im Sinken begriffen. Da das heiße Klima eher der Rotweinproduktion zugute kommt, sind in den einfacheren Qualitätsklassen die Rotweine weitaus in der Überzahl, während in der höheren Klasse der A. C.-Weine etwa ein Drittel weiß ist. Die Anhebung der Qualität bei Rotweinen ist vor allem einer besseren Rebsortenauswahl zu verdanken. Die im heißen Klima bewährten Sorten Carignan, Cinsault und Grenache werden in steigendem Maße vom Gesetzgeber vorgeschrieben.

Was ist Bio- oder Ökowein?

Das Languedoc ist der größte Produzent von Bioweinen in Europa, doch gibt es diese Weine heute in nahezu allen Weinbauländern unter verschiedenen Bezeichnungen. Besonders junge Winzer haben sich dem ökologischen Weinbau verschrieben. Es gibt verschiedene Methoden, vom biologisch-dynamischen bis zum so genannten organischen Weinbau. Gemeinsam ist allen der Verzicht auf Herbizide, Pestizide und künstliche Düngemittel. Im Keller wird weniger geschwefelt. Die Verbände haben unterschiedliche Normen festgesetzt.

Landweinanbau unter südlicher Sonne

Die größten Produzenten von Landweinen (Vins de Pays) sind die Departements Aude und Hérault, gefolgt vom Departement Gard. Sie alle gehören zum Languedoc, während die Landweine des Roussillon aus dem Departement Pyrénées-Orientales stammen. Mehr als 60 Prozent aller französischen Land- und Tafelweine werden hier erzeugt.
Die Vins de Pays sind heutzutage allgemein zarter und geschmeidiger geworden, wobei die Gardweine fruchtig und frisch, die Héraultweine etwas herber ausfallen. Der Anbau im Roussillon hat sich von der Ebene an die Gebirgshänge verlagert. Die Landweine haben gebietstypischen Charakter, sind leicht und angenehm. Eine Besonderheit auch hier: der Sandwein (Vin des Sables). Nachdem man die Rebsortenqualität und die Kellertechniken verbessert hat, kommen von den Sandböden an der Küste durchaus akzeptable Picknickweine in Weiß, Rosé und Rot, die durch ihren geringen Schwefelgehalt auch für Empfindliche bekömmlich sind.

Kontrollierte Herkunft von großen Flächen – V.D.Q.S.

Auf dem Wege zur gehobenen Qualität befinden sich die V.D.Q.S.-Weine in diesem Gebiet, die nach einem neuen Gesetz den A. C.-Weinen offiziell gleichgestellt werden sollen.
Der V.D.Q.S.-Wein aus dem Departement Aude mit der Bezeichnung Cabardès ist erst seit 1973 aus seiner Anonymität herausgewachsen. Mittelmeerrebsorten stehen hier neben Sorten aus Westfrankreich, der Carignan wird immer weiter zurückgedrängt. Es ist eine Region im Übergang vom Massenwein zu Qualitätswein, nur 10.000 Hektoliter Wein werden mit dem Label V.D.Q.S. vorerst

von einigen Genossenschaften und einer Handvoll Weinbaubetriebe ausgebaut. Die Bezeichnung erhalten nur Rosé- und Rotweine.
Noch kürzer, nämlich seit 1976, existiert das V.D.Q.S.-Gebiet Côtes de la Malepère im Departement Aude, das ebenfalls nur Rot- und Roséweine hervorbringt. Das Massiv von Malepère ist sowohl atlantischen als auch mediterranen Einflüssen ausgesetzt.
Auf der mediterranen Seite dominieren die fruchtigen, feinen Roséweine aus Cinsault, Grenache und Syrah, auf der atlantischen die kräftigen, dunklen, stark duftenden Rotweine aus Merlot, Cot und Cabernet Sauvignon.
Im Roussillon gibt es keine V.D.Q.S.-Weine, sondern nur Tafelweine, Landweine und A. C.-Weine.

Karrieristen und Individualisten – A. C.-Weine

In der Klasse der Weine mit kontrollierter Herkunftsbezeichnung (Appellation contrôlée) gibt es einerseits die dank des Qualitätsstrebens der Winzer erst kürzlich gekürten ehemaligen Vins ordinaires und andererseits ein paar Spezialitäten mit alter Tradition.
Zunächst die »Emporkömmlinge«: Unter der A. C. Côtes-du-Roussillon gibt es seit 1977 Rot-, Rosé- und Weißweine aus dem Departement Pyrénées-Orientales, dem südlichsten Weinbaugebiet Frankreichs. Auch hier wurden die Massenträger immer mehr zugunsten eines Qualitätsanbaus zurückgedrängt. Die Weißweine werden aus Macabéo, Malvoisie und Grenache Blanc gewonnen. Die Rotweine werden häufig nach dem im Beaujolais angewendeten Verfahren (siehe Seite 79) gekeltert, sie sind jung trinkfertig. Auch für Rosé- und Weißweine sind die Methoden vorgeschrieben, um dem Wein möglichst viel Frische trotz südlicher Sonne zu erhalten. Der Zusatz »Villages« signalisiert auch hier bessere Qualität, allerdings gilt er nur für Rotweine. Es können Gemeindenamen hinzugefügt werden. Die Rotweine aus Carignan, Grenache und Cinsault mit der Appellation contrôlée Côtes-du-Roussillon sind glutvoll, dunkel und kräftig, ihr Bukett ist geprägt vom jeweiligen Boden des Weinbergs.
Fitou stammt von den trockenen Hochplateaus und engen Tälern in den Corbières. Er wird erst im Alter schön, das heißt, er braucht 5 bis 6 Jahre, um voll, mächtig und stark zu werden.
Im Languedoc gibt es seit 1971 die A. C. Collioure, die sich auf Rotweine in der Zone von Banyuls bezieht. Saint-Chinian und Faugères erhielten die A. C. 1982. In beiden Fällen handelt es sich um Rot- und Roséweine. Der ausdrucksvolle rote Saint-Chinian altert gut, Faugères ist ein fruchtiger, geschmeidiger Wein.
Eine große Rotweinfläche unterliegt seit 1985 der A.C. Coteaux du Languedoc mit oder ohne Zusatz eines von insgesamt 12 offiziell zugelassenen Gemeindenamen. Unter bestimmten Bedingungen kann der Name des Ortes sogar allein genannt werden. Auch hier gilt die Regel: Je genauer die Herkunft auf dem Etikett angegeben wird, desto höher die Qualität. Unter dieser Appellation gibt es unter anderem den bekannten Austernwein, Picpoul-de-Pinet aus der gleichnamigen Rebsorte, eine alte Weißweinspezialität des Gebiets.
Die A.C. Corbières existiert seit 1985, die Weine stammen ebenfalls aus dem Languedoc von kalkreichen Hängen südöstlich von Carcassonne, die ständig der sengenden Sonne ausgesetzt sind. Ein passender Werbeslogan lautet: »Corbières: ein Gewächs mit Akzent!«
Die Rotweine sind kräftig und voll mit einem besonderen Duft, der sich im Alter verfeinert. Auch die Rosés verraten etwas von den dürren, sonnendurchglühten Böden, auf denen sie gewachsen sind, doch sind sie fruchtig und fein. Die Weißweine haben einen zarten Duft.
Nordwestlich von Narbonne befindet sich das Minervois, ebenfalls ein altes Weinbau-

Die Weinberge von Corbières bringen ausdrucksvolle Rotweine südländischer Prägung hervor.

gebiet, das schon auf römische Legionäre zurückgeht. Es gibt auch Weiß- und Roséweine, doch zählt der Rotwein zusammen mit dem Corbières zu den besten des Gebiets. Er ist leuchtend rot, harmonisch, fruchtig und fein und hat eine hohe Lebenserwartung. Den Namen Vin-noble-du-Minervois trägt ein süßer Dessertwein, in dem neben anderen Trauben Muscat enthalten ist. Auch die Gewächse des Minervois haben im Jahre 1985 den A.C.-Status erhalten.

Typische Mittelmeerweine sind die Rot-, Rosé- und Weißweine mit der A.C. Costières de Nîmes, früher Costières du Gard, vom rechten Rhôneufer, die auf den Flusskieseln des ehemaligen Deltas gedeihen. Die qualitativ höher stehenden Rotweine erinnern an die der Côtes du Rhône, sind kräftig, körperreich, doch fein und voller Duft. Die Weißweine können fruchtig sein.

Zwei Appellationen, in diesem Fall ausschließlich für Weißwein, sind Clairette-du-Languedoc und Clairette-de-Bellegarde aus der Gegend von Nîmes, beide einzig und allein aus der Clairetterebe gekeltert, deren Ursprung man auf keltische Zeit zurückführt. Sie werden häufig als Wermutgrundweine verwendet. Im Anbaugebiet selbst sollte man sie jung zu Meeresfrüchten probieren.

Weine mit 700 Jahre alter Tradition sind die Süßweinspezialitäten. Ein Großteil aller aufgespriteten Dessert- und Aperitifweine (Vins doux naturels) stammt aus diesem sonnendurchglühten Land. (Wie sie gemacht werden, steht auf Seite 35.)

Der berühmteste Süßwein mit der A.C. Banyuls stammt von der spanischen Grenze, wo die Pyrenäen ins Mittelmeer abstürzen. Eine einfache und drei Zusatzbezeichnungen sind hier möglich: Banyuls und Banyuls Rancio heißen Weiß-, Rosé- und Rotweine, während die A. C. Banyuls Grand Cru und Banyuls Grand Cru Rancio nur Rotweinen zuerkannt wird.

Die Reben gedeihen auf felsigen Terrassen, bedeckt mit einer dünnen Schicht Erde, die jedes Jahr wieder neu hinaufgebracht werden muss, da die Regengüsse sie herunterwaschen. Banyuls ist süß, wenn der Alkohol frühzeitig zugesetzt wird, und er gerät trocken, wenn man wartet, bis ein großer Teil des Zuckers vergoren ist. Der Zusatz »sec«, »dry« oder »brut« bedeutet, dass nicht mehr als 54 Gramm pro Liter Restzucker vorhanden sind. Zum Vergleich: ein trockener Tischwein enthält weniger als 4 Gramm.

Banyuls ist feurig wie die Sonne, dabei rassig, harmonisch und elegant. Als »Rancio« bezeichnet man den Alterungston, den Banyuls durch Zutritt von Sauerstoff erhält. Banyuls Grand Cru unterliegt strengeren Bestimmungen als einfacher Banyuls: 30 Monate Fassausbau sind obligatorisch, Sinnenprüfung, strenge Anbaubeschränkungen und genau festgelegte Herstellungsmethoden kennzeichnen den roten Grand Cru. Eine Besonderheit ist die Lagerung in kleinen Fässern im Freien, die eine intensive Reifung bewirkt. Ähnlich, wenn auch nicht so berühmt, ist der Maury.

Rivesaltes bringt mengenmäßig den meisten Dessertwein hervor. Muscat-de-Rivesaltes stammt aus einem eng begrenzten A. C.-Anbaugebiet. Er wird nur aus Muscat gekeltert, einer Traube, die in Frankreich schon 1394 erwähnt wurde, als man Papst Benedikt XIII. einen Muskatwein kredenzte. Kenner schätzen den fruchtigen, duftreichen, feinen Wein. Der berühmteste ist der Muscat de Frontignan, der auch als Likörwein (Zugabe von Alko-

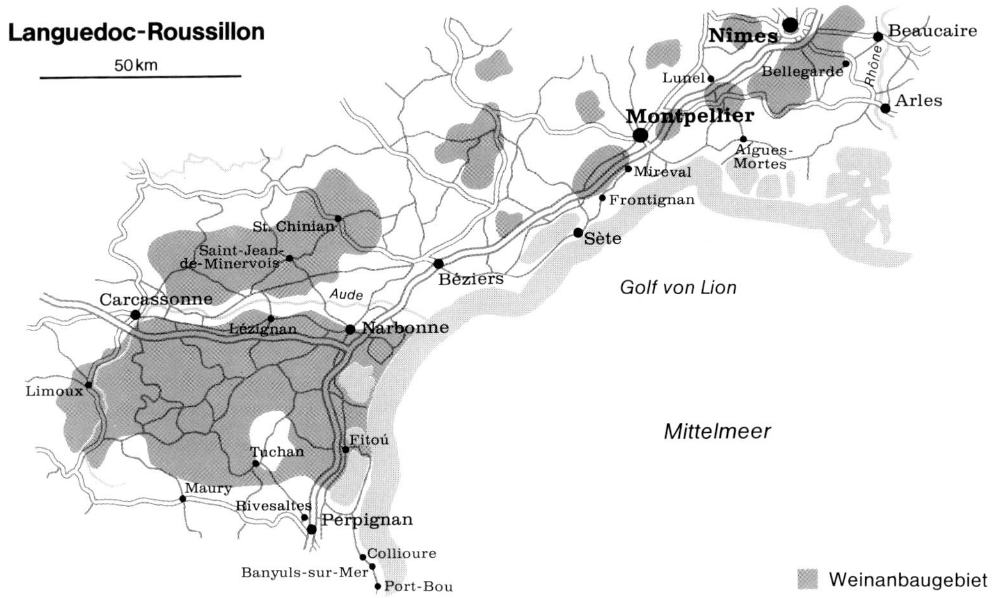

hol vor der Gärung) hergestellt wird.
Im Departement Hérault gibt es weitere A.C.-Muskatweine unter den Namen Muscat-de-Lunel, Muscat-de-Mireval und Muscat-de-Saint-Jean-de-Minervois, die jedoch weder mengen- noch gütemäßig an die bereits genannten heranreichen.

Die Fässer für Banyuls werden oberhalb des gleichnamigen Städtchens im Freien gelagert.

Die Süße schreckt auf den ersten Blick vielleicht ab. Wenn auch der Trend zum trockenen, alkoholarmen Wein überall stärker wird, sollte man es nicht versäumen, eine dieser uralten Weinspezialitäten an Ort und Stelle zu probieren.

Der Südwesten

Im Gegensatz zu dem Rebenmeer des Languedoc besteht der Südwesten Frankreichs aus einzelnen Weinbauinseln, die nicht einmal einen klingenden Regionennamen erhalten haben. »Le Sud-Ouest« ist nur ein Oberbegriff ohne Farbe und Schönheit für die verschiedensten Weine aus den alten Provinzen Aquitaine, Baskenland, Béarn und einem Teil des Languedoc.
Bevor mit großem Paukenschlag und verhaltenem Trommelwirbel, übertönt von schmetternden Fanfaren, das Hohe Lied vom Bordeaux erklingt, lenken wir unser Augenmerk auf Überschaubares. Der Südwesten steht zwangsläufig im Schatten des benachbarten Bordelais, doch war er im Mittelalter ein bedeutendes Weinbaugebiet mit hohen Exportzahlen. Die Reblaus hat viele Weinberge zerstört. Heute bemühen sich vor allem Genossenschaften um Qualität und vermehrten Absatz.
In den Departements Lot, Lot-et-Garonne, Tarn und Tarn-et-Garonne sowie Gers wird eine Reihe von Landweinen erzeugt, die heute nicht nur wegen ihrer Preiswürdigkeit immer mehr geschätzt werden. Die kräftigen Rotweine, die fruchtigen Rosés und die originellen Weißweine verhelfen so manchem Händler oder Gastronomen zu bezahlbaren Qualitäten. Besonders zu erwähnen sind die Landweine (Vins de Pays) von den Côtes du Tarn, in Weiß, Rosé und Rot. Letztere werden wie Beaujolais aus ungemahlenen Weinbeeren gewonnen, sind wie diese bukettreich und leicht. Man sollte sie jung und kühl trinken.
Außerdem gibt es im Südwesten 6 V.D.Q.S.-Weine in Rot, Weiß und Rosé, die mehr und mehr Freunde finden, da sie in steigendem Maße trocken ausgebaut werden.

Bergerac – Nachbar von Bordeaux

Interessanter sind die traditionsreichen A. C.-Weine in ihren mannigfachen Varianten. Ganz nahe bei Bordeaux, nur ein wenig östlich in der Dordogne, liegt das Gebiet Bergerac, das Rot- wie Weißweine hervorbringt. Links der Dordogne sind die Rotweine härter, gerbstoffreicher, dunkler, rechts davon feiner und weicher. Sie stammen aus den Bordelaiser Rebsorten Cabernet, Merlot und Malbec. Auch die Weißweine aus Sémillon, Sauvignon und Muscadelle sind fein und weich. Die trockenen tragen die Bezeichnungen Bergerac sec. Unter Côtes-de-Bergerac

Etikett eines roten Bergerac-Weines gehobener Qualität.

werden Rotweine mit 1 Volumenprozent mehr Alkoholgehalt verkauft. Côtes-de-Bergerac moëlleux heißen die Weißweine mit hohem Restzuckergehalt (18-54! Gramm pro Liter).
Im Gebiet von Bergerac gibt es auch engere A. C.-Bezeichnungen: Der Monbazillac wird oft zu Unrecht zu den Bordeauxweinen gerechnet, stammt er doch aus den gleichen Reben wie der Sauternes, nämlich aus Sémillon für Weichheit und Duft, Sauvignon für Feinheit und Körper und Muscadelle für den feinen Muskatgeschmack. Monbazillac wird aus edelfaulen, spät gelesenen Trauben gewonnen, die Gärung verläuft träge, manchmal monatelang. Der

Etikett von rotem Pécharmant einer Winzergenossenschaft.

entstehende Dessertwein enthält bis zu 100 Gramm Restzucker und 15 bis 16 Volumenprozent Alkohol. Er ist zuerst strohgelb, gewinnt mit dem Alter, wird amberfarben und riecht nach Honig. Monbazillac war im 18. Jahrhundert ein Lieblingswein der Holländer, die nach dem Edikt von Nantes durch französische Flüchtlinge den Wein kennen gelernt hatten.

Auf dem rechten Ufer der Dordogne, als Enklave im Bordelais, liegt Montravel, dessen Weine zum Südwesten zählen. Als A. C. Montravel bezeichnet man ausschließlich Weißweine voller Charme, Harmonie und Duft, die in der Ebene gewachsen sind. Weißweine mit höherem Alkoholgehalt, die von den Hängen stammen, heißen Côtes-de-Montravel und Haut-Montravel. Ebenfalls weiß sind Rosette und Saussignac. Sie ähneln den übrigen Bergeracweinen im Charakter.

Ausschließlich auf Rotweine bezieht sich dagegen die A. C. Pécharmant. Rot- und Weißweine aus den Rebsorten des Bordelais werden unter den A. C. Côtes de Duras und Buzet im Dordognetal erzeugt. Zwischen Bergerac und Buzet gedeihen die Rot-, Weiß- und Roséweine der Côtes du Marmandais, die erst 1990 die Appellation contrôlée erhielten.

Béarn – Heimat von Henri IV

Im äußersten Südwesten Frankreichs, am Rande der Pyrenäen und unweit der spanischen Grenze, liegt die alte Grafschaft Béarn. Südwestlich der Hauptstadt Pau gedeiht der Jurançon. Der König von Navarra soll seinen Sohn, den späteren Henri IV, König von Frankreich, mit diesem Weißwein getauft haben. Jurançon wurde damals in ganz Nordeuropa getrunken, sein Ruhm sank erst in der Folge der Französischen Revolution.

Zur Gewinnung des heute eher seltenen Weines werden auf verschiedenartigen Böden Rebsorten angepflanzt, die man sonst nirgendwo findet: Petit und Gros Manseng sowie Courbu wachsen bis zu 2 Meter hoch an Kastanienholzpfählen. Die meisten Trauben werden spät gelesen, wenn der Saft höchste Konzentration erreicht hat. Das Ergebnis sind goldgelbe Weine, saftig und bukettreich, mit leichtem Zimt- und Nelkenaroma. Unter der samtigen Fülle verbirgt sich als Tüpfelchen auf dem i eine kaum wahrnehmbare Spitze aus Säure. Jurançon reift und altert gut. Aus normal gelesenen reifen Trauben der gleichen Sorte wird der fruchtige, frische Jurançon sec gewonnen. Nordöstlich von Pau, dem Anbaugebiet des

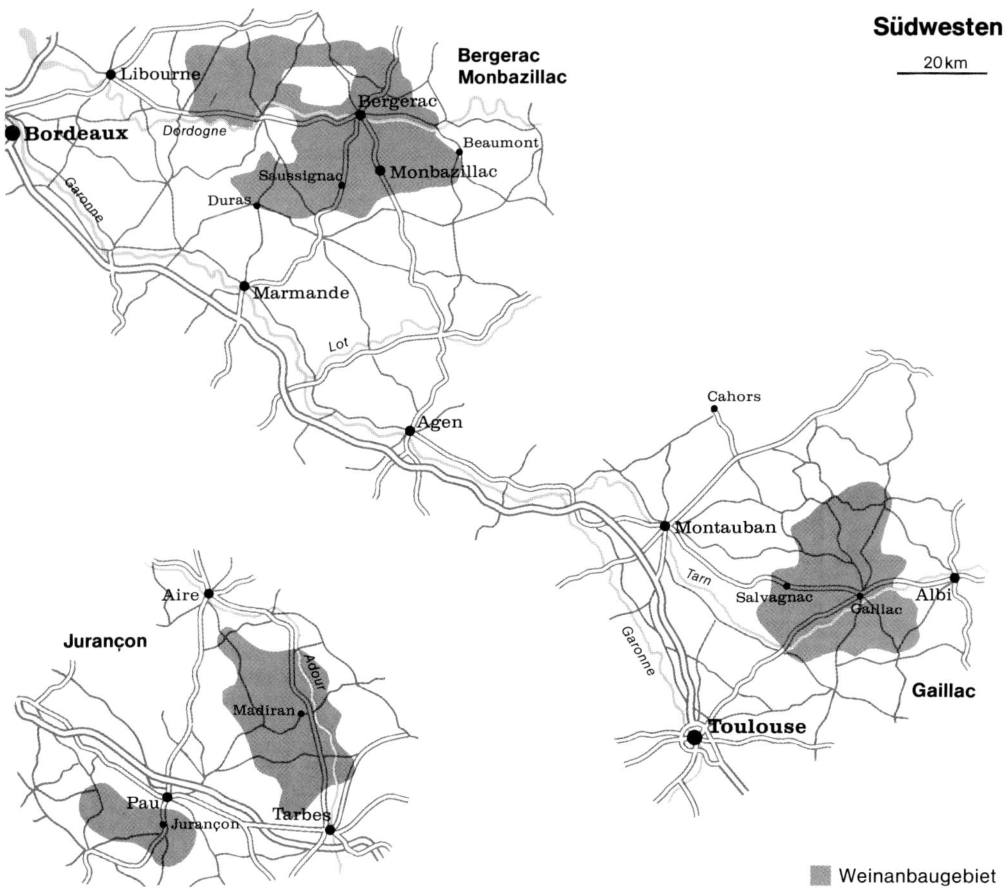

Jurançon gegenüber, wachsen der rote Klassiker Madiran und der weiße Pacherenc-du-Vic-Bilh.
Der Madiran ist ein Wein mit ältester Tradition. Mönche sollen im 12. Jahrhundert den Pinenc aus dem Burgund mitgebracht und auf dem Weinberg von Madiran angepflanzt haben. Im Mittelalter war der Madiran ein beliebter Messwein, Pilger trugen seinen Ruhm bis weit nach Europa hinein, schließlich gelangte er nach der Invasion durch die Engländer bis nach Skandinavien und Holland. Zu Ende des 19. Jahrhunderts wurden die Reben von Madiran Opfer des Mehltaus und der Reblaus.
Heute bemüht man sich, die alte Tradition wieder aufleben zu lassen. Nachdem sich kurz vor der Reblauskatastrophe hauptsächlich der feurige, wuchtige Tannat etabliert hatte, findet man heute wieder zu den ursprünglichen Mischungsverhältnissen zurück: Tannat sorgt für Feuer und Farbe, Cabernet Franc für Feinheit und Weichheit, Cabernet-Sauvignon und Pinenc, wahrscheinlich ein Abkömmling des Pinot, runden den Geschmack ab.
Madiran muss lange lagern, bis er seine Härte verliert, doch der alte Wein zeigt dann auch alle Qualitäten eines großen Rotweines: Feinheit, Duft, Delikatesse. Vielleicht ist es ein Relikt seiner mönchischen Herkunft, aber er soll dank seiner belebenden Wirkung Genesenden und Müden auf die Beine helfen.
Der weiße Pacherenc-du-Vic-Bilh gedeiht auf den gleichen Flächen wie der Madiran und wird wie Jurançon an hohen Pfählen gezogen. Auch die späte Lese und die Art hat er mit dem berühmteren Bruder gemeinsam, nur ist er oft noch um einiges süßer und alkoholreicher.
Die ehemals mit dem V.D.Q.S.-Label versehenen Vins de Béarn sind seit 1975 in die A. C.-Klasse aufgerückt. Die Herkunftsbezeichnung Béarn tragen heute vor allem Rot- und Roséweine sowie einige wenige Weißweine aus 74 Gemeinden der Pyrénées-Atlantiques, der Hautes-Pyrénées und aus dem Departement Gers. Der Rebsortenspiegel ist etwa der gleiche wie der bei den enger bezeichneten Weinen. Die Feriengäste der Region wissen auch die einfacheren Gewächse als Begleiter deftiger Gerichte zu schätzen.

Der schwarze Wein von Cahors, der schon den Römern und lange danach den Engländern ein Begriff war, reift in Holzfässern.

Schäumende Spezialitäten aus Gaillac

Um Gaillac schließlich liegt beiderseits des Tarn eine weitere A. C.-Weinbauinsel mit fast mediterranem Klima, die vor allem für ihre Schaumweine bekannt ist. Die Gaillacs mousseux werden nicht nach dem verbreiteten Flaschengärverfahren, sondern nach der natürlichen Méthode rurale, auch gaillacoise genannt, bereitet. Es wird, wie schon auf Seite 32 beschrieben, kein Zucker zugesetzt, so dass der Gaillac nach 2 bis 3 Jahren Lagerung ein feines Aroma und die Fruchtigkeit und Originalität des Grundweines behalten hat.
Der Gaillac perlé, ein leicht perlender Weißwein, wird ganz anders gewonnen: Der Most wird vor der Gärung vom Satz getrennt und gärt langsam in kühlen Räumen. Nach einem ersten Abstich von der Hefe bleibt er mit den verbleibenden Heferesten ein ganzes Jahr liegen. Wenn nach Abschluss der alkoholischen Gärung die Milchsäuregärung einsetzt und Bakterien die im Wein enthaltene Apfelsäure in Milchsäure umwandeln, entsteht nochmals Kohlendioxid oder Kohlensäure. Die feinen Perlen erhält man, indem man nach Stabilisierung und Klärung den Wein bei 0° C in Flaschen abfüllt. Gaillac perlé ist also kein Schaumwein, sondern ein fruchtiger, frischer, leichter Weißwein, der an der Zunge etwas kitzelt.
Es gibt auch roten Gaillac, einen traditionsreichen, saftigen und voll schmeckenden Rotwein mit reichem Bukett. Der Gaillac doux dagegen ist ein weißer Süßwein. Und die A. C. Gaillac-Premières-Côtes schließlich tragen gehaltvolle trockene Weißweine aus bestimmten Gemeinden auf dem Etikett.
Seit Römerzeiten bekannt ist der sogenannte »schwarze« Wein von Cahors, einem Städtchen in einer Schleife des Lot in Quercy. Nur langsam haben sich die Rebanlagen von den durch die Reblaus im vorigen Jahrhundert und durch Frost im Jahre 1956 angerichteten Schäden erholt. Hauptrebsorte ist Malbec, die dem Wein seinen Charakter verleiht. Der dunkel-karmesinrote Wein gilt als der dunkelste französische Rotwein überhaupt. Erst nach 5 bis 10 Jahren Flaschenlagerung zeigt er sein optimales Geschmacksbild. Dann ist er harmonisch und kräftig, oh-

In den Rebanlagen von Cahors herrscht ein südländisches Klima.

ne hart zu sein, vornehm und bukettreich.

Schließlich sei noch der A. C.-Wein Blanquette de Limoux genannt, der im Departement Aude wächst und doch den Gewächsen von Südwestfrankreich zugerechnet wird. Auch er war schon im späten Mittelalter bekannt, als Mönche entdeckten, dass junger Wein aus der Blanquette- oder Mauzac-Rebe im Frühjahr leicht zu moussieren begann. Die 2. Gärung von Blanquette de Limoux erfolgt wie beim Gaillac auf der Flasche, ohne dass Zucker zugesetzt wird. Das Ergebnis ist ein frischer, fruchtiger, duftiger Schaumwein.

Vin de Blanquette dagegen ist ein durch spontane Gärung auf der Flasche ohne Degorgieren (Entfernung der Hefe) entstandener Wein. Er erhält die A. C. nur nach zusätzlicher Prüfung. Limoux nature heißt der leider rare trockene weiße Stillwein der Gegend.

Bordeaux

Dem stillen, bäuerlichen Burgund im Osten Frankreichs steht im Westen eine weitere Perle gegenüber – das fürstliche Bordeaux, mit über 100.000 Hektar das größte Qualitätsweinbaugebiet der Welt. Keller mit märchenhaften Schätzen, ehrwürdige Weingüter, hier Châteaux genannt, ein weites Land mit einer lebhaften Hauptstadt kennzeichnen das Gebiet an der Gironde, zu der sich Dordogne und Garonne zusammenfinden.

Schon in gallo-römischer Zeit war Bordeauxwein das Getränk von Cäsaren und reichen Männern. Die Engländer, zu deren Krone das Gebiet im Mittelalter 200 Jahre lang gehörte, haben sehr zur Verbreitung des Weines beigetragen. Auch heute noch gehören sie zu den großen Bordeauxweinkennern, und eine ganze Reihe von berühmten Châteaux befinden sich in den Händen von angelsächsischen Besitzern.

Sind in Burgund die großen Weine jeweils aus einer einzigen Rebsorte bereitet, ist im Bordelais die Kunst des Rebsortenverschnitts zu höchster Vollendung entwickelt. Allerdings sind es bei den höheren Rotweinqualitäten nur 3 bis 4, bei Weißweinen 2 bis 3 Rebsorten, die ihre guten Eigenschaften miteinander vereinen. Der Cabernet Sauvignon, die Hauptsorte, sorgt für ein gutes Gerbstoffgerüst, Vornehmheit und Bukettreichtum. Der Cabernet Franc ergibt wie der verwandte Cabernet Sauvignon geringe Erträge, ist ähnlich, jedoch nicht so edel wie dieser. Merlot bringt Weichheit, Finesse und Farbe, und der Verdot Kraft und Herbe.

Die Weißweine werden aus Sauvignon Blanc für feine Würze, Sémillon Blanc für Edelfäule und feinen Muskatton sowie Muskateller für würzigen Muskatgeschmack gekeltert.

Einen Überblick über das große Gebiet bekommt man am besten, wenn man sich an das hierarchische System der Appellation contrôlée hält, das bei den allgemeinen Herkunftsbezeichnungen beginnt und in den Gemeinde- oder Dorfbezeichnungen gipfelt. Niedriger eingestufte Weine gibt es in diesem fast durchweg hochkarätigen Gebiet allerdings nur sehr wenige.

Die Einfachen für den täglichen Genuss

Wie in Burgund gibt es auch im Bordeaux einfache Tropfen für den alltäglichen Genuss. Die mit A.C. Bordeaux bezeichneten Gewächse sind Verschnittweine aus Gebieten ohne spezielle Appellation oder aber Weine von höher klassifizierten Rebflächen, die in einem Jahr wegen schlechten Wetters die notwendige Qualität nicht hervorgebracht haben oder deren Hektarertrag zu hoch ausgefallen ist. Wird der gesetzliche Hektarertrag überschritten, wird die gesamte Ernte deklassiert. Die Rebsorten sind jedoch gesetzlich festgelegt.

Für Bordeaux Supérieur gelten enger begrenzte Anbauzonen, schärfere Rebsortenbestimmungen und höhere Anforderungen an die Reife des Lesegutes (ausgedrückt in Alkoholgraden), manchmal wird ein Ortsname hinzugesetzt.

Für Bordeaux Rosé und Bordeaux Clairet sind seit 1977 neue Bestimmungen gültig: Bordeaux rosé unterliegt jetzt den gleichen Bedingungen wie Rotwein und darf nicht mehr »clairet« genannt werden. Bordeaux Clairet, ein blasser, heller Rotwein, war in alter Zeit der einzige Bordeaux. Echte Rot- oder Weißweine konnte man damals technisch nicht bereiten. Heute noch heißt in England jeder Bordeauxwein »clairet«. Unter »clairet« versteht man heute einen Rotwein mit wenig Gerbstoff, den man jung trinken kann und muss. Beide Weinarten gibt es auch mit dem Zusatz »Supérieur«.

Als Bordeaux mousseux werden die im Gebiet erzeugten Schaumweine bezeichnet. Für sie gelten die gleichen Be-

Etiketten von zwei Größen: »schwarzer« Wein von Cahors und traditionsreicher Madiran.

dingungen wie für die Stillweine. Meist handelt es sich bei Bordeaux mousseux um weiße, manchmal auch um roséfarbene Schaumweine.
Zu den einfachen kontrollierten Herkunftsbezeichnungen gehören ferner Bordeaux-Côtes-de-Francs für leichte, charmante Rot- und Weißweine, Côtes-de-Castillon für dunkelrote, körperreiche, kräftige Rotweine und Bordeaux-Haut-Benauge für trockene oder süße, angenehme Weißweine. Alle diese Gebiete liegen am Rande der Kernregionen. Auch ihnen kann »Supérieur« hinzugefügt werden.

Hervorragende Bordeaux-Jahrgänge

Rotwein
Außergewöhnlich: 1928, 1945, 1947, 1949, 1961, 1970, 1982, 1989, 1994
Gut: 1971, 1975, 1976, 1978, 1979, 1981, 1983, 1985, 1986, 1988, 1990 , 1995
Weißwein
Außergewöhnlich: 1961, 1967, 1988, 1990, 1996
Gut: 1959, 1962, 1975, 1976, 1983, 1986, 1989, 1995

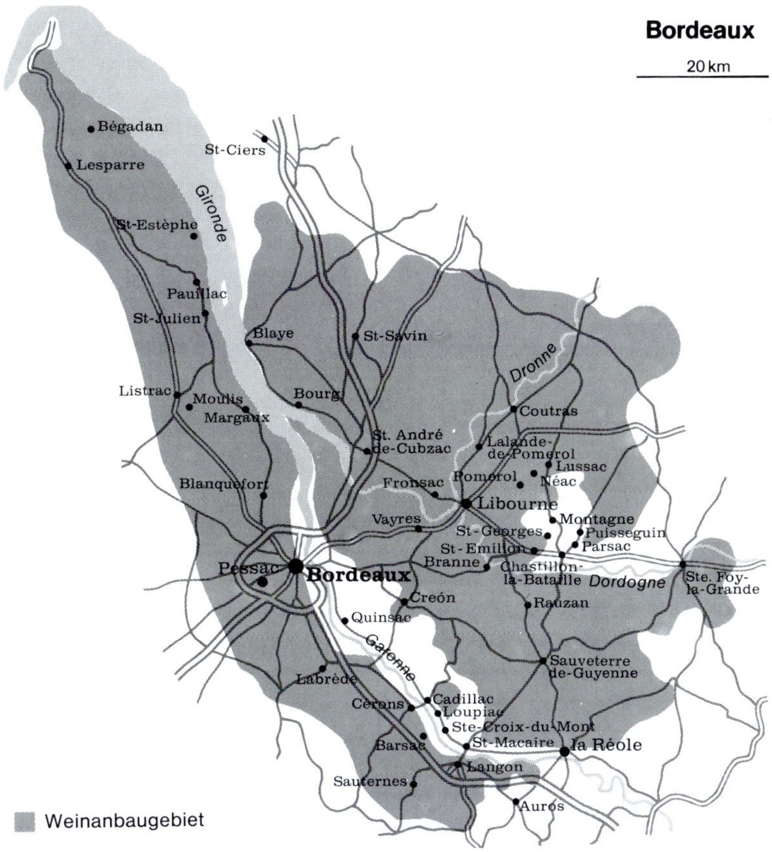

Erschwingliche Sonntagsweine

Die nächste Stufe der Appellationen ist nach den Weinbauregionen des Bordelais benannt. Sie werden im Folgenden einzeln vorgestellt. Hier kommt es sehr auf die Region selbst an, welchen Wert und welchen Preis der Wein hat. Dort, wo die fürstlichen Gewächse herkommen, hat naturgemäß auch die einfachere Appellation eine andere Qualität als in den Randgebieten.
Kernland des Rotweinanbaus ist das Médoc am linken Girondeufer. Unter den Bezeichnungen Médoc und Haut-Médoc werden ausschließlich Rotweine gekeltert, wobei die zweite Herkunftsbezeichnung auf höhere Qualität hinweist. Die Weine sind wie die großen Médocweine mit genauerer Appellation in der Jugend hart, werden dann aber bukettreich und harmonisch. Südlich an das Médoc schließt sich das Gebiet von Graves an, das sowohl Rot- wie Weißweine hervorbringt. Die allgemeine Herkunftsbezeichnung gilt für beide Weinarten, Graves Supérieures nur für Weißweine. Die Rotweine ähneln denen des Médoc, sind etwas nerviger, herber und müssen länger lagern. Die Weißweine im Norden sind trocken und geraten nach Süden, zum Sauternais hin, lieblicher.
»Zwischen zwei Meeren«, zwischen Dordogne und Garonne, werden die Weine mit der regionalen Appellation Entre-deux-mers erzeugt. Die beiden Flüsse als Meere zu bezeichnen, entspricht der Art der Gascogner, die in Frankreich als Prahlhänse verschrieen sind. Unter der Herkunftsbezeichnung Entre-deux-mers werden heute ausschließlich trockene Weißweine hergestellt, nachdem man vorübergehend auch Süßweine bereitet hatte. Die unaufdringlichen Weine sind ideale Begleiter von Meeresfrüchten und Fisch.
Ein bekannter Werbeslogan lautet daher: »Entre-deux-huitres – Entre-deux mers«, zu deutsch: Zwischen zwei Austern schmeckt der trockene, frische, saftige Weißwein aus Entre-deux-mers besonders gut.
Zwischen Entre-deux-mers und Graves am rechten Garonneufer erstreckt sich die Region Premières Côtes de Bordeaux mit ihren steilen, kalkreichen Rebhängen.
Unter der Regionalbezeichnung werden feine, aromareiche Weißweine erzeugt, die oft lieblich, manchmal auch süß sind. Die Rotweine können bei höherem Alkoholgehalt zusätzlich zur Regionalbezeichnung einen Gemeindenamen tragen. Sie

sind im Allgemeinen etwas hart in der Jugend, werden aber im Alter weicher und feiner, bei viel Saft- und Körperreichtum.
Sainte-Foy-Bordeaux gehört geografisch zu Entre-deux-mers, hat aber seine eigene Regionalbezeichnung, da die Weine vollkommen anders schmecken. Der halbtrockene bis süße Weißwein wird »Sauternes des armen Mannes« genannt, die Rotweine, die – untypisch für Bordeaux – sehr schnell altern, bekommen die Appellation nur nach Analyse und Sinnenprüfung. Rechts der Dordogne gibt es nur 2 Regionalappellationen: Blayais mit Unterbezeichnungen und Bourgeais. Die Unterbezeichnungen im Blayais lauten Blaye oder Premières-Côtes-de-Blaye für Rot- und Weißweine und Côtes-de-Blaye nur für Weißweine. Die beiden letzten Bezeichnungen bürgen für gehaltvollere Weine. Die meist trockenen Weißweine sind angenehm fruchtig und fein, die von den Premières Côtes de Blaye vollmundiger. Die Rotweine haben eine schöne Farbe, sind weich und angenehm fruchtig. Sie werden jung getrunken.
Einfache, preiswerte Weine kommen auch aus dem Bourgeais, sie können als Bourg, Bourgeais oder Côtes-de-Bourg bezeichnet werden.
Ein kleiner Bereich westlich von Saint-Émilion erzeugt unter der Appellation Fronsac fruchtige Rotweine, deren bessere Qualitäten unter den Bezeichnungen Canon-Fronsac oder Côtes-Canon-Fronsac zu durchaus erschwinglichen Preisen auf den Markt kommen.
Wenden wir uns nach diesem Überblick den Spitzenprodukten des Bordelais zu.

Die Klassengesellschaft des Bordelais

Die höchste Stufe in der Hierarchie besetzen die Weine mit Gemeindenamen. Um unter den Großen den Adel vom Hochadel zu unterscheiden, sind die Gewächse der großen Wein-Châteaux außerdem noch klassifiziert. Die Châteaux des Médoc wurden 1855 nach dem damals erzielten Preis in 5 Klassen eingeteilt. Seither gab es eine einzige Veränderung: Château Mouton-Rothschild wurde 1973 vom zweiten in den ersten Rang erhoben, was stolz auf den Etiketten verkündet wurde. Ebenfalls von 1855 stammt die Klassifikation der Châteaux von Sauternes und Barsac sowie des Château Haut Brion in Graves. Die übrigen Gravesweine und die roten Gewächse von Saint-Émilion wurden 100 Jahre später klassifiziert, wobei die Klassifizierung von Saint-Émilion alle 10 Jahre überprüft und zum letzten Mal 1996 revidiert wurde. Für Pomerol existiert bis heute noch keine offizielle Klassifizierung, man hat sich jedoch angewöhnt, Château Pétrus allein über alle anderen zu stellen. Die genaue Aufzählung aller klassifizierten Châteaux steht auf der Seite 227.
Die Klassifizierung steht außerhalb des A. C.-Systems. Die Herkunft von kontrollierten Flächen wird als selbstverständlich vorausgesetzt.
Unterhalb der großen klassifizierten Gewächse gibt es die Klasse der »bürgerlichen« Kreszenzen, der Crus Bourgeois. Die seit 1994 durch die europäische Gesetzgebung anerkannte Klasse der Crus Artisans betrifft eine Gruppe von 335 kleineren Weingütern, die ihre eigene Identität bewahrt haben und sich um Anbau, Weinbereitung, Abfüllung und sogar den Vertrieb kümmern. Die Bezeichnung weist auf dies stolze Handwerk hin.

Das Château Cheval Blanc gehört zu den beiden mit »A« besonders gekennzeichneten Premiers Grand Crus von Saint-Émilion.

Die Schönen und die Wunderschönen

Die hochklassifizierten Châteaunamen sind weltberühmt, auch wenn die meisten Menschen wohl noch nie einen dieser herrlichen Tropfen probiert haben. Ohne jedes Château einzeln zu erwähnen, lassen wir die Charakteristika der berühmten Gemeinden an unseren Augen vorüberziehen. Unter »Bordeaux« versteht man den hier vertretenen Typ des vollendet rassigen, hochfeinen, distinguierten Rotweines des Médoc.
3 von 4 Premiers Crus und 18 klassifizierte Gewächse insgesamt stammen aus Pauillac, das damit unbestritten der führende Ort ist. Aus Pauillac kommen Bordeauxweine im klassischen Sinne. Ihr schönes Bukett, ihr Körper und Extraktreichtum, verbunden mit einer besonders vornehmen Art, sichern ihnen die obersten Plätze in der Weltrangliste. Saint-Estèphe

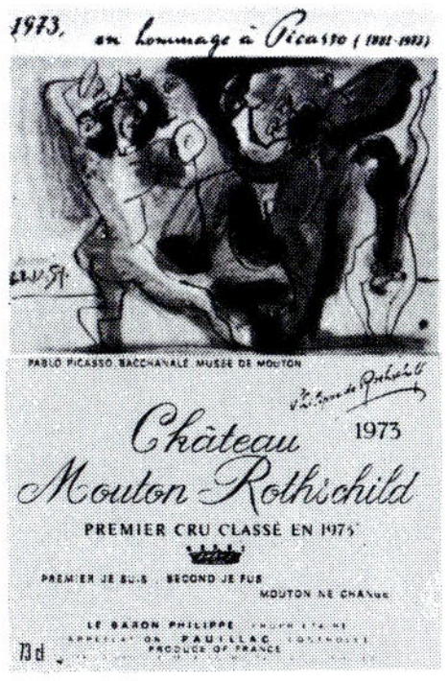

Das von Picasso für Château Mouton-Rothschild gestaltete Etikett anlässlich der Umstufung zum Premier Cru.

und Saint-Julien sind die unmittelbaren Nachbarorte. Saint-Estèphe produziert die größte Menge Rotwein mit örtlicher Appellation, darunter auch einige Crus bourgeois. Die Weine sind im Allgemeinen kerniger, kräftiger als die von Pauillac, man muss geduldig ihre Reife abwarten. Die geschmeidigen und bukettreichen Kreszenzen von Saint-Julien sind nicht so körperreich und entwickeln sich etwas schneller. Margaux, auf der anderen Seite von Saint-Julien, bringt zusammen mit den Nachbarorten samtige, elegante, weiche Rotweine hervor. Berühmt ist sein Premier Cru, das gleichnamige Château, dessen Gewächse die Eigenschaften der Margauxweine

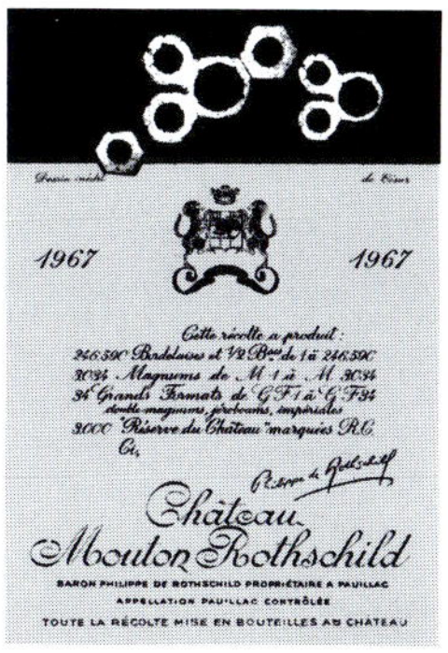

Dieses Etikett des berühmten Château Mouton-Rothschild wurde von César gestaltet.

in höchster Vollendung zeigen. Auch Cantenac, Soussans, Arsac und Labarde tragen die A. C. Margaux.
Sauternes und Barsac erhielten die Klassifizierung gleichzeitig mit dem Médoc, und hier ist es vor allem Château d'Yquem, einziger Grand Premier Cru, der einen weltberühmten Weißwein hervorbringt. Er vollendet das, was die übrigen Sauternesweine aus Bommes, Preignac, Fargues, Barsac und Sauternes selbst auszeichnet. Die edelfaulen Trauben werden über 1 bis 2 Monate geerntet. Das Ergebnis sind süße, elegante, feine Gewächse mit reichem Duft und Aroma, das an Honig und Akazienblüten erinnert. Sie erreichen erst im Alter ihren geschmacklichen Höhepunkt.
Von 1954 stammt die erste Klassifizierung der Rotweine aus Saint-Émilion, die 1996 zum letzten Mal erneuert wurde. Die Weine des Gebiets, das ursprünglich 8 Gemeinden umfasste – heute ist ein Teil von Libourne hinzugekommen –, werden gern als Burgunder von Bordeaux bezeichnet. Ihr Gerbstoffgehalt ist geringer als bei den Weinen des Médoc, doch können auch sie 30 bis 40 Jahre alt werden. Sie sind kräftig, granatrot, vollmundig und duften nach Trüffeln. Die Châteaux Ausone und Cheval-Blanc, die Spitzenreiter, sind Vertreter der beiden unterschiedlichen Weinarten des Gebiets: Château Ausone stammt von den Hügeln, er ist gerüstreich und ausdrucksvoll, Château Cheval-Blanc stammt von Kiesböden, er ist kraftvoll und dabei fruchtig.
Graves wurde schon bei den Regionalappellationen erwähnt. Es gibt hier keine Gemeindebezeichnungen. Château Haut Brion, als einziges 1855 klassifiziert, ist Spitzenreiter vor den 1959 klassifizierten roten und weißen Gewächsen, die bereits vorgestellt wurden. Château Haut-Brion bringt hauptsächlich feine, elegante Rotweine mit leicht rauchigem Geschmack und in geringen Mengen auch mächtige, sehr kräftige Weißweine hervor.
Obwohl die Weine von Pomerol bisher keiner eigenen Klassifizierung würdig waren, hat sich eine Hierarchie eingebürgert. Diese ausschließlich roten Gewächse sind kernig, samtig und von schöner rubinroter Farbe. Sie stehen geschmacklich zwischen den Médocs mit ihrer Feinheit und den Weinen von Saint-Émilion, deren Saftigkeit und Kraft sie auch auszeichnen.

Die Satelliten

Um die Gemeinden mit ihren berühmten Châteaux gruppieren sich noch einige beachtliche Gemeindeappellationen.

Die Rotweine aus dem malerischen Château Margaux gehören zu den feinsten der Welt.

Eine eigene Appellation hat das bei Sauternes gelegene Cadillac, dem die amerikanischen Luxuslimousinen ihren Namen zu verdanken haben. Der süße Weißwein ähnelt den Weinen seiner berühmten Nachbarn. Auch Cérons erzeugt Weißweine mit eigener Herkunftsbezeichnung, die leichter und fruchtiger sind als die Sauternes. Loupiac und Sainte-Croix-du-Mont am anderen Ufer der Garonne gehören geographisch zu den Premières Côtes de Bordeaux, doch erzeugen sie dem Sauternes ähnliche, feine, aromatische Weißweine.
Graves-de-Vayre hat eine eigene Gemeindeappellation innerhalb der Entre-deux-mers. Es erzeugt feine, vollmundige Weißweine sowie angenehme, weiche Rotweine.
Lalande-de-Pomerol und Néac, die beide an Pomerol angrenzen, stehen zwar etwas im Schatten ihres großen Nachbarn, erzeugen jedoch selbst durchaus beachtliche samtige Rotweine.

Das Weingut Dagueneau liegt im A.C.-Gebiet Pouilly-sur-Loire, wo helle, leichte Weine aus Chasselas bereitet werden.

Eigene Gemeindeappellationen haben außerdem Listrac und Moulis im Haut-Médoc für ihre Rotweine, die fein, nervig und angenehm sind, jedoch an die großen Médocweine nicht heranreichen. Erst seit 1987 existiert die A. C. Pessac-Léognan im nördlichen Teil von Graves für Rot- und Weißweine.

Das Loiretal

La douce France – das lieblich gewellte Land am breit und träge dahinziehenden Strom bringt äußerst verschiedenartige Weine hervor, die einen gemeinsamen Oberbegriff eigentlich gar nicht verdienen. Die interessante Palette umfasst Weine in allen Farben von Dunkelpurpur bis Hellgelb und in allen Geschmacksrichtungen von trocken und spritzig bis likörig-süß. Große Spitzenweine werden nicht erzeugt, doch gibt es einige bemerkenswerte Spezialitäten, die gut zum Essen oder zum sommerlichen Picknick schmecken.

Das Weinbaugebiet Loiretal (Val-de-Loire) liegt der Größe seiner Rebfläche nach an 5. Stelle in Frankreich, also etwa in der Mitte. Rund 50 A. C.-Weine und etwa ein Dutzend Weine mit der Bezeichnung V.D.Q.S. werden hier erzeugt. Die Landweine mit regionaler Bezeichnung heißen Vins de Pays du Jardin de la France, daneben gibt es eine Vielzahl von Landweinen mit engeren Bezeichnungen.

Die liebliche Flusslandschaft mit ihren prunkvollen Königsschlössern und den bescheideneren, nicht weniger reizvollen Adelssitzen wird jährlich von Tausenden von Touristen besucht, die sich nicht nur an den Führungen durch alte Gemächer beteiligen, sondern sich vor allem auch an der außergewöhnlich feinen Küche und den weichen, freundlichen Weinen delektieren. Eine eigene Hierarchie gibt es unter den Loireweinen nicht, sie werden daher dem Verlauf des Flusses von Ost nach West folgend der Reihe nach vorgestellt.

Centre-Loire

14 Gemeinden dürfen Weine mit der A.C. Sancerre herstellen, die feinsten stammen aus Pouilly und Chavignol. Die sehr verschiedenartigen Weißweine aus Sauvignon Blanc stammen von unterschiedlichen Böden. So reifen die Gewächse von den Kimmeridgeböden langsam, behalten ihren Charakter und ihren Duft aber auch lange. Die Weine von Kiesböden sind fein und bukettreich, altern aber nicht allzu gut. Weißer Sancerre ist immer trocken und leicht. Auf den nicht für Weißweinreben geeigneten Flächen wird auch etwas Pinot Noir angebaut, aus dem man einen guten, kräftigen Rosé- oder Rotwein erzeugt.

Die hellen, leichten und fruchtigen Weine mit der Appellation Pouilly-sur-Loire stammen aus der Chasselasrebe, die hier auf Kalkböden ideale Bedingungen findet. Qualitativ höher stehen die Weine aus Pouilly fumé. Sie stammen aus Sauvignon Blanc, hier Blanc Fumé genannt, sind hell mit grünlichen Reflexen, leicht würzig und trotz ihrer Trockenheit weich. Obwohl sie schnell reifen, behalten sie ihre guten Eigenschaften lange.

Menetou-Salon erzeugt dem Sancerre ähnliche Weißweine aus Sauvignon Blanc, jedoch nicht gleichwertige.

Eigentlich ungeeignet für Landwirtschaft ist der armselige Boden im Gebiet von Quincy am Cher. Der Sauvignon wird hier auf Riparia-Unterlagen aufgepfropft, was ihm in feuchten Jahren einen Vorteil gegenüber den berühmten Brüdern von Sancerre und Pouilly verschafft. Quincy ist leider rar, doch sehr trocken, fein und mit besonderem Duft ausgestattet. Ebenso selten findet man Weißwein von Reuilly, der ebenfalls aus Sauvignon Blanc gekeltert wird.

V.D.Q.S.-Weine werden auf kleinen Weinbauinseln um Gien, Orléans und Chambord erzeugt. Orléans, das früher berühmt war für seine Rotweine, erzeugt heute hauptsächlich guten Weines-

Etikett eines Weißweines aus Sancerre.

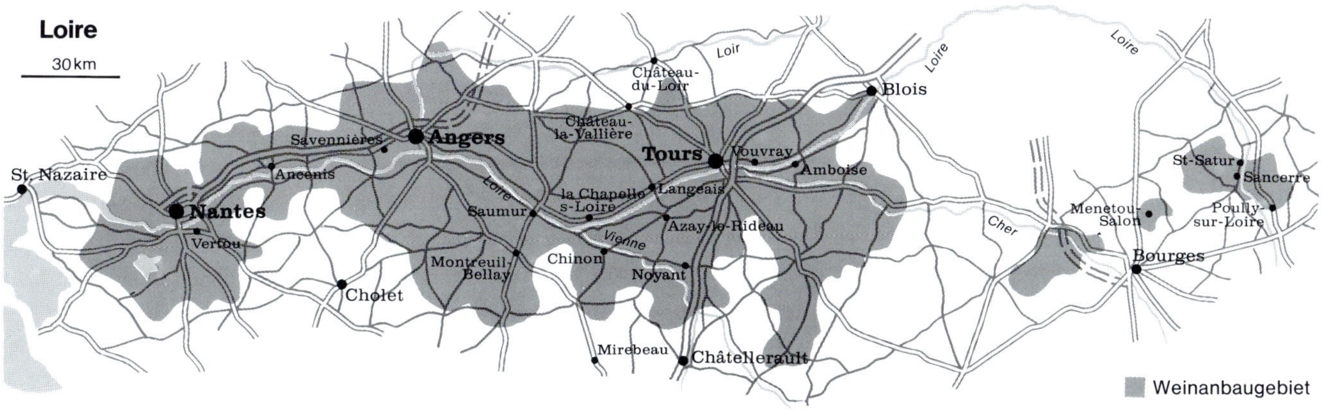

sig. Der Pinot Meunier, der hier noch angebaut wird, ergibt einen angenehmen Rosé.

Königliche Touraine – Garten Frankreichs

Von einem Weinbaugebiet mit beachtlichen Ausmaßen kann man erst dort sprechen, wo sich die Rebfelder der Touraine westlich und südlich von Blois an Loire und Cher ausbreiten. Der Boden der Touraine besteht in der Nähe des Flusses aus dem berühmten Tuff, in den schon die Römer Stollen trieben, um den Wein wie in den Kreidestollen der Champagne unter optimalen Bedingungen lagern zu können.

Die allgemeine Appellation Touraine bezieht sich auf Weiß-, Rot- und Roséweine. Sie werden aus einer Vielzahl von Rebsorten gewonnen. Die Weißweine sind trocken bis halbtrocken, die Rotweine trocken und aromareich und die Roséweine fruchtig und leicht.

Die A.C. Touraine erhalten unter bestimmten Bedingungen auch Perlweine, die eine leichte 2. Gärung auf der Flasche durchgemacht haben. Ihre Etiketten dürfen keine Verwechslung mit Schaumwein zu lassen.

Den Schaumwein mit A. C. Touraine mousseux gibt es in Weiß, Rosé und Rot. Eine Besonderheit: Roter Touraine pétillant und Touraine mousseux müssen aus Weinen höherer Qualität der Herkünfte Chinon, Bourgueil und Saint-Nicolas-de-Bourgueil stammen.

Einige Weine der Appellation Touraine dürfen den Namen der Herkunftsgemeinde führen.

Auf enger begrenzte Gebiete beziehen sich die Einzelappellationen der Touraine. Zu Recht berühmt ist der Weißwein mit der A. C. Vouvray. Er stammt einzig und allein aus Pineau de la Loire, doch hat er viele Gesichter, je nach Jahrgang, Weinbergslage, Kellermethoden. Er kann trocken und leicht, aber auch herb und kräftig sein, bukettreich oder süß. Vouvray ist immer von erlesener Frische und liebenswerter Eleganz. Die Stillweine bestechen in guten Jahren durch feinen Duft nach Akazien, frischen Weinbeeren und Quitten. Vouvray neigt von Natur aus zum Schäumen. Daher gibt es ihn in Form von Perlwein und Schaumwein. Die goldfarbenen Schaumweine, die nach dem Flaschengärverfahren bereitet werden, gewinnen mit dem Alter, sind bukettreich und bewahren die Persönlichkeit der Grundweine.

Vouvray gegenüber auf der anderen Loireseite gedeihen die Weine von Montlouis, für die das Gleiche gilt wie für die Weine des Nachbarn, wurden sie doch bis 1938 unter der gleichen Herkunftsangabe verkauft.

Unter den vielfältigen Erzeugnissen des Loiretals finden sich ideale Sommer- und Picknickweine, erfrischend, duftig und fruchtig.

Chinon, Bourgueil und Saint-Nicolas-de-Bourgueil bilden insofern ein gewisse Einheit, als hier hauptsächlich dunkelrubinrote Weine aus Cabernet Franc bereitet werden. Für Kenner ist der Unterschied zwischen den Weinen vom Flussufer (leicht, fein, schnell trinkfertig) und von den Hügeln (herber in der Jugend) deutlich herauszuschmecken. Chinon ist frisch und weich, duftet nach Veilchen und ist zarter als Bourgueil. Man nennt ihn gern »Rotwein der Intellektuellen«. Bourgueil duftet stark nach Himbeeren und braucht länger, um trinkfertig zu werden. Die Weine von Saint-Nicolas-de-Bourgueil sind ähnlich, nur altern sie besser als Bourgueil.

Die Weine mit A. C. Coteaux du Loire gehören sowohl zur Touraine als auch zu Anjou und zu Maine, doch ähneln sie am meisten den Touraineweinen. Am besten sind die Weißweine aus Pineau de la Loire, sie präsentieren sich frisch, fein und fruchtig und erinnern etwas an Vouvray. Die dunklen Rotweine sind besonders bukettreich. Die Weißweine von Jasnières mit eigener Appellation sind nicht so kräftig, sie werden im Alter delikat, weich und fruchtig.

Die Weine der Touraine wurden schon vom großen Rabelais gewürdigt und besungen – für jeden fand er einen passenden Vers.

Anjou – vom Klima begünstigt, von Bacchus verwöhnt

Die allgemeine Herkunftsbezeichnung Anjou bezieht sich auf alle drei Weinarten, die aus bestimmten Rebsorten im ganzen Gebiet von Anjou gewonnen werden. Seit 1987 gibt es die A. C. Anjou-Villages für Rotweine höherer Qualität. Eine Besonderheit ist der Rosé d'Anjou, den man heute überall da zu kaufen bekommt, wo ein großer Bedarf an preiswerten, unkomplizierten Weinen besteht, also auch in den nordeuropäischen Ländern. Rosé d'Anjou ist leicht, fruchtig und manchmal süß, ein Schankwein ohne Ansprüche, der in dem Jahr nach der Ernte getrunken werden sollte.

Reben vor dem Schnitt in einer Rebanlage des Anjou. In diesem »Garten Frankreichs« herrschen das ganze Jahr über angenehm milde Temperaturen.

Cabernet d'Anjou ist die Bezeichnung für einen höher eingestuften Rosé d'Anjou. Er darf nur aus Cabernet Sauvignon und Cabernet Franc gekeltert werden. Er war das Modegetränk der Gesellschaft der Belle Époque in Paris, und heute noch werden seine schöne Farbe und sein kräftiger Geschmack geschätzt. Sein Restzuckergehalt muss mindestens 10 Gramm pro Liter betragen. Wer einen trockeneren Wein sucht, der greife zum Cabernet de Saumur. Er darf nicht mehr als 10 Gramm Restzucker enthalten.

Saumur und insgesamt 38 Gemeinden bringen außer dem Rosé und einem trockenen bis halbtrockenen Weißwein aus Pineau de la Loire vor allem bekannte Schaumweine hervor. Die Grundweine bestehen hauptsächlich aus Chenin Blanc, etwas Chardonnay und Sauvignon Blanc. Saumur mousseux wird in den gleichen Stollen wie Vouvray gelagert, insofern ähnelt das Gebiet von Saumur eher dem der Touraine. Der einzige erwähnenswerte Rotwein stammt aus Champigny, trägt den Namen Saumur-Champigny und ist wegen seiner Würze beliebt.

Höhere Anforderungen an die Reife des Lesegutes werden gestellt, wenn ein Weißwein die Herkunftsbezeichnung Coteaux-de-Saumur tragen soll. Die Weine aus Pineau de la Loire stammen aus einem enger begrenzten Areal. Ein Coteaux-de-Saumur ist nie trocken, sondern halbtrocken bis süß, fein und in guten Jahren bukettreich.

Auch die Weine mit der A. C. Coteaux-du-Layon, gewachsen an einem Nebenfluss der Loire, sind weiß und halbtrocken bis süß. In guten Jahren reichen sie dank der Edelfäule, von der der Pineau hier befallen wird, an Sauternes- und Barsacweine heran, bewahren jedoch die typische Fruchtigkeit der Loireweine. Coteaux-du-Layon-Villages mit Bezeichnung einer Gemeinde weist auf höhere Qualität hin.

Quarts-de-Chaume und Bonnezeaux, die besten Weinberge des Gebiets, haben das Recht auf eine eigene Herkunftsbezeichnung und werden aus spät gelesenem Chenin Blanc gekeltert. Zwischen der Loire und dem Layon erstreckt sich an der Aubance, einem weiteren Nebenfluss der Loire, das kleine Gebiet der Coteaux de l'Aubance. Die Weine ähneln denen der Coteaux du Layon und waren früher einmal höher geschätzt als diese. Heute sind sie zwar fruchtig und fein und haben den Geschmack des Bodens, doch fehlt ihnen die Kraft und das Gerüst ihrer heute berühmteren Nachbarn.

Westlich von Anger, der Hauptstadt des Anjou, liegt ein weiteres A. C.-Weißweingebiet, Coteaux de la Loire, das nervige, trockene bis halbtrockene Weine erzeugt, die nicht so süß sind wie die der Coteaux du Layon. Savennières hat hier das Recht auf eine eigene Appellation, seine beiden Spitzenlagen Coulée-de-Serrant und La Roche-aux-Moines genießen seit alters einen guten Ruf. Eine Spezialität der Gebiete Anjou, Saumur und Touraine ist der Crémant de la Loire, ein A.C.-Schaumwein, in Rot, Rosé oder Weiß, nach der Champagnermethode gewonnen.

Muscadet – Herbstwein oder Frühlingsbote ?

Muscadet kann wie Beaujolais als Primeur ab dem 3. Donnerstag im November verkauft werden, allerdings ohne den prickelnden Hefeton. Im Frühjahr, ab dem 3. Donnerstag im März, hat er sein Hefelager beendet und wird im Loiretal als Frühlingsbote gefeiert.

In der Ortschaft Vouvray in der Touraine werden beliebte Perlweine und ein exzellenter goldener Schaumwein erzeugt.

Das Gebiet von Nantes

Zwischen dem Anjou und dem Nantais ist ein großes V.D.Q.S.-Gebiet zu nennen: die Coteaux d'Ancenis. Die weichen und leichten Rotweine und die frischen Weißweine tragen den Namen der Rebsorte auf dem Etikett.

Das Etikett des Muscadet signalisiert seine gute Eignung als Begleiter zu Austern.

Wichtigste Weinart des Gebiets ist jedoch der spritzige, jugendliche, fruchtige, hellgelbe Weißwein mit der A. C. Muscadet, weißer Rivale des Beaujolais, was die Gunst der Franzosen betrifft. Die einzige Rebsorte, aus der dieser Wein gewonnen wird, ist der Melon, der ursprünglich aus dem Burgund stammt, hier aber ideale Bedingungen findet. Die Sorte heißt an der Loire Muscadet, hat aber nichts mit Muskateller zu tun. Die Lese erfolgt früh, Überreife würde flache, langweilige Weine ergeben. 3 A.C.-Bezeichnungen sind zu unterscheiden: Muscadet, Muscadet des Coteaux de la Loire und Muscadet de Sèvre-et-Maine, wobei 90 Prozent auf die beiden letzteren entfallen. Die Kellermethoden sind genau vorgeschrieben, unter anderem die Abfüllung direkt von der Hefe (sur lie, siehe Seite 27). Der Muscadet des Coteaux de la Loire ist etwas kräftiger und säurereicher als der einfache, während der Muscadet de Sèvre-et-Maine noch höher eingeschätzt wird. Er gewinnt durch seine Geschmeidigkeit und Feinheit.

Unter den V.D.Q.S.-Weinen des Loiretales befindet sich noch manche liebenswerte Spezialität. Sie alle haben die leichte, fruchtige Frische der Weine dieses gesegneten, fruchtbaren Landstrichs.

Rebflächen außerhalb der großen Gebiete

Außer den hier beschriebenen, fest umrissenen Weinbauregionen gibt es in Frankreich noch unzählige Rebflächen ohne Ursprungsschutz, denn Weinbau gibt es fast überall, außer im äußersten Norden, im Zentralmassiv und in den Alpen. Zum Schluss erwähnt seien die beiden Anbaugebiete für Cognac und Armagnac, die ungleichen Brüder der weltberühmten Weinbrandfamilie. Schließt Cognac direkt nördlich an das Bordelaiser Rotweingebiet an, so befindet sich Armagnac südöstlich davon. Die Herstellungsweisen und der Charakter der beiden Weinbrände sind auf Seite 36 näher beschrieben.

Deutschland

Das an der nördlichen Weinbaugrenze gelegene Deutschland gehört eher zu den Weinbauzwergen, was die Rebfläche betrifft. Nur 1,3 Prozent der Weltweinbaufläche liegen vornehmlich an den Flüssen und Gewässern Rhein, Mosel, Saar und Ruwer, Main und Nahe, Kocher, Jagst und Tauber sowie an Neckar und Bodensee. Der Weinbau in den neuen Bundesländern erstreckt sich entlang der Flüsse Elbe, Saale und Unstrut. Zum wichtigen Exportfaktor wurde deutscher Wein durch seine frische, fruchtige Art und seinen Säurereichtum, den er seiner Herkunft von der klimatischen Nordgrenze des Weinbaues verdankt. Alte Tradition und Weinkultur sowie aktive Forschungstätigkeit auf allen Gebieten haben dem Zwerg einen unbestrittenen Platz unter den Riesen gesichert.
Wie im Kapitel über Frankreich einzelne Weine vorzustellen, ist bei dem deutschen System der Herkunftsbezeichnungen und Qualitätsstufen nicht ohne weiteres möglich. Wohl kann man berühmte Spitzenlagen nennen, doch der Geschmack des Produktes ist nicht nur von der Lage abhängig. Wie in keinem Land sonst ist das Jahresergebnis vom Wetter abhängig, und ob eine Fläche frische, rassige Kabinettweine oder runde, volle Spätlesen ergibt, entscheiden Jahrgang und Rebsorte, aber auch der Kellermeister, der den Wein trocken oder mild auf die Flasche bringt. Die Beschreibung der Landschaft mit ihren Weinen wird daher eher das Typische des Gebiets und der Rebsorten hervorheben.

Ahr

Wenn man Ahr sagt, denkt man an Burgunder, genauer an Ahrburgunder, denn mit dem französischen Weinbaugebiet gleichen Namens hat die Ahr geographisch nichts gemeinsam, wohl aber mit der Spätburgundertraube, die dem Gebiet zu seinem Ruhm verhalf; und das obwohl nur etwa 2 Prozent der mit Rotweinreben bestandenen Fläche Deutschlands in dieser Region liegt.
Trotz der nördlichen Lage des Ahrtales reift hier die Spätburgunderrebe, die viel Sonne und Wärme braucht, um samtige, feinherbe Rotweine zu ergeben. Die Voraussetzung dafür liefert ein einmalig günstiges Klima.

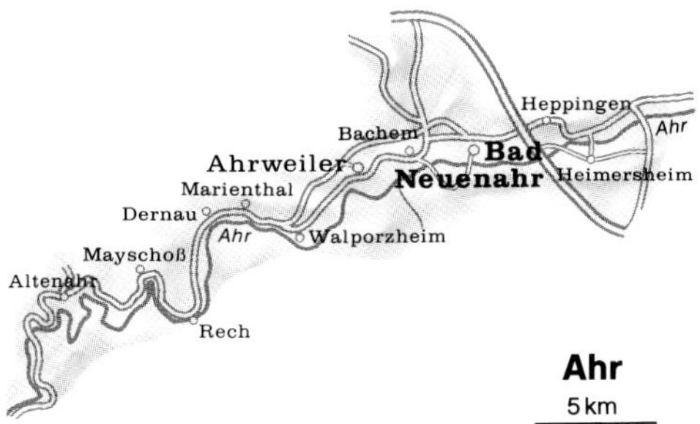

Steinige Böden und Treibhausklima

Geologisch gehört das Ahrtal zum Rheinischen Schiefergebirge. Die Rebfläche von rund 520 Hektar erstreckt sich von Altenahr bis Heimersheim über das sanfter geschwungene Untere und das wildromantische Mittlere Ahrtal, wo das Flussbett tief in das Gebirge eingeschnitten in zahllosen Windungen zwischen steil aufragenden Felsen von grandioser Schönheit verläuft. Im Mittleren Ahrtal sind die Weinberge in steilen Terrassen angelegt. Im Unteren Ahrtal herrschen lehmige Böden an sanfteren Hängen vor, so dass hier die Erträge bei geringerem Arbeitsaufwand reichlicher ausfallen. Die Weine vom Fels sind würziger, glutvoller, während die lieblichere Gartenlandschaft samtige, harmonische Weine hervorbringt. Das Klima dieser nördlichen Rotweininsel wird bestimmt durch den Fluss und seine hoch aufragenden Uferberge. Die Reben gedeihen an den geschützten Südhängen, wo die Sonneneinstrahlung besonders intensiv ist. Um die Rebstöcke vor Frösten zu schützen, haben die Winzer gefährdete Stellen mit Heizungsanlagen ausgerüstet.

Von Karl dem Großen zur ersten Winzergenossenschaft

Sicher ist, dass etwa zur Zeit Karls des Großen eine geschlossene Rebfläche vorhanden war, doch gab es früher nur Weißweinreben, der Anbau roter Trauben begann erst im 17. Jahrhundert. Das 1136 gegründete Kloster Marienthal war ein wichtiges Zentrum des Weinbaues und der Weinkultur, auch die Reichsabtei Prüm und die Erzbischöfe und Kurfürsten von Köln und Trier besaßen im Ahrtal große Rebflächen.

Die kirchlichen Besitztümer wurden nach dem Einmarsch der französischen Truppen ab 1794 säkularisiert. Dem kurzen wirtschaftlichen Aufschwung ab 1815, als die Rheinprovinz mit Preußen verbunden wurde, bis 1833, dem Jahr der Gründung des Deutschen Zollvereins, folgten Jahre der bitteren Not, hervorgerufen durch zahlreiche Missernten. Viele Bewohner dieser einst blühenden Rebenprovinz suchten fortan ihr Glück im fernen Nordamerika. Die im Lande verbliebenen Weinbauern schlossen sich 1868 zur ersten Winzergenossenschaft der Welt in Mayschoss zusammen.
In den dreißiger Jahren des 20. Jahrhunderts ging es langsam aufwärts, doch auch der Zweite Weltkrieg hinterließ deutliche Spuren. Erst nach der Währungsreform konsolidierte sich der Rebanbau.

»Nur« 80 Prozent Roter

Das »Rotweinparadies«, in dem noch zu Anfang des letzten Jahrhunderts bis in die dreißiger Jahre fast ausschließlich (85 bis 90 Prozent) rote Rebsorten angebaut wurden, ist kein reines Rotweingebiet mehr. Heute sind rund 80 Prozent der Rebflächen mit Rotweinreben bestanden. Seinen Ruf jedoch hat das Ahrtal zweifellos seiner Hauptrebsorte, dem Blauen Spätburgunder, zu verdanken, der auf fast 60 Prozent der Gesamtrebfläche angebaut wird. Diese kleinbeerigen, hocharomatischen Trauben ergeben hier Rotweine von edelster Art mit rubinroter Farbe und samtigem, warmem, dabei fruchtigem Geschmack.
Der mit dem Spätburgunder verwandte Frühburgunder, der hohe Ansprüche an Boden und Lage stellt, bringt, wenn der Standort warm und windgeschützt ist, reifes Lesegut, aus dem elegante, harmonische Weine gekeltert werden. Der Anteil an Spitzenweinen ist beim Frühburgunder besonders hoch. Wegen seiner Empfindlichkeit ist er jedoch nur wenig verbreitet.
Der Anteil des Blauen Portugiesers ist in den letzten Jahren wieder rückläufig. Die reich tragende Sorte gedeiht auch auf tiefgründigen Böden. Sie wird auf 15 Prozent der Rebfläche angebaut und ist damit die zweitwichtigste Sorte des Gebiets. Ihre Weine, vornehmlich einfache Schoppenweine, die jung getrunken werden, können rassig bis würzig schmecken.
Außerdem sind noch die Rotweinsorten Domina und Rotberger zu erwähnen, wobei die erste, deren Anteil ständig zunimmt, als Ergänzung zum Portugieser angebaut wird und kräftig rote, vollmundige Weine ergibt. Aus dem Rotberger, einer Neuzüchtung aus Trollinger und Riesling, wird frischer, spritziger Roséwein für den großen Durst an warmen Tagen gewonnen.
Von den Weißweinen, weit weniger bekannt als die roten, sind etwa die Hälfte Rieslinge, gefolgt von Müller-Thurgau. Es handelt sich durchwegs um kernige, rassige Weine, die hauptsächlich im Gebiet selbst ausgeschenkt oder direkt vom Erzeuger verkauft werden. Ihr Anbau geht zugunsten der Rotweinsorten zurück.

Das Gebiet »erwandern«

Natürlich kann man das Weinbaugebiet mit dem Auto von Sinzig nach Altenahr durchfahren, doch noch schöner ist es, den Rotweinwanderweg einzuschlagen und sich die 11 Orte zu er-

Frischer Wind an der Ahr

Wer über den lieblichen Ahrburgunder bisher die Nase rümpfte, sollte den »neuen« Ahrwein probieren. Von jungen Winzern kreiert, durch Ertragsbegrenzung und Barrique veredelt, bietet er auch kritischen Kennern Genuss.

Die landschaftliche Schönheit der Ahr, hier im ruhigeren nördlichen Teil bei Heppingen, lockt im Sommer und Herbst viele Ausflügler an.

wandern. Der 30 Kilometer lange Rotweinwanderweg führt von Altenahr mitten durch die Weinbergslagen hindurch nach Lohrsdorf, wobei zu jedem der Orte ein Abstecher führt. Dem Wein wirklich nahe sein kann man nur auf diese Weise, ob man im Frühjahr den Winzern beim Befestigen der Triebe oder beim Rebschnitt zuschaut, im Sommer die schwellenden Trauben oder im Herbst das reife Lesegut betrachtet. Sehenswert ist vor allem das Kloster Marienthal mit dem 700 Jahre alten Weinkeller. Im Juni und September lockt der Weinmarkt in Ahrweiler.

Oberhalb des Ortes Kaub und seiner Reblagen am Ufer des Rheins thront die Burg Gutenfels.

Mittelrhein

Hinter diesem schlichten Namen verbirgt sich der viel besungene, der romantische Rhein, mit Loreley und Burgen, zur Freude jubelnder Touristen zu Wasser und zu Lande und zur Müh und Plage der dort ansässigen Weinbauern. Die nördlichsten Rebstöcke dieses Weißweingebietes stehen bei Bonn und bilden die Nordgrenze des deutschen Weinbaues.

Weißweine von steilen Ufern

Etwa 100 Kilometer lang erstreckt sich die Rebfläche zu beiden Seiten des breiten Stromes von Trechtingshausen über Bacharach, Kaub, Oberwesel, Sankt Goarshausen, Boppard, Braubach, Unkel bis Oberdollendorf.

Auf steilen Lagen mit bis zu 60 Prozent Gefälle wächst zu rund 75 Prozent Riesling, doch auch Müller-Thurgau (7 Prozent) und Kerner, eine weiße Neuzüchtung. Rotweine gibt kaum, und insgesamt gesehen findet sich hier nicht einmal 1 Prozent der deutschen Rebfläche.

Für den Mittelrhein typisch sind die kernigen, rassigen, herzhaften Rieslingweine mit betonter Fruchtsäure. Sie lagern gut und zeigen dann ihre ganze Feinheit und Würze. Weine von Bacharach werden gerne als Sektgrundweine verwendet. Die Müller-Thurgau-Weißweine des Gebiets sind mild und süffig, die Kerner dem Riesling ähnlich. Weine vom Mittelrhein wird man außerhalb des Anbaugebiets nur selten zu kaufen bekommen, denn der jährliche Ertrag ist schnell von Einheimischen und Touristen ausgetrunken. Wer Riesling liebt, sollte es sich jedoch nicht entgehen lassen, die hiesige Variante des edelsten Gewächses zu probieren.

Winzerfeste, Wanderwege, pittoreske Städte

Im Mittelrheingebiet finden zahlreiche Winzerfeste statt. Wanderwege auf den Rheinhöhen bieten reizvolle Ausblicke über das Land. Wer lieber auf vier Rädern reist, fährt linksrheinisch auf der Rheingoldstraße oder rechtsrheinisch auf der Rheinburgenstraße, sollte aber auf keinen Fall die Rast, eventuell verbunden mit Weinkost und Weinkauf, versäumen. Klosterhöfe, alte Kirchen, Stadtbefestigungen und Burgruinen gibt es in fast jedem Ort zu besichtigen.

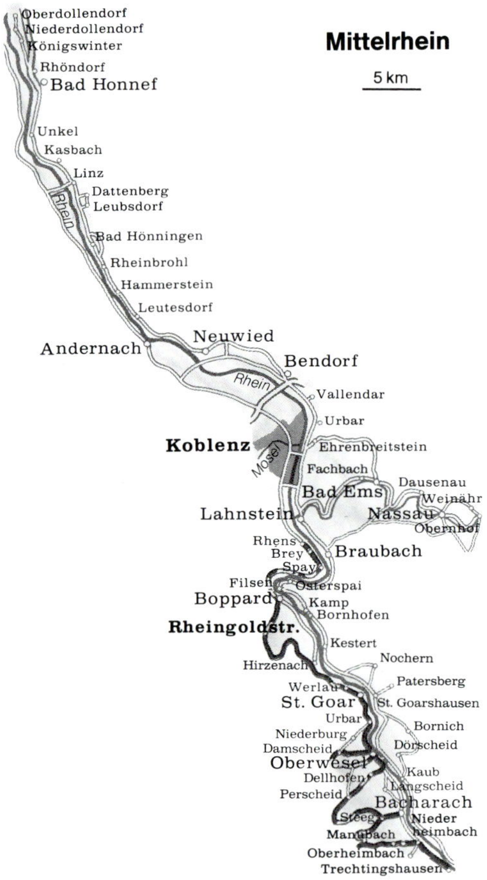

Mosel-Saar-Ruwer

Dies ist ein Rieslinggebiet am mäandergleichen Fluss mit seinen Nebenflüssen Saar und Ruwer. So sehr Rieslinggebiet, dass man früher die Rebsorte nicht auf dem Etikett vermerkte! In dieser lieblichen Landschaft mit uralter Weinkultur reift die Traube auf steilen Lagen zu einem rassigen Wein.

Die »Mosella« des Ausonius, einziges schriftliches Dokument für Weinbau zur Römerzeit in Deutschland, wurde im 4. Jahrhundert nach Christi Geburt geschrieben; das berühmte Weinschiff von Neumagen, Grabdenkmal eines römischen Weinhändlers, ist heute noch im Trierer Landesmuseum zu besichtigen. Diese und andere Zeugnisse belegen den Weinbau an der Mosel in den ersten Jahrhunderten unserer Zeitrechnung. Im Mittelalter brachten die Klöster den Moselweinbau zu hoher Blüte, und 1787 gab Clemens Wenzeslaus, Kurfürst von Trier, einen entscheidenden Erlass heraus: Der Riesling sollte fortan die vorherrschende Rebsorte sein. Heute ist der Rieslinganbau zwar zugunsten des süffigeren Müller-Thurgau rückläufig, doch sind immerhin noch rund 55 Prozent der Rebfläche mit Riesling bepflanzt, insbesondere all die berühmten, steil terrassierten Spitzenlagen. Dem Müller-Thurgau, der heute 20 Prozent der Rebfläche einnimmt, sind die Tallagen vorbehalten. An 3. Stelle steht mit 9 Prozent der Elbling, der hauptsächlich an der Obermosel stahlige, säurereiche Weine liefert. Sie werden meist als Sektgrundweine verwendet. Auffallend an der Mosel ist die uralte Pfahlerziehung, das heißt, die Reiser werden an einzelnen Pfählen angebunden und nicht wie anderswo an einem Drahtrahmenspalier.

Die Wehlener Sonnenuhr, eine der herausragenden Lagen in den Bereichen Bernkastel-Kues und Wehlen an der Mittelmosel.

Eine Moselreise zu Schiff, per Auto oder Fahrrad ist zu jeder Jahreszeit ein Erlebnis. Die Moselweinstraße beginnt bei Nennig an der Obermosel und folgt bald am linken, bald am rechten Ufer dem Verlauf des Flusses bis nach Koblenz. Weinlehrpfade in Winningen und Trier vermitteln auf anschauliche Weise Wissen von der Rebe und vom Wein.

Obermosel, Saar und Ruwer

Beginnen wir unsere Moselweinreise bei Perl, wo die Mosel noch Grenzfluss zwischen Luxemburg und Deutschland ist. Zögernd beginnen die Rebparzellen und werden erst ab Wincheringen großflächiger. Die Lagen sind nach allen Seiten orientiert, so dass die Weine bei gleicher Rebsorte sehr unterschiedlich schmecken. Neben der Rebsorte Elbling, die wahrscheinlich schon seit Römerzeiten angebaut wird, herrschen Müller-Thurgau, Ruländer und Auxerrois vor. Wir befinden uns hier also noch nicht im Rieslinggebiet. Auch große Spitzenlagen sind an der Obermosel nicht anzutreffen. Allerdings befindet sich bei Bremm, kurz vor Beginn des Bereichs Mittelmosel, der steilste Weinberg von Deutschland, der Bremmer Calmont mit 68 Prozent Steigung. Interessanter sind die Weine von Saar und Ruwer. Hier ergeben die auf Tonschiefer gewachsenen Rieslingtrauben elegante, erdig-würzige Weine mit betonter Fruchtsäure, die häufig als Grundlage für spritzige, fruchtige Rieslingsekte dienen. Der Müller-Thurgau ergibt mildere Weine mit angenehmer Frucht.

Weinbauliches Zentrum des Gebietes ist die älteste Stadt Deutschlands, Trier. Die lebhafte Stadt mit den Verwaltungen bedeutender Moselweingüter ist für den Weinfreund äußerst interessant. Die Vereinigten Hospitien wurden 1805 von Napoleon aus den zuvor säkularisierten Trierer Hospitälern zusammengeschlossen. Sie sind heute noch als Stiftung des öffentlichen Rechts auf karitativem Gebiet tätig. Ihr Weinbergsbesitz umfasst renommierte Lagen an Mosel und Saar. Im Alleinbesitz befinden sich zum Beispiel Piesporter Schubertslay, Trierer Augenscheiner, Wiltinger Hölle und Schloss Saarfelser Schlossberg.

Ebenfalls in Trier ist die Verwaltung der Bischöflichen Weingüter ansässig, die seit 1961 das Bischöfliche Priesterseminar, das Bischöfliche Konvikt und die Hohe Domkirche unter ihrem Dach vereinigt. Sie alle verfügen über bedeutenden Weinbergsbesitz an Saar und Mosel, zum Beispiel den Scharzhofberger, Ayler Kupp, Wiltinger Kupp, Erdener Treppchen und Ürziger Würzgarten, um nur einige zu nennen.

Die dritte große Gutsverwaltung gehört den Staatlichen Weinbaudomänen, die die Domänen Avelsbach, Ockfen und Serrig vereinigen. In der Schatzkammer der Kellerei gibt es noch Saarweine aus den zwanziger Jahren, eine 1921er Trockenbeerenauslese aus Serrig erzielte 50 Jahre später immerhin 1000 Mark pro Flasche.

Aus einem Jesuitengymnasium hervorgegangen ist als viertes die Stiftung Staatliches Friedrich-Wilhelm-Gymnasium, die ebenfalls Besitzungen sowohl an der Saar wie auch an der Mosel hat und die sich aus Stiftungen der Stadt, des Landesfürsten, der Stände und privater Wohltäter zusammensetzt. Im Alleinbesitz befindet sich der Pellinger Jesuitengarten, berühmte Lagen wie Trittenheimer Apotheke, Trittenheimer Altärchen, Graacher Domprobst, Graacher Himmelreich und Zeltinger Sonnenuhr gehören teils dazu.

Neben diesen großen Gutsverwaltungen sind auch die

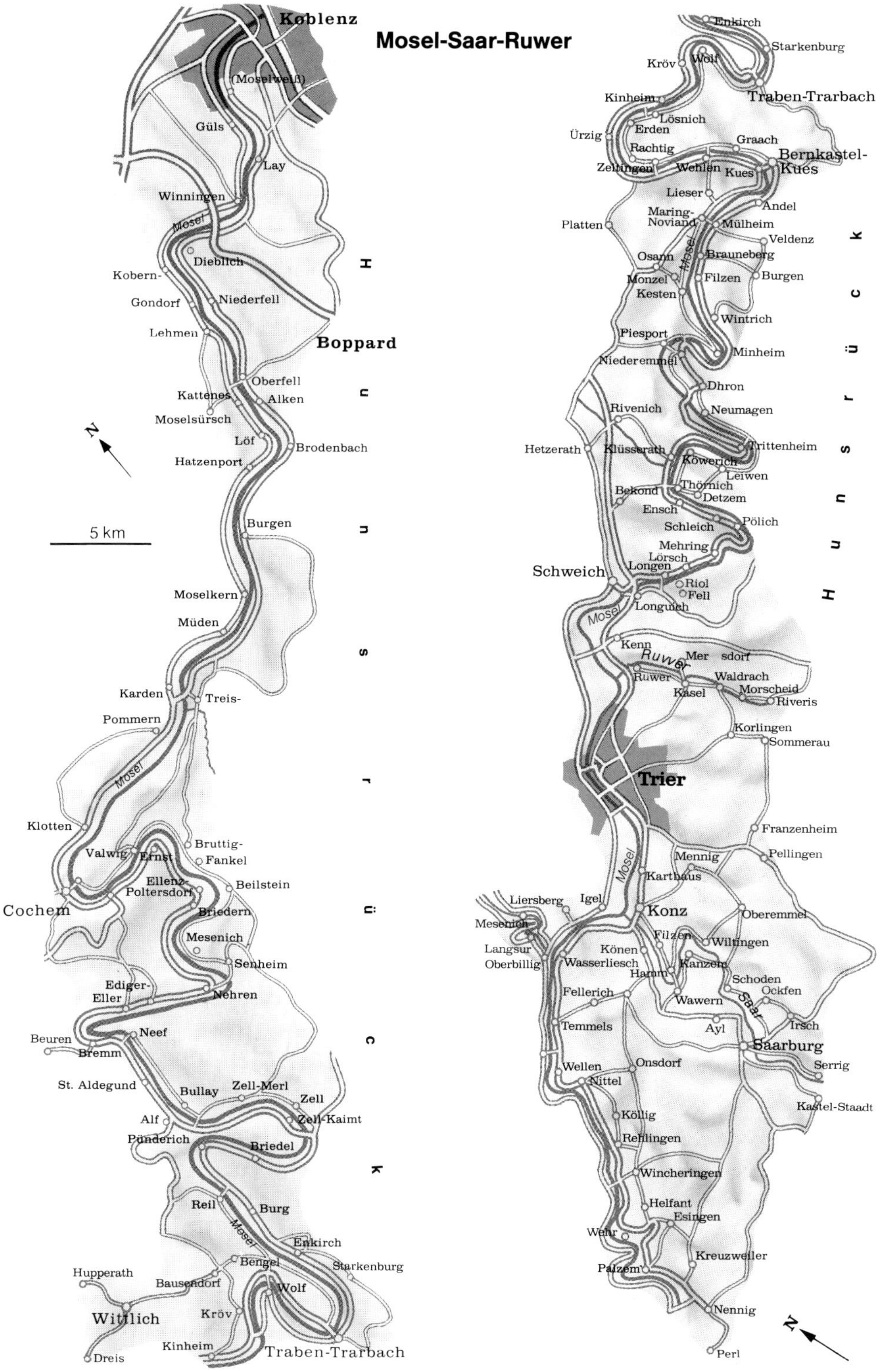

Weingüter Thiergarten und Reichsgraf von Kesselstatt sowie der Karthäuserhof direkt in Trier ansässig, so dass sich hier wie auch in den zahlreichen Trierer Weingaststätten eine einmalige Gelegenheit ergibt, Mosel- und Saarweine an Ort und Stelle zu verkosten und einzukaufen.

Eine Besonderheit ist zu nennen: Beim Scharzhofberger darf wie beim Steinberger im Rheingau (Seite 115) der Ortsteil allein genannt werden.

Die Burgruine Metternich, malerisch über dem Weinort Beilstein gelegen, ist nur eine von vielen Attraktionen an den Steilufern der Mosel.

Die Mittelmosel

Der Bereich Mittelmosel umfasst das Herzstück des Moselweinbaues zwischen Bullay und Kenn. Hier folgt der Fluss den stärksten Talwindungen. Die einmal rechts und dann wieder links des Flusses gelegenen Weinberge sind steil und meistens nach Süden ausgerichtet. Auf den mineralreichen Devonschieferböden, die die Wärme besonders gut speichern, gedeiht die empfindliche Rieslingrebe besonders gut und ergibt hier die Weine, denen das Anbaugebiet seinen Weltruhm zu verdanken hat. Die Kreszenzen der Mittelmosel repräsentieren besonders den Typ des Moselrieslings mit seiner spritzigen, eleganten, feinrassigen Art, seinem geringen Alkoholgehalt und seiner guten Bekömmlichkeit. Das Bukett der Moselweine ist dezent, die Farbe grüngelb bis grüngolden. Heute werden Moselweine häufig in der lieblichen Art hergestellt. Der Liebhaber trockener Moselweine kann sich nach dem entsprechenden Vermerk auf dem Etikett richten. Ein guter Moselriesling gewinnt mit einer Lagerung von 5 bis 10 Jahren, die höher prädikatisierten Auslesen können sogar 20 Jahre und mehr vertragen.

Zentrum dieses Gebiets ist Bernkastel-Kues, die Doppelstadt an beiden Flussufern, deren linke Hälfte, also Kues, auf die Steinzeit zurückgeht. Dafür trägt die berühmteste Moselweinlage, der Weinberg mit dem höchsten Einheitswert in ganz Deutschland, den Namen des anderen Teils: der Bernkasteler Doctor.

Auch die anderen Orte sind mit berühmten Kreszenzen verbunden: Klüsserath, Trittenheim, Neumagen-Dhron, Filzen, Brauneberg, Graach, Wehlen, Zeltingen-Rachtig, Ürzig, Erden, Kröv, Traben-Trarbach, Zell, Zell-Kaimt und Zell-Merl warten nicht nur mit erlesenen Tropfen, sondern auch mit gastfreundlichen Weinstuben und zahlreichen Sehenswürdigkeiten auf.

Auch an der Mittelmosel gibt es interessante Gutsbetriebe zu besichtigen, zu den größten gehörten hier das Weingut Joh. Jos. Prüm in Wehlen mit dem Hauptanteil an der bekannten Lage Wehlener Sonnenuhr, ferner H. Thanisch und Deinhard in Bernkastel-Kues und Schneider in Zell-Merl mit bedeutendem Besitz auch in Wehlen.

Die Untermosel

Von Alf bis zur Moselmündung in Koblenz reicht der Bereich Untermosel. Der Fluss wird im letzten Stück behäbiger, geradliniger, er braucht sich nicht mehr durch Gebirgsmassen zu winden. Die Böden bestehen aus Grauwacke und weichem Tonschiefer und bringen eher blumige, elegante Weine hervor, die den Rieslingen des Mittelrheins nahe kommen.

Größter Ort des Gebiets ist Cochem am eindrucksvollen Mäanderbogen des Flusses, berühmte Lagen haben unter anderem Ediger-Eller, Senheim, Mesenich, Ellenz-Poltersdorf, Bruttig-Fankel, Treis-Karden, Treis-Gondorf und Winningen aufzuweisen.

Hervorragende Mosel-Jahrgänge

1989, 1990, 1992, 1993, 1994, 1995, 1996

Rheingau

»Hock« ist die englische Bezeichnung für Rheinwein schlechthin in seiner fruchtigen, spritzigen Rieslingart. Das Wort leitet sich ab von Hochheim im Rheingau, wo der Königin Victoria nach ihrem Besuch 1850 ein Denkmal gesetzt und eine Weinbergslage gewidmet wurde. Ihre Vorliebe für Rheinwein verkündete die langlebige Königin mit den geflügelten Worten »Good hock keeps off the doc«.

Der Rheingau ist mit seinen knapp 40 Kilometern Länge und nur 20 Orten ein kleines Gebiet. Wie so oft beim Wein zählt jedoch nicht die äußere Größe, sondern gerade die Konzentration vieler qualitätssteigernder Faktoren auf engem Raum.

Nördlicher Wein von südlichen Hängen

Was gibt es hier Besonderes? Zunächst einmal die einmalige Lage des Gebiets. Der Rhein, der normalerweise von Süden nach Norden fließt, macht nämlich zwischen Wiesbaden und Bingen einen abrupten Knick um 90 Grad, so dass er von Ost nach West fließt. Am nördlichen Flussufer breiten sich die Reblagen des Rheingaues aus. Am Südhang des Taunus sind die Reben vor kalten Nordwinden geschützt, und die Wasserfläche des Rheins, der hier bis zu 1 Kilometer breit ist, reflektiert zusätzliche Wärme. Der 50. Breitengrad, allgemein als nördliche Weinbaugrenze in Europa betrachtet, durchquert den Rheingau und ist

In Schloss Schönborn bei Geisenheim gibt es einen 500 Jahre alten Kreuzgewölbekeller.

in Johannisberg sichtbar markiert. Diese beiden Naturgegebenheiten bewirken, dass die Frische und der Säurereichtum des Nordens sich glücklich verbinden mit der Vollreife des Leseguts, die der Riesling nur in frostgeschützten, günstigen Lagen erreicht. Der Riesling, der vermutlich hier seine Heimat hat, ist auch die Hauptrebsorte des Gebiets. Rund 80 Prozent der Rebfläche sind mit der edelsten Weißweinsorte bepflanzt. In Amerika ist übrigens Johannisberg ein Synonym für Riesling.

Mit 11 Prozent Anteil ist der Blaue Spätburgunder vertreten, eine weitere Besonderheit des Rheingaues. Die Rotweinrebe wird hier um Assmannshausen angebaut und bringt dank des günstigen Klimas optimale Ergebnisse. Für Tafelweinflächen ist in diesem kleinen, hochqualifizierten Gebiet kein Platz, wohl werden aber spritzige Landweine gewonnen.

Dem günstigen Klima entsprechend werden besonders viele Prädikatsweine hoher Qualität bis hinauf zur Trockenbeerenauslese bereitet. Ist der klassische Rieslingwein des Rheingaues ohne Prädikat oder in der Stufe Kabinett kräftig und rassig, so präsentieren sich die alterungsfähigen Auslesen feinfruchtig, elegant und dank der pikanten Art des Rieslings zartsüß und delikat.

Gerade an den Rheingau-Rieslingweinen kann man studieren, zu welcher Vielfalt der Riesling in verschiedenen Lagen und verschiedenen Jahren fähig ist. Sind die Weißweine um Lorch frisch und spritzig, so bestechen die Hochheimer Rieslinge am

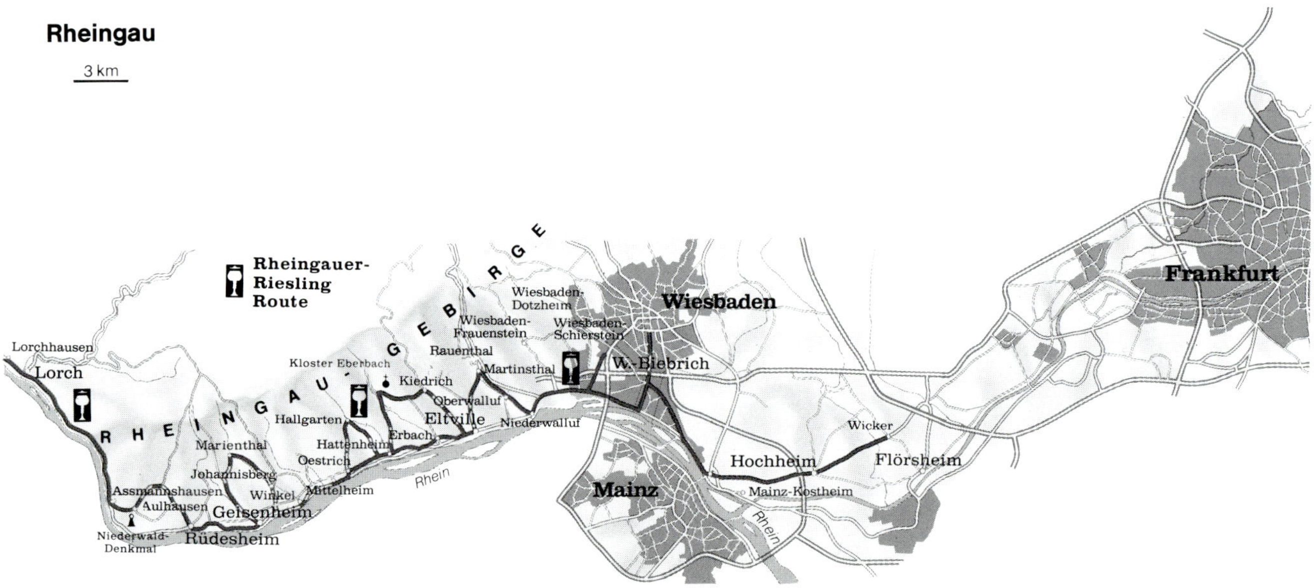

anderen, dem östlichen Ende des Rheingaues durch Körper und Fülle mit leicht rauchigem Geschmackston. Die Weine aus Rüdesheim kommen Liebhabern von Würze und Blume entgegen, feinfruchtig zart sind die Rauenthaler, und voll vornehmer Rasse präsentiert sich der Steinberger.

Noch interessanter wird der Rheingau-Riesling durch die Tatsache, dass er verhältnismäßig lange lagern kann und auch muss. Spätlesen vertragen 5 bis 15 Jahre, Trockenbeerenauslesen zwischen 20 und 100 (!) Jahre Lagerzeit. Man kann an ihnen die Reifestadien des Rieslings besonders gut studieren.

Der Rote Spätburgunder, samtig und elegant, ein »Aristokrat unter den Rotweinen«, verdient, obwohl es ihn nur in geringen Mengen gibt, besondere Erwähnung. Seine schöne rubinrote Farbe und der für die Sorte typische Mandelgeschmack machen ihn zu einer weiteren begehrten Spezialität.

Der Weinbau gehört im Rheingau häufig zur Familientradition: Schloss Vollrads befindet sich im Besitz der Familie Matuschka-Greiffenclau.

Rheingauer Geschichte und Tradition

Dass die Römer den Weinbau in diesem günstig gelegenen Landstrich nicht gekannt haben sollen, wäre verwunderlich, die Zeugnisse in dieser Hinsicht sind jedoch spärlich. In der Karolingerzeit blühte der Rebbau schlagartig auf. Bewundernd stehen wir heute vor den Zeugnissen mittelalterlicher Baukunst. Im Kloster Johannisberg wurden 1775 die Edelfäule und die Spätlese durch Zufall entdeckt, als der Bote des Fürstabtes von Fulda verspätet mit der amtlichen Leseerlaubnis eintraf.

Ein weiterer Begriff aus dem deutschen Weinrecht hat im Rheingau seinen Ursprung: der des Cabinets oder, heute modern geschrieben, des Kabinetts. Im Weinkabinett ließen sich geistliche wie weltliche hohe Herren besonders gute Jahrgänge von besonders guten Lagen aufbewahren. Bis zur Einführung des Weingesetzes von 1971 war ein Kabinettwein ein Wein gehobener Qualität, der nicht verbessert werden durfte.

Neben Weinklöstern und Adelssitzen haben Lehre und Forschung ihren Sitz im Rheingau. Die Forschungsanstalt für Wein-, Obst- und Gartenbau in Geisenheim bildet nicht nur den Nachwuchs aus, sondern hat sich durch die Verbesserung von Anbaumethoden und die Neuzüchtung von Rebsorten weltweit einen Ruf erworben. Die 1923 gegründete Weinbauschule mit Weinbauamt in Eltville hat sich in den Dienst der Ausbildung von Winzermeistern gestellt.

Ein Merkmal Rheingauer Betriebsstruktur ist die große Zahl von bedeutenden Gutsbetrieben auf kleinem Raum. Die Nachkommen geistlichen und weltlichen Adels bewirtschaften noch heute einen Teil der Güter. Aus Zisterzienserbesitz hervorgegangen sind die heute zum Land Hessen gehörigen Staatsweingüter mit Verwaltungssitz in Eltville. Innerhalb ihrer Besitzungen liegt das berühmte Kloster Eberbach aus dem 12. Jahrhundert, eines der bedeutendsten Bauwerke Europas, mit seiner Sammlung historischer Keltern und dem »Cabinet-Keller«. In der Schatzkammer des Klosters, der größten ihrer Art in Deutschland, liegen alte und sehr alte Rheingauer Weine, die auf den Versteigerungen Höchstpreise erzielen. So erbrachte ein 1893er Steinberger 4000 DM!

Weitere Sehenswürdigkeiten sind der Steinberg, ein bereits im 12. Jahrhundert angelegter Weinberg in Klosternähe, der Gewölbefasskeller im Gut Assmannshausen und die Burg Ehrenfels im Rüdesheimer Schlossberg. Sie alle liegen an der Rheingauer Riesling-Route, die die wichtigen Weinbauorte des Rheingaues miteinander verbindet.

Doch auch die anderen Weingüter im Rheingau sind wegen ihrer Weine und ihrer berühmten Besitzer interessant: So besaß der Freiherr vom Stein einst die Kanitzsche Gutsverwaltung, das Landgräflich Hessische Weingut gehört heute noch dem Landgrafen von Hessen, die Brentano'sche Gutsverwaltung seit Jahrhunderten der

Hervorragende Jahrgänge des Rheingaues

1987, 1988, 1989, 1990, 1992, 1994, 1996

Familie Brentano. Auch die Grafen von Schönborn, Geheimrat Wegeler, die Prinzen von Preußen (Schloss Reinhartshausen) und Ritter zu Groenesteyn sind alte Weingutsbesitzerfamilien, die dem Rheingau und seinem Wein die besondere Prägung verliehen.
Zum Schluss sei noch Schloss Johannisberg, Ursprungsort der Spätlese und im Besitz der Fürsten von Metternich-Winneburg, erwähnt. Auch hier gibt es einen 900 Jahre alten Keller und die »Bibliotheca subterranea«.
Auf der Brömserburg in Rüdesheim findet der Interessierte ein einzigartiges Weinmuseum.

Nahe

Als »Probierstübchen der deutschen Weinlande«, wo man »Weine zwischen Mosel und Rhein« findet – so wird das Weinbaugebiet an Nahe, Glan, Alsenz, Gräfenbach und Guldenbach gern bezeichnet. Vielfalt ist es, die dieses Weinbaugebiet charakterisiert.
Das Weinbaugebiet Nahe hat keinerlei Extreme aufzuweisen, und doch ist es in keiner Weise mittelmäßig. Der Größe nach liegt es an 7. Stelle unter den deutschen Qualitätsweinbaugebieten, seine Rebfläche ist etwas kleiner als die Frankens und wesentlich größer als die des Rheingaues. Zentrum ist die Kurstadt Bad Kreuznach, die einige bedeutende Einzellagen innerhalb ihrer Gemeindegrenzen vereint.
Im Schutz des Soonwaldes, der widrige Winde, aber auch niederschlagsträchtige Wolken abhält, gedeihen vor allem Weißweinreben (87 Prozent). Das günstige, sonnenreiche Klima hat schon die Römer dazu veranlasst, hier Weinbau zu treiben. Zahlreiche Fundstücke aus dieser Zeit wie tönerne und gläserne Gefäße bezeugen das.

Die Vielfalt der Sorten

Im Gegensatz zum Rhein- und Moselgebiet wird an der Nahe Sortenvielfalt gepflegt. Die Geschmacksrichtung der Weine schwankt an der oberen und mittleren Nahe ganz allgemein zwischen Eleganz und Frische, die an Moselweine erinnert, und größerer Fülle und Kraft an der unteren Nahe, die dem Rheingau näher liegt.
An erster Stelle unter den Rebsorten liegt mit rund 25 Prozent der Riesling, der inzwischen den Müller-Thurgau auf den zweiten Platz verdrängt hat. Die Nahewinzer haben damit einen weiteren Schritt zu höherer Qualität vollzogen, denn der Nahe-Riesling besticht durch Feinnervigkeit und dezente Frucht. Da der Riesling mit seinem dezenten Bukett und seiner angenehmen Säure dem Nahewein zu besonderer Beliebtheit verholfen hat, sind auch die dem Riesling ähnlichen Neuzüchtungen im Anbau zu finden.
Unter ihnen verdient vor allem der Kerner, eine Kreuzung aus Riesling und Trollinger, Beachtung. Er gedeiht auf Silvanerstandorten gut, wo er rassigere Weine als dieser ergibt. Bereits 8 Prozent der Rebfläche sind mit ihm bepflanzt, die Weine haben ein feines Muskatbukett. Der Bacchus, eine Kreuzung aus Riesling und Silvaner mit Müller-Thurgau, ergibt fruchtige Weine mit deutlichem Muskatton. Je nach Jahrgang tendiert der Geschmack einmal mehr zum Riesling, dann wieder mehr zum Müller-Thurgau. Der Bacchus ist eine sehr dankbare Sorte, die bei hohem Mostgewicht (Zuckergehalt) ausreichend Säure mitbringt. Daneben wird Faber, eine Kreuzung aus Weißburgunder und Müller-Thurgau und damit ebenfalls eine rieslingähnliche Sorte, angepflanzt. Eine Probe mit Nahe-Riesling aus verschiedenen Lagen und seinen nächsten Anverwandten ist durchaus aufschlussreich und empfehlenswert für jeden, der die Vielfalt der Naheweine kennen lernen möchte.
An zweiter Stelle im Rebsortiment steht der gefällige Müller-Thurgau. Er gedeiht sowohl auf Gesteinsböden, wo die Weine rassiger geraten, als auch auf lehmig-alkalischen Böden, die mildere Weine hervorbringen.
Kommen wir jedoch zurück zu den Hauptrebsorten. An dritter Stelle steht der im Rückzug befindliche Silvaner. 9 Prozent der Rebfläche sind heute mit Silvaner be-

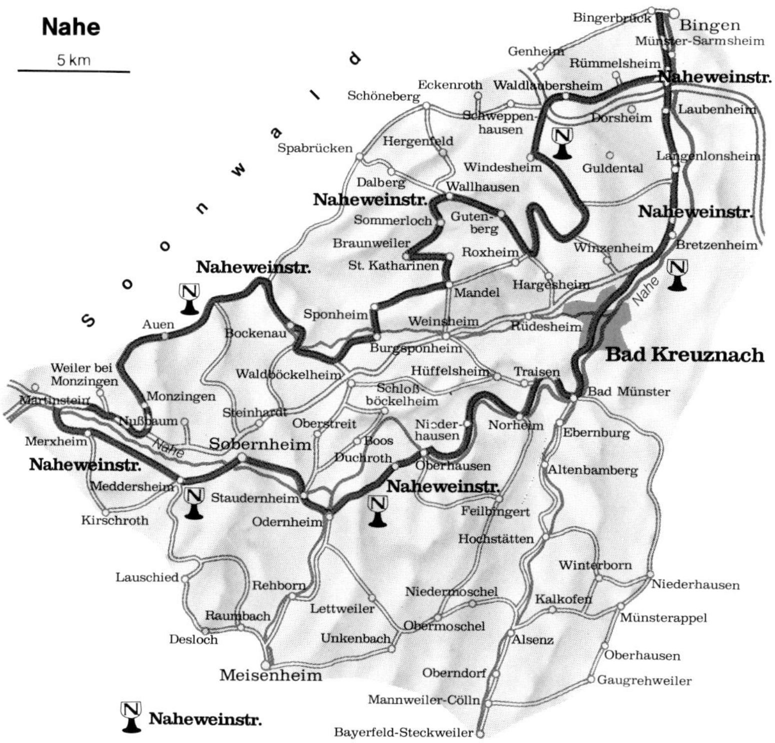

baut, 1965 waren es noch 40 Prozent und 10 Jahre früher sogar 54 Prozent. Die Entwicklung zu höheren Qualitäten ist also unübersehbar, denn seine milde Art gerät oft zu neutral.
Von den übrigen Weißweinsorten ist eine Neuzüchtung mit stärkerem Bukett zu erwähnen: die Scheurebe, eine Kreuzung aus Riesling und Silvaner, benannt nach ihrem Züchter Georg Scheu, die wie Kerner auf Gesteinsböden körperreiche Weine ergibt und mit knapp 6 Prozent am Sortiment beteiligt ist.
Wer sein Bild von den Naheweinen abrunden will, sollte auch einmal einen Ruländer probieren, der seinen Anteil seit Jahren behauptet. Er besticht durch Fülle und zartes Bukett und zählt damit zu den beachtenswerten Nahespezialitäten.
Weitere Rebflächen sind mit Weißweinsorten bestanden, deren Anteil am Rebsortiment meist unter 1 Prozent liegt. Rotweine gibt es in nur geringer Menge.

Der bizarre Rotenfels ist in Deutschland der höchste Fels nördlich der Alpen und Wahrzeichen einer sonst eher sanft hügeligen Reblandschaft.

Reise durch ein Bauernland

Eine Reise durch das Nahegebiet hat beschaulichen Charakter. Die Naheweinstraße mit dem Symbol des Römers führt durch alle bedeutenden Orte innerhalb einer bäuerlichen, waldreichen Landschaft, deren Rebflächen sich nur in günstigen Lagen ausbreiten, während die übrigen Felder anderweitig landwirtschaftlich genutzt werden. Kein Rebenmeer also, und doch ein typisches deutsches Weinland ohne die Dramatik des Rheines oder die Verspieltheit der Mosel.
Bad Kreuznach, Ausgangspunkt der Naheweinstraße, ist zugleich eine sehenswerte alte Stadt mit mittelalterlichen Brückenhäusern und dem historischen Fausthaus. Ein Stück naheaufwärts steht der Rotenfels, eine steil aufragende Felswand mit Terrassenweinbau. Dicht dabei, an der Mündung der Alsenz in die Nahe, liegt das Städtchen Bad Münster am Stein mit dem Weindorf Ebernburg im Schutz der Sickingerburg aus dem 8. Jahrhundert. Was hier zu bewundern ist, findet sich im übrigen Nahegau verstreut immer wieder: alte Städtchen mit mittelalterlichen Kirchen und Klöstern, geschichtsträchtigen Schlössern und Burgruinen sowie schönen Fachwerk-Bürgerhäusern. Einer der älteren Orte ist Monzingen, doch auch Odernheim, Sobernheim, Waldböckelheim, Langenlonsheim und Meisenheim sind durchaus einen Besuch wert, zumal überall Probierstuben zum Verkosten der charmanten und bekömmlichen Weine einladen.
Im Nahegebiet herrscht der bäuerliche Gemischtbetrieb vor. Große Weingüter, wie sie für die Mosel oder den Rheingau typisch sind, gibt es nur selten. Doch existiert ein knappes Dutzend großer Betriebe, deren Verwaltungen zum größten Teil ihren Sitz in Bad Kreuznach haben. Auch in Niederhausen, Langenlonsheim und Burg Layen sind besichtigenswerte Gutsbetriebe beheimatet. Die größten Erzeugergemeinschaften und Genossenschaften befinden sich in Bad Kreuznach, Burg Layen und Langenlonsheim.

Hervorragende Jahrgänge der Nahe

1983, 1985, 1986, 1988, 1989, 1990, 1993, 1994, 1995

Rheinhessen

»Lachweine« nannte Carl Zuckmayer, der aus Nackenheim gebürtige Dichter, die Weine seiner Heimat. Superlative kündigen sich an: hier ist die größte Rebfläche Deutschlands und Heimat des unverwüstlichsten Exportschlagers aller Zeiten, der Liebfrau(en)milch, die aus 4 (!) Anbaugebieten fließt. Superlative auch in der Vielfalt der Rebsorten, der Qualitäten und Geschmacksrichtungen.
Das Qualitätsweinbaugebiet Rheinhessen bildet ein riesiges trapezförmiges Viereck, das im Norden und Osten von dem seinen Lauf ändernden Rhein begrenzt wird, im Westen bis an die Nahe und das Nahegebiet heranreicht und im Süden in die Pfalz übergeht. An seiner

Rheinhessischer Silvaner wird aufgewertet

Unter dem Namen RS gibt es besonders hochwertige, trockene Silvaner in Rheinhessen, die der Rebsorte zu neuem Glanz verhelfen.

Nordgrenze liegt es dem Rheingau gegenüber auf der anderen Rheinseite. Bingen, Bad Kreuznach, Worms und Mainz bilden die Eckpfeiler und sind zugleich die größten Weinbauzentren.

Rheinhessen ist mit seiner rund 26.000 Hektar Rebfläche das größte Weinbaugebiet Deutschlands vor der Pfalz. Es liefert etwa ein Viertel der gesamten deutschen Weinernte. Gepflegt wird vor allem der Weißweinanbau auf 83 Prozent der Rebfläche. Freunde des Rheinhessenweines schätzen seine liebliche, dabei besonders bekömmliche Art.

Lieblich gewellt ist auch das Land, in dem die Reben stehen, Steillagen sind selten, nur an der sogenannten »Rheinfront« bei Nierstein, Nackenheim und Bingen können die Weinberge nicht mit Traktoren befahren werden. Als Hauptrebsorte hat der Müller-Thurgau mit 21 Prozent den früher vorherrschenden Silvaner abgelöst. Beide zusammen sind meist beteiligt, wenn auf einem Rheinhessenwein keine Rebsorte angegeben ist. Die aus Müller-Thurgau allein gewonnenen blumig duftenden Weine sind mild und werden daher als typisch rheinhessisch geschätzt.

Der Silvaner, bis 1945 noch mit 75 Prozent die beliebteste Sorte, ist heute nur noch mit 12 Prozent am Rebsortiment beteiligt. Seine Anfälligkeit gegen Chlorose hat ihn von vielen Standorten verdrängt. Die Silvaner aus Rheinhessen sind blumig, süffig, mild und sehr bekömmlich.

Der Riesling, der wegen seiner hohen Ansprüche an die Lage stark zurückgefallen war, steht heute mit knapp 10 Prozent Anteil wieder an dritter Stelle im Rebsortiment. Er liefert zweifellos die interessantesten Weine in Rheinhessen. Je nach Bodenart haben sie ein feines Pfirsichbukett, schmecken rassig und kernig und lagern daher gut (Mainzer Becken). Sie können bei fruchtiger Säure auch fein und würzig in Duft und Geschmack und gut ausgereift sein (Rheinfront). Die Neuzüchtung Kerner liegt leicht unter dem Riesling (8 Prozent). Er ergibt extraktreiche, fruchtige Weine. Die Scheurebe ist in den letzten Jahren im Anbau wieder etwas zurückgefallen (knapp 7 Prozent). Ihre stark aromatischen, nach schwarzen Johannisbeeren duftenden Weine entsprechen dem Geschmack der Verbraucher nicht mehr in dem Maße, wie das in der Mitte der achtziger Jahre der Fall war. Dennoch gehören Scheurebeauslesen immer noch zu den Spezialitäten, die bei Weinproben und Feinschmeckern an oberer Stelle stehen.

Auch der Anbau von Bacchus ist leicht rückläufig (6 Prozent). Er ergibt hier kernige, stoffige Weine mit zartem Muskatton. Die Weine aus der Faberrebe (4,8 Prozent) sind immer noch wegen ihres Körperreichtums, ihrer Frische, ihrer Reife und ihres edlen Geschmacks bei all denen beliebt, die unbekanntere Rebsorten ausprobieren möchten.

Sind auch die ehemals so beliebten Neuzüchtungen leicht im Rückzug begriffen, sollte man bedenken, dass Mitte der sechziger Jahre weder Faber noch Kerner noch Bacchus Sortenschutz genossen und noch 1975 den winzigen Anteil von 1,5 bis 2,5 Prozent am Gesamtanbau aufzuweisen hatten.

Rund 480 Hektar sind außerdem mit Morio-Muskat, jener Neuzüchtung mit kräftigem Muskatton, bepflanzt, doch ist diese Sorte wieder rückläufig, da der Liebhaber deutscher Weine die starke Würze nicht so schätzt. Morio-Muskat, eine Kreuzung aus Silvaner und Weißburgunder, wird daher oft mit Silvaner verschnitten, um diesem seine Neutralität zu nehmen und ihn zu kräftigen. Auch Ruländer und Ge-

Der Silvaner, ehemals Hauptrebsorte von Rheinhessen.

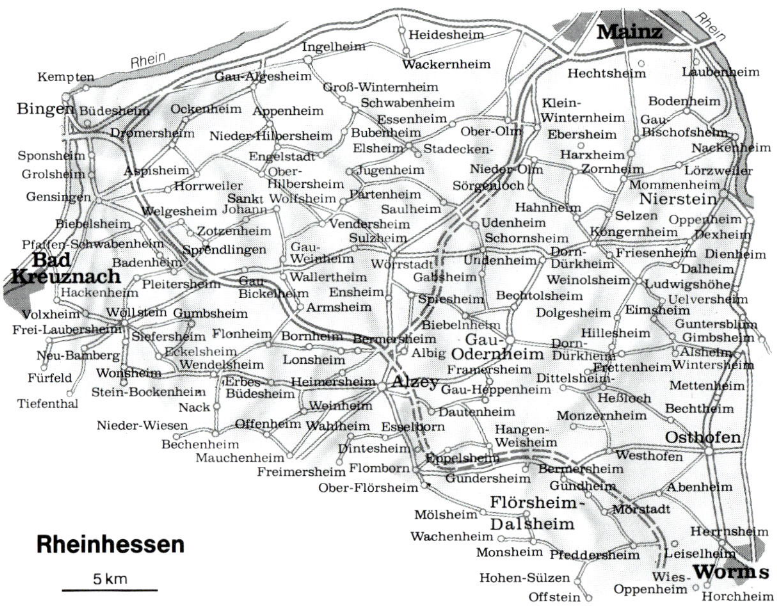

Im idyllischen Alzey befindet sich auch die Landesanstalt für Rebenzüchtung, aus der neben der Scheurebe viele erfolgreiche Neuzüchtungen stammen.

würztraminer sind hier auf kleineren Rebflächen anzutreffen.

Erwähnenswert sind die Rotweine von der Rotweininsel um Ingelheim und von der »Rheinfront«. Schon Karl der Große soll den Spätburgunder hierher gebracht haben. Auf nur 3 Prozent der Rebfläche angebaut, steht er unter den Rotweinreben hinter dem Portugieser, doch sind die aus ihm gewonnenen edlen, gehaltvollen Weine die bekannteren. Portugieser Weine, von denen es fast dreimal soviel gibt, ergeben für Rheinhessen typische leichte, gefällige Rotweine, die auch in Form von Weißherbsten (Qualitäts-Roséweinen) ausgebaut werden.

Milch oder Mönch?

Rheinhessen ist reich an Spezialitäten. Der größte Teil seiner Weine wird in alle Welt verkauft, doch nur ein Name hat einen Weltruhm erlangt, der in dieser Form ohnegleichen ist: die Liebfraumilch oder Liebfrauenmilch. Jeder kennt den Namen, doch nur wenige kennen den Ursprung dessen, was sich heute dahinter verbirgt.

Mit »Milch« hat das Getränk, so beziehungsreich die Wortzusammensetzung klingen mag, nichts zu tun, wohl aber mit dem alten Wort »Minch« (Mönch), das sich im Lauf der Jahrhunderte abwandelte. Mönche waren es nämlich, die zunächst im Weingarten des Liebfrauenstifts zu Worms Reben anbauten. Dieser winzige Weingarten um die Liebfrauen-Stiftskirche herum ist heute noch zu besichtigen. Die Weine, die aus ihm stammen, heißen heute allerdings »Liebfrauenstift-Kirchenstück«.

Doch wann kam es zum Boom? Nach der Säkularisation durch die Franzosen wurden 1808 die geistlichen Güter versteigert. Aus den Versteigerungsprotokollen geht hervor, dass die Bezeichnung noch für die unmittelbare Umgebung der Liebfrauenkirche galt. Danach wurde der Name zum Sammelbegriff für Weine aus der Gegend von Worms und schließlich aus beliebiger Herkunft. 1910 wurde der Name auf »rheinhessische Weine von gewisser Qualität« beschränkt.

Nach einer Durchführungsverordnung zum heute gültigen deutschen Weingesetz darf Liebfrauenmilch aus Lesegut der Anbaugebiete Nahe, Rheingau, Rheinhessen oder Pfalz stammen. Eine Rebsortenangabe ist nicht erlaubt, doch muss der Wein zu mindestens 70 Prozent aus Riesling, Silvaner, Kerner oder Müller-Thurgau stammen und milder als »halbtrocken« sein, also mehr als 18 Gramm pro Liter Restsüße enthalten. Die Angabe einer kleineren geographischen Einheit als des Anbaugebietes ist nicht erlaubt. Ein Prädikat ist nicht zulässig, die amtliche Prüfung jedoch vorgeschrieben.

Hervorragende Jahrgänge von Rheinhessen

1990, 1992, 1993, 1994, 1995, 1996

»Fröhliche Weingärten« in Rheinhessen

Über dem Namen, der hauptsächlich auf überseeischen Weinkarten prangt, darf man nicht vergessen, dass es viele berühmte Weinorte in Rheinhessen gibt, die bekannte Lagenweine hervorbringen.
Mainz, die Metropole am linken Rheinufer, ist heute Sitz wichtiger weinwirtschaftlicher Institutionen, seine Weinbergslagen befinden sich weit außerhalb der Stadt. Ist Ingelheim bekannt für sein mittelalterliches Stadtbild und seine Rotweine, so erzeugt Bingen am Rhein hauptsächlich Weißweine. Nackenheim, die Heimat von Carl Zuckmayer, Autor von »Der fröhliche Weinberg«, Guntersblum, Nierstein und Oppenheim sind besuchenswerte Städte, die durch die Etiketten ihrer Weine bekannt geworden sind.
Worms schließlich, Stadt der Mönche und der Reformation, mit seinen zahlreichen kulturgeschichtlich interessanten Bauten, bietet den Besuchern in gemütlichen Weinstuben Rheinhessenwein zum Probieren an. Das Gebiet ist nicht so spektakulär wie der Rheingau oder der Mittelrhein, man sollte es kreuz und quer durchfahren, denn es gibt überall alte Dorfkirchen, Schlösser und historische Stadtbilder zu bewundern.

Die Weine vom Heppenheimer Eckweg kann der Liebhaber vor Ort probieren, zum Beispiel während des Bergsträßer Weinmarkts im Juni.

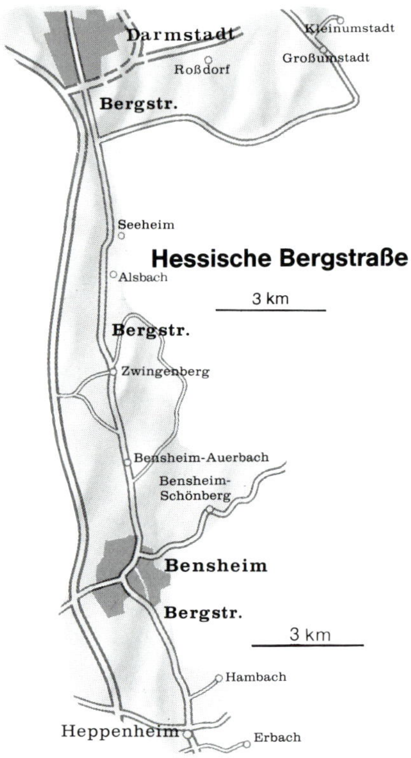

Hessische Bergstraße

Wenn es Frühling wird an der Bergstraße, schwinden in anderen Landesteilen erst die Schneereste. Aus dem kleinsten Weinbaugebiet der alten Bundesländer, dem »Frühlingsgarten Deutschlands« am Westabhang des Odenwaldes, kommen höchst unterschiedliche, interessante Weißweine.
Nicht einmal 1 Prozent der deutschen Weinernte stammt von der Hessischen Bergstraße. Kein Wunder, dass man die Bensheimer, Heppenheimer, Zwingenberger und Umstädter Weine nur im Lande bekommt.
Bergsträßer Weine sind weiß, nur 10 Hektar Rebfläche sind mit Rotweinreben bestanden, die Suche nach ihnen wäre vergeblich. Um so erfreulicher sind die Rieslinge, die weitaus in der Überzahl sind, aber auch die Müller-Thurgaus, Ruländer und Silvaner. Mit Riesling sind 56 Prozent der Rebfläche bestanden. *Den* Bergsträßer Riesling gibt es nicht. Auf den äußerst verschiedenartigen Böden geraten die Weine ebenso unterschiedlich. Der Liebhaber rassiger, eleganter Weißweine wende sich nach Heppenheim, während die Freunde des frischen, zarten Rieslings einen Bensheimer Streichling, Kirchberg oder Hemsberg versuchen sollten. Voll, fruchtig und sehr würzig schmeckt der Wein von der Bensheimer Lage Kalkgasse. Um Auerbach zeigt sich der Riesling wieder kräftig und kernig, im Umstädter Kreis fruchtig und rassig-frisch. Eine einmalige Vielfalt auf kleinem Raum!
Neben dem in vielen Nuancen schillernden Riesling steht der blumige Müller-Thurgau mit einem Anteil von 11 Prozent, der in der Gegend von Umstadt angebaut wird. Silvaner und Ruländer bedecken etwa gleich große Flächen. Der Silvaner findet hier so gute Bedingungen, dass die sonst oft neutrale Sorte herzhafte und kernige Weine ergibt, während die feurigen Ruländer neben einer schönen, tiefgoldenen Farbe ein zartes Bukett aufweisen. Gewürztraminer, Scheurebe und Kerner werden auf kleinen Flächen angebaut. Es lohnt sich, sie an Ort und Stelle in einer der gemütlichen alten Weinstuben zu verkosten.
In diesem kleinen Weinbaugebiet gibt es bis auf eine Ausnahme naturgemäß nur kleine Winzer, die den Weinbau nebenberuflich treiben. Das einzige große Gut ist das Staatsweingut Bergstraße in Bensheim, das der Verwaltung der Staatsweingüter in Eltville/Rheingau unterstellt ist. Es bewirtschaftet etwa 8 Prozent der Rebfläche und

verkauft Bergsträßer Weine auch außerhalb des Gebiets. Im Oktober eines jeden Jahres werden hier Weinversteigerungen abgehalten.

Pfalz

Herzhaft, markant und ausdrucksvoll, dabei nicht schwer sind die Pfälzer Kreszenzen passend zur deftig-kräftigen Küche des Landes. Hinter dieser vereinfachten Formulierung verbirgt sich dennoch eine breite Vielfalt an Geschmacksnuancen und Qualitätsstufen, wie sie einer großen alten Weinbauregion zusteht.

Die Pfalz, früher das größte deutsche Weinbaugebiet, ist heute von Rheinhessen überholt worden, liegt aber mit rund 22.800 Hektar nur knapp auf Platz zwei.

Pfälzer in Weiß und Rot

Der weitaus größte Anteil an der Produktion gehört dem Weißwein in seinen zahlreichen Schattierungen, die nicht nur auf die Breite des Rebsortenspiegels, sondern auch auf die Größe des Gebiets mit seinen unterschiedlichen Böden und Lagen zurückzuführen ist, denn die Sorten stehen über die ganze Rebfläche verstreut.

An der Grenze nach Rheinhessen bei Worms beginnend, reicht der Bereich Mittelhaardt-Deutsche Weinstraße bis Neustadt, der Metropole des ganzen Gebiets. Am Rande des Haardtgebirges befinden sich hier die bekanntesten Lagen der Pfalz. Trockenbeerenauslesen, die zu den kostbarsten und teuersten der Welt gehören, haben in diesem Bereich ihr Ursprungsgebiet, doch auch Auslesen und Beerenauslesen werden häufig geerntet.

Der Bereich Südliche Weinstraße reicht bis an die elsässische Grenze, so dass sich insgesamt eine Länge von rund 80 Kilometern ergibt. Im Osten begrenzt das Rheintal das Gebiet, ohne dass die Rebflächen, anders als in den nördlichen Rheinländern, bis an den Fluss heranreichen.

Neuerdings an erster Stelle im Rebsortiment steht mit 21 Prozent der edle Riesling, dessen Anbau weiterhin leicht zunimmt. Die Rieslingtraube ist es auch, die im Bereich Mittelhaardt die bereits erwähnten kostbaren großen Kreszenzen liefert.

Die Rieslingweine der Pfalz sind elegant und edel und dabei fruchtig und herzhaft.

Blick auf die an der Deutschen Weinstraße gelegenen Weinorte Weyher und Hainfeld mit ihren weitflächigen Rebanlagen.

Wie in vielen anderen deutschen Weinbaugebieten auch hat der Müller-Thurgau vielerorts den Silvaner verdrängt und steht heute mit 17 Prozent an zweiter Stelle im Rebsortiment. Mild, blumig und in hohem Maße bekömmlich, präsentiert er sich als guter Trinkwein zu vielen Gelegenheiten. Die gehaltvolleren Tropfen stammen aus dem Norden, die duftigeren aus dem südlichen Bereich.

Noch 1954 war die Silvanerrebe mit großem Abstand die Hauptrebsorte der Pfalz. 54 Prozent der Rebfläche waren damals mit ihr bepflanzt – der Müller-Thurgau war nur mit 5,6 Prozent vertreten –, heute sind es nur noch 6 Prozent. Die Silvanerweine der Pfalz schmecken mild und eher neutral, auf manchen Böden erreichen sie größere Fülle.

Einen deutlichen Zuwachs hat dagegen die Neuzüchtung Kerner zu verzeichnen. Sie bedeckt heute bereits 9 Prozent der Rebfläche. Die weinige, dem Riesling ähnliche Art und das zarte Bukett, auch in weniger guten Jahren, haben zu diesem Erfolg beigetragen.

Stagnierend und sogar leicht rückläufig ist die Entwicklung beim Morio-Muskat, der in der Pfalz seine größte Verbreitung findet. Die Weine sind kräftig und bukettreich, doch stört manche Weintrinker, dass der Muskatton unter Umständen zu stark hervortritt und die anderen Geschmackskomponenten damit in den Hintergrund drängt.

Die Fülle des pfälzischen Rebsortenreichtums ist damit nicht erschöpft, die aus Rheinhessen stammende Scheurebe ergibt fruchtige, frische, lebendige Weine.

Alle anderen Rebsorten zusammen bedecken 4 Prozent und weniger der Rebfläche. Genannt sei noch der füllige, reife Ruländer, der hier häufig von Edelfäule befallen wird, der dem Müller-Thurgau ähnliche fruchtige Bacchus, der in manchen Jahren Rieslingcharakter zeigt, der aromatische, würzige und dabei milde Gewürztraminer sowie die Neuzüchtung Faber, die zur Gruppe der Rieslingähnlichen gehört. Geringe Bedeutung hat der duftige Weißburgunder. Wenn wir hier die Charakterisierung der Pfälzer Weine beenden, muss doch erwähnt werden, dass weitere 6 Prozent der Rebfläche mit Sorten bestanden sind, die wegen ihres geringen Anteils keinen Platz in dieser Aufzählung fanden. Die Vielfalt ist wirklich unerschöpflich.

Der zeitweise rückläufige Rotweinanbau spielt mit rund 25 Prozent der Rebfläche eine immer größere Rolle, allerdings liegt die Pfalz hinter der Hochburg deutscher Rotweine, Württemberg, zurück, hat jedoch Baden bereits überholt. Ist in Rheinhessen der Ingelheimer Spätburgunder wegen seiner Feinheit berühmt, so liefert in der Rheinpfalz vor allem die Portugieserrebe (11 Prozent der Rebfläche) feinfruchtige, milde Weine, die hauptsächlich als Schoppenweine ausgeschenkt werden. Ihrer geringen Farbausbeute wegen wird sie häufig als Weißherbst gekeltert und ergibt dann frische, fruchtige Roséweine für den großen Durst. Der edle Spätburgunder, der nur auf relativ kleinen Flächen gedeiht, ist fruchtig und gehaltvoll.

Von der Betriebsstruktur her unterscheiden sich die beiden Bereiche der Rheinpfalz nicht unerheblich. Herrschen im Bereich Mittelhaardt-Deutsche Weinstraße größere und kleinere Gutsbetriebe – Bürklin-Wolf, von Bassermann-Jordan und Reichsrat von Buhl haben hier ihre Besitzungen – sowie kleine bis mittlere Ortsgenossenschaften vor, so bestimmen im Bereich Südliche Weinstraße die großen Gebietswinzergenossenschaften und Erzeugergemeinschaften das Bild.

Hervorragende Jahrgänge der Pfalz

1989, 1990, 1992, 1993, 1994, 1996

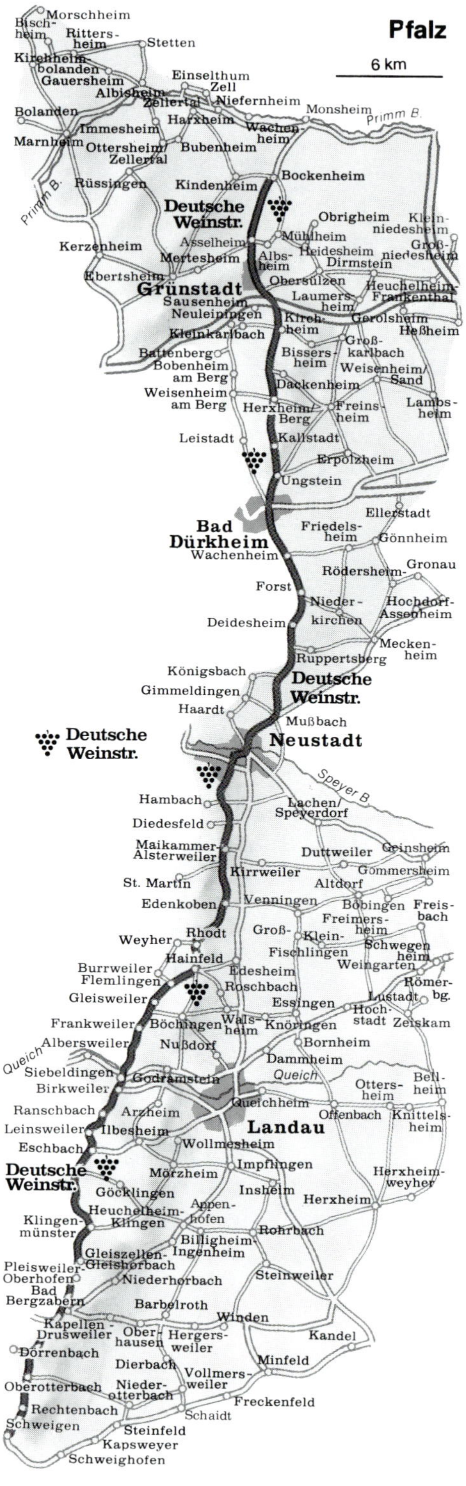

Entlang der Deutschen Weinstraße

Für Besucher, die den Wein an der Stätte seiner Geburt kennen lernen wollen, bietet die Pfalz eine Fülle interessanter Möglichkeiten. Die 80 Kilometer lange Deutsche Weinstraße durchzieht das Gebiet von Nord nach Süd bis an die elsässische Grenze und berührt dabei 46 große und kleine Weinorte. Wanderwege, Weinlehrpfade und Aussichtspunkte im Haardtgebirge hinunter auf das Rebenmeer verlocken zu längerem Aufenthalt. Dem Interessierten vermittelt das Weinmuseum im Historischen Museum der Pfalz in Speyer wertvolle Kenntnisse.

Die sieben Großen von Deidesheim und Bad Dürkheim

Die beiden Städte werden nicht nur wegen ihrer charakteristischen Ortskerne und ihrer idyllischen Lage gern besucht, sie sind auch Sitz von insgesamt sieben traditionsreichen Weingütern. In Deidesheim verhalfen vor allem die Güter Reichsrat von Buhl und Bassermann-Jordan, Hahnhof und Hoch dem Ruf des Pfälzer Weines zu großem Ansehen. Das Gleiche trifft auf die Dürkheimer Güter Fitz-Ritter, Annaberg und Pfeffingen zu. Besichtigungen sind bei allen möglich.

Die Pfalz ist im wahrsten Sinne des Wortes ein weinfrohes Land. In den malerischen Städtchen und Dörfern bieten sich gemütliche Weinstuben zur Einkehr an, doch auch Weinprobierstände und zahlreiche Weinfeste vom Frühjahr bis spät in den Herbst hinein laden die Besucher zu Entspannung und Geselligkeit beim Pfälzer Schoppen und deftigen Pfälzer Spezialitäten wie Saumagen mit Weinkraut ein. Besucherzentrum der Pfalz ist das Städtchen Neustadt an der Weinstraße, in dessen Vorort 1832 das »Hambacher Fest«, die erste demokratische Großversammlung, stattfand. Neustadt ist Sitz der Landeslehr- und Forschungsanstalt für Wein- und Obstbau. Der Obstbau hat in der Pfalz wegen des günstigen Klimas ebenfalls große Bedeutung, sogar Feigen- und Zitronenbäume sind nicht selten. Kenner fahren zur Mandelblüte im Frühjahr in die Pfalz.
Zwischen Dürkheim und Deidesheim befindet sich in Wachenheim eines der ältesten, renommiertesten und größten Güter Deutschlands: Dr. Bürklin-Wolf. Weitere große Güter liegen in Siebeldingen (Rebholz), Haardt (Müller-Catoir), den Orten Forst (Spindler) und Kirchheim (Hammel). Über den Großen sollte man jedoch nicht vergessen, dass es gerade in der Pfalz eine ganze Reihe sympathischer, kleiner und traditionsreicher Familienbetriebe gibt.

Franken

Als »männlich« wird der Frankenwein oft bezeichnet. Im Zuge der Gleichberechtigung hat sicherlich aber auch manche Weintrinkerin nichts dagegen, sich von solch herzhafter Männlichkeit verführen zu lassen, ist doch Frankenwein allemal von hoher Qualität und ausdrucksvoller Art.
Das östlichste deutsche Weinbaugebiet, im Bundesland Bayern gelegen, ist gekennzeichnet durch einen besonderen Grad an Eigenwilligkeit. Die Bocksbeutelflasche gibt es, wie erwähnt, zwar auch in anderen Gebieten, doch ist sie hier Symbol. Die Rebsorten ergeben ganz andere Geschmacksrichtungen. Gepflegt wird der trockene Wein, liebliche »Tröpfchen« sind verpönt, sie erhalten auch nicht die Frankenweinmedaille. Der Zulassung von Landweinen hat sich das Land bisher erfolgreich widersetzt.
Das Weinbaugebiet Franken, der Größe nach an 6. Stelle unter den 13 deutschen Qualitätsweinbaugebieten, umfasst die klimatisch günstigen Lagen an den Flussufern des vielfach gewundenen Mains und seiner Nebenflüsse Tauber und Fränkische Saale. Hinzu kommen die Ausläufer des westlichen Steigerwaldes und die Reblagen am Bodensee. Das weit auseinander gezogene Anbaugebiet wird in 3 Bereiche eingeteilt: Mainviereck um Aschaffenburg, Maindreieck um Würzburg, mit 70 Prozent der Rebfläche Zentrum des Qualitätsweinbaues, wo sich fast alle großen Spitzenlagen befinden, und Steigerwald westlich davon um Abtswind und Castell.

Zur Frankenweinprobe lädt der Stachelhof in Würzburg ein.

Sorten, Art und Bodentyp

Wie in anderen Weinbaugebieten auch hat der Müller-Thurgau den Silvaner von seinem ersten Platz verdrängt. Er steht heute auf 40 Prozent der Rebfläche. Seine muskatbetonten, dabei blumigen, leichten und frischen Weine finden vor allem dort Freunde, wo man unkomplizierte und nicht zu säurereiche Gewächse bevorzugt. Fränkische

Der Bocksbeutel ist die für Franken typische Flasche.

Müller-Thurgau-Weine sind ideale Schoppenweine, die man jung genießen sollte.
Etwas über 20 Prozent der Rebfläche nimmt heute der Silvaner, ehemals ein Synonym für Frankenwein überhaupt, ein. Seine Winterhärte lässt zu wünschen übrig, seine mild-neutrale Art entspricht nicht mehr dem Trend. In guten Jahren zeigt er doch, vor allem wenn er auf Muschelkalkböden gewachsen ist, Eleganz und feines Spiel verbunden mit Harmonie und Körperreichtum.
An dritter Stelle steht heute, allerdings mit weitem Abstand (auf rund 12 Prozent der Rebfläche), die Bacchusrebe, die früh reift und winterfest ist. Ihre Säure ist geringer als beim Silvaner und Müller-Thurgau. Die Weine sind fruchtig und blumig, manchmal tritt ein leichter Muskatton hervor.
Rieslingweine zählen in Franken zu den Raritäten. Das ist qualitativ und leider auch quantitativ zu verstehen. Etwa 4 Prozent der Rebfläche tragen die anspruchsvollen Rieslingreben, die hier elegante, rassige Weine mit feiner Säure und fruchtiger Blume ergeben. Fränkische Riesling-Auslesen, -Beerenauslesen und -Trockenbeerenauslesen erzielen in guten Jahren Höchstpreise. Warum Ries-

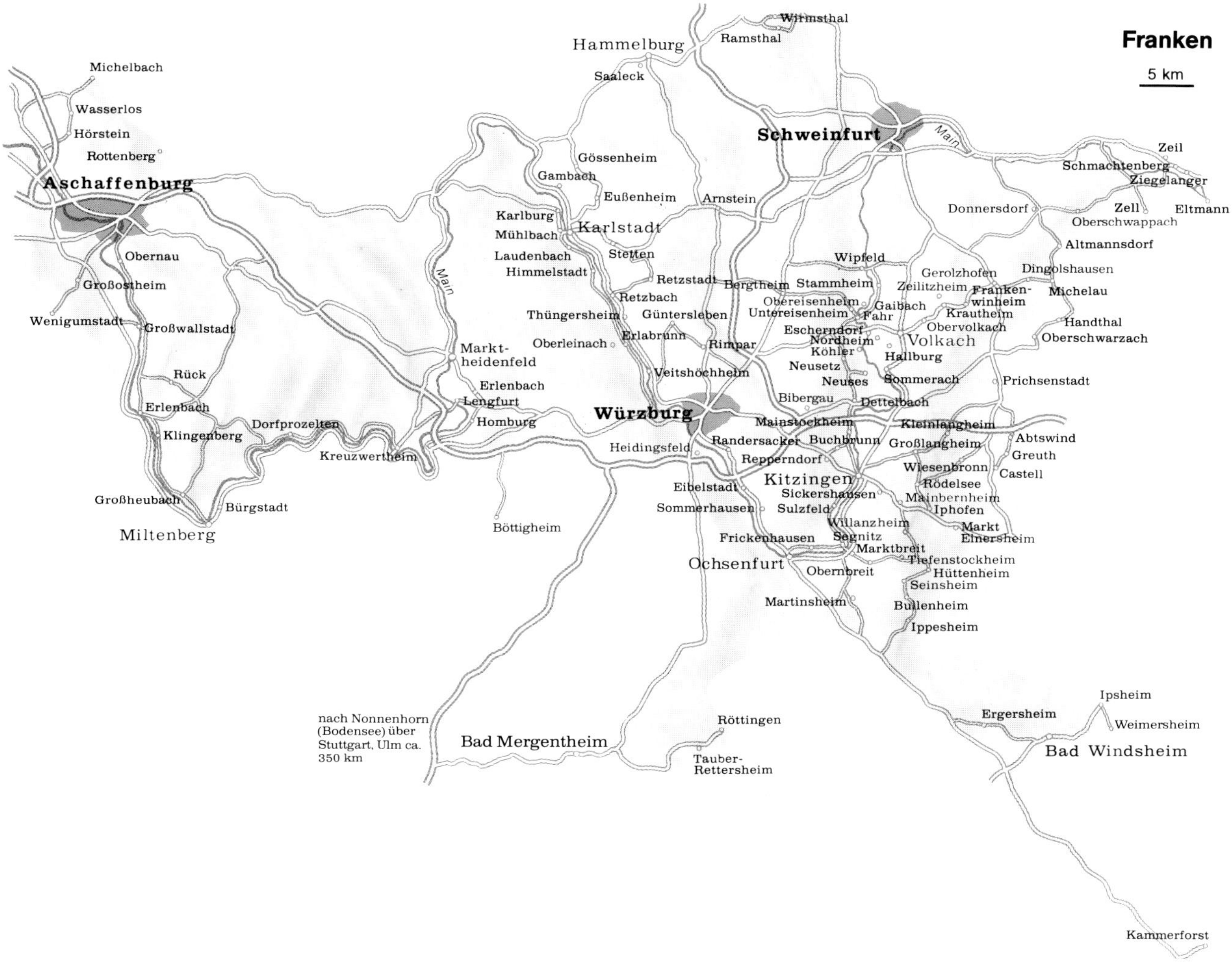

ling hier einen so geringen, wenn auch leicht steigenden Anteil hat? Er reift zu spät und erreicht nur in sehr günstigen Lagen den erforderlichen Reifegrad.

Die Scheurebe, mit 2,3 Prozent hinter dem Riesling liegend, gedeiht in hochwertigen Lagen, wo auch sie relativ spät reift. Wenn sie ausreichend Zeit dafür hatte, belohnt sie den Weinfreund durch einen bestechenden Duft, der an schwarze Johannisbeeren, später dann an Pfirsiche und Rosen erinnert. Die markante Säure, der Körperreichtum und die Eleganz machen fränkische Scheurebeweine oft zu Höhepunkten bei Weinproben.

Der Kerner, jene rieslingähnliche, rassig-fruchtige Neuzüchtung, die ursprünglich aus Württemberg stammt, erfreut sich in Franken ständig wachsender Beliebtheit. 1999 waren bereits 6 Prozent der Rebfläche mit dieser edlen Sorte bestockt.

In Franken wird noch eine Fülle anderer Rebsorten, teils traditionelle, teils Neuzüchtungen angebaut. Ihr Anteil liegt jeweils unter 1 Prozent. Eine Kostprobe sind sie allemal wert, ob es sich um die nur selten vertretene Perle, den raren, kostbaren Rieslaner, den alkoholreichen, eigentlich unfränkischen Ruländer oder um eine der Neuzüchtungen handelt.

Eine Köstlichkeit sind die fränkischen Rotweine, die man hauptsächlich im Erzeugergebiet, zum Beispiel in den Weinprobierstuben der großen Würzburger Weingüter, bekommt. Besonders der edle Spätburgunder ergibt hier zartbittere, dabei samtweiche Weine mit milder Säure. Auch die Weine aus dem noch selteneren Frühburgunder sind eine Probe wert. Als Schoppenwein empfiehlt sich der hellrote, milde Portugieser.

Altes Kulturland Franken

Der Weinbau in Franken, der heute nur noch in günstigen Lagen betrieben wird, war in früheren Zeiten wesentlich umfangreicher. Unter Karl dem Großen begonnen, erreichte er im 15. und 16. Jahrhundert seinen Höhepunkt. Kriege, wirtschaftliche Miseren und Rebkrankheiten sowie die Säkularisation des kirchlichen Besitzes wirkten sich negativ aus. Erst zu Beginn dieses Jahrhunderts war ein neuer Aufschwung zu verzeichnen. Heute wird der größte Teil der Rebfläche von großen Betrieben bewirtschaftet, während sich drei Viertel aller Weinbautreibenden etwa ein Fünftel der bestockten Fläche teilen.

Zentrum des fränkischen Weinbaues ist die heutige Hauptstadt von Unterfranken und ehemalige Residenz der Fürstbischöfe, Würzburg. Die beiden Weingüter Juliusspital und Bürgerspital dienen heute noch karitativen Zwecken. Das Bürgerspital, das als erstes den Bocksbeutel verwendet haben soll, ist seit dem frühen 14. Jahrhundert mit einem Altenheim verbunden. Die außerordentlich hohe Lebenserwartung seiner Insassen wird auf den Frankenwein zurückgeführt, von dem täglich ein Schoppen zur Mahlzeit gereicht wird. Das Juliusspital stammt aus dem 16. Jahrhundert. Es unterhält heute noch ein großes Krankenhaus und ein Altenheim.

Dritter Groß- und Musterbetrieb in Würzburg ist die Bayerische Landesanstalt für Weinbau und Gartenbau, deren Verwaltung und Hauptkellerei ihren Sitz in der Residenz hat. Zu ihr gehören die Lehrkellerei in Veitshöchheim und die Schlosskellerei in Aschaffenburg. Der Hofkeller von 1719 unter der Residenz gehört zu den schönsten Weinkellern der Welt.

Die drei Güter haben Anteile an den berühmten Lagen Würzburger Stein, Innere Leiste, Abtsleite und Pfaffenberg, aber auch Weinbergsbesitz in nahezu allen bekannten Weinorten Frankens. Seit dem 18. Jahrhundert in Familienbesitz ist das Weingut Gebhard in Sommershausen mit einer beeindruckenden Zahl an Spitzenweinen. In fürstlicher Hand befindet sich das Fürstlich Löwenstein-Wertheim-Rosenbergsche Weingut in Kreuzwertheim, das über Weinberge aus dem frühen Mittelalter verfügt. Im äußersten Osten des Gebiets ist das Fürstlich Castellsche Domänenamt in Castell zu nennen, dessen Weinbau 1558 erstmals erwähnt wird. Die heutigen Besitzer pflegen in besonders hohem Maß den Anbau von Neuzüchtungen.

Etwa die Hälfte der fränkischen Weinerzeugung wird von der Gebietswinzergenossenschaft Repperndorf und den vier Genossenschaften Randersacker, Nordheim, Sommerach und Thüngersheim verkauft.

Eine Fahrt durch das Frankenland lohnt in jedem Fall. Ein Besuch des Weinlehrpfades in Abtswind empfiehlt sich für alle Wissbegierigen, auch der Steinweinpfad in Würzburg selbst vermittelt in herrlicher Landschaft oberhalb der alten Stadt önologisch interessante Einzelheiten.

Was ist ein »erdiger« Geschmack?

Bei Frankenweinen spricht man gern von »erdigem« Geschmack, und das trifft insofern zu, als ihre Art ganz besonders vom Boden des Weinbergs abhängt. Dabei sind die Jahrgangs- und Sortenunterschiede in keiner Weise zu übersehen. In neuerer Zeit wird in Franken sogar besonderer Wert darauf gelegt, dass die Rebsorte zum Boden »passt«, das heißt nicht nur, dass sie sehr gut darauf gedeiht, sondern dass sie auf diesem Bodentyp ihre besten Eigenschaften zeigt.

Hoch über Würzburg thront die Feste Marienberg mit den Lagen Innere Leiste und Schlossberg.

Württemberg

»Viertelesschlotzer« heißen die Weintrinker im Ländle, die ihren Wein Viertele für Viertele am liebsten selbst genießen. Immerhin übertrumpfen sie ihre Landsleute mit einem Pro-Kopf-Verbrauch von 40 Litern um fast das Doppelte. Einige Spezialitäten lassen sie gar nicht erst aus ihrem Land heraus. Verständlich, wenn man einmal von der roten und weißen Vielfalt getrunken hat …

Das zersplitterte württembergische Weinbaugebiet verteilt sich auf die günstigen Lagen der Täler am Neckar und seinen Nebenflüssen, Rems, Murr, Enns, Bottwar, Tauber, Kocher und Jagst. Einige Lagen befinden sich bei Kressbronn und bei Nonnenhorn am Bodensee. All die verstreuten Rebflächen zusammengenommen ergeben ein Areal von rund 11.000 Hektar, womit Württemberg mit großem Abstand noch vor Franken liegt.

Württemberg ist das größte Rotweingebiet Deutschlands vor der Pfalz. Mehr als die Hälfte der Rebstöcke tragen Rotweinsorten, zum großen

Teil Trollingertrauben. Sie ergeben das Nationalgetränk der Schwaben: ziegelrote, kräftige, saftige Tropfen. Trollinger stellt hohe Ansprüche an die Lage, die Winzer reservieren ihm daher ihre besten Weinberge mit kalkhaltigen Böden, wo auch ausreichend Niederschlag fällt. Trollinger ist in Deutschland auf dieses eine Anbaugebiet beschränkt.

Der Schwarzriesling, in anderen Landesteilen als Müllerrebe bekannt, ist kein Verwandter des Rieslings, sondern wahrscheinlich eine Mutation des Blauen Spätburgunders. Wie dieser ist auch er aus Frankreich nach Württemberg gelangt, wo er, auf 16 Prozent der Rebfläche angebaut, körperreiche, dabei fruchtige und milde Rotweine ergibt.

Der Limberger, eine Sorte, die nur in geschützten, warmen Lagen gedeiht, wird nur im Zabergäu, am Stromberg und Weinsberger Tal angebaut. Sein Anteil beträgt knapp 10 Prozent. Auch er ist eine typische Württemberger Spezialität. Die Weine sind feinherb und rassig.

An vierter Stelle unter den Rotweinreben steht der Blaue Spätburgunder mit 6 Prozent. In warmen Lagen ergibt er zarte, aromatische Weine, die in Spitzenjahrgängen feurig geraten können.

Leicht sinkende Anteile hat in Württemberg der Blaue Portugieser (2 Prozent), der milde, leichte, harmonische Tropfen liefert.

Weitere Rotweinsorten sind Frühburgunder, aus dem füllige, körperreiche Weine gewonnen werden, und Samtrot, eine Mutation des Schwarzrieslings, dessen duftige, feinwürzige Tropfen an Spätburgunder erinnern.

Häufig sind Württemberger Rotweine Verschnitte aus zwei Rebsorten, die auf dem Etikett vermerkt sind, zum Beispiel »Trollinger und Limberger«. Die zuerst genannte Sorte bestimmt meist den Charakter. Eine württembergische Spezialität ist der hellrote bis altgoldene Schillerwein, der aus einem Verschnitt von roten und weißen Trauben oder deren Maische gewonnen wird. Er schmeckt frisch, pikant und würzig.

Hauptrebsorte für Weißweine ist der edle Riesling, der auf rund einem Viertel der Rebfläche in guten Lagen seit etwa 100 Jahren angebaut wird. Der Riesling schmeckt gerade in diesem Gebiet äußerst unterschiedlich. Je nach Jahrgang und Lage kann er rassig oder fein sein und lohnt das Probieren. Körper, Würze und eine ausgeprägte fruchtige Säure machen ihn zu einem interessanten Tropfen.

Die anderswo so häufige Müller-Thurgau-Traube ist

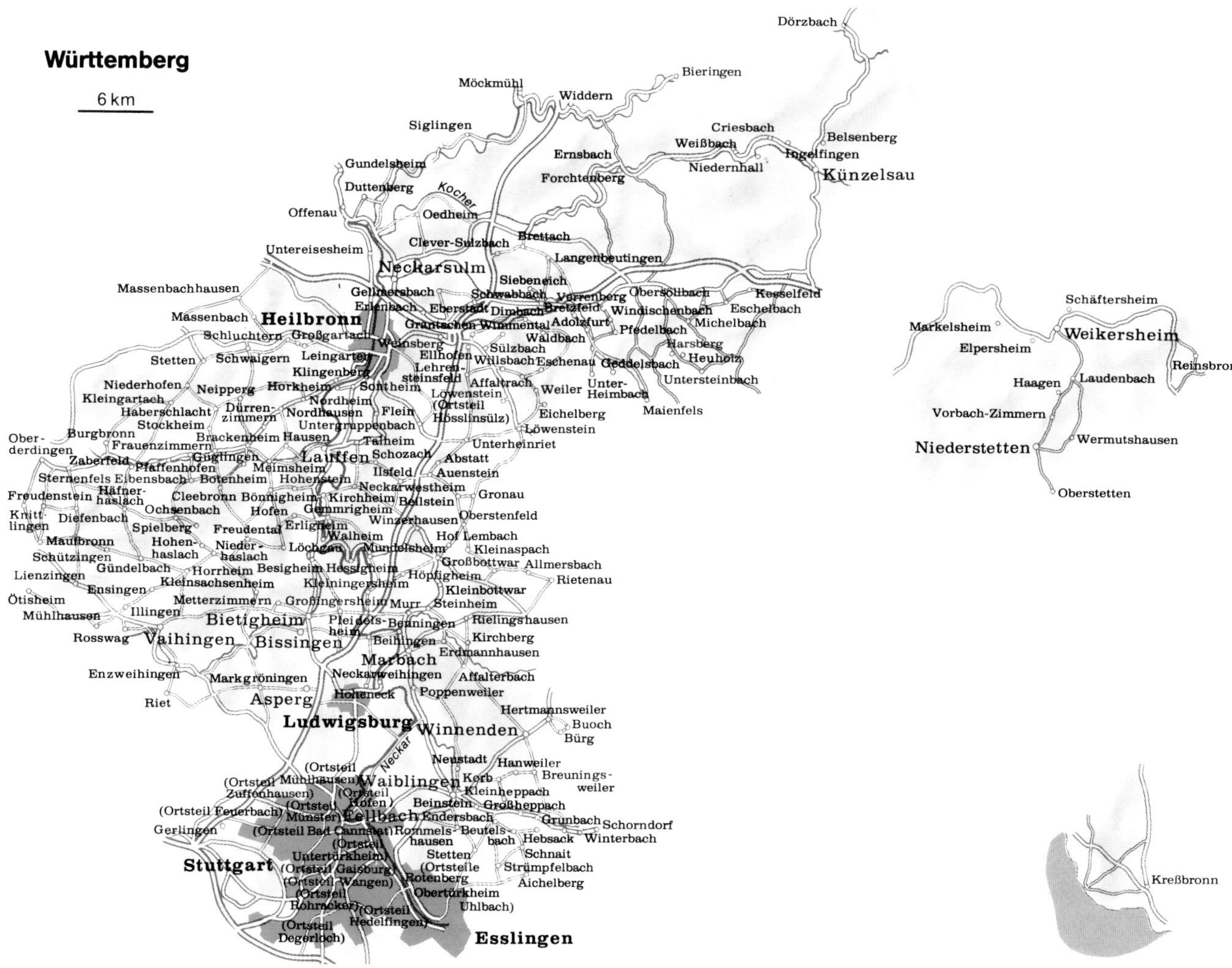

Dicht schmiegen sich die Weinberge an die sanft ansteigenden Ufer des Neckars, hier an der Neckarschleife bei Hessigheim.

im Anbau zurückgegangen. Die Weine sind in Württemberg zart und blumig, ihr Muskatton dominiert bei Gewächsen aus den Nebentälern des Neckars, an Kocher, Jagst und Tauber.
Silvaner wie Müller-Thurgau überrundet hat der Kerner, nach dem schwäbischen Dichter benannt und durch Kreuzung aus Riesling und Trollinger in Weinsberg gezüchtet. Auf 6 Prozent der Rebfläche ergibt er rassige, dem Riesling ähnliche Weine. Der Silvaner wird in höheren Lagen angebaut. Er liefert füllige, milde Weine, die von all denen geschätzt werden, denen der Riesling zu prägnant ist.
Schwer und wuchtig sind Ruländer, Gewürztraminer und Muskateller. Ihr Anteil an der Gesamtrebfläche ist eher gering. Die Württemberger lieben Weinspezialitäten, und so wird auf kleinsten Flächen liebevoll Ausgefallenes kultiviert.

Wappen der Weingüter des Hauses Württemberg.

Eine Reise durchs Ländle

Württemberger Weine an Ort und Stelle zu probieren, sei dem interessierten Weinfreund empfohlen, denn es gelangen nur etwa 10 Prozent der Ernte außer Landes. Eine Reise kreuz und quer durch das Gebiet, einmal dem Verlauf des Neckars folgend, dann in Seitentäler abzweigend, ist reizvoll. In »Besenwirtschaften« kann man die Weine ebenso verkosten wie anlässlich eines der Weinfeste oder bei den zahlreichen Winzergenossenschaften.
Klein- und Kleinstbetriebe herrschen in Württemberg vor, große Güter sind selten. Zu erwähnen ist vor allem die Staatliche Lehr- und Versuchsanstalt für Wein und Obstbau in Weinsberg, die älteste deutsche Lehr- und Versuchsanstalt für Weinbau und Kellerwirtschaft überhaupt. Die Württembergische Hofkammerkellerei in Stuttgart verfügt auch über Weinbergslagen höchster Qualität aus Klosterbesitz. Sehenswert ist der Schlosskeller aus dem 14. Jahrhundert. Eine weitere Schlosskellerei mit hoher Spitzenweinproduktion und alter Tradition – im Bottwartal wurde vor dem Jahr 1000 schon Weinbau betrieben – gehört den Grafen Adelmann. Dem Namen des Gutes, »Brüssele«, entsprechend kommen Spitzenabfüllungen mit dem Namen »Brüsseler Spitze« auf den Markt.
Heute noch in fürstlichem Besitz befinden sich die Güter Hohenlohe-Öhringen und Hohenlohe-Langenburg in Weikersheim, ersteres ein betont traditionell, letzteres ein modern geführter Betrieb. Gräfliche Güter liegen in Schozach und Schwaigern, beide bei Heilbronn. Das Gräflich von Bentzel Sturmfedersche Weingut ist seit dem 14. Jahrhundert in Familienbesitz, das Gräflich von Neippergsche Weingut auf Schloss Schwaigern schon seit dem Jahre 1200. Beide verkaufen hauptsächlich an Stammkunden, so dass sich eine Weinprobe an Ort und Stelle besonders lohnt. Zentren des württembergischen Weinbaues sind Stuttgart und Heilbronn. Nur hier kann man von einer einigermaßen geschlossenen Rebfläche sprechen. Gehört das Land um Heilbronn zum Bereich Württembergisch-Unterland, so werden die Lagen um die Großstadt Stuttgart zum Bereich Remstal-Stuttgart zusammengefasst, zu dem auch die Lagen von Tübingen und Umgebung gehören. Kleinere Rebflächen umfasst der Bereich Kocher-Jagst-Tauber.

Baden

Das Wahrzeichen der Badischen Winzergenossenschaft ist das Sonnenmännchen, und Sonne und Wärme bestimmen auch den Charakter des badischen Weines in all seinen Schattierungen. Ein freundliches, lebensfrohes Land, ein Paradies für Feinschmecker, die Schlemmen nicht mit Völlerei und Weintrinken nicht mit übermäßigem Zechen verwechseln.

Baden nimmt unter den deutschen Weinbaugebieten insofern eine Sonderstellung ein, als es mit den nord- und ostfranzösischen Regionen zur EG-Weinbauzone B gehört, das heißt, man erwartet reiferes Lesegut und erlaubt nur eine geringere Anreicherung mit Zucker.

Von Laudenbach, nördlich von Heidelberg, bis an die Schweizer Grenze erstreckt sich das mit 400 Kilometern längste deutsche Anbaugebiet. Hinzu kommen noch 2 Exklaven, die eine nordöstlich um Tauberbischofsheim, das so genannte Tauberfranken, die andere im Süden am Bodensee um Meersburg, im Klettgau und um Singen. Die Rebberge des Hauptgebietes folgen von Norden nach Süden dem Verlauf des Rheines, wobei im Norden der Odenwald und im Süden der Schwarzwald die östliche Begrenzung darstellen. Die badischen Rebflächen bilden kein geschlossenes Ganzes, immer wieder gibt es Unterbrechungen.

Badische Weine, vor allem die Gewächse vom Kaiserstuhl, sind dem sonnenreichen Klima gemäß von voller, wuchtiger Art.

Sonnenland Baden

Baden ist vom Klima außerordentlich begünstigt, hohe Sonnenscheindauer und damit verbunden hohe Durchschnittstemperaturen haben schon die Römer dazu veranlasst, hier Weinbau zu treiben. Wildreben hat es am Oberrhein jedoch schon vorher gegeben, und man findet sie heute noch an wenigen Stellen in den Auwäldern.

Baden ist trotz seiner Länge nur das drittgrößte deutsche Weinbaugebiet. Sein Rebsortenspiegel ist reich, dank des Klimas werden Rot- wie Weißweine erzeugt, wobei die Rotweine etwa ein Drittel ausmachen.

Beginnen wir bei den weißen: In Baden war der Müller-Thurgau lange Zeit im Vormarsch, ist jedoch heute wieder leicht rückläufig. Auf 26 Prozent der Rebfläche angebaut, ergibt er dank der reichlichen Sonne prickelnd frische, fruchtige, bekömmliche Weine mit angenehm harmonischer Säure, ideale Tropfen für die fröhliche Schoppenrunde.

An der nächsten Stelle steht schon der Ruländer aus der Familie der Burgunder, der besonders viel Wärme braucht. Er hat hier sein größtes Verbreitungsgebiet, sein Anteil am gesamten Rebsortiment beträgt 9 Prozent. Mehr als die Hälfte aller in Deutschland angebauten Ruländerreben stehen auf den vulkanischen Böden des Kaiserstuhls. Tiefgolden leuchten Ruländer Weißweine, sie präsentieren sich gehaltvoll, vollmundig und mit edler Blume. Die Spätlesen und Auslesen vom Kaiserstuhl gehören zu den kostbarsten Gewächsen von Baden.

Eine weitere Spezialität Badens ist der Gutedel, nach seinem Hauptanbaugebiet im Markgräflerland wird er oft einfach Markgräfler genannt. Gutedel wird in Deutschland so gut wie ausschließlich in Baden angebaut, er braucht viel Wärme, seine Urheimat ist nämlich Ägypten. »Süffig« ist eine der Haupteigenschaften der Gutedelweine, ihr feiner Mandelton gibt ihnen Charakter. Man sollte sie jung und kühl trinken. Gutedel gehört zu den unkomplizierten, säurearmen Weinen, die zu beinahe jeder Gelegenheit schmecken.

Der Riesling, in der Ortenau, seinem Hauptanbaugebiet, auch Klingelberger genannt, ist mit 8 Prozent am Rebsortiment beteiligt. Unter all den milden, eher blumigen Weißweinen Badens steht er einsam da mit seiner fruchtigen Säure, seiner rassigen Eleganz, seinem feinen, ausgeprägten Bukett. Er zeigt

Ruländer oder Grauburgunder?

Es ist ein und dieselbe Rebsorte, doch hat man sich neuerdings entschlossen, die herkömmlichen wuchtigen Weißweine mit dem rötlichen Schimmer mit dem Namen Ruländer zu versehen, die leichter, spritziger ausgebauten Sorten mit der helleren Farbe nennt man zur besseren Unterscheidung Grauburgunder.

auch hier, von der Sonne verwöhnt, Charakter.
Der Silvaner befindet sich, der allgemeinen Entwicklung folgend, auch in Baden auf dem Rückzug. Sein Hauptanbaugebiet ist der Bereich Kaiserstuhl-Tuniberg. Er ergibt hier liebliche, milde Weine mit dezentem, zartem Bukett.
Aus Weißburgunder werden elegante, harmonische Weine gekeltert, die gut zu Fisch und hellem Fleisch passen.
Die Traminer und Gewürztraminer, in der Ortenau auch Clevner genannt, fühlen sich auf den vulkanischen Böden der Ortenau, des Kaiserstuhls und des Markgräflerlandes besonders wohl. Wie im benachbarten Elsass erfreuen sie durch ihre feine Würze, ihr an Wildrosen erinnerndes Bukett und ihre Geschmacksfülle. Auxerrois, Kerner, Nobling und Scheurebe werden in geringerem Maße angebaut. Erwähnenswert ist die in Freiburg an der Dreisam entstandene Neuzüchtung Freisamer, die feine, rassige Weine ergibt.
Unter den Rotweinreben dominiert die edelste. Der Blaue Spätburgunder findet am Kaiserstuhl und in der Ortenau ausreichend Sonne und Wärme, um all seine guten Eigenschaften zu entwickeln. Samtig und weich, gehaltvoll und kräftig mit feinem Brombeerton zeigen sich die rubinroten Spätburgunderweine Badens. Hellrot bis altgolden, elegant und dabei ebenso herzhaft wie kräftig ist der Spätburgunder Weißherbst, der wie alle Roséweine kühl wie Weißwein getrunken wird.
Eine badische Spezialität ist ein durch Trauben- oder Maischeverschnitt von Spätburgunder (rot) und Ruländer (weiß) erzeugter hellroter Wein mit dem Namen Badisch Rotgold.
Alle anderen Rotweinreben, Portugieser, Schwarzriesling oder Limberger werden in äußerst geringen Mengen angebaut, da genügend Wärme für die edelste Rotweinsorte, den Blauen Spätburgunder, vorhanden ist.
Weitere Besonderheiten badischen Weinbaues sind zu erwähnen: In den Ortenaugemeinden Neuweier, Steinbach, Umweg und Varnhalt werden die Weine in Bocksbeutel gefüllt.
In Baden ist das Genossenschaftswesen mehr als anderswo ausgeprägt, 85 Prozent der Betriebe sind genossenschaftlich organisiert. Die größte Kellerei Europas ist mit einem Fassungsver-

Das »Sonnenmännchen«, Emblem der Badischen Winzergenossenschaft.

Traubensymbol der Badischen Weinstraße.

mögen von 1,25 Millionen Hektolitern der 1951 gegründete Badische Winzerkeller in Breisach (zum Vergleich: Die jährliche Weinerzeugung in Deutschland beträgt etwa 8 Millionen Hektoliter).

Links und rechts der Weinstraße

Die Badische Weinstraße, durch ein Traubensymbol gekennzeichnet, durchläuft das gesamte Weinbaugebiet von Nord nach Süd mit vielfältigen Verzweigungen vor allem um Freiburg und im Kraichgau. So wenig zusammenhängend sich das Weinbauland Baden zeigt, so verschiedenartig sind die 7 Bereiche, aus denen es sich zusammensetzt.

Der Bereich Tauberfranken gehörte bis 1803 noch zu Franken und schließt sich geographisch an das fränkische Weinbaugebiet an. Daher auch der Gebrauch von Bocksbeuteln und der besonders würzige Geschmack der hier angebauten Müller-Thurgau-Weine. Zentrum des Gebiets ist Tauberbischofsheim, die Weinberge liegen jedoch weit verstreut im oberen Taubertal sowie bei Krautheim und Klepsau.

Das eigentliche badische Weinbaugebiet beginnt südlich der Hessischen Bergstraße mit dem Bereich Badische Bergstraße/Kraichgau. Liegen nördlich von Heidelberg die Weinberge dicht nebeneinander, so verästelt sich die Weinstraße südlich von Wiesloch im Kraichgau, wo die Rebberge und die Orte verstreut liegen. Einige Lagen am Oberlauf des Neckars gehören ebenfalls zu diesem Bereich. In Neckarzimmern liegt die berühmte Burg Hornberg mit Weingut und Weinstube. Die Burg, ehemals im Besitz des Götz von Berlichingen, gehört seit dem 17. Jahrhundert dem Freiherrn von Gemmingen. Dank der reichen Sortenpalette kann man hier viele verschiedene Weine probieren. Südlich von Baden-Baden beginnt die Ortenau, wo die Rebberge dank des warmen Klimas schon dichter stehen. Goethe nannte sie »weich, warm und feuchtlich«. Spätburgunder und Riesling, die beiden Edlen, finden hier ideale Bedingungen. Gleich drei große Weingüter befinden sich in dem sonst eher von Kleinbauern geprägten Gebiet in Durbach: Das Gut des Freiherrn von Neveu kultiviert hauptsächlich Ortenberger und Durbacher Lagen, das Gräflich Wolff Metternichsche Weingut pflegt vor allem den Gewürztraminer- und Tramineranbau, und das Markgräflich Badische Weingut im rund 900 Jahre alten Schloss Staufenberg schließlich liegt inmitten seiner mit Riesling, aber auch mit Gewürztraminer und Spätburgunder bestandenen Lagen.

Der kleine Bereich Breisgau zwischen Lahr und Freiburg ist besonders interessant. Das Kernland badischen Weinbaues befindet sich westlich von Freiburg an Kaiserstuhl und Tuniberg. Die Vulkanböden der beiden Berge, deren Namen die Bereiche tragen, ergeben glutvolle, feurige Weine mit wahrhaft »vulkanischen« Eigenschaften. Schon seit dem 7. Jahrhundert gibt es hier Weinbau.

In Ihringen, am Südrand des Kaiserstuhls, befindet sich ein Versuchs- und Lehrgut für Weinbau. Blankenhornsberg wird heute als staatliche Lehranstalt betrieben, wobei interessanten Neuzüchtungen besondere Aufmerksamkeit gewidmet wird.

Das sonnige Markgräflerland reicht von südlich Freiburgs bis zur Schweizer Grenze bei Basel und ist vor allem Heimat der Gutedelweine.

Klettgau, Hohentwiel und Bodenseeufer bilden zusammen den Bereich Bodensee. Kernig sind die Gewächse dieser südlichsten Weinberge Deutschlands. Überlingen, Meersburg und Hagnau sind sehenswerte alte Städte mit gemütlichen Weinstuben. Auch die Rebparzellen der Insel Reichenau und bei Konstanz gehören zum badischen Weinbaugebiet. Ihnen allen beschert der Wasserspiegel des schwäbischen Meeres gleichmäßige Temperaturen. Die saftigen Müller-Thurgaus und feinen Weißherbste werden von den Einheimischen als »Seeweine« bezeichnet. Das Staatsweingut von Meersburg hat sich auf spritzige Weißherbste spezialisiert, auf den drei Weingütern von Max Markgraf von Baden konzentriert man sich in neuerer Zeit auf den Anbau von Müller-Thurgau. Am Bodensee vollendet sich in lieblicher Landschaft mit üppiger Vegetation das, was im Norden bei Bonn am Rhein vielversprechend begann – eine in all ihren Teilen originelle, kulturhistorisch interessante, uralte Weinbaulandschaft, in der sich der Qualitätsweinbau ständig weiterentwickelt.

Saale-Unstrut und Sachsen

Mehr als tausend Jahre alt ist der Rebbau in den beiden neuen deutschen Qualitätsweingebieten. Zarte, feine Weiß- und Rotweine aus nördlichen Gefilden erregen die Neugier des Weinkenners. Im 16.Jahrhundert muss es einmal ein bedeutendes Rebland gewesen sein, etwa 100.000 Hektar waren damals schätzungsweise mit Reben bestanden. Auch hier hatten die Klöster als wichtige Ini-

Durch die weiträumige Querterrassierung am Kaiserstuhl entstand ein ungewöhnliches Landschaftsbild.

tiatoren den Weinbau gefördert. Mit dem Dreißigjährigen Krieg wurde der Rückgang eingeleitet, die Reblaus besorgte den Rest. Nur 75 Hektar blieben damals übrig. Nach dem Ersten und verstärkt nach dem Zweiten Weltkrieg wurden Rebflächen neu bepflanzt, und seit 1963 kann man von einem bescheidenen Aufschwung sprechen. Heute stehen in Saale-Unstrut rund 500, in Sachsen etwa 350 Hektar unter Ertrag. Im Mai 1990 wurden beide offiziell als bestimmte Anbaugebiete anerkannt.

Das Gebiet Saale-Unstrut liegt in den Bezirken Halle, Erfurt und Gera. Kleinstbetriebe liefern ihre Ernte vor allem an die Winzergenossenschaft in Freyburg. Ein bedeutendes Einzelunternehmen ist das Landesweingut Naumburg in Bad Kösen. Wichtigste Rebsorte ist mit rund 22 Prozent der Müller-Thurgau, gefolgt vom Silvaner (9 Prozent). Der Rest verteilt sich auf Weißburgunder, Riesling, Traminer, Portugieser und Blauen Spätburgunder.

Das Weinbaugebiet Sachsen liegt im Tal der Elbe und erstreckt sich von Meißen bis nach Dresden. Sachsen ist das östlichste Weinbaugebiet Deutschlands. In den von Frühlingsfrösten stark gefährdeten Weinbergen überwiegt ebenfalls die früh reifende Sorte Müller-Thurgau, die etwa auf einem Viertel der Rebfläche angebaut wird. Wie an Saale und Unstrut werden Weißburgunder und Riesling angebaut, der Anteil des Silvaners geht zurück.

Oben: Die Karl-May-Stadt Radebeul bei Dresden ist eine alte Winzergemeinde.
Unten: Weinberg bei Freyburg, Saale-Unstrut.

Auch hier spielen die Winzergenossenschaften eine große Rolle. Seitdem die beiden Weinbaugebiete dem deutschen Weingesetz unterliegen, achtet man darauf, dass die Weine trocken ausgebaut und sortenrein auf den Markt kommen. Die herzhafte, kernige Art, ähnlich wie im benachbarten Franken, findet in steigendem Maße Liebhaber. Wegen der geringen Mengen sind die Weine allerdings relativ teuer. Neuerdings bekommt man sie auch hier und da in den alten Bundesländern zu kaufen.

Österreich

Der Weinbau in Österreich geht auf keltische Zeiten zurück (400 vor Christi Geburt), doch seine erste wirkliche Verbreitung hat er dem römischen Kaiser Probus zu verdanken, der das Monopol für Weine aus Italien lockerte, so dass sich im Gebiet des heutigen Österreich ansässige römische Siedler vermehrt mit dem Anbau von Wein befassen konnten. Germanische Stämme übernahmen von ihnen das Wissen und die Kunst der Weinbereitung, doch erst in karolingischer Zeit, als Otto I. 955 hier seine Grenzmark errichtete, erhielt der Weinbau neue Impulse.

Hier wie im übrigen Europa auch waren die Klöster bedeutende Förderer, und der Weinbau erreichte im Mittelalter eine Ausbreitung, die zehnmal größer war als heute. Die Qualität ließ allerdings zu wünschen übrig, da Reben auch in ungünstigen Lagen angepflanzt wurden. Man unterschied nur nach Farbe und Herkunft.

Die wirtschaftliche Rezession während der Reformationszeit und des Dreißigjährigen Krieges brachte empfindliche Einbußen. Erst in der Renaissance verfeinerte sich der Geschmack, und man unterschied junge und alte Weine, Rebsorten, Orte und Gebiete. Im 18. Jahrhundert entwickelten vor allem die nach der Gegenreformation zum Teil neu entstandenen Klöster den Qualitätsweinbau. Um die Jahrhundertwende zerstörte die Reblaus viele Rebberge, und erst in den letzten Jahrzehnten erreichte der österreichische Weinbau mit rund 45.000 Hektar und einer durchschnittlichen Ernte von knapp 3 Millionen Hektolitern eine neue Blüte. Die Weinskandale zu Anfang der achtziger Jahre schadeten zunächst der gesamten österreichischen Weinwirtschaft. Das sehr strenge Weingesetz von 1985 brachte neben neuen Gebietseinteilungen verschärfte Etikettbestimmungen, so dass sich das Ansehen österreichischer Weine in jüngster Zeit wieder erholen konnte. Seit dem Beitritt Österreichs zur EU gilt hier das Weingesetz der Gemeinschaft, jedoch wurden 1999 die Bestimmungen noch einmal nachgebessert. Für den Konsumenten sticht vor allem eine neue Gebietsregelung ins Auge, die zwei größere Weinbaugebiete (Niederösterreich und Burgenland) sowie zwei neue Weinbauregionen (Weinland und Bergland) vorsieht. Weitere Vorschriften betreffen hauptsächlich die Anpassung an das EU-Recht.

Sind die Weinbaugebiete Deutschlands im Westen des Landes zu finden, so muss man in Österreich bis in die östlichen Landesteile, nach Niederösterreich, Wien, ins Burgenland oder in die Steiermark reisen, um den Wein an seiner Geburtsstätte probieren zu können. In den westlichen Bundesländern und Kärnten gibt es keine Rebanlagen. Die Österreicher trinken im Durchschnitt pro Kopf und Jahr etwa 10 Liter Wein mehr als die Deutschen; der Wein ist hier Volksgetränk. Gern trinkt man als Durstlöscher einen leckeren »G'spritzten«, Wein mit Mineralwasser.

Weinkultur in Österreich

Heiter und variationsreich wie ihre Landschaft präsentieren sich die österreichischen Weine, das sind zum größten Teil frische, spritzige Weißweine. Der Anteil des Rotweins beträgt etwa 23 Prozent – mit steigender Tendenz.

Das Klima Österreichs ist trockener und wärmer als das von Deutschland, die Säure der Weine im Allgemeinen nicht so ausdrucksvoll, sondern eher weich und rund. Die frischen Weißweine werden meist trockener ausgebaut als bei uns. Ist es einerseits das kontinentale Klima, das den Unterschied zwischen deutschen und österreichischen Weinen bestimmt, so sind es auf der anderen Seite die Rebsorten. Den weitaus größten Anteil am Rebsortiment hat mit 36 Prozent der Rebfläche der

Grüne Veltliner, eine weiße Rebsorte, die es fast nur in Österreich gibt. In Niederösterreich stellt er die Hauptrebsorte. Veltliner Weißweine werden zutreffend als »pfeffrig« bezeichnet, sie sind fruchtig und spritzig und werden jung getrunken. Im zweiten Jahr haben sie im Allgemeinen ihren Höhepunkt erreicht, allerdings können Spätlesen aus guten Jahrgängen älter werden. Die regionalen Unterschiede sind in Bezug auf den Geschmack recht groß.

Der Welschriesling steht auf nur 9 Prozent der Fläche und gedeiht nur in den warmen Lagen des Burgenlandes und der Steiermark, denn er reift spät. Die Weine geraten bei guter Reife des Lesegutes unaufdringlich feinwürzig bei fruchtiger, doch nicht spitzer Säure. Sie lagern im Allgemeinen gut.

Die in Deutschland am häufigsten angebaute Sorte Müller-Thurgau steht in Österreich an dritter Stelle. Die blumigen, süffigen, leicht muskatigen Weine gibt es in allen österreichischen Weinbaugebieten.

In ganz Österreich auf kalkreichen Böden gedeiht der Weißburgunder auf rund 5 Prozent der Fläche. Weißburgunderweine können älter werden, sie gewinnen oft mit dem Alter und eignen sich für den Barrique-Ausbau. Ein feiner Mandelgeschmack bei zarter Blume und pikanter Säure kennzeichnet die Gewächse aus dieser Rebsorte.

Eine österreichische Spezialität ist der Neuburger, der auf 2,4 Prozent der Rebfläche angebaut wird. Man findet ihn südlich von Wien um Baden und Gumpoldskirchen, um Rust im Burgenland und in der Wachau. Voll, mild und

Oben: Blaufränkisch, die Hauptrebsorte des Burgenlandes. Unten: Der Grüne Veltliner ist die wichtigste Rebsorte Österreichs.

kräftig schmecken die goldgelben Weine aus dieser Rebe, die in der Regel jung getrunken werden.

Der Frührote Veltliner, auch Malvasier, ergibt extraktreiche, feurige Weine, wird allerdings nur auf 1,4 Prozent der Rebfläche angebaut.

Etwas über 2 Prozent Anteil hat der in Deutschland so weit verbreitete edle Riesling, hier Rheinriesling genannt. Seine größte Verbreitung findet er im Donautal. Auch hier ergibt er in guten Jahren hervorragende rassige Spitzenweine, die erst nach 2 bis 4 Jahren ihren Höhepunkt erreichen.

Den Muskat-Ottonel findet man in Österreich in einem Ausmaß wie sonst nirgendwo. Er gehört zur Muskatellerfamilie und liefert milde Weine mit intensivem, dabei aber niemals aufdringlichem, vornehmem Muskatbukett. Für besondere Anlässe schätzen ihn Liebhaber von Weinen dieser Art. Bei Weinproben bildet er oft den Abschluss, da er der würzigste ist. Lagerfähigkeit ist jedoch nicht seine Stärke.

Auf relativ kleiner Fläche in Niederösterreich und im Burgenland wird der auch in Deutschland verbreitete Ruländer aus der Burgunderfamilie angebaut. Gehaltvolle, alkoholreiche, goldfarbene Weißweine werden aus dieser Rebe gewonnen, die auf vulkanischen Böden optimale Bedingungen findet. Am Neusiedler See ergibt er auch erstklassige Dessertweine.

Weitere Weißweinsorten werden auf weniger als 1 Prozent der Rebfläche angebaut, zusätzlich sind weitere 7000 Hektar mit gemischtem Satz und noch weniger verbreiteten Weißweinsorten bestanden. Das Rebsortiment ist in Österreich umfangreich. Auf örtliche Spezialitäten wird an entsprechender Stelle noch eingegangen.

An erster Stelle im roten Rebsortiment steht die Zweigeltrebe, eine Neuzüchtung aus Blaufränkisch und Saint-Laurent, mit einem Anteil von knapp 8 Prozent. Die fruchtigen, kräftigen, leicht würzigen Weine sind körper- und gerbstoffreich. Der Saint-Laurent, einer seiner Kreuzungseltern, verliert an Bedeutung, obwohl er in guten Jahren ausgezeichnete bis hervorragende Rotweine ergibt, die erst nach 2 Jahren ihre jugendliche Strenge verlieren, dann aber vollmundig schmecken und ein feines Burgunderbukett aufweisen. Die Sorte verleiht Rotweincuvées häufig erst den rechten Pfiff.

Der Blaue Portugieser bedeckt mit 5 Prozent etwa ein

Drittel der Rotweinfläche, ist aber im Wesentlichen auf die Gebiete von Retz und Vöslau beschränkt. Seine dunklen, kräftigen und dabei milden Weine sind für den täglichen Genuss bestimmt und nicht lange lagerfähig.

Hauptrebsorte des Burgenlandes ist der Blaufränkisch, in Deutschland als Limberger bekannt. Seine Weine sind feinfruchtig mit einer delikaten Säure und werden mit dem Alter samtig und geschmeidig.

Der Blaue Burgunder, wie der Spätburgunder in Österreich genannt wird, bedeckt nur 1,5 Prozent der Rebfläche. Er wird hauptsächlich um Rust und Oggau am Neusiedler See sowie in der Thermenregion und in Wien angebaut und ergibt dort elegante, lagerfähige Rotweine mit hochfeinem Himbeer- und Mandelbukett. Die Palette edler Rotweine wird vom Cabernet Sauvignon ergänzt.

Der Blaue Wildbacher oder Schilcher ist eine Spezialität der Steiermark, auf die an entsprechender Stelle näher eingegangen wird.

Niederösterreich

Von der Donau nordwärts bis zur tschechischen Grenze und südlich von Wien bis zum Burgenland reicht das vielgestaltige Land, geprägt von steilen Terrassen und flachen Hügeln, auf denen hauptsächlich Weißweinreben angebaut werden. Charakteristisch ist vor allem der Grüne Veltliner.

Das mit rund 30.000 Hektar (58 Prozent der Rebfläche) größte Weinbaugebiet Österreichs gehört zusammen mit dem Weinbaugebiet Burgenland zur neu geschaffenen Weinbauregion Weinland Österreich und wurde wie alle anderen Gebiete Österreichs 1985, 1993 und 1995 neu aufgeteilt. Nur das Gebiet Wachau blieb unverändert. Die Weinbaugebiete Weinviertel und Thermenregion existieren seit 1985, neu entstanden Kamptal, Kremstal, Carnuntum, Donauland (alle 1993) und zuletzt Traisental (1995). Sie werden im Folgenden mit ihren Eigenarten vorgestellt.

Der idyllische Wachauer Weinort Dürnstein am Ufer der Donau unterhalb seiner mächtigen Burgruine.

Romantische Wachau

Die Wachau ist das westlichste Weinbaugebiet von Niederösterreich und zu 90 Prozent Weißweingebiet. Die Rebhänge befinden sich an den steilen Hängen abseits des Donauufers und an den Ufern selbst. Wegen des starken Gefälles der Weinberge mussten häufig Terrassen angelegt werden.

Der sonst in Österreich eher seltene Rheinriesling gedeiht auf den Urgesteinsböden besonders gut und ergibt hier auch dank der an der Donau herrschenden hohen Luftfeuchtigkeit hochwertige Weine mit feiner Blume. Auf Urgestein oder Löß wächst der Grüne Veltliner, eine Wachauer Spezialität, der hier würzige, pikante Weißweine ergibt.

Auf Lößböden baut man auch Neuburger an, dessen reife, volle Art Freunde milder Weine anzieht. Blumig und säurearm sind die Wachauer Weine aus Müller-Thurgau, der im Flusstal angepflanzt wird. Eine weitere Spezialität der Wachau ist die Muskatellertraube, die auf den Bergen wächst und feinfruchtige Weißweine ergibt.

Besonders zur Marillenblüte zieht es nicht nur zahlreiche Wiener in die außerordentlich reizvolle Flusslandschaft mit ihren uralten Orten und interessanten Kunstschätzen. Dürnstein, wo Richard Löwenherz 1193 gefangen gehalten wurde, wird heute noch von der imposanten Ruine überragt. Gemütliche Buschenschenken laden überall zur Weinprobe ein.

Spitz steht auf dem Boden einer keltischen Siedlung. Hier befindet sich der Tausendeimerberg, der in guten Jahren 1000 Eimer (= 56.000 Liter) Wein liefert. Im »Spitzer Graben«, terrassierten Steilhängen, wächst ein besonders spritziger Bergwein.

Auch auf der anderen Donauseite wird Wein angebaut. Mautern heißt der älteste Weinbauort, seine römische Kastellform ist heute noch zu erkennen. Sehenswert ist auch Rossatz gegenüber Dürnstein mit seinen inmitten von Obstgärten gelegenen Heurigenlokalen.

Kremstal und Kamptal

Die Weinberge um die alte Doppelstadt Krems-Stein grenzen donauabwärts an die Wachau an. Auch hier ist der Weinbau schon für 450 nach Christus bezeugt. Die Klöster des bayerisch-österreichischen Bistums Passau und später das Bürgertum nahmen sich hier des Rebbaues an. In Krems gibt es eine Weinbauschule und ein Weinbaumuseum. Bis 1987 fand hier die Bundesweinmesse statt, die dann durch den »Salon österreichischer Wein« abgelöst wurde.

Seit 1988 ist Krems Veranstaltungsort der Niederösterreichischen Weinmesse (siehe Seite 49).

Zum Schutz vor Nachahmung trägt Kremser Wein das Herkunftszeichen »Original Kremser Wein«. Außer der Stadt Krems selbst gilt das berühmte, auf einem Hügel gelegene Rokokostift Göttweig, um das sich nicht weniger als 10 Weinorte scharen, als wichtiges Zentrum des Weinbaues.

Auf zum Teil steil terrassierten Hängen gedeihen die Reben zu beiden Seiten der Donau. Die Hauptrebsorte, der Grüne Veltliner, ergibt hier alle Qualitäten vom leichten, spritzigen Tischwein bis zur hochfeinen Auslese. Im günstigen Klima rund um die Stadt Krems reift der Rheinriesling besonders gut, außerdem Müller-Thurgau und in geringen Mengen Neuburger. Die fruchtigen Roséweine aus Zweigelt, Saint-Laurent und Portugieser erfreuen sich steigender Beliebtheit. Nützliche Nebenprodukte des Rebbaues sind das Kremser Weiß, eine Farbe, die man früher mit Hilfe von Weinessig herstellte, und Kremser Senf auf einer Grundlage aus Traubenmost.

Hervorragende Jahrgänge von Niederösterreich

1990, 1992, 1993, 1995, 1997, 1998

Im landschaftlich schönen Kamptal, einem nach Norden weisenden Seitental der Donau, befindet sich das ehemalige Weinbaugebiet Langenlois. Der Rheinriesling mit dem Namen Heiligensteiner gerät hier besonders frisch und fein.

Eine Spezialität von Strass ist der fruchtige Gaisberger Neuburger. Wichtigste Rebsorte ist jedoch wie in den benachbarten Regionen der spritzige, fruchtige Grüne Veltliner, der dem Gebiet zu seinem guten Ruf verhalf. Zentrum ist Langenlois, der größte Weinort Österreichs. Ein Weinlehrpfad, ein Weinmuseum und zahlreiche Buschenschenken in der reizvollen alten Stadt machen den Ort für Weinfreunde besonders besuchenswert. Nördlich der Stadt liegt Zöbing, das wegen seiner zahlreichen Buschenschenken »Grinzing« des Kamptales genannt wird.

Geschichtsträchtiges Weinviertel

Das größte Weinbaugebiet Niederösterreichs, aus den Gebieten Retz und Falkenstein entstanden, reicht im Norden und Osten bis an die tschechische und slowakische Grenze, im Süden bis an die Hauptstadt Wien heran. Unberührtheit und alte Kultur sind die Kennzeichen des von der Sonne verwöhnten Gebiets um Retz. Bekannt ist die Windmühle von Retz, die einzige in Österreich, die sich in betriebsfähigem Zustand befindet. Der Rebanbau erfolgt auf den Südhängen sanfter Hügel, Ackerbau und Weinbau werden oft nebeneinander betrieben.

Weinbauzentren sind hier Retz, Pulkau und Röschnitz, wo der Grüne Veltliner besonders fruchtige Weißweine ergibt. Die Kellergewölbe unter der Stadt Retz, in denen die Weine heranreifen, sollen länger sein als das oberirdische Straßennetz. Der Stadtplatz ist wegen seiner alten Renaissancebauten ein Anziehungspunkt für die Liebhaber schöner Architektur.

Neben dem Veltliner ergibt der Weiße Burgunder gute Qualitäten im Weinviertel. Extraktreiche, hochwertige Gewürztraminer, kräftige Neuburger und blumige Müller-Thurgaus ergänzen das Weißweinsortiment.

Dank des besonders warmen Klimas um Retz und Haugsdorf gibt es auch Rotwein. Der Blaue Portugieser wird zu dunkelroten, süffigen, milden Weinen verarbeitet.

Haugsdorf liegt in einem der unberührtesten Gebiete Österreichs, im Pulkautal, wo noch altes Brauchtum lebendig ist und wo zu Ostern die »Kadolzer Grean«, ein Fest der offenen Kellertür, gefeiert wird. Der überwiegende Teil der Rebflächen des Weinviertels befindet sich im ehemaligen Weinbaugebiet Falkenstein, das sich östlich anschließt. Zahlreiche Burgen und Ruinen erinnern an wichtige historische Begebenheiten. So schlug Rudolf von Habsburg hier 1278 den Böhmenkönig Otto I., so dass man von einem Geburtsort Österreichs sprechen kann.

Für Falkensteiner Wein, der im 19. Jahrhundert an viele europäische Fürstenhöfe geliefert wurde, bezahlte man mehr als für andere österreichische Weine.

In Poysdorf, einem der Weinbauzentren der Gegend, wurde vor 100 Jahren der Grüne Veltliner, die wichtigste Rebsorte Österreichs, wiederentdeckt. Heute wird ein Viertel der Poysdorfer Weine zu Sekt verarbeitet.

Der Ort Falkenstein, dessen Wahrzeichen die Burgruine oberhalb des Ortes ist, wurde schon zu Anfang des 14. Jahrhunderts als Weinort gewürdigt. Das Falkensteiner Weinrecht galt nicht nur für die engere Umgebung, sondern für den ganzen südmährischen Raum. Weitere Zentren des Weinbaues sind Mistelbach, Matzen, Wolkersdorf und Zistersdorf, wo 1934 zum ersten Mal in Österreich Erdöl gefunden wurde. Die Öltürme stehen hier unmittelbar neben den Weinreben.

Im östlichen Teil des Weinviertels werden die gleichen Rebsorten angebaut wie um Retz. Die Weißweine stammen von Grünem Veltliner, Rheinriesling, Weißburgunder und Neuburger. Hinzu kommt der Anbau von Welschriesling, der hier einen gut lagerfähigen Wein mit feinem Bukett ergibt. Rotweininseln befinden sich bei Matzen und Schrattenberg.

Terrassenweinbau im Kamptal in Niederösterreich. Der lockere mineralreiche Lößboden eignet sich hervorragend für den Anbau des Grünen Veltliners.

Donauland, Carnuntum, und Traisental

Das Weinbaugebiet Donauland umfasst die Bezirke Tulln und Klosterneuburg. Im Westen reicht es bis an die Wachau und Krems. Direkt vor den Toren Wiens liegt das Zentrum Klosterneuburg mit seinem über die Grenzen Österreichs hinaus berühmten Schul- und Forschungszentrum, der Höheren Bundeslehr- und Versuchsanstalt für Wein- und Obstbau im ehemaligen Augustiner Chorherrenstift. Ihr Gründer war 1860 der Freiherr von Babo, der wie Oechsle in Deutschland eine Mostwaage erfand. Heute noch werden die österreichischen Mostgewichte in Babo oder KMW (Klosterneuburger Mostwaage) angegeben. Babo erprobte als erster amerikanische Unterlagsreben gegen die Reblaus. Eine Spezialität der Stadt ist neben dem Grünen Veltliner der Weißburgunder. Fels und Traismauer, eine alte Römerstadt, sind weitere Weinbauzentren des Gebiets. Besonders gepflegt wird der Grüne Veltliner, doch gibt es auch Rotweine aus Blaufränkisch und Saint-Laurent.

Das Weinbaugebiet Carnuntum erstreckt sich um das alte Römerlager Carnuntum. Hainburg und Prellenkirchen sind die Zentren des Weinbaues. Die weißen Rebsorten sind hier Grüner Veltliner, aber auch Rheinriesling und Neuburger. Die Rotweine werden aus Zweigelt, Blaufränkisch, Blauem Portugieser und Blauem Burgunder gekeltert.

Das 1995 neu geschaffene Weinbaugebiet Traisental umfasst die Bezirke St. Pölten und Herzogenburg. Angebaut werden vor allem Grüner Veltliner, Zweigelt und Blauer Portugieser.

Ein Weingarten im historischen Carnuntum. In Göttlesbrunn steht der mit 200 Jahren älteste noch tragende Weinstock Europas.

Die Thermenregion

Zwei kleine Weinbaugebiete südlich von Wien wurden 1985 zur Thermenregion zusammengefasst.

Berühmt ist das Gebiet um Gumpoldskirchen, ja der »Gumpoldskirchner« Weißwein war lange Zeit für Menschen, die das Land und seine Weine nicht kannten, Synonym für österreichischen Wein schlechthin. Das außerordentlich warme Klima südlich der Wiener Stadtgrenze an den Hängen des Wienerwaldes lässt die Trauben besonders gut reifen. Schutzmaßnahmen waren notwendig, um den Gumpoldskirchner Wein vor Nachahmung zu bewahren. Ein eigenes Herkunftszeichen wurde geschaffen.

Neben den für Niederösterreich typischen Rebsorten Grüner Veltliner, Welschriesling, Neuburger und Weißer Burgunder – Rotwein gibt es nicht – werden um Gumpoldskirchen als Spezialität Zierfandler (hier Spätrot genannt) und Rotgipfler angebaut. Der Verschnitt aus diesen beiden Sorten ergibt volle, körper- und bukettreiche Weißweine, die unter dem Namen »Gumpoldskirchner« in der ganzen Welt Freunde gefunden haben. Im Ort Gumpoldskirchen gibt es einen interessanten Weinwanderweg, schöne Winzerhäuser, alte Pressen und Kellergewölbe zu sehen.

Ein weiteres Zentrum des Weinbaues ist die Kurstadt Baden, deren überaus günstiges Klima nicht nur dem Wein, sondern auch der Gesundheit zugute kommt. Eine besondere Spezialität ist der milde Neuburger.

Südlich von Gumpoldskirchen befindet sich die Kurstadt Bad Vöslau, deren Rebanlagen weite Teile des so genannten Steinfeldes umfassen. Anders als in den nördlichen Gebieten Niederösterreichs wird hier hauptsächlich Rotwein gewonnen.

Die milden, süffigen Portugieser, die feinfruchtigen, herben Blaufränkischen, die im Alter ihre höchste Qualität entfalten, und die dunkelroten, rassigen Rotweine aus der Saint-Laurent-Rebe sind die Spezialitäten der Gegend. Weißweine gibt es kaum.

Vöslau ist außerdem Ursprungsort der österreichischen Schaumweinindustrie. Hier gründete Robert Schlumberger um die Mitte des 19. Jahrhunderts die erste Schaumweinfabrik, in der er weißen Schaumwein aus blauen Trauben erzeugte.

Burgenland

Ein ausgedehnter Weingarten ist dieses Land am Ostrand der österreichischen Republik, und inmitten der Reben leuchtet der riesige Wasserspiegel des Neusiedler Sees, in dessen Schilfgürtel selten gewordene Vögel nisten. Ein warmes, gastfreundliches Land empfängt den Besucher, ein Land mit exotischem Reiz, denn im Burgenland spürt man schon deutlich die Nähe Ungarns. Pannonien hieß die römische Provinz zwischen Ostalpen, Donau und Save, die im Laufe der Jahrhunderte ein wechselvolles Schicksal erlebte und erlitt. Als pannonisch wird das Klima im Burgenland bezeichnet, das heißt, heiße Sommer (Durchschnittstemperatur von Mai bis September 23 °C! in Rust), zahlreiche Sonnentage und geringe Niederschläge machen vor allem das Gebiet um den See zum idealen Weinland.

Hervorragende Jahrgänge des Burgenlandes

1990, 1992, 1993, 1994, 1997

Das Burgenland, zweitkleinstes Bundesland der Republik, ist gleichzeitig zweitgrößtes Weinbaugebiet. Es kam erst 1921 zu Österreich, nachdem es zwischenzeitlich der ungarischen Krone gehört hatte.

Der Charakter der burgenländischen Weine ist dem Klima entsprechend mild, doch nicht unangenehm süß. Sie zeichnen sich vor allem durch Bekömmlichkeit und angenehmes Sortenbukett aus. Etwa zwei Drittel aller burgenländischen Weine sind weiß, ein Drittel rot. Der Anteil der Rotweine liegt höher als im Landesdurchschnitt.

Goldmedaille der burgenländischen Weinprämierung.

Der überwiegende Teil der Weißweine ist süffig und frisch, die spät gelesenen Gewächse gehören gehobenen Prädikatsklassen an und sind körperreich bis honigsüß.

Der Grüne Veltliner gehört auch im Burgenland zu den Hauptrebsorten, doch sind hier »nur« 21 Prozent der Rebfläche mit ihr bepflanzt. Fruchtig und kräftig präsentieren sich seine Weine.

An zweiter Stelle steht der Welschriesling, der warme Standorte braucht. Er ergibt hier herbe Weißweine mit feiner Blume, in guten Jahren vollmundige Auslesen und würzige Beerenauslesen.

Der feine Rheinriesling, der vollmundige Neuburger, der blumige Müller-Thurgau und der zarte Weißburgunder ergänzen das Weißweinsortiment. Muskat-Ottonel und Traminer ergeben würzige Muskatweine, wobei der letztere feiner im Bukett ist. Freunde von zartem Muskatgeschmack sollten einmal einen Wein aus der Bouviertraube probieren, die nur im Burgenland angebaut wird. Der Anbau ist rückläufig, doch wird sie nach wie vor wegen ihrer Würze für Dessertweincuvées verwendet.

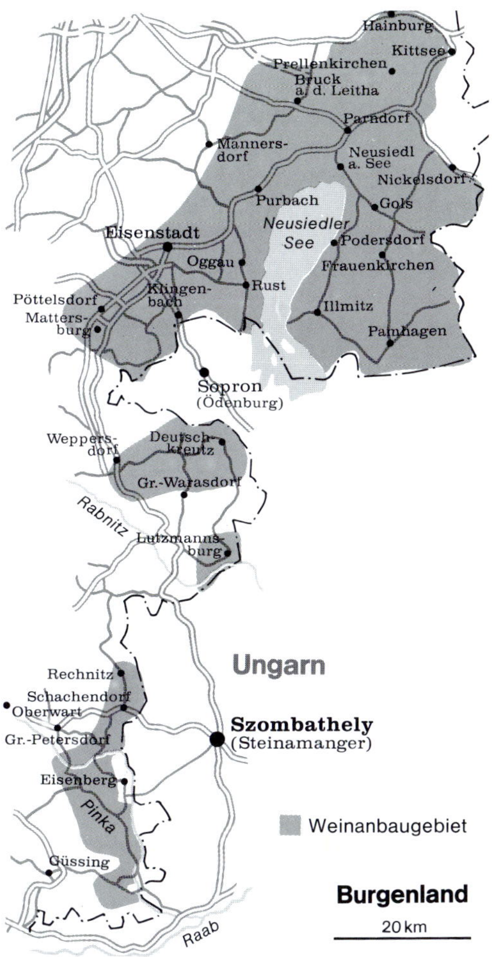

Der Blaufränkisch ist die wichtigste Rotweinsorte, doch ist auch hier der Zweigelt im Vormarsch. Samtigmild schmecken die Burgenländer Rotweine, ihr typisches Sortenbukett macht sie zu geschätzten Spezialitäten. Erfrischend ist der so genannte »Gleichgepresste«, ein Roséwein, meist aus der Sorte Blaufränkisch hergestellt. Das Gebiet, in dem rund 35 Prozent aller österreichischen Weine produziert werden, besteht seit 1985 aus vier Weinbaugebieten: Neusiedlersee, Neusiedlersee-Hügelland, Mittelburgenland, entstanden aus dem ehemaligen Gebiet Rust-Neusiedlersee, und Südburgenland, früher Eisenberg, an den Ausläufern der Ostalpen.

Typische Kellergasse in einem burgenländischen Weinort. Die oberirdischen Eingänge zu den Weinkellern prägen das Bild vieler Orte am Neusiedler See.

Geheimnisvoller Neusiedler See

Der mit 300 Quadratkilometern drittgrößte See Europas, ein Steppensee mit nur 1 bis 2 Metern Tiefe, gefüllt mit heilkräftigem Wasser, verschwand schon mehrere Male im Verlauf der Geschichte – und entstand wieder neu. Der immense Wasserspiegel, der sich im Sommer dank des heißen Kontinentalklimas und der geringen Tiefe rasch erwärmt, wirkt sich günstig auf den Weinbau aus. Die meisten Weinorte sind darum im klimatischen Einflussbereich des Sees zu finden.

Das Hügelland am Westufer des Sees mit seinen seit Jahrhunderten hoch angesehenen Weinen ist heute gebietsmäßig vom flachen Ostufer mit den erst in neuerer Zeit entstandenen immensen Rebfeldern abgetrennt worden. Zentrum ist die alte Freistadt Rust, deren Weinspezialitäten aus später Lese bis 20 Prozent der burgenländischen Produktion ausmachen. Der Ruster Ausbruch, ein aus Trockenbeeren gewonnener Weißwein (siehe auch Seite 41), wurde schon im Mittelalter von gekrönten Häuptern geschätzt, auch der Dichterfürst Johann Wolfgang von Goethe ließ sich von ihm inspirieren.

Rotweine gedeihen in Oggau, dem Nachbarort. Sie errangen bei der Weltausstellung 1932 in Paris sogar eine Goldmedaille neben den berühmten französischen Kreszenzen. An den Hügeln des Leithagebirges um die Hauptstadt Eisenstadt gedeiht ebenfalls Wein. Etwas abseits vom See, doch noch in seinem klimatischen Einflussbereich, liegen die Rotweinorte Pöttelsdorf und Mattersburg. Während Bismarck den Pöttelsdorfer zu seinem Lieblingswein erkor, bevorzugte Josef II., der Sohn von Maria Theresia, den Mattersburger. Am Ostufer des Sees liegt Gols, eine der größten Weinbaugemeinden Österreichs. Im so genannten Seewinkel gedeihen Sandweine.

Die Rotweinorte Horitschon und Lutzmannsburg befinden sich im Mittelburgenland, weitab vom See am Rande der Ostalpen. Ein bekanntes Weißweinzentrum ist hier Deutschkreutz.

Südburgenland

Nur 3 Prozent der burgenländischen Weinbaufläche entfallen auf das Weinbaugebiet Südburgenland um die Stadt Eisenberg im Pinkatal. Die Rebflächen erstrecken sich hier an den Süd- und Südosthängen der östlichen Alpenausläufer. Das Gebiet hat seine Existenz den Grafen von Gössing und einigen kenntnisreichen Zisterzienserpatres zu verdanken.

Um den Hauptort Eisenberg wird wegen seiner klimatisch begünstigten Kessellage hauptsächlich Rotwein angebaut. Im ganzen Gebiet ist das Verhältnis zwischen Weiß- und Rotwein etwa ausgeglichen. Spitzengewächs ist der »Original Eisenberger Blaufränkisch«. Die Zweigeltrebe und Blauburgunder ergeben ansprechende Weine. Rheinriesling und Frühroter Veltliner sind die wichtigsten weißen Rebsorten.

Steiermark

Steil, karg und steinig sind die Weinberge der Steiermark. Eine äußerst reizvolle Landschaft mit klappernden Windrädern, hohen Bergen im Norden und der Grenze nach Slowenien im Süden. Den steilen und weit verstreuten Rebbergen sind äußerst unterschiedliche Weine zu verdanken.

Die Weinbaugebiete der Steiermark befinden sich südlich von Graz vor allem in den südlichen und südöstlichen Landesteilen. Klimatisch reicht die Region schon in die südlichen Zonen hinein, reichliche Niederschläge wirken sich günstig auf Qualität und Ertrag aus. In Tallagen ist wegen der Frostgefahr kein Weinbau möglich. Die extrem steilen Hanglagen können oft nur mit dem Seilzug unter hohem Arbeitseinsatz bearbeitet werden. Steirischer Wein wird hauptsächlich im Erzeugergebiet selbst angeboten, er kommt selten außer Landes.

Die Weißweine überwiegen. Wichtigste Sorte ist der spritzige Welschriesling, gefolgt vom rassigen Weißburgunder und blumigen Müller-Thurgau. Die Muskatweine aus Sauvignon Blanc und Traminer zeigen sich mehr oder weniger stark würzig. Nur in der Weststeiermark gedeiht der Rote Wildbacher, der hier den so genannten Schilcherwein, einen hell-rubinfarbenen, spritzigen Rotwein mit feinsäuerlich-herbem Geschmack ergibt.

Hervorragende Jahrgänge der Steiermark

1990, 1993, 1995, 1996, 1997, 1998

Wahrzeichen des steierischen Weinbaues ist der Klapotetz, ein klapperndes Windrad, das zu Beginn der Traubenreife aufgestellt wird, um Vögel fernzuhalten.

Die Region besteht aus 3 Weinbaugebieten: Südsteiermark, Südoststeiermark und Weststeiermark. Die Südsteiermark ist mit 1900 Hektar weinbaulich das größte Untergebiet. Es gliedert sich in das Weinbaugebiet an der slowenischen Grenze und das Weinbaugebiet des Sausal, wo die Lagen am steilsten sind. In beiden ist der Welschriesling Hauptrebsorte.

Südoststeiermark (1200 Hektar) liegt in der südlichen Ecke des Landes. Um Klöch mit seinen vulkanischen Böden gedeiht ein guter Traminer. Hier wie in der Oststeiermark ist der Welschriesling mit starkem Sortenbukett ausgestattet.

Interessant ist vor allem das winzige Gebiet Weststeiermark (480 Hektar), südwestlich von Graz gelegen, wo der Schilcher erzeugt wird. Der Name ist für original steirische Roséweine aus der Wildbacherrebe geschützt. Von der Rebe gibt es 3 Varianten: früh-, mittel- und spätblau; auch der fertige Wein kennt einige Spielarten. »Zwiebelschilcher« ist z.B. ein hellroter Wein aus Stainz. Um alle Schilcher kennen zu lernen, folgt man am besten der nach dieser Spezialität benannten Schilcherstraße von Ligist nach Eibiswald.

Wien

Wenn man in Wien eine gewöhnliche graue Großstadtstraße entlangfährt, kann es einem passieren, dass man am Ende dieser Straße eine Rebanlage in leuchtendem Grün erblickt. Die Millionenstadt Wien, Wiege des österreichischen Weinbaues, ist schon seit urdenklichen Zeiten ein Weinanbaugebiet mit reicher Tradition.

Einstmals Hauptstadt eines Weltreiches, ist Wien in früherer Zeit auch eine Stadt des Weinbaues und des Handels gewesen. Davon zeugen die riesigen Weinkeller, die mehrere Stockwerke tief un-

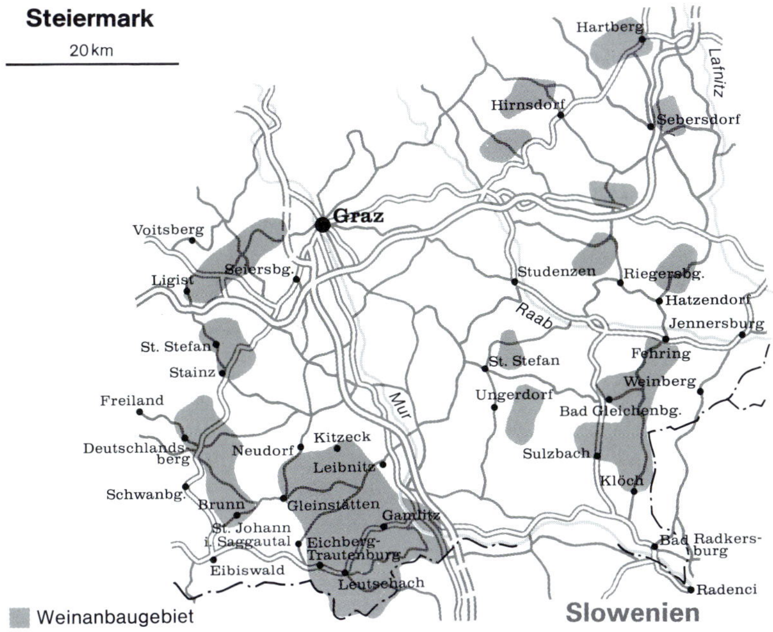

Die Weinlese an den Steilhängen der Südsteiermark nahe der slowenischen Grenze ist eine mühevolle Arbeit.

ter der Innenstadt verlaufen. Von den ehemals ausgedehnten Rebanlagen sind heute, wegen des ständigen Ausdehnungsdranges der Großstadt, nur mehr rund 700 Hektar im Norden und Westen der Stadt übrig. Sie reichen bis in die Randbezirke hinein. Im 10., 16., 17., 18., 19., 21. und 23. Bezirk befinden sich 19 Weinbauorte, deren bekannteste wohl Grinzing, Sievering, Nussdorf und Heiligenstadt sein dürften. Angebaut wird überwiegend Weißwein, vor allem Grüner Veltliner, aber auch Rheinriesling, Neuburger, Weißburgunder, Traminer und Müller-Thurgau. Den Wiener Weißweinen gemeinsam ist ihre Eleganz und Spritzigkeit, verbunden mit feiner Frucht.

Hervorragende Wiener Jahrgänge

1990, 1993, 1994, 1997, 1998

Ein besonderes Kennzeichen des Wiener Weinbaues ist der Heurige, wobei sich das Wort sowohl auf das Lokal als auch auf den Wein bezieht, der hier ausgeschenkt wird. Gekennzeichnet sind die Heurigen wie alle Buschenschenken des Landes durch einen ausgesteckten grünen Föhrenbusch oder -kranz. Seit Beginn des 19. Jahrhunderts ist diese Ausschankform für Wien typisch, und jedes Jahr ziehen die so genannten »Nobelheurigen« mit Musik Tausende von Touristen an. Es gibt jedoch auch kleinere Wirtschaften, die dem stillen Zecher einen sauberen Wein und eine schmackhafte »Jause« bieten. Ausgeschenkt werden darf nur Wein aus eigenem Anbau.
Typisch für den Heurigen war früher der gemischte Satz, das heißt verschiedene Traubensorten wurden in einem Weinberg gemeinsam angebaut, geerntet und gekeltert. Heute baut man wie in anderen Qualitätsweinbaugebieten auch die Rebsorten getrennt und sortenrein an. Um den typischen Heurigenwein zu erhalten, verschneidet man die Moste später miteinander. Heuriger darf der Wein von Martini (11.11.) nach der Lese bis Martini des folgenden Jahres genannt werden, bevor er zum Altwein wird. Vor dem Altwerden bewahren ihn jedoch meist die zahlreichen Besucher der interessanten Stadt sowie die Wiener selbst, die gern beim Heurigen Entspannung und Unterhaltung suchen.

Das Bergland

Die neu geschaffene Weinbauregion Bergland Österreich umfasst Vorarlberg, Tirol, Kärnten, Oberösterreich und Salzburg, deren Rebflächen jedoch in keinem Fall 10 Hektar übersteigen und daher nur von örtlichem Interesse sind.

Beim Heurigen schmecken unkomplizierte junge Weine zu ländlichen Speisen nicht zuletzt wegen der netten Gesellschaft und Unterhaltung einfach köstlich.

Schweiz und Liechtenstein

Minderwertigen Wein gibt es in der Schweiz nicht. Mit viel Mühe ringen die Schweizer Weinbauern den oft steilen Weinbergslagen karge Erträge ab. Schweizer Wein ist daher leider relativ teuer, dafür bekommt man aber immer ehrliche, saubere Tropfen, die nach strengen Bestimmungen in Bezug auf Anbau und Kellermethoden hergestellt werden.
Die Bewohner der Schweiz selbst sind große Weintrinker, sie konsumieren pro Kopf und Jahr fast doppelt soviel wie die Deutschen (41 Liter). 1 Million Hektoliter muss daher jedes Jahr eingeführt werden, denn die heimatliche Ernte von rund 1 Million Hektolitern reicht bei weitem nicht aus.
Der Schweizer Rebbau geht auf Karl den Großen zurück und erfuhr im Mittelalter seine größte Ausdehnung. Preiswerte Weine aus südlichen Ländern überfluteten den Markt in späteren Jahren, die Reblaus, Rebkrankheiten und die Abwanderung junger Weinbauern in die Städte bewirkten einen weiteren Rückgang im vorigen Jahrhundert. Heute ist die verbliebene, recht bescheidene Rebfläche wieder in Ausdehnung begriffen.
Rund 15.000 Hektar Weinberge sind bepflanzt, wovon knapp 80 Prozent auf die französischsprachige Westschweiz mit vorwiegend Weißweinanbau, 14 Prozent auf die deutschsprachige Ostschweiz und 6 Prozent auf die italienischsprachige Südschweiz mit vorwiegend Rotweinanbau entfallen.
Insgesamt sind die Flächen für weiße und rote Rebsorten etwa gleich groß.

Westschweiz

Sind die französischsprachigen Schweizer auch in der Minderheit – im Weinbau sind sie überlegen. So vielgestaltig wie die Schweiz als Ganzes ist der Westschweizer Rebbau. Er bezieht Alpentäler und Jurahänge mit ein. Überall, wo das nordeuropäische Klima es zulässt, stehen Rebstöcke.
In der Westschweiz überwiegt die Weißweinerzeugung. Hauptrebsorte ist der Gutedel oder Chasselas, den es in Deutschland nur in Baden gibt. Hier ergibt die Sorte ihre größten Weine, unter anderem den spritzigen Fendant, der als einer der wenigen Schweizer Weine über die Landesgrenzen hinaus bekannt ist und auch exportiert wird.

Wallis – Heimat des Fendant

Das Wallis ist mit 5300 Hektar Rebfläche (38 Prozent der Gesamtschweiz) das weitaus größte Weinbaugebiet. Anders als in anderen Kantonen ist hier der Rebbau seit über 100 Jahren in ständiger Expansion begriffen. Die Reben stehen an einem schmalen Uferstreifen des Genfer Sees, vor allem aber im Tal der Rhône, wo sich das größte Areal an den Südhängen des rechten Ufers befindet. Im Oberwallis reichen die Weingärten bis in 1100 Meter Höhe hinauf.
Wahrzeichen des Walliser Weines ist die traditionelle Kanne, die in der Schweiz als Wirtshausschild vor zahlreichen »Walliser Kanne« genannten Wirtschaften dient, ein Zeichen für die Beliebtheit des Walliser Weines und vor allem des Fendant, der überall im Land seine Freunde hat. Der Name Fendant ist allein den Chasselas- oder Gutedelweinen des Wallis vorbehalten. Er ist trocken, verhältnismäßig weich und spritzig. Um diesem Charakter treu zu bleiben, sollte er nicht zu alt werden.
An zweiter Stelle in der Verbreitung steht der Johannisberg, ebenfalls eine Weinbezeichnung, die es nur im Wallis gibt. Dahinter verbirgt sich ein zarter und weicher Wein mit einer kleinen bitteren Spitze aus der Silvanerrebe, die im Wallis auch Gros Rhin genannt wird. Auch der Johannisberg sollte vor Vollendung seines 3. Lebensjahres getrunken werden.
Der Dôle ist der bekannteste Schweizer Rotwein. Sein Name ist für den Kanton Wallis geschützt. Dôle ist keine Rebsorte, der Wein ist ein Verschnitt aus mindestens 80 Prozent Pinot Noir und Gamay, wobei die edle Burgundertraube überwiegen muss, theoretisch auch allein vertreten sein darf. Der Pinot sorgt für Körper, Bukett und Rasse, während der Gamay Robustheit und Fruchtigkeit bringt. Das Lesegut für Dôle muss eine bestimmte Reife erreicht haben (80 Grad Oechsle), und sein Alkoholgehalt darf 12 Volumenprozent nicht unterschreiten. Dôle altert gut, 2 bis 3 Jahre nach der Ernte erreicht er erst seine optimale Trinkreife und schmeckt samtig und rund. Weißer Dôle besteht aus den gleichen roten Rebsorten, die weiß gekeltert wurden, und bis zu 10 Prozent weißen Trauben.
Erreicht ein Rotwein aus Pinot Noir und Gamay nicht die für den Dôle vorgeschriebenen Werte, kommt er als Goron auf den Markt, ein leichter Rotwein, der kühl getrunken wird.
Rotweine werden außerdem aus den spätreifen Sorten Hu-

Œil de Perdrix heißen in der Westschweiz die Roséweine.

magne, Cornalin und Syrah gewonnen, wobei die beiden letzteren ausgesprochene Raritäten darstellen.
Der Roséwein aus Pinot Noir heißt wie anderswo in der Westschweiz auch Œil de Perdrix (Rebhuhnauge). Er schmeckt voll, rassig und elegant. Am besten wird er kühl getrunken.
Reisende ins Wallis sollten unbedingt eine der Spezialitäten des Landes probieren, die auch hier nur zu besonderen Anlässen getrunken werden: Der Haida oder Heidenwein, französisch Paien, wird aus der äußerst seltenen Sorte Weißer Traminer gewonnen, die nur bei Visperterminen bis in 1100 Meter Höhe wächst, früher sogar noch höher hinauf gedieh. Der Wein schmeckt trocken, leicht und etwas streng. Körperreiche, kräftige, eher süße Weine, die sich als Aperitif- und Dessertweine eignen, werden aus den spät gelesenen Trauben der Sorten Amigne, Petite Arvine, Ermitage (Marsanne Blanche) und Humagne Blanche gewonnen. Der Muscat des Wallis ist würzig, doch trocken. Der Pinot Gris (Ruländer) wird im Wallis als Malvoisie bezeichnet. Dieser sehr seltene, rosa schimmernde Weißwein ist gehaltvoll, glatt, von geschliffener Eleganz.
Eine Kuriosität ist der Gletscherwein aus dem Eifischtal (Val d'Anniviers). Er wurde ehedem aus der Sorte Reze gewonnen, heute jedoch bereitet man ihn aus einem Verschnitt von Fendant, Malvoisie, Arvine und Ermitage. Er wird jahrzehntelang in Lärchenholzfässern gelagert und erhält so einen typischen Alterungsgeschmack.

Waadt – Spitzen-Chasselas

Der Westschweizer Kanton Waadt (Vaud) kann für sich den Ruhm beanspruchen, eine Reihe von Spitzen-Weißweinen hervorzubringen. Mit 3800 Hektar ist er das zweitgrößte Schweizer Weinbaugebiet. Die Rebanlagen befinden sich westlich und östlich der Hauptstadt Lausanne am Nordufer des Genfer Sees (La Côte und La-

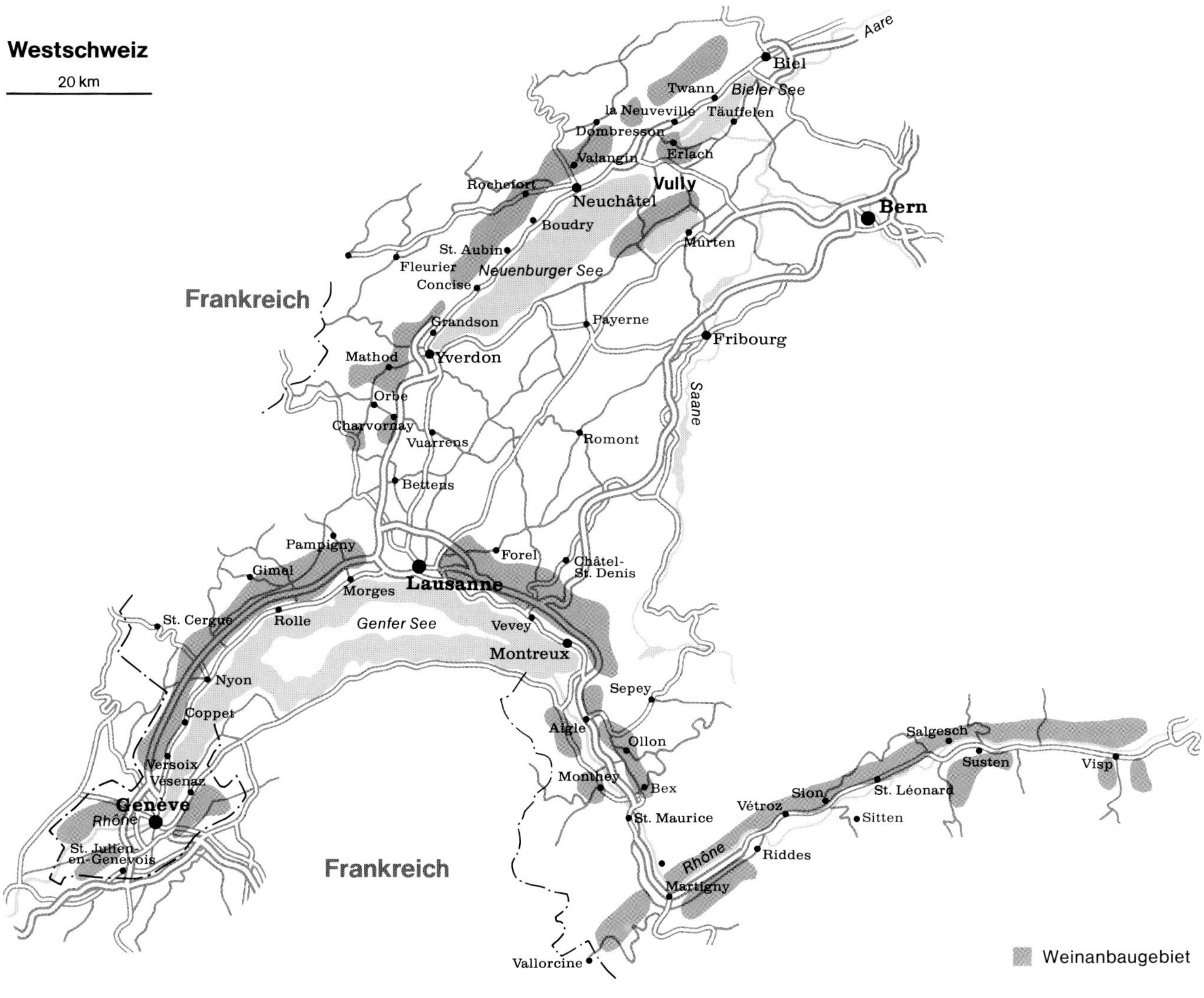

vaux), setzen sich nordöstlich im Mündungsgebiet der Rhône bis Bex fort (Chablais) und umfassen schließlich zwei Weinbauinseln am Ufer des Neuchâteler Sees (Bonvillars), soweit es zu diesem Kanton gehört, sowie am Murtensee (Vully). Seit 1985 regelt ein Gesetz die Ursprungsbezeichnungen. Es gibt 30 Herkunftsbezeichnungen, die meisten beziehen sich auf den Ort, vier auf größere Gebiete. Dézaley und Calamin dürfen den Zusatz »Grand Cru« tragen.

Spezialität des Kantons sind die weißen Chasselasweine, die hier rund 90 Prozent der gesamten Weißweinproduktion ausmachen und in den einzelnen Gebieten sehr unterschiedlich schmecken. Neben dem Chasselas gibt es noch einige Weißweinspezialitäten, die jeweils den Namen der Rebsorte verbunden mit der Regional- oder Gemeindebezeichnung tragen. Ihr Anteil an der Gesamternte des Kantons beträgt nur etwa 1 Prozent. Der Ruländer, hier Tokayer oder Malvoisie genannt, ergibt wie im Wallis einen feinen Dessertwein. Rotwein erhält die Appellation contrôlée Salvagnin, wenn er aus Pinot Noir und/oder Gamay stammt und eine Prüfung durch eine Kommission erfolgreich bestanden hat.

Die große Vielfalt der Geschmacksrichtungen bei den Waadtländer Weinen ist fast ausschließlich dem Chasselas zu verdanken; sie geht zurück auf die Lagen in den Untergebieten, die einer näheren Betrachtung wert sind.

La Côte heißt das Gebiet westlich von Lausanne am Genfer See. Die Chasselas aus Féchy, Mont-sur-Rolle, Luin, Vinzel und Tartagnin zeichnen sich durch besondere Feinheit, Fruchtigkeit und Charme aus.

Ebenfalls am Genfer See, jedoch östlich von Lausanne, bringt die Region von Lavaux kräftige, füllige Chasselas hervor, auf die das Adjektiv »stattlich« passt. In steilen Terrassen fallen hier die Weinberge zum See ab und bieten den Reben und den reifenden Trauben ideale Bedingungen. Primus sind unzweifelhaft Dézaley und Calamin, doch auch Lutry, Villette, Epesses und Saint-Saphorin bringen prächtige Gewächse hervor.

Im Chablais vaudois (nicht zu verwechseln mit dem burgundischen Chablis) verlassen die Rebberge den See und folgen dem Rhônetal von der Mündung an. Fruchtig sind die Chasselas von Villeneuve, die schon Napoleon III. pries, einzigartige Gewächse liefert Yvorne, die Chasselas von Aigle sind stark und leicht herb, während Ollon haltbare, solide Tropfen erzeugt. Die Weine von Bex schließlich sind nerviger.

Die drei Gebiete am Neuchâteler beziehungsweise Murtensee, Bonvillars, Vully und Côtes de l'Orbe erzeugen spritzige, lebhafte Chasselas, aber auch feine Salvagnins, die häufig allein aus Pinot Noir gewonnen werden. Eine Spezialität ist der hier Riesling x Sylvaner genannte Müller-Thurgau.

Oben: Weinberge im viel gepriesenen Anbaugebiet von Dézaley.
Unten: Steil abfallende Rebhänge im Rhônetal.

Genf – Land der Weinbauern

Für das relativ kleine Weinbaugebiet im Kanton Genf mag der Titel vermessen klingen, doch kann man nicht bestreiten, dass in Genf relativ der größte Anteil an der landwirtschaftlich genutzten Fläche für Weinbau genützt wird. Es steht mit rund 1500 Hektar Anbaufläche direkt hinter den beiden großen Weinbaukantonen Wallis und Waadt.

Klimatisch ist das Gebiet am Westufer des Genfer Sees mit seiner hohen Sonneneinstrahlung begünstigt, die Böden variieren stark, daher kommt der Herkunft auch hier eine gewisse Bedeutung zu. Die Ursprungsbezeichnungen lauten Chasselas de Genève und Gamay de Genève, verbunden mit dem Gemeindenamen.

Der Rebsortenspiegel hat sich am Anfang des 20. Jahrhunderts total verändert: War Genf früher ausschließlich Rotweinproduzent, so wird heute auf über einem Drittel der Anbaufläche der weiße Chasselas oder Gutedel angebaut. Er ergibt hier unkomplizierte, spritzige Weine, die wegen ihrer Neigung zum Perlen »Perlan« genannt werden. Die Bezeichnung steht vor der geographischen Ursprungsbezeichnung oder ersetzt sie. Mehr als ein Drittel der Weinberge ist mit den roten Rebsorten Gamay und Pinot Noir bepflanzt, was etwa dem Verhältnis der Nachfrage entspricht.

Gamay gibt es in leuchtendem Rosé oder in edlem Rot, der Pinot Noir ist fein und voller Charme. Œil de Perdrix, der Rosé aus Spätburgunder, ist auch hier mit Recht beliebt. Die weißen Sorten Riesling x Sylvaner (Müller-Thurgau), Chardonnay und Sylvaner sowie der burgundische Aligoté ergänzen das Rebsortiment.

Satigny im Mandement ist mit über 400 Hektar Rebfläche die größte Weinbaugemeinde der Schweiz und zugleich Sitz der Vin Union Genève, der bedeutendsten Schweizer Kellerei mit einem Fassungsvermögen von über 12 Millionen Litern.

Der spritzige Neuenburger

»Sur lie«, direkt von der Hefe abgefüllt, werden die spritzigen, leicht perlenden Weißweine vom Nordufer des Neuenburger oder Neuchâteler Sees. Man nennt sie deshalb auch »Sternliweine«. Sie werden wie die meisten Westschweizer Weißweine aus Chasselas (Gutedel) gewonnen, der hier am Südhang des sonst rauen Jura dank des großflächigen Wasserspiegels mit seinen Herbstnebeln und der schützenden Berge auf etwa 50 Prozent der Rebfläche gedeiht. Eine nähere Herkunftsbezeichnung als »Neuchâtel« dürfen die Weine nur nach einer zusätzlichen Sinnenprüfung tragen.

Saint-Saphorin am Ufer des Genfer Sees bringt einen besonders feinen Chasselas hervor.

Dem Schutz der Juraberge ist es auch zu verdanken, dass hier in steigendem Maße der Pinot Noir (Blaue Spätburgunder) angebaut wird. Er wird zum Teil zu Rotwein verarbeitet, doch werden besonders die Roséweine, Œils de Perdrix, geschätzt. Sie gehören zu den kräftigsten der Schweiz.

Weinbau an der Sprachgrenze im Kanton Bern

Ist die Bundeshauptstadt der Schweiz auch deutschsprachig, so zählen die Weinberge des zweisprachigen Kantons noch zur Westschweiz. Perfekt zweisprachig ist das Zentrum des Gebiets, die Stadt Biel oder Bienne.
Am Nordufer des Bieler Sees befindet sich im Schutz des Chasseral, des höchsten Teils des Schweizer Jura, die größte Rebfläche, eine kleinere bei Erlach am Westufer zwischen Neuenburger und Bieler See sowie auf der Petersinsel. Hauptrebsorte am Bieler See ist der Chasselas, der rote Pinot Noir nimmt auch hier zu und bedeckt etwa ein Drittel der Rebfläche. Die meisten Weine kommen als »Schafiser« oder »Twanner« in den Handel. Sie ähneln im Geschmack den Neuenburgern. Zwei kleine, zum Berner Gebiet gehörende Rebinseln befinden sich bei Spiez und Oberhofen am Thunersee. Eine Besonderheit: Der Riesling x Sylvaner ist hier die Hauptrebsorte.

Klein, aber uralt – Rebbau in Freiburg

Das kleinste Weinbaugebiet der Westschweiz mit etwa 100 Hektar Rebfläche liegt am Murtensee im Kanton Freiburg (Fribourg). Direkt westlich anschließend an die Rebflächen des Waadtlandes befindet sich am Ufer der älteste und zugleich größte Rebberg des Kantons, der Wistenlacher Hügel, im Französischen Mont Vully. 11 Prozent der Rebfläche befinden sich in der Umgebung von Cheyres. Der Rebbau im Kanton Freiburg geht auf das Jahr 961 zurück, als die Königin von Burgund dem Kloster Payerne Weinberge bei Wistenlach schenkte. Seither ist die Rebfläche immer mehr geschrumpft. Heute sind hauptsächlich zwei Sorten im Anbau: der weiße Chasselas (Gutedel) zu 80 Prozent und der rote Pinot Noir zu 20 Prozent. Die Weine sind mit jenen anderer Westschweizer Seen zu vergleichen.

So wichtig wie der Chasselas für den Westen ist der Spätburgunder für die Ostschweiz.

Ostschweiz

Die Deutschschweizer Gewächse sind zum größten Teil rot. In der Schweiz verhält es sich umgekehrt wie bei den großen »Brüdern« Frankreich und Deutschland, wo der Osten »weiß« und der Westen »rot« ist. Ostschweizer Weine sind so rar wie fein – eine Reise ins Ursprungsland lohnt sich deshalb doppelt.
Der gesamte Ostschweizer Weinbau umfasst nur 2500 Hektar Rebfläche, weniger als der Rheingau in Deutschland. Die relativ kleine Fläche verteilt sich noch dazu im Wesentlichen auf 7 Kantone und weitere winzige Rebareale. Während früher auch in der Ostschweiz der Rebbau weit verbreitet war, sind heute nur noch klimatisch günstige Lagen mit Weinreben bestanden. Die Ausbreitung von Städten und Industrie und wachsende Besiedlung haben ebenfalls zur Dezimierung der Rebflächen beigetragen.

Das Züricher Weinland

Den zutreffenden Namen »Weinland« führt das Gebiet zwischen Winterthur und Schaffhausen, wohin das früher umfassendere Rebgebiet des Kantons zurückgedrängt wurde. Die ehemals ertragreichen Weinberge am Zürichsee selbst und im Umkreis von Zürich wurden bis auf wenige Ausnahmen überbaut. Von der Gesamtrebfläche von rund 600 Hektar liegen 185 allein im Weinland im Bezirk von Andelfingen, im Unterland bei Bulach befindet sich ein weiteres Viertel. Im Limattal am Zürichsee bei Stäfa gibt es ebenfalls noch Reste von Weinbau.
Hauptrebsorte ist der Blauburgunder, wie der Blaue Spätburgunder oder Pinot Noir in der Ostschweiz genannt wird. Er liefert kräftige Rotweine. Der weiße Riesling x Sylvaner nimmt stark zu und gedeiht heute auf mehr als einem Viertel der Rebfläche. Die alte Weißweinsorte Räuschling, sowie Tokayer (Ruländer) und Gewürztraminer ergeben rare Weißweinspezialitäten.

Im Schutz des Schwarzwaldes – Schaffhausen

Der Kanton Schaffhausen, dessen Rebfläche mit rund 500 Hektar fast ebenso groß ist wie die von Zürich, beherbergt in seinen Grenzen die größte Weinbaugemeinde der Ostschweiz: Hallau im Klettgau. Außerdem gibt es Reben bei Stein am Rhein, um Schaffhausen selbst und bei Buchberg.
Auch hier dominiert der Blauburgunder. Fruchtig präsentieren sich die Rotweine. Eine Spezialität der Kantonshauptstadt sind die so genannten Munotreben, die innerhalb der Mauern der gleichnamigen Festung besondes gut reifen. Unter den weißen Sorten hat einzig der Riesling x Sylvaner Bedeutung.

»Herrschaftliche« Gewächse aus Graubünden

Auf Geröllschiefer und Schutthalden der Wildbäche

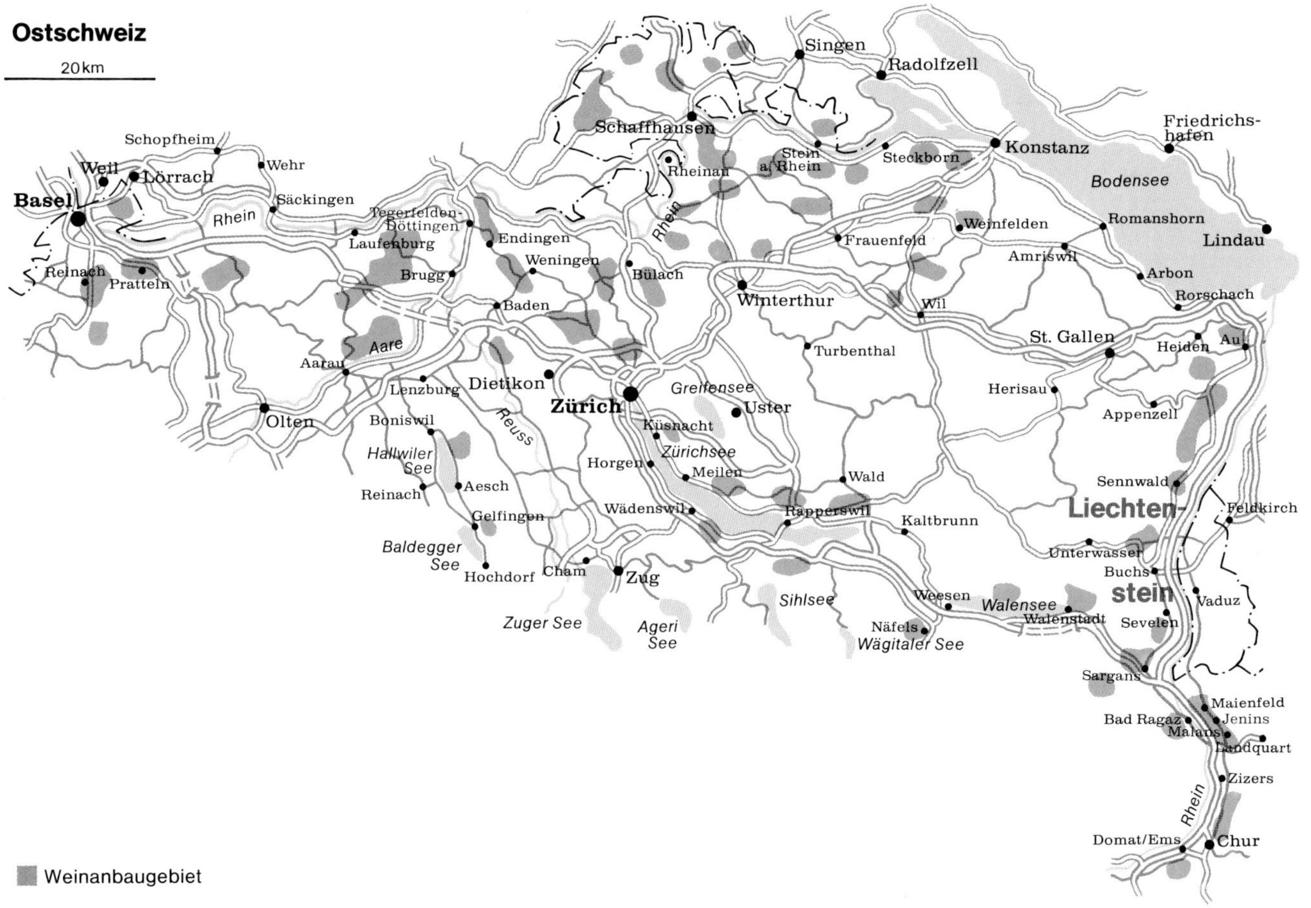

wachsen die Rotweine von Nordbünden, in der so genannten Bündner Herrschaft bei Fläsch, Jenins, Malans und Maienfeld. Die Orte liegen den Sankt Galler Rebbergen von Bad Ragaz gegenüber auf der rechten Seite des Rheins. Auch die kleineren Rebflächen bei Zizers, um Chur und südlich davon sind dem Rheintal zuzurechnen. Hier verhilft der Föhn dem Blauburgunder zu voller Reife. Drei Viertel der rund 400 Hektar großen Rebfläche sind mit dieser anspruchsvollen Burgunderrebe bepflanzt, aus der kernige Rotweine gekeltert werden. Im oberen Rheintal wird häufig »Süßdruck«, das heißt Roséwein, hergestellt, bei Chur auch Schillerwein aus roten und weißen Trauben.

Der Weinbau in Südbünden steht wegen der unterschiedlichen Klimaverhältnisse im Abschnitt über die Südschweiz.

Nordschweizer Wein aus dem Aargau

Geographisch kann man den Kanton Aargau wohl kaum als »östlich« bezeichnen, doch hat man sich angewöhnt, das gesamte deutschsprachige Gebiet unter dem Namen »Ostschweiz« zusammenzufassen. Knapp 400 Hektar stehen hier im Ertrag, man bemüht sich, hier und da die Rebfläche zu erweitern. Der Blauburgunder, aus dem vollmundige, bukettreiche Rotweine gekeltert werden, hat das gleiche Übergewicht wie in den anderen Kantonen. Fruchtige, milde Weißweine ergibt der Riesling x Sylvaner. Vereinzelt findet man noch Hybriden, das heißt mit Amerikanerreben gekreuzte Europäersorten.
Dass die Weine kaum über die Kantonsgrenzen hinauskommen, braucht wohl nicht besonders betont zu werden. Für Reisende: Die größten Rebflächen befinden sich bei Tegerfelden-Döttingen und Villigen im Aaretal.

Thurgau – Heimat des berühmten Botanikprofessors

Wer kennt nicht den Kantonsnamen in Verbindung mit dem Namen des Professors Müller, der sowohl an der Forschungsanstalt in Geisenheim als auch an der Eidgenössischen Versuchsanstalt in Wädenswil tätig war? Die heute in Deutschland am häufigsten angebaute Rebsorte trägt seinen Namen, da sie aus einer von ihm 1882 durchgeführten Kreuzung stammt. Die Züchtung ist Anfang des 20. Jahrhunderts in Deutschland durch seine Nachfolger abgeschlossen worden.
Dennoch wird im Kanton Thurgau hauptsächlich Blauburgunder an den Sonnenhängen des Flusses Thur angebaut. Je nach Herkunft zart oder kräftig, erfreuen die Rotweine durch typischen Sortencharakter. Eine bekannte Ursprungsbezeichnung hat der Ottenberger.
Auf kleinen Flächen gedeiht Riesling x Sylvaner – der auch hier nicht Müller-Thurgau heißt – und der fruchtige, milde Weißweine ergibt.

Der feurige Sankt Galler

Von ursprünglich rund 1000 Hektar Rebland sind heute in Sankt Gallen noch etwa 200 Hektar übrig. Der Blauburgunder, der hier feurige Rotweine ergibt, verdankt seine Reife den herbstlichen Föhnwinden. Er steht auf 80 Prozent der meist steilen, terrassierten Rebhänge.

Die Anbauzentren liegen am Walensee und entlang des Rheintales bis zum Bodensee, sowie im Sankt Galler Oberland, wo sich in der Nähe von Bad Ragaz mit 720 Metern der höchste Weinberg der Ostschweiz befindet.

Weinberg bei Mendrisio in der landschaftlich reizvollen Region zwischen Luganer und Comer See, die schon an Italien erinnert.

Weinbau in winzigen Gärten

Da in der Schweiz das Grundmotiv des Weinbaues »Klein, aber fein« ist, sollen die Rebinselchen kurz vorgestellt werden, wo der Mensch auf wenigen Quadratmetern der Natur ein paar reife Trauben abtrotzt.

Die größte dieser Inseln befindet sich mit 100 Hektar im Baseler Land, wo Blauburgunder (60 Prozent), Riesling x Sylvaner und Gutedel (je 15 Prozent) reifen. Basel Stadt hat bei Riehen 1 Hektar aufzuweisen. Das ist sehr wenig, wenn man bedenkt, dass zu Ende des 16. Jahrhunderts hier 2 Millionen Liter Wein produziert wurden. Im Kanton Solothurn bei Dornach, im Kanton Luzern bei Gelfingen, im Kanton Schwyz am Zürichsee und schließlich im Kanton Appenzell bei Thal befinden sich Areale von unter 10 Hektar.

Südschweiz

Südländisch heiter und warm liegt der Kanton Tessin im Schutz der mächtigen Alpen und lockt alljährlich zahlreiche Touristen an. Das Land reicher prominenter Pensionäre aus aller Welt stellt einen süffigen Rotwein her. Weißweinreben befinden sich nur in verschwindend geringem Maße im Anbau (5 Prozent).

Zur Südschweiz gehört nicht nur der Kanton Tessin, sondern auch Südbünden, das so genannte Misox, wo norditalienische Klimaverhältnisse herrschen.

Von Villen verdrängter Rebbau im Tessin

Wo der Mensch ein warmes, angenehmes Klima in schöner Landschaft genießen will, haben die Landwirtschaft und damit auch der Rebbau häufig das Nachsehen. So ist es zu erklären, dass im Tessin die Rebfläche trotz günstiger Bedingungen auf heute nur mehr 1000 Hektar Ertragsfläche zurückgegangen ist. Der geringeren Fläche steht jedoch ein im Vergleich mit früher höherer Hektarertrag gegenüber, so dass der Tessiner Weinbau immer noch einen beachtenswerten Wirtschaftsfaktor darstellt.

Nach der Reblauskatastrophe, der auch im Tessin fast alle Rebstöcke zum Opfer fielen, wurde 1907 erstmals die Merlotrebe aus dem Bordelais angepflanzt, und sie hat sich so gut bewährt, dass sie mit einem Anteil von etwa 75 Prozent die wichtigste Sorte des Tessin geworden ist. Sie liefert hier gehaltvolle, samtige, volle Rotweine mit mittlerem Alkoholgehalt, die auch außerhalb des Landes mehr und mehr Freunde finden. Trägt der Merlot del Ticino des Gütezeichen VITI, dann ist er geprüft und mit 61 von 75 möglichen Punkten für gut befunden worden.

Die Weinbauflächen des Tessin liegen weit verstreut im Sottoceneri südlich von Monte Ceneri und im Sopraceneri nördlich davon.

Sottoceneri umfasst das Land um Mendrisio, südlich des Luganer Sees, wo sich in Mezzana eine Landwirtschaftsschule und in Mendrisio selbst eine der beiden Tessiner Winzergenossenschaften befinden, und das Gebiet Luganese mit seinen verstreuten Reblagen oberhalb des Luganer Sees. Sopraceneri heißt

das Land um Bellinzona, die Winzergenossenschaft des Gebiets befindet sich in Giubiasco.
Den Weinbauern macht nicht nur die Steilheit der Rebberge zu schaffen, die sintflutartigen Regenfälle am Südrand der Alpen haben sowohl Terrassenbau als auch die althergebrachte Pergolaerziehung, bei der die Reben in Form von Lauben wachsen, notwendig gemacht. Rebberge, die sich als zu steil für einen wirtschaftlichen Anbau erwiesen haben, sind in den letzten Jahren aufgegeben worden.

Misox

In Südbünden, im Gebiet um Roveredo, wird ausschließlich die Merlotrebe angepflanzt. Die Rotweine ähneln denen des benachbarten Tessins, wo auch das Lesegut zum Teil verarbeitet wird.

Liechtenstein

Durch Zollunion mit der Schweiz verbunden, sonst aber souveränes Fürstentum, ist dieser Zwergstaat zwischen Westösterreich und der Ostschweiz trotz seiner nur 15 Hektar Rebfläche ebenfalls zu den Weinbauländern Europas zu rechnen.
Der Liechtensteiner Weinbau geht auf vorchristliche, römische Zeit zurück. Der Föhn begünstigt im Tal des Oberrheins das Klima, so dass der empfindliche Blaue Spätburgunder ausreichend Wärme erhält, um voll auszureifen. Er wird hauptsächlich in Vaduz, der Hauptstadt des Landes, angebaut. Der rote Vaduzer Beerli schmeckt wie alle Ostschweizer Rotweine kräftig und herzhaft, er wird meist trocken ausgebaut. Leicht und erfrischend ist der Vaduzer Süßdruck, ein liebenswerter Roséwein.

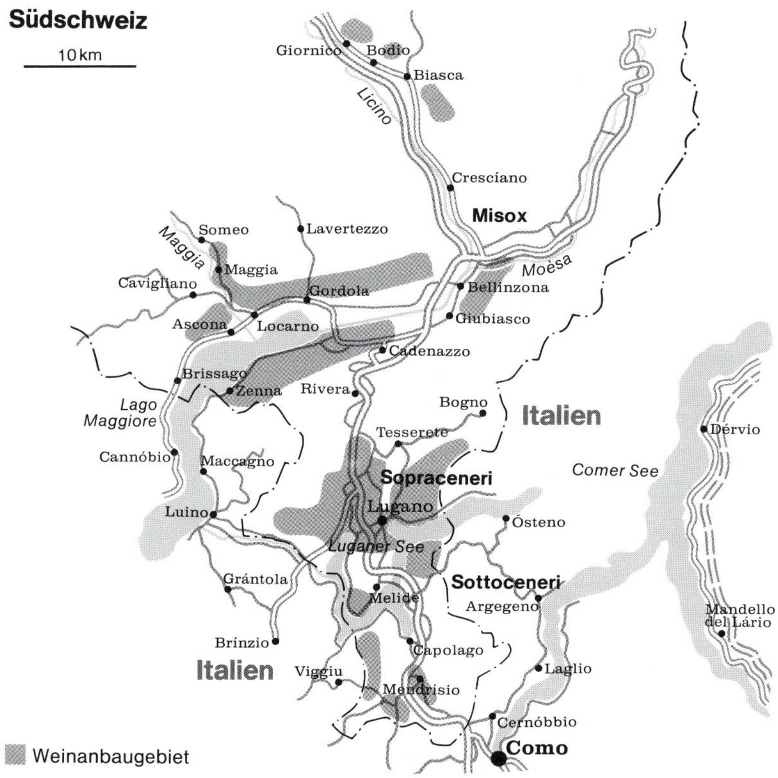

Eine alte Weinbäuerin im Südschweizer Kanton Tessin verliest per Hand die blauen Trauben, die hier bevorzugt angebaut werden.

Da die Liechtensteiner das Siebeneinhalbfache ihrer inländischen Produktion einführen müssen, um ihren eigenen Durst zu stillen, ist es verständlich, dass sie ihren Wein nicht über die Grenze hinauslassen. Wer sich näher mit dem Liechtensteiner Wein befassen will, muss ihn daher an seinem Ursprung aufsuchen.

Luxemburg

Ist der Liechtensteiner Wein ein »Rheinwein«, so finden wir in Luxemburg »Moselweine«, die den deutschen Weinen von Obermosel und Saar ähneln. Die deutschen Lagen befinden sich gegenüber am anderen Flussufer.
Die rund 1330 Hektar Rebberge der »Moselle luxembourgeoise« am linken Moselufer weisen häufig nach Osten, sind also vor Westwinden geschützt. Nur 40 Kilometer ist das Weinbaugebiet lang, und es wird wie im Elsass und in der Pfalz immer wieder von Obstgärten unterbrochen, was vor allem im Frühjahr ein hübsches Bild ergibt.
Stark zersplittert ist der Rebbesitz durch die von Napoleon eingeführten Erbfolgegesetze. Aus diesem Grund wird ein Großteil der Ernte (etwa 70 Prozent) von der Winzergenossenschaft Vins Moselle verarbeitet.

Die Weingesetze sind eine Mischung aus deutscher Rechtsauffassung – geprüfte Qualität als Voraussetzung für die Marque Nationale – und französischer Appellation contrôlée. Das strenge luxemburgische Weinrecht geht auf die Unabhängigkeit des Großherzogtums nach dem Ersten Weltkrieg zurück.
In Luxemburg gibt es wie im gegenüberliegenden deutschen Moselgebiet so gut wie ausschließlich Weißweine, von denen sogar mehr als 40 Prozent, meist nach Belgien, exportiert werden. Zum Ausgleich importiert Luxemburg jedoch die eineinhalbfache Menge ausländischer Weine.
Hauptrebsorte mit 47 Prozent ist der Rivaner (von Riesling und Silvaner), hier ein Synonym für den Müller-Thurgau. Die Rebsorte ergibt vor allem im sanft gewellten südlichen Teil um Remich zarte, blumige Weine.
An 2. Stelle steht mit 20 Prozent die alte Sorte Elbling, die jedoch im Rückgang begriffen ist. Die aus ihr gewonnenen Weißweine sind von einfacher, eher neutraler Art, dabei leicht und erfrischend.
Der Auxerrois wird in Luxemburg auf rund 12 Prozent der Rebfläche angebaut. Die zarten, milden und dennoch trockenen Weine schmecken gut zum Essen.
Gute Qualität liefert der Riesling, der hauptsächlich im Norden des Gebiets um Grevenmacher angebaut wird, wo die Rebhänge wie an der deutschen Mosel steiler aufragen und zum Teil terrassiert sind. Luxemburgische Rieslinge sind elegant und trocken, in einigen Fällen vielleicht etwas zu hart für manchen Geschmack. Im ganzen erinnern sie an Saarrieslinge, mit dem Unterschied, dass man sie durchgären lässt, also keine Restsüße duldet. Das trifft im Übrigen auf alle luxemburgischen Weine zu.
Der eher neutrale Weißburgunder oder Pinot Blanc bedeckt rund 5 Prozent der Rebfläche vor allem im südlichen Landesteil und ergibt neutrale, doch spritzige, kernige Weine. Wer duft- und bukettreiche, vollmundige Weine liebt, wird einen Ruländer oder Pinot Gris trinken. Gewürztraminer, Silvaner, Muskat, ja sogar ein paar Spätburgunderreben ergänzen das Sortiment.
Man kann die luxemburgischen Gewächse als leicht, fruchtig, säurereich und spritzig bezeichnen. Die Weine schmecken am besten jung und gut gekühlt.
Auf den Etiketten findet man die Rebsorte, aber auch den Ort und die Lage. Die bekanntesten Orte sind Grevenmacher, Wormeldange, Stadtbredimus und Schwebeange. Die etwa 100 Lagen tragen deutsche Namen. Das Gütesiegel erhält auch ein nach der Champagnermethode bereiteter feinperlender Sekt mit der Bezeichnung Crémant de Luxembourg.
In Luxemburg wird neben luxemburgisch, einem moselfränkischen Dialekt, deutsch und französisch gesprochen. Die einzige Weinzeitschrift erscheint auf Deutsch.
In Remich befindet sich ein staatliches Weininstitut (Institut Viti-Vinicole), dem die Kontrolle und die Forschung auf dem Gebiet des Rebbaues und der Weinbereitung sowie die Ausbildung und Beratung der Winzer obliegt.

Die Marque Nationale ist das einzige luxemburgische Qualitätszeichen.

Italien

Der italienische Wein ist liebenswert wie das Land, die Wiege der abendländischen Weinkultur, liebenswert wie das Volk, das den Wein zum Alltagsgetränk erkoren hat und dabei keine Probleme mit dem Alkoholismus kennt. Das mag daran liegen, dass man Wein ausschließlich zu den einfachen bis raffinierten Gerichten der vorzüglichen Küche genießt, davor und danach den Durst mit einem der zahlreichen hervorragenden Mineralwässer, mit Bier oder Campari stillt.
Italien, nach Frankreich größter Weinproduzent der Welt, ist durch Lage und Klima geradezu für den Weinbau prädestiniert. Die Alpen halten die rauen Nordwinde zurück, wodurch ein mildes, in den meisten Gebieten nicht zu heißes Klima herrscht. Die Meeresnähe aller auf der schmalen Halbinsel gelegenen Weinregionen sorgt für ausreichende Luftfeuchtigkeit und gleichmäßige Temperaturen. Hinzu kommt die Hügellandschaft, die sich für den Rebbau überall als günstig erweist. Über die Hälfte aller Weinlagen befindet sich in hügeligem Gelände, mehr als ein Drittel in der Ebene und nur 10 Prozent im Gebirge, vor allem im Norden des Landes.

Auf die in den letzten Jahren immer wieder revidierten Gesetze über kontrollierte Ursprungsbezeichnungen wurde auf Seite 38 und Seite 41 bereits eingegangen. Sie förderten das Qualitätsstreben der italienischen Winzer, die damit dem allgemeinen Trend zu »lieber weniger Quantität, dafür mehr Qualität« nachkamen. Önologen ersetzen in einigen Betrieben den klassischen Kellermeister, und stehen den Weinmachern mit ihrem Fachwissen zur Verfügung. Aufbruch allerorten, vor allem auch in Süditalien, Sardinien und Sizilien, wo man zunehmend leichte, trockene, angenehme Weißweine bekommt.
Zum Qualitätsstreben der italienischen Winzer gehört auch die Umstellung auf Monokulturen, das heißt auf ausschließlich für Weinbau genutzte Flächen. Allerdings gibt es unter den 2 Millionen Weinbauern immer noch Klein- und Kleinstwinzer, deren Reben zwischen Obstbäumen und Feldpflanzen wachsen.
Zur unendlichen Vielfalt italienischer Weine trägt in hohem Maße die überaus große Zahl an Rebsorten – insgesamt mehr als 300 – mit all ihren Abarten und Mutanten bei. Ausländische Sorten wie Cabernet Sauvignon und Chardonnay sorgen für Bereicherung und Qualitätssteigerung. Die wichtigsten italienischen Rebsorten wurden auf Seite 18ff. charakterisiert, örtliche Spezialitäten sind im Folgenden bei den entsprechenden Weinbauregionen beschrieben.
Das Verhältnis Weiß zu Rot ist in Italien nahezu ausgeglichen. Der italienische Konsument wendet sich mehr und mehr den leichten, trockenen Weißweinen zu. Bei der großen Fülle kontrollierter Gewächse und nicht kontrollierter, jedoch oft hochwertiger Tafel- und Landweine kann sich die Beschreibung nur auf das Typische, Charakteristische jeder Region beschränken, sie soll zum Probieren ermutigen und eine erste Hilfe beim persönlichen Einstieg in das charmante Kapitel »Italienischer Wein« geben.

Norditalien

Vom Südabhang der Alpen bis in die fruchtbare Poebene, an der Riviera entlang bis zum Apennin wachsen Italiens Weinsuperlative. Höchste Qualität – die meisten Spitzenweine sind norditalienischen Ursprungs – und höchste Quantität – Venetien und Emilia-Romagna stehen mit ihrer Ernte an der Spitze – sind hier vereint. Ein großer Teil des gewaltigen Exports von etwa 12 Millionen Hektolitern geht auf das Konto Norditaliens.

Trentin-Südtirol (Trentino-Alto Adige) – die zweisprachige Provinz

Das Weinbaugebiet Südtirol, Ferienparadies zahlloser Urlauber, liegt im günstigen Klimabereich südlich des Alpenhauptkammes in äußerst malerischer Landschaft. Die Provinz um Bozen gehört seit 1918 zu Italien. Das Klima ist hier schon südländisch mild und ausgeglichen. Die bis heute erhaltene Doppelsprachigkeit des Landes drückt sich auf den Weinetiketten aus, der Blaue Spätburgunder wird zum Beispiel sowohl als Blauburgunder als auch als Pinot Nero bezeichnet.
Südtirol ist hauptsächlich Rotweingebiet, nur rund 15 Prozent sind Weißweine. Der überwiegende Teil der Ge-

wächse genießt Ursprungsschutz. Das Rebsortiment ähnelt dem deutschen, österreichischen und schweizerischen. Der rote Vernatsch (Schiava), in Deutschland Trollinger, steht mit einigen seiner Spielarten weit an der Spitze. Die berühmten Sankt Magdalener, Kalterersee, Bozener und Meraner Rotweine sind größtenteils aus dieser Rebsorte gekeltert. Die meist durchgegorenen, milden, säurearmen Weine sind schon ein paar Monate nach der Ernte trinkfertig, sie werden bereits im ersten Jahr konsumiert. Lagrein Kretzer oder Lagrein Rosato ist ein frischer Roséwein aus der gleichnamigen Rebsorte, Lagrein Dunkel der entsprechende Rotwein. Qualitativ an der Spitze stehen hier die Rotweine aus den französischen Sorten Cabernet Sauvignon und Pinot Nero.

Unter den Weißweinen ist der Terlaner der bekannteste. Auch er ist wie seine roten Pendants trocken, frisch und fruchtig. Ist keine Rebsorte angegeben, stammt er zu mindestens der Hälfte aus Pinot Bianco und/oder Chardonnay, sonst zu 90 Prozent aus der auf dem Etikett angegebenen Rebsorte.

Die wichtigsten Benennungen nach dem seit 1966 gültigen Gesetz lauten: Rund um den gleichnamigen Ort gedeiht der Sankt Magdalener, ein samtig-herber, rubinroter Wein, der einige Jahre Lagerzeit verträgt. Gewächse aus den Gemeinden um Sankt Magdalena selbst tragen den Zusatz »classico«. Der Sankt Magdalener wird zum größten Teil in die Schweiz exportiert, wo er so viele Liebhaber findet, dass er anderswo kaum zu bekommen ist. Kalterersee oder Kalterer dagegen ist bei uns wohl bekannt und beliebt. Es handelt sich immer um helle, milde, charmante Vernatsch-Rotweine, die unter bestimmten Bedingungen die Zusätze »classico« oder »Auslese« tragen dürfen.

Die Weine von Bozen werden als Bozner Leiten (Colli di Bolzano) bezeichnet. Sie ähneln den Magdalenern. Meraner oder Meraner Hügel (Colli di Merano) heißen die trockenen, rubin- und granatroten Meraner Rotweine aus der Vernatschrebe.

Die weißen Eisacktaler Weine stammen aus dem Gebiet nördlich von Bozen. Sie werden sortenrein ausgebaut, auf dem Etikett steht die Rebsorte. Sie sind meist trocken und je nach Rebsorte blumig bis würzig. Als nähere Herkunftsbezeichnung können sie Brixen/Bressanone tragen. Die einfach als Südtiroler bezeichneten Weine können in der gesamten Provinz Bozen gewachsen sein. Es wird der Name der Rebe angegeben, was auf Sortenreinheit hinweist. Der Charakter der insgesamt 16 angenehmen Rot- und Weißweine entspricht dem der jeweiligen Rebsorte.

Im Trentino, dem südlichen Landesteil um Trient, wo schon italienisch gesprochen wird, weitet sich das Tal, die Berge treten zurück, das Klima wird weicher, südländischer. Der Trend geht vom Massenanbau zur Beschränkung zugunsten höherer Qualität.

Kalterer und Etschtaler Weine stammen zum Teil auch aus dieser Region. Die allgemeine Herkunftsbezeichnung Trentino wird mit der weißen oder roten Rebsorte verbunden, außerdem gibt es unter diesem Namen einen Vino Santo, einen süßen

Durch die Berge der Alpen vor Nordwinden geschützt, gedeihen die Reben in der Provinz Trentino: Terrassenweinbau am hoch gelegenen Giustinasee.

Etikett eines Rotweines aus der Lagrein-Rebe aus Gries.

Wein aus angetrockneten Trauben und einen aufgespriteten Likörwein.

Trentino stellt auch Weine mit engerer Herkunftsbezeichnung her: Der Casteller aus der Umgebung der Hauptstadt ist hellrot, schmeckt weinig und weich. Die roten und weißen Sorni stammen aus dem gleichnamigen Gemeindeteil von Lavis. Der rote ist gehaltvoll und harmonisch, er wird hauptsächlich aus Schiave gekeltert. Der weiße ist spritzig und trocken und stammt aus der einheimischen Nosiola.

Als bester Rotwein der Region gilt der Teroldego Rotaliano aus der gleichnamigen Rebsorte. Die Bezeichnung Teroldego leitet sich wahrscheinlich von »Tiroler Gold« ab. Er ist von rubinroter Farbe, voll, herb und trocken, im Alter körperreich und ausgewogen. Teroldegoweine lagern gut.

Spezialität des Trentino sind seit einigen Jahren die Schaumweine, die teils nach der klassichen Flaschengärmethode (Metodo Classico), teils nach dem Tankgärverfahren hergestellt werden.

Venetien – Popularität und Vielfalt

Östlich von Südtirol liegt Venetien, das einige der bei uns bekanntesten italienischen Weine hervorbringt. 20 Prozent der italienischen Gesamtproduktion stammen aus diesem Gebiet, das an erster Stelle im Export nach Deutschland liegt. Die Weine werden immer wieder gern zu Pizza und Teigwaren getrunken, ob in Italien selbst oder in den nordeuropäischen Ländern. Es sollen einige typische Vertreter dieser populären Weine genannt werden, die zwischen Venedig und Cortina, um Verona und am südlichen Gardasee wachsen, allerdings qualitativ sehr unterschiedlich ausfallen. Hier hilft nur Probieren und das Vertrauen in einen guten Erzeuger.

Beginnen wir beim roten Bardolino vom Gardasee, der auch »classico« sein kann und leicht bitter, harmonisch, trocken und saftig schmeckt. Der rote Valpolicella ist ebenso bekannt, er schmeckt samtiger und weicher. Der Classico stammt aus einem begrenzten Gebiet nordwestlich von Verona. Unbedingt probieren sollte man den Strohwein Amarone oder den nach der Ripasso-Methode bereiteten Valpolicella Superiore, den man nach dem Abpressen im Frühjahr noch einmal auf den Schalen nachgären lässt. Als geographische Bezeichnung ist Valpantena zugelassen. Lieblich bis süß schmeckt der Recioto. Eine Spumante- und eine Liquoroso-Version werden ebenfalls erzeugt.

Der trockene, kräftige Breganze gedeiht nordöstlich von Verona. Es gibt 3 rote und 4 weiße, die einfachen werden nur mit Rosso und Bianco bezeichnet; Cabernet und Pinot Nero sowie Pinot Bianco, Pinot Grigio und Vespaiolo sind sortenrein. Der letztere stammt aus einer einheimischen Rebsorte.

Neben dem Valpolicella-Gebiet liegt die Anbauzone für den weit über Italien hinaus bekannten Soave. Der strohgelbe, trockene, zartbittere, spritzige Weißwein hat in der ganzen Welt unzählige Freunde gefunden. Es gibt ihn auch in schäumender Version und als süßen, duftenden Dessertwein (Recioto). Letzterer trägt sei 1998 den Adelstitel D.O.C.G.

Aus einem recht kleinen Gebiet zwischen Verona und Vicenza stammt der weiße Gambellara, der ohne Zusatz dem Soave ähnelt, leicht bitter und dabei harmonisch schmeckt. Gambellara Recioto, aus angetrockneten

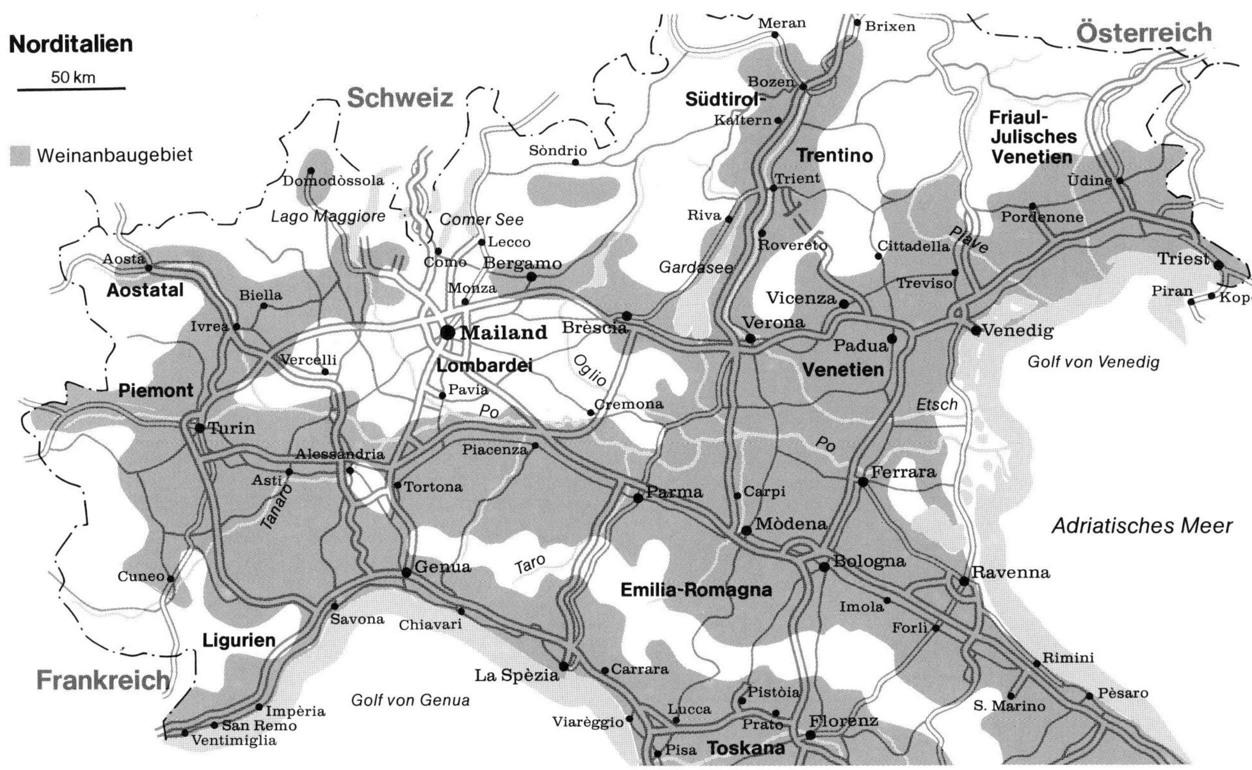

Beeren langsam vergoren, hat bei aller Süße einen zartbitteren Nachgeschmack. Der perlende Recioto, durch natürliche Gärung gewonnen, und der Schaumwein haben etwa die gleichen Eigenschaften. Ein noch intensiveres Bukett bei mehr Süße weist der Dessertwein (Vin Santo) auf.

Die Weine mit der Herkunftsbezeichnung Bianco di Custoza wachsen zwischen Verona und Mantua. Bei Vicenza gedeiht der süffige Colli Berici, benannt nach der Hügelkette südlich der Stadt, den es in weißen und roten, nach Rebsorten heißenden Varianten gibt.

Bekannter sind die Weine von den bei Padua äußerst reizvoll gelegenen Colli Euganei. Der weiße (Bianco) ist saftig, fein und weich, der rote (Rosso) körperreich und weinig, während der würzige Moscato den typischen Muskatduft aufweist. Rot- und Weißweine gibt es außerdem in den sortenreinen Versionen Cabernet und Merlot (rot) sowie Pinot Bianco und Tocai Italico (weiß).

Östlich von Treviso erstreckt sich ein großes Rebareal. Am bekanntesten sind hier die Piaveweine vom gleichnamigen Flusstal, die als Zusatz eine Rebsortenbezeichnung führen. Als guter Weißwein gilt der frische, harmonische Tocai, doch auch der saftige, würzige Verduzzo ist eine Probe durchaus wert. Tocai, eine in Venetien sehr verbreitete Weißweinsorte, hat übrigens nichts mit dem gleichnamigen ungarischen Wein zu tun.

Östlich an das Piavegebiet schließt die Anbauzone für Lison-Pramaggiore an. Unter der Herkunftsbezeichnung werden je nach Rebsorte geschmacklich sehr unterschiedliche, sortenreine Rot- und Weißweine hergestellt.

Zuletzt sei noch der Prosecco di Conegliano Valdobbiadene aus der Fülle dieses Weinparadieses erwähnt. Er trägt auf dem Etikett den Zusatz »Superiore di Cartizze«, wenn er aus einem bestimmten, bevorzugten Gebiet stammt. Die feine Fruchtigkeit der Prosecco-Traube kommt besonders bei den lieblicheren Versionen zur Geltung. Weinig und leicht präsentieren sich diese strohgelben Weine, die es auch in perlender und schäumender Version gibt.

Alle Weine dieses sortenreichen Gebiets aufzuzählen, würde nur zu Wiederholungen führen. Es gibt noch zahlreiche Land- und Tafelweine zu probieren. Viele Menschen reisen alljährlich nach Venetien, doch sind nicht nur die Strände attraktiv, das Land mit seinen weiten Ebenen und grünen Hügeln, seinen kunsthistorisch interessanten Städten und seiner feinen Küche führt die Touristen auch immer wieder an die Quellen seiner liebenswerten Weinspezialitäten.

Was ist Prosecco?

Prosecco heißt eine Rebsorte, die vor allem in der Provinz Treviso angebaut wird. Der erfrischende, in Deutschland höchst populäre Perlwein trägt den Namen der Rebsorte, doch sollte man darüber nicht vergessen, dass es stille Weine und – nicht zu verachten – Schaumweine (Spumante) aus Prosecco gibt.

Soave classico ist ein bekannter Weißwein aus Venetien.

Eine leckere Vorspeise im Sommer ist Bruschetta, geröstetes Weißbrot mit Tomaten, begleitet von einem Glas trockenem Soave.

Friaul-Julisch Venetien – Grenzland im Nordosten

Nicht allen Badegästen an den beliebten Stränden von Grado oder Lignano wird bewusst sein, dass sie sich hier in der Weinbauregion Friaul-Julisches Venetien befinden, einem Teil der ehemaligen Drei Venetien (die beiden anderen sind Venetien selbst und Südtirol-Trentino). Zentrum des Gebiets ist der Adriahafen Triest, weitere wichtige Städte Gorizia und Udine. Eine starke slowenische Minderheit lebt hier in der Nähe der Grenze.

Dieses Gebiet war einst vor allem Rotweinproduzent, heute wendet man sich mehr und mehr den fruchtigen, frischen Weißweinen zu. Hauptrebsorte für Weißweine ist der Tocai Friulano (Welschriesling). Er liefert hier trockene, blumige Weine, die sich in ihrer unkomplizierten Art zu Fisch oder als Durstlöscher hervorragend eignen. Fein und hellgelb präsentiert sich der Pinot Bianco, der populäre Pinot Grigio ist etwas dunkler. Ergänzt wird das Sortiment durch die »Ausländer« Chardonnay und Sauvignon Blanc.

Über dem Trend zum Weißwein darf man die zum Teil beachtlichen Rotweine keinesfalls vergessen. Die Cabernetrebe ergibt hier farbintensive Rotweine mit leicht grasigem Geschmack, die trocken und dabei kräftig sind. Die Merlotweine schmecken zartbitter, können nach Himbeeren duften, sind voll und von dunkler Farbe. Neuerdings erreicht man mit dieser Rebsorte hohe Qualität bis hin zu Spitzenweinen.

Die kontrollierte Ursprungsbezeichnung erstreckt sich auf 7 Zonen. Doch auch die noch nicht kontrollierten Gewächse sind zum größten Teil durchaus akzeptabel, denn die Mischung aus Meeres- und Alpenklima wirkt sich günstig auf die Qualität der Weine aus.

An der Adria selbst liegen die Anbaugebiete Aquileia und Latisana. Die Küstenweine sind leichter, nicht so kernig wie die Gewächse aus den nördlich gelegenen Hügeln. Es gibt sie mit verschiedenen Sortenbezeichnungen in roten und weißen Versionen.

Nördlich schließt das große Gebiet der Grave del Friuli mit Zentrum Udine an, wo die Hälfte aller Weine der Region erzeugt wird.

Den nordöstlichen Abschluss des Gebiets, am Fuß der Alpen gelegen, bilden die Colli Orientali del Friuli unweit der slowenischen Grenze. Neben den für das Gebiet üblichen roten und weißen Sortenweinen wird hier eine Spezialität erzeugt: der Picolit, ein in Italien geschätzter Dessertwein aus der gleichnamigen uralten einheimischen Rebsorte. Er ist sehr teuer, da er nicht nur aus halbgetrockneten Beeren gewonnen wird, sondern auch weil die Rebsorte naturgemäß einen außerordentlich geringen Ertrag bringt. Die Sorte neigt zum Verrieseln, das heißt, die Blüten werden nur ungenügend bestäubt. Die Beeren sind klein, enthalten aber viel Zucker. Picolit wird nicht zu Unrecht oft mit Sauternes verglichen, mit dem er das honigartige Bukett gemeinsam hat. Dabei ist der Wein nicht unangenehm süß, sondern edel und vornehm. »Riserva« hat eine längere Lagerung hinter sich.

Das kleine Gebiet um Gorizia schließt sich südlich an die Colli Orientali an. Unter dem Namen Collio oder Collio Goriziano werden Weiß- und Rotweine mit Sortenbezeichnungen und aus gemischten Sorten erzeugt. Das Klima ist besonders günstig für Weißwein, aber auch die Rotweine sind frisch und schmecken gut zu den Gerichten der italienischen Küche.

An der Mündung des Isonzo bei Monfalcone beginnt das nach dem Fluss benannte Weinbaugebiet, das sich bis in die Hügel des Hinterlandes hinaufzieht. Fast 20 Sortenweine werden in der Isonzo-Region erzeugt. Besonders hervorzuheben ist der Merlot, der quantitativ wie qualitativ die Spitze hält.

Aus Carso in der Nähe von Triest stammt ein besonders guter Malvasia.

Aus der Fülle sei noch auf einige Spezialitäten hingewiesen, die es nicht überall zu kaufen gibt, die aber eine Reise wert sind. Der Vintage Tumina zum Beispiel aus dem Gebiet Collio, bestehend aus Weißburgunder, Chardonnay und Sauvignon mit etwas Picolit, ist ein Spitzenwein des Gebiets. Beachtung verdienen auch die Gewürztraminer aus Collio und Isonzo, die unter Umständen Spitzenweine sein können. Eher eine Kuriosität ist der rote Tazzalenghe del Friuli, aus einer alten einheimischen Rebsorte gekeltert, mit einem

Im Friaul wendet man sich heute mehr und mehr dem Anbau von weißen Rebsorten zu, die hier frische, fruchtige Weine ergeben.

außerordentlich hohen Gerbstoffgehalt, der erst nach längerer Lagerung von etwa 4 bis 6 Jahren trinkbar wird.

Ligurien – Weine von der Riviera

Die Region erstreckt sich entlang der Riviera von La Spezia bis Ventimiglia. Zentrum des relativ schmalen Steilküstenstreifens ist die Hafenstadt Genua. Das ungewöhnlich milde Klima begünstigt den Rebanbau, die besonders steilen Lagen erschweren die Arbeit im Weinberg beträchtlich. Ein Kennzeichen der ligurischen Weine ist ihre Jugend. Bisher ist 6 Zonen die kontrollierte Herkunftsbezeichnung erteilt worden. Schon Boccaccio und d'Annunzio priesen den Wein von Cinque Terre, eines kleinen Produktionsgebiets bei La Spezia, wo die steil aufragenden Weinberge zum Teil nur mit dem Boot vom Wasser her erreicht werden können. Der strohgelbe Cinqueterre ist trocken und fein. In Cinque Terre wird auch ein süßer Dessertwein aus angetrockneten Trauben bereitet. Am anderen Ende des Produktionsgebiets, an der französischen Grenze, gedeiht der Rossese di Dolceacqua oder einfach Dolceacqua, ein aromatischer, rubinroter Wein mit weinigem Bukett und leicht bitterem Nachgeschmack. Er soll der Lieblingswein Napoleons gewesen sein.

Hoch aufragende Rebberge an der ligurischen Küste über dem Mittelmeer.

Die Pigatorebe wächst nur zwischen Genua und Ventimiglia an der Riviera di Ponente. Vollmundig trocken und aromareich ist der hervorragende blassgelbe Wein, der entweder die allgemeine Herkunftsbezeichnung Riviera Ligure di Ponente oder engere geographische Zusatzbezeichnungen trägt. Natürlich wächst zwischen den beiden Enden des kleinen Gebiets noch eine Reihe angenehmer Tischweine, die zur örtlichen Küche passen. Der rote Barbera di Linero aus der Gegend von La Spezia zum Beispiel ist bukettreich und kräftig.

Piemont – Spitzenweine aus nebligen Bergen

Die nördlich an Ligurien angrenzende Region Piemont mit dem Zentrum Asti ist Italiens führendes Weinbaugebiet, vor allem was die Qualität seiner Gewächse betrifft. 7 Piemonteser Weine tragen die Bezeichnung D.O.C.G. Auch mengenmäßig steht Piemont an vorderer Stelle, immerhin produziert es mit 3,2 Millionen Hektolitern mehr als die Toskana (2,7).

Die Hauptstadt ist Turin am Ostrand des Anbaugebiets. Im Norden und Westen schützen die Alpen vor kalter Luft, im Süden begrenzt der Apennin die Region, während sich nach Osten zu die breite Ebene auftut. Die meisten Rebhänge liegen an Hügeln. Die überaus günstige Lage hatten schon die Römer erkannt, die hier in alter Zeit berühmte Weine anbauten.

Ein Merkmal des Gebiets ist die Vielzahl der eigentlich untypischen sortenreinen Rotweine. Barbera heißt die Rebe, mit der fast die Hälfte der Rebfläche bestockt ist und die den Weinen auch den Namen gibt. Die Könige des Piemont, Barolo und Barbaresco, sind dagegen nicht nach ihrer Rebe benannt, sie stammen aus der Nebbiolo.

Weißwein spielt hier eine vergleichsweise geringe Rolle. Die weißen Rebsorten dienen zum überwiegenden Teil der Erzeugung von Schaumwein (Asti Spumante und sein süßes Pendant Moscato d'Asti). Der größte Teil der italienischen Schaumweine kommt aus dem Piemont. Auch die Wermutindustrie hat ihr Zentrum in Turin.

Um einen Überblick zu erhalten, beginnen wir bei den Großen, den Berühmtheiten, die den Ruf des Gebiets in aller Welt verbreiten helfen.

Der Barolo wird gern wie der Tokajer Wein der Könige und König der Weine genannt. Er ist wie alle großen Rotweine in der Jugend hart, zeigt sich aber nach 8 oder mehr Jahren wuchtig, fruchtig und ausdrucksvoll bei tiefroter Farbe, die im Alter ins Ziegelrote wechselt. Ein alter Barolo wird feiner, durchsichtiger, bevor er im zweiten Jahrzehnt allmählich an Frische verliert. Die besten Barolos werden mit der Bezeichnung ihrer Einzellage verkauft.

Der oft mit Barolo verglichene, seltenere Barbaresco aus der gleichen Rebsorte reicht nicht an den ersten heran. Er braucht nicht so lange zu reifen, bevor er trinkfertig wird, ist weicher, leichter, seine Farbe wechselt von Leuchtendrot ins eher Orangerote nach 10 Jahren.

Zu den roten Spitzenweinen des Gebiets gehört auch der Gattinara, der aus Nebbiolo in einem kleinen Gebiet nordöstlich von Turin erzeugt wird. Sein Veilchenduft und leicht bitterer Geschmack nach Mandeln unterscheiden ihn vom Barolo, neben dem er sich dennoch als ebenbürtig behauptet. Alle drei Weine unterliegen den strengen Bestimmungen der D.O.C.G.

Ein vergleichsweise seltener, hervorragender Rotwein ist der Carema, der aus einem kleinen Anbaugebiet nördlich von Turin stammt. Er wird oft mit Barolo und Barbaresco verglichen. Der zu mindestens 75 Prozent aus Nebbiolo gekelterte Wein, seit 1997 ebenfalls mit der Bezeichnung D.O.C.G. versehen, mit dem Namen Ghemme gehört ebenfalls zu Italiens Großen.

Zuletzt seien noch 4 Perlen aus dem nördlichen Piemont aus der Provinz Novara westlich von Gattinara genannt, die dank der unterschiedlichen klimatischen Verhältnisse und Böden interessante Geschmacksvarianten zeigen: Der tiefrote Fara aus 30 bis 50 Prozent Nebbiolo ist trocken, saftig und duftet nach Veilchen. Boca enthält 45 bis 70 Prozent Nebbiolo, sein Veilchenbukett ist deutlich ausgeprägt, neben seiner Harmonie ist der Geschmack nach reifen Granatäpfeln typisch. Mächtig und granatrot ist der Bramaterra aus 50 bis 70 Prozent Nebbiolo, und der Sizzano (40 bis 60 Prozent Nebbiolo) erinnert an weichen, feinen Burgunder.

Einen neuen Namen – Roero – und eine neue D.O.C. hat der Nebbiolo aus Alba, der alle Eigenschaften eines guten Piemonteser Rotweines zeigt: Veilchenduft, dunkles Rot, Harmonie und trockener Geschmack. Die ebenfalls existierenden süßen und schäumenden Versionen sind eher selten. Andere Nebbioloweine ohne D.O.C.-Bezeichnung zeigen ähnliche Charakterzüge in unterschiedlicher Qualität.

Sind Barolo und Barbaresco Ortsnamen, so ist Barbera der Name der häufigsten Rebsorte, die ihren Ursprung im Piemont selbst hat. Die besseren Qualitäten tragen den Zusatz eines engeren Gebiets auf dem Etikett, von einfacherer Qualität ist zum Beispiel der Barbera del Piemonte. Die rubinroten Weine schmecken recht unterschiedlich. Die besten stammen aus Alba und Asti. Beiden gemeinsam ist das weinige Bukett und der charakteristische Duft. Barbera d'Alba ist säurereicher und herber in der Jugend, Barbera d'Asti meist weicher. Leichter ist der Barbera del Monferrato, dem andere Trauben beigemengt werden.

Oben: Weinberge der Langhe in Oberitalien, wo vorwiegend Rotweine erzeugt werden. Unten: Reife Trauben am Stock im Piemont.

Eine weitere große Gruppe bilden die Dolcetto-Weine aus der gleichnamigen Rebsorte, die mit dem Ortsnamen als D.O.C.-Weine, aber auch ohne nähere Herkunftsbezeichnung auf den Markt kommen. Man trinkt sie jung, sie sind süffig und fruchtig. Ihre Farbe ist hellrot bis dunkel-rubinrot.

In den drei Versionen als Stillwein, Perlwein und Schaumwein gibt es die hell-rubinroten Weine aus der Freisa, einer Piemonteser Rebsorte. Charakteristisch ist der Himbeergeschmack; da die jungen Weine noch recht herb sind, lohnt es sich, bis zum 3. Jahr nach der Ernte zu warten.

Hellrot und charmant zeigt sich der Grignolino, den es in zwei D.O.C.-Versionen (d'Asti und Monferrato Casalese) gibt und der mit seinem leicht bitteren, herben Geschmack zu Recht auch hierzulande viele Freunde gewonnen hat.

All die dunkel- bis hellroten Weine des Gebiets aufzuzählen, ist nicht möglich und auch nicht notwendig, denn ein Rotwein aus dem Piemont ist eigentlich immer sein Geld wert, vor allem, wenn er von einem guten Winzer stammt.

Eine Besonderheit sind die süßen und dabei aromatischen Rot- und Roséweine aus der Malvasiarebe, Malvasia di Casozzo d'Asti und Malvasia di Castelnuovo Don Bosco, die durch langsame Gärung einen großen Teil ihres Fruchtzuckers behalten haben. Malvasia gibt es auch als Schaumwein.

Die Cortese-Weißweine aus Gavi tragen seit 1998 die Bezeichnung D.O.C.G. Sie sind fruchtig, frisch und leicht mit zartem Mandelgeschmack.

Hervorragende Jahrgänge des Piemont

1971, 1978, 1982, 1985, 1988, 1989, 1990, 1995, 1996, 1997, 1998, 1999

Moscato d'Asti oder Moscato d'Asti Naturale ist ein süßer Muskatwein, der oft leicht perlt und wenig Alkohol, dafür aber ein sehr deutliches Muskatbukett aufweist. Fast als Synonym für italienischen Schaumwein betrachten viele den Asti Spumante, jenen meist süßen Muskatschaumwein, dessen Produktionsgebiet bereits 1931/32 abgegrenzt wurde und der früher schon bei der 1. Gärung, also ohne weiteren Zuckerzusatz, zum Schäumen gebracht wurde, heute jedoch nach der Charmat-Methode (2. Gärung erfolgt im Drucktank) erzeugt wird. Er schmeckt gut zum Dessert, besonders zum weihnachtlichen Panettone.

Ein feiner Süßwein, den es auch in aufgespriteter Version gibt, ist der Caluso Passito aus der Rebsorte Erbaluce di Caluso. Er wird nur in kleinen Mengen erzeugt, ist samtig im Geschmack und zeichnet sich durch ein nussartiges Aroma aus.

Aostatal – Weinbau auf steilen Terrassen

Hoch im Nordwesten Italiens, an den Grenzen Frankreichs und der Schweiz, liegt die winzige Weinbauregion in den Hochalpen am Ausgang des Montblanc-Tunnels beziehungsweise des Großen Sankt Bernhard. Das Gebiet ist autonom, die Einwohner sprechen zum überwiegenden Teil französisch, daher auch die französischen Weinnamen.

Wie im benachbarten Wallis gedeihen auch hier Rebstöcke in der weinbaulich fast unvorstellbaren Höhe von 1000 Metern. In dem kleinsten Weinbaugebiet Italiens genießen nur 24 Rot- und Weißweine mit dem Namen Valle d'Aosta Ursprungsschutz. Sie haben Seltenheitswert, wobei die Betonung auf beiden Wortteilen zugleich liegt.

Ein Rotwein heißt Donnas, stammt aus der edlen Nebbiolorebe, ist in der Jugend vielleicht etwas hart, altert jedoch vorzüglich und schmeckt dann leicht nach bitteren Mandeln. Er ist nicht so wuchtig wie die Piemonteser Rotweine aus der gleichen Rebe, sondern fein und zart. Ein weiterer D.O.C.-Wein des Aostatales, Enfer d'Arvier, wird zum überwiegenden Teil aus Petit Rouge gekeltert. Er ist hellgranatrot, angenehm bitter, in der Jugend herb, später weicher und sanfter.

Petit Rouge ist im Übrigen die Hauptrebsorte des Gebiets, denn sie gedeiht vorzüglich auf den steinigen Gebirgsböden. Die aus ihr gewonnenen Rotweine, die unter verschiedenen Namen verkauft werden, sind ausdrucksvoll und urwüchsig.

Die selteneren Weißweine stammen teils aus einheimischen (Blanc de Valdigne), teils aus überregionalen Sorten (Ruländer, hier Malvoisie genannt, Weißburgunder, Müller-Thurgau).

Der dunkelgelbe, trockene Dessertwein Malvoisie de Nus wird seit dem 14. Jahrhundert in dem gleichnamigen Ort vom jeweiligen Pfarrer gekeltert und 2 bis 3 Jahre im Fass ausgebaut. An diesen raren Wein heranzukommen, ist allerdings fast unmöglich. Derselbe kirchliche Amtsinhaber stellt auch den roten Crème du Vien de Nus aus gleichnamigen Trauben her, einen vollmundigen, dunklen Rotwein.

Ein feiner, trockener Dessertwein entsteht ebenfalls unter geistlicher Obhut in der örtlichen Landwirtschaftsschule des Gebietes: Der Vin du Conseil wird aus Arvine, einer Walliser Rebsorte, gekeltert.

Italienische Perl- und Schaumweine erfreuen sich großer Beliebtheit, wobei man heute den trockenen, leichten Sorten den Vorzug gibt.

Die Weine des Gebiets muss man im Land selbst probieren, sie kommen selten über die Grenze. Es lohnt sich ein Abstecher von Frankreich oder der Schweiz schon wegen der grandiosen Gebirgslandschaft.

Lombardei – Rebflächen rund um Mailand

Zurück ins klassische Italien. Die Lombardei ist zwar ein großes Gebiet, doch die Rebflächen beschränken sich auf das Land südlich von Pavia, das Veltlin im Norden nahe der Schweizer Grenze, und die westlichen und südlichen Ufer des Gardasees, eine kleine Region bei Bergamo und eine ebenso kleine bei Mantua. Seit 1995 tragen die Schaumweine aus dem Gebiet zwischen Mailand und dem Gardasee die Bezeichnung D.O.C.G. Sie werden nach dem traditionellen Flaschengärverfahren hergestellt und stammen aus den Champagnersorten Pinot Nero, Chardonnay und Pinot Bianco.

Das größte Gebiet um Pavia erzeugt den roten oder weißen Oltrepò Pavese (mit oder ohne Nennung einer

Zu köstlichen Spezialitäten der mittelitalienischen Küche, wie Gnocchi mit verschiedenen Soßen, passt ein Chianti am besten.

Die typische Chiantiflasche, in Italien Fiasco genannt, ist heute kaum noch im Gebrauch.

Rebsorte). Die Weine sind dem Umfang des Gebiets und der Vielzahl der Rebsorten entsprechend äußerst unterschiedlich. Die 5 Weißweinsorten mit D.O.C. sind: Cortese (frisch, angenehm, weinig), Moscato (aromatisch, süß), Pinot Grigio (lebhaft, frisch), Riesling Renano (rassig, elegant) und Riesling Italico (vollmundig, rassig).

Die Rotweine heißen Barbera (trocken, weinig, leicht herb), Bonarda (weich, elegant), Buttafuoco (harmonisch, leicht perlend), Pinot Nero (auch als Schaumwein und Rosé), Sangue di Giuda (süß, mit Bittermandelaroma, erst im Alter angenehm). Ein nicht unerheblicher Teil des Lesegutes aus dieser Region wird zur Herstellung von Schaumweinen verwendet.

Um Brescia werden Rosé- und Rotweine mit dem Namen Riviera del Garda erzeugt. Der Rosé oder Chiaretto schmeckt frisch und leicht bitter, der mengenmäßig unterlegene Rote weinig und trocken, der Weiße aromatisch.

Ebenfalls von den vielbesuchten Ufern des Gardasees stammt der grünlichgelbe, zarte, blumige Lugana. Zwischen Mantua und Gardasee werden unkomplizierte Rot-, Rosé- und Weißweine mit dem Namen Colli Morenici und Mantovani del Garda erzeugt.

Ein ganz besonderes Gebiet innerhalb der Lombardei ist das Veltlin oder Valtellina, am Südrand der Alpen im Adatal gelegen. Es war ursprünglich lombardisch, gehörte im Verlauf der Geschichte zu Graubünden, auch zu Österreich, und ist seit 1859 wieder mit Italien vereint. Seit urdenklichen Zeiten wird hier auf steilen Terrassen Weinbau betrieben. Aus der Nebbiolo, hier Chiavannesca genannt, werden Rotweine erzeugt, die zu den besten Italiens gehören und daher seit kurzem die Bezeichnung D.O.C.G. führen dürfen. Sie alle sind rubinrot, samtig, trocken, in der Jugend herb, im Alter milder. Die besten tragen die Namen von 4 begrenzten Gebieten: Grumello, Inferno, Sassella, Valgella. Eine Spezialität des Gebiets ist der Sforzato oder Sfursat, ein aus angetrockneten Beeren gewonnener, kräftiger und alkoholreicher (14,5 Volumenprozent) Wein, der gut altert.

Emilia-Romagna – prickelnde Weine zu üppiger Küche

Das südlichste Weinbaugebiet Norditaliens und zugleich eines der größten erstreckt sich zwischen der Poebene und dem Apennin. Hauptstadt ist Bologna, die Stadt der Gourmets, daher »La Grassa« (die Fette) genannt. Es werden mehr Rot- als Weißweine erzeugt, wobei ein Großteil aus der Emilia stammt. Die Romagna grenzt an die Toskana und die Marken, ihre Weine erinnern an die mittelitalienischen.

Der bekannteste Wein der Emilia ist der Lambrusco aus der gleichnamigen Rebe, jener leicht schäumende, trockene bis halb süße, nach Veilchen duftende Rotwein höchst unterschiedlicher Qualität, der auch außerhalb des Landes bis nach Übersee bekannt ist. Zu den besten gehört der Lambrusco di Sorbara aus der Gegend von Modena. Er passt zur üppigen Küche des Landes.

Herrschen in der Emilia die leicht moussierenden Weine vor, gibt es in der Romagna Stillweine, neuerdings auch internationalen Stils aus Pinot Nero und Cabernet.

Ein guter, eher herber, trockener Rotwein ist der Sangiovese di Romagna. Der Gutturnio dei Colli Piacentini aus dem Gebiet von Piacenza, aus Barbera und Bonarda gewonnen, ist der Stolz der Romagna. Er soll schon auf die Römer zu Zeiten Cäsars zurückgehen. Sein Name stammt von Gutturnium, ei-

nem großen Gefäß, aus dem man zu jener Zeit den Wein trank. Der tief rote, trockene, bukettreiche Wein gehört zu den erfreulichen Spezialitäten dieses Gebiets.
Eine Reihe von Rot- und Weißweinen mit Zusatz der Rebsorte stammt von den Colli Bolognesi, den Hügeln um Bologna. Qualitativ an der Spitze steht der weiße Sauvignon, ein eleganter, frischer Wein, der ein guter Begleiter der üppigen, schmackhaften Küche ist.
Hervorzuheben sind zwei gute Weißweine aus der Romagna, von denen der erste bereits zum D.O.C.G.-Wein aufgestiegen ist. Der Albana di Romagna aus dem Gebiet zwischen Bologna und der Adriaküste ist hell- bis goldgelb, in der trockenen Version (secco) zart, in der lieblichen (amabile) fruchtig.
Der Trebbiano di Romagna wurde von römischen Legionären hierher gebracht. Der aus der uralten, schon bei Plinius erwähnten gleichnamigen Rebsorte gewonnene Weißwein ist sehr trocken, hellgelb und wird immer jung getrunken.

Chianti – Sieger der »Hitparade«

Der toskanische Chianti liegt mit einer Produktionsmenge von rund 750.000 Hektolitern an der Spitze aller italienischen Weine, gefolgt von Asti, Oltrepò Pavese, Soave und Montepulciano d'Abruzzo.

Schattige Weinlaube in der Toskana.

Mittelitalien

Klassisch wie dieses Kernland italienischer Kultur ist auch der bekannteste Wein des Gebiets, der Chianti, der samt seiner bastumflochtenen Flasche Inbegriff nicht nur italienischen Weines, sondern auch italienischer Lebensweise und Küche war. Rund 20 Prozent aller italienischen Weine kommen aus Mittelitalien, und ein Drittel von ihnen genießt Ursprungsschutz.

Toskana – Spitzenweine von engagierten Winzer

Beginnen wir mit dem überall als italienischsten aller Weine gepriesenen Chianti. »Classico« darf er heißen, wenn er aus dem Kerngebiet zwischen Florenz und Siena kommt. Um das Classico-Gebiet gruppieren sich 8 weitere Produktionszonen: Colli Aretini, Colli Fiorentini, Colli Senesi, Colline Pisane, Montalbano, Rufina, wobei auch die aus Siena, Florenz und Rufina und seit 1997 die aus Montespertoli stammenden Gewächse höchste Qualität erreichen können. »Riserva« heißt er nach längerer Lagerung im Fass. Chianti mit kontrollierter Ursprungsbezeichnung ist immer rot, seit 1984 trägt er das höchste Prädikat, die D.O.C.G.
Eine Besonderheit hat der traditionsreiche Wein für sich: Er wird zum Teil sowohl aus roten wie aus weißen Trauben gekeltert, und zwar aus 75 bis 100 Prozent Sangiovese, 5 bis 10 Prozent Canaiolo Nero sowie aus bis 10 Prozent Weißweinsorten, Trebbiano Toscano und Malvasia del Chianti, entweder einzeln oder gemischt. Der Anteil weißer Trauben ist immer mehr zurückgegangen, da der Weißweinanteil im Vergleich zum roten verhältnismäßig schnell altert. Aus den verbleibenden weißen Trauben wird ein frischer Weißwein unter dem Namen Galestro gekeltert. Bis 10 Prozent weitere, in der D.O.C.G.-Zone zugelassene Rotweinsorten dürfen enthalten sein. Den roten Chiantiweinen gemeinsam ist ihre helle bis rubinrote Farbe, ihre trockene, harmonische und dabei fruchtige Art. Einfache Chiantiweine schmecken am besten jung, zwischen dem 2. und 4. Jahr nach der Lese, Chianti Classico verliert seine anfängliche Härte erst später, dafür ist er auch länger haltbar (etwa 8 Jahre). Riserva schmeckt erst nach 6 bis 7 Jahren gut. Ein verlässliches Qualitätszeichen ist der Schwarze Hahn (Gallo Nero), den jedoch nicht alle Winzer von Spitzenprodukten verwenden. Eine ganze Reihe von ihnen verzichtete lange Zeit nicht nur auf dieses Symbol, sondern auf die

Hervorragende Jahrgänge der Toskana

1970, 1971, 1978, 1982, 1983, 1985, 1988, 1990, 1995, 1997

Was sind Super-Toskaner?

Die neuen Weine der Toskana gehören zu den Spitzenweinen der Welt. Sie werden zum Teil aus Sangiovese unter Zusatz von internationalen Rebsorten wie Merlot und Cabernet, jedoch unter Verzicht auf weiße Rebsorten gekeltert und fast ausschließlich im Barrique ausgebaut. So besteht zum Beispiel der Fontalloro aus reinem Sangiovese, der Solaiano aus Cabernet Sauvignon, Cabernet Franc und Sangiovese, der berühmte Sassicaia aus reinem Cabernet Sauvignon. Von außen erkennt man sie vor allem am Preisschild und nicht an der Klassifizierung – es sind auf Grund der gesetzlichen Bestimmungen »einfache« Vini da Tavola – und nach dem Öffnen der Flasche natürlich am erhöhten Genuss.

kontrollierte und garantierte Herkunftsbezeichnung, denn sie wollten bessere Weine vor allem aus Sangiovese machen. Eine Abweichung vom klassischen Mischungsverhältnis war jedoch nicht erwünscht. Das Gesetz von 1992 lässt diese Praktik wieder zu.

Ein Spitzenwein, der sogar als einer der ersten die D.O.C.G.-Bezeichnung erhielt, ist der Brunello di Montalcino, ein samtiger, harmonischer Rotwein aus Sangiovese, der hier Brunello heißt, der sehr alt – unter Umständen mehr als 50 Jahre – werden kann.

Vino Nobile di Montepulciano ist ein weiteres rotes Spitzengewächs des Gebiets. Er hat das D.O.C.G.-Prädikat, ist granatrot, trocken, leicht bitter und duftet nach Veilchen. Zu seiner Herstellung darf neben roten auch ein geringer Anteil (maximal 10 Prozent) weißer, nicht aromatischer Rebsorten verwendet werden.

Auch der rote Carmignano gehört zu den Spitzenweinen der Toskana, er wird aus roten und wenigen weißen Trauben gekeltert und ähnelt dem Chianti in gewisser Weise, nur ist er runder und weicher. 1990 wurde auch ihm die D.O.C.G. zuerkannt.

Zwei weiße Spitzenweine gibt es in diesem klassischen Weinland: Der Vernaccia di San Gimignano hat als erster die D.O.C. bekommen und trägt seit 1993 die D.O.C.G. Er stammt ausschließlich aus der gleichnamigen Rebsorte, schmeckt leicht nach Bittermandel, ist frisch und hell strohgelb und wurde schon in früheren Zeiten von Päpsten und Künstlern gleichermaßen geschätzt.

Der weiche, delikate Bianco di Pitigliano mit seinem leicht herben Nachgeschmack stammt aus mehreren Weißweinsorten.

Vor allem für Sommerurlauber mag interessant sein, dass die Insel Elba weiße und rote D.O.C.-Weine hervorbringt, die ebenfalls zu den toskanischen Gewächsen zählen. Der Elba Bianco ist trocken, weinig, frisch und leicht, Elba Rosso aromatisch, trocken und tiefrot. Unter dem gleichen Namen werden auch Schaumweine erzeugt.

Neben den genannten gibt es in der Toskana noch eine Reihe von durchaus interessanten Weinen mit oder ohne Ursprungsschutz, die gut zu der köstlichen toskanischen Küche schmecken, sowie Vini Santi, Spezialitäten, die aus halbgetrockneten Beeren gekeltert werden.

Umbrien – grünes Herz Italiens

Eine der wenigen Regionen Italiens, die nicht bis an die Küste reicht und sich dadurch eine gewisse Urtümlichkeit bewahrt hat, ist Umbrien. Es liegt im Apennin zwischen der Toskana, Latium und den Marken. Das von zahlreichen Wasserläufen durchzogene grüne Land ist reich an Resten etruskischer und römischer Kultur.

Oliven und Getreide sowie der Weinbau haben zu einem gewissen Wohlstand geführt. Orvieto ist nicht nur Zentrum des Weinbaues, sondern eine alte etruskische Stadt mit einer besonders schönen Kathedrale. Zusammen mit Assisi ist es auch geistlicher Mittelpunkt Umbriens.

Der Orvieto, ein strohgelber, feinduftiger Weißwein mit leichtem Bitterton, ist heute weithin bekannt und beliebt. Es war schon in früheren Jahrhunderten ein geschätzter Tischwein bei Päpsten und Kardinälen in Rom. Orvieto Classico stammt wie alle Classicos aus einem enger definierten Gebiet. Die Hauptrebsorte ist Trebbiano Toscano.

Torgiano Rosso und Bianco werden weniger exportiert. Sie stammen aus der Umgebung der Hauptstadt Perugia und sind beachtenswert. Der gute bis hervorragende, körperreiche und harmonische rote Torgiano stammt zum großen Teil aus Sangiovese. Torgiano Rosso Riserva, der mindestens 3 Jahre Lagerzeit hinter sich haben muss, hat 1990 die Herkunftsbezeichnung D.O.C.G. erhalten. Torgiano Bianco, auch Torre di Giano genannt, wird hauptsächlich aus Trebbiano Toscano gekeltert, er ist hellgelb, spritzig und angenehm fruchtig.

Seit 1992 genießt der rote Montefalcone Sagrantino aus der gleichnamigen Rebsorte in den Versionen Secco und Passito den gehobenen Ursprungsschutz D.O.C.G. Er schmeckt rund und kräftig.

Die Weine der Colli del Trasimeno gibt es in roter und weißer Version. Sie stammen aus der Umgebung des romantischen Trasimenosees, eines der größten Binnenseen Italiens. Es handelt sich um einfache bis gute, angenehme Tropfen, der rote blumig und fein, der weiße trocken und zart, die hervorragend zur einfachen, doch köstlichen und natürlichen Küche passen.

Eine wachsende Anzahl roter wie weißer Weine hat in den letzten Jahren Ursprungsschutz erhalten. Während bei den Rotweinen die Sangiovese-Traube überwiegt, sind die weißen meist aus Trebbiano gekeltert.

Marken – Gebirge am Meer

Die vorwiegend gebirgige Region Marken grenzt östlich an Umbrien und reicht bis zur Adria. Das Klima wird vom Apennin und vom Meer zugleich bestimmt. Weinbau wird schon seit alter Zeit an geschützten Hügelabhängen

Klassische Weinlandschaft bei Siena im Chiantigebiet.

betrieben. Er ist neben dem Ackerbau, der Fischerei und dem Tourismus eine der Haupteinnahmequellen der einheimischen Bevölkerung.
Die Region Marken ist vor allem Weißweingebiet, der bekannteste Wein, der strohgelbe, trockene Verdicchio dei Castelli di Jesi, passt gut zu Fisch und Meeresfrüchten und wird jung getrunken. Der Classico stammt aus dem engsten, Zona antica genannten Gebiet. Zur Popularität des Weines hat seine originelle, amphorenähnliche Flaschenform mit beigetragen. Unter dem gleichen Namen gibt es auch einen Schaumwein. Ähnliche Eigenschaften besitzt der Verdicchio di Matelica. Beide Weine kommen aus der Umgebung der regionalen Hauptstadt Ancona.
Ein Verdicchio-Schaumwein ist zu empfehlen: Verdicchio Pian delle Mura, bereitet nach der Champagnermethode. Aus der gleichen Gegend um Serrapetrona stammt ein roter Schaumwein mit dem im Lande sehr bekannten Namen Vernaccia di Serrapetrona, der duftig und weinig, dabei leicht bitter im Nachgeschmack ist.
Bekannt ist der Rotwein aus der Provinz Ascoli Piceno, der Rosso Piceno. Es handelt sich hier um einen rubinroten Wein, der trocken und frisch schmeckt und ein angenehm weiniges Bukett aufweist. Der Rosso Conero aus dem gleichnamigen Bergmassiv südlich von Ancona wird oft nach der Governomethode, das heißt unter Zusatz von Most aus angetrockneten Beeren hergestellt. Er ist fruchtig, saftig und körperreich und gehört zu den empfehlenswerten Weinen des Landes.
Auch in den Marken steigt die Zahl der Weine mit Ursprungsschutz, doch sollte man es nicht versäumen, in den ländlichen Trattorien Tafel- und Landweine auf eigene Faust zu entdecken.

Latium – klassische Landschaft um Rom

Eine große und sicherlich die historisch bedeutendste Region ist Latium mit der Ewigen Stadt Rom als Mittelpunkt. Hügellandschaften mit vulkanischen Böden und fruchtbaren Ebenen sind hier zu finden, an der Küste ist es mild, im Gebirge oft rau und regnerisch. Schon seit der Antike trinken die Römer den Wein von den Albanerbergen. »Est! Est!! Est!!! di Montefiascone« heißt ein bekannter dort beheimateter Weißwein, dessen origineller Name auf eine Begebenheit aus dem frühen Mittelalter zurückgeht: Um 1100 wollte ein Bischof zur Krönung Heinrichs V. nach Rom fahren und befahl seinem Diener voranzureiten, passende Nachtquartiere für ihn auszusuchen und mit dem Satz »vinum bonum est« zu kennzeichnen. In Montefiascone schmeckte dem Diener der dargebotene Trank so gut, dass er nur noch selig »Est! Est!! Est!!!« an die Wand schreiben konnte.
Noch bekannter ist der Frascati aus dem gleichnamigen Ort, den es in trockener (secco) und lieblicher (amabile) Version gibt. Weniger verbreitet ist der süße (cannelino oder dolce) Dessertwein gleichen Namens. Der frische Frascati ist bei den Römern als Alltagswein beliebt, er gehört zu den ersten italienischen Exporten nach Deutschland.
Ähnlich, nur etwas kräftiger ist der weiße Marino aus der gleichnamigen Stadt südlich von Rom. Ebenfalls aus der Umgebung von Rom stammen die weißen Tafelweine der Castelli Romani, zu denen das Frascatigebiet geographisch gehört. Colli Albani, Colli Lanuvini und vor allem Colli Picchioni, Letzterer ein guter Rotwein, sind weitere bekannte Namen.
Eine Besonderheit und Rarität zugleich stellt der Torre Ercolana dar, ein Rotwein aus dem Südosten des Landes ohne D.O.C., der nur in geringen Mengen hergestellt wird, aber wegen seines Duftes und seines reichen Geschmacks doch zu den guten Rotweinen des Landes gehört. Interessante rote und weiße Tafelweine werden unter dem

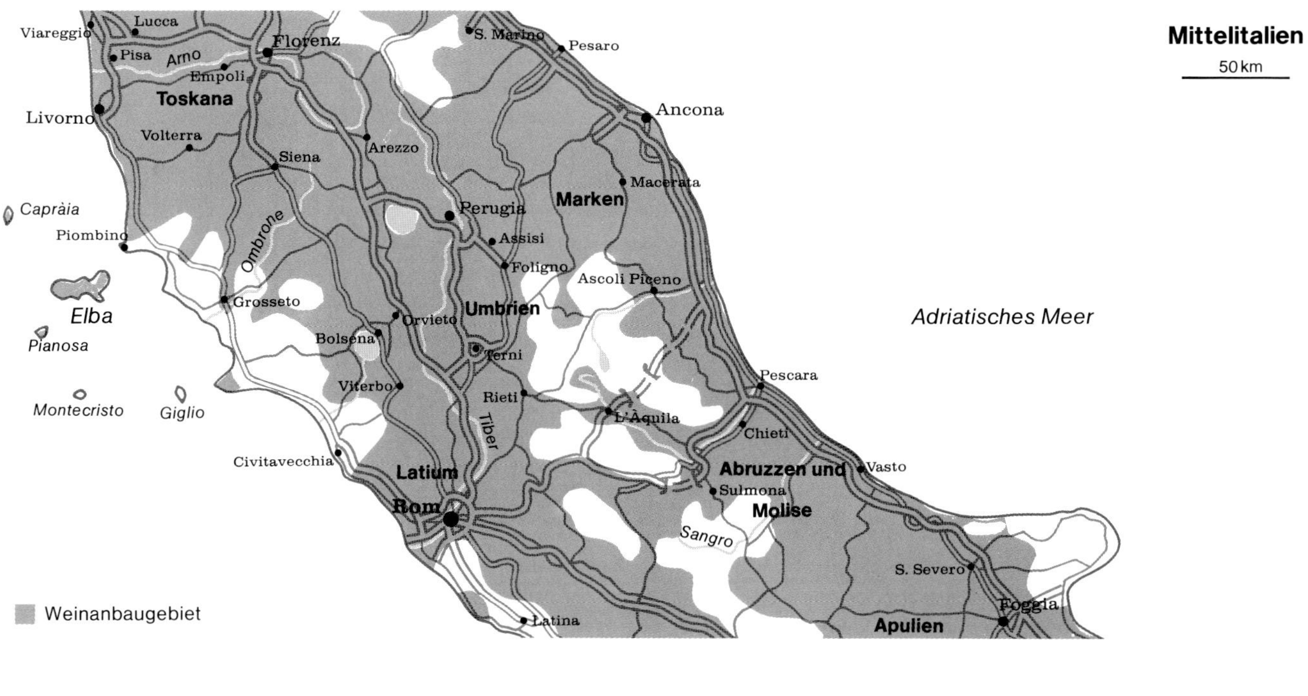

Eine klassische italienische Weinlandschaft ist Latium. Hier wächst der bekannte Frascati, ein beliebter Alltagswein.

Namen Fiorano verkauft. Die herben, extraktreichen, bordeauxähnlichen Rotweine und die anmutigen, blassen Weißweine gedeihen direkt vor den Toren Roms.
Einfache Weine, jedoch mit D.O.C.-Prädikat, kommen aus Aprilia und werden mit ihrer Rebsorte bezeichnet. Zu empfehlen ist der Merlot. Ein weiteres großes Weingebiet liegt bei Civitavecchia, die trockenen Rot- und Weißweine heißen Cerveteri.

Abruzzen und Molise – reizvolle Landschaften und feine Weine

Die beiden Weinregionen grenzen östlich an Latium und reichen bis zur Adria. Sie bilden den Abschluss Mittelitaliens nach Süden hin. Die Region Abruzzen ist gebirgig, einige der höchsten Berge des Apennin befinden sich hier. Schafzucht ist eine Haupterwerbsquelle. Im milden Klima der Abruzzen gedeihen die Weine sowohl an der Küste als auch in den Gebirgstälern. Der in großen Mengen erzeugte rote Tafel- oder Landwein ohne nähere Bezeichnung kann durchaus ansprechend sein.
Den D.O.C.-Wein Montepulciano d'Abruzzo aus der gleichnamigen Rebsorte gibt es als Rosé- und als Rotwein, wobei der erste süffig und frisch, der zweite robust und kräftig ist. Sein weißes Gegenstück ist der Trebbiano d'Abruzzo aus der gleichnamigen Rebsorte, ein strohgelber, trockener, ausgeglichener Weißwein, der in guten Jahren von guten Erzeugern beachtliche Qualitäten erreichen kann.
Seit 1963 von der Doppelregion Abruzzen und Molise unabhängig, ist Molise die südliche Fortsetzung mit Hauptstadt Campobasso. Die von Fremden wenig besuchte Region mit Bergen und einem kleinen Küstenstreifen bringt unter der D.O.C. Biferno einen roten Montepulciano hervor. Der weiße Biferno aus Trebbiano, Bombino und Malvasia schmeckt trocken und frisch. Seit 1998 gilt für die Weine mit dem Namen Molise die D.O.C.

Süditalien

Schwer und alkoholreich waren einst die Weine im Mezzogiorno, dem Süden Italiens. Heute bemüht man sich mit Erfolg auch hier, wo die Sonnenglut hohe Zuckerwerte in den Trauben hervorruft, um frische, leichte Weine, wie sie in Nordeuropa geschätzt werden.
Das Armenhaus Italiens, der Süden, hat nur eines in Fülle und Überfülle – Sonne. Und gerade die Sonne, der man in nördlichen Weinbaugebieten die letzten Strahlen abtrotzt, um die Trauben zur Reife zu bringen, ist dem Weinbau in heißen Ländern eher abträglich.
Ein hoher Zuckergehalt zieht zwangsläufig nach der Gärung hohe Alkoholgrade nach sich, und das machte den Wein in den Exportgebieten zunehmend unverkäuflich. Mit Hilfe engagierter Önologen hat man hier wie auf den Inseln beachtliche Fortschritte im Anbau neuer Rebsorten und in moderner Kellertechnik erzielt.

Kampanien – klassisch und schön

Von den Römern wegen seiner Fruchtbarkeit und der Freundlichkeit seiner Bevölkerung »glücklich« genannt, erfreut sich das Land um Neapel heute noch der Schönheit seiner Buchten und der Inseln

Capri, Ischia und Procida. Auf den vulkanischen Böden gedeiht die Rebe hervorragend, schon die Griechen brachten deshalb den Weinbau hierher. Heute werden hauptsächlich einfache Tafelweine erzeugt. Nur ein kleiner Teil der Ernte genügt den Bestimmungen der D.O.C. Dazu zählt auch der einstmals von den Römern so geschätzte Falerno, dessen Anbaugebiet vom Latium bis nach Kampanien hinein reicht. Falerno del Massico genießt Ursprungsschutz. Er wird als Rot- und als Weißwein hergestellt.

Einer der besten Weine der Region stammt aus der Grecorebe, die, wie der Name sagt, von den Griechen in der Antike herübergebracht wurde. Der trockene, goldgelbe Weißwein mit dem Namen Greco di Tufo wird bei Avellino in den kühlen Irpiniabergen östlich von Neapel hergestellt. Es gibt ihn auch als Schaumwein. Die Provinz Avellino ist die Heimat fast aller Qualitätsweine Kampaniens. Der Fiano di Avellino aus der gleichnamigen Rebsorte ist trocken, duftig und elegant und von guter bis hervorragender Qualität.

Der Taurasi, ein dunkel-rubinroter, körperreicher Wein aus Aglianicotrauben – eine Gabe des antiken Griechenland – schmeckt voll und aromatisch und erreicht vor allem im Alter eine bemerkenswerte Güte. Er hat als erster süditalienischer Wein die D.O.C.G. erhalten.

Vor allem wegen seines originellen Namens berühmt ist der Lacrima Christi del Vesuvio oder einfach Vesuvio, den es als Rot-, Rosé- und Weißwein gibt. Der weiße ist meist trocken, kann aber auch lieblich oder schäumend hergestellt werden. Mit dem romantischen Namen wurde viel Missbrauch getrieben, heute versucht man durch Gesetze, den am Vesuv gewachsenen Wein vor Billigkopien zu schützen.

Weinberge mit Trulli, kegelförmigen Häusern, die für Apulien typisch sind.

Apulien – der Riese im Süden

Die nach Sizilien zweitgrößte Weinregion Italiens bringt jährlich 7 Millionen Hektoliter Wein auf den Markt (zum Vergleich: Deutschland produziert zur Zeit etwa 8 Millionen Hektoliter) – mit fallender Tendenz. Das Gebiet umfasst die Adriaküste und ihr Hinterland von der Region Molise an und reicht bis an das Ende des »Stiefelabsatzes«. Die Hauptstadt Bari liegt weit außerhalb der wichtigen Weinbauzonen.

Die Weine Apuliens sind, durch das heiße Klima bedingt, meist ziemlich alkoholreich. Der hohe Alkoholgehalt überdeckt die feinen Geschmackseindrücke, so dass die Erzeugnisse dieses Landes früher hauptsächlich als Verschnittweine verwendet wurden, um ärmlich und sauer ausgefallenen nördlichen Gewächsen durch das Feuer des Südens etwas Kraft zu geben. Mit dem Streben nach mehr Qualität und weniger Verschnitt haben sich auch die Winzer des Landes umgestellt und bemühen sich heute um kleinere Mengen und steigende Güte. Besonders die Roséweine sind fein und fruchtig, die Weißweine erreichen mit Hilfe neuer Rebsorten wie Chardonnay und Pinot Bianco (Weißburgunder) durch moderne Kellermethoden eine feinere, zartere Art.

Alte Bäuerin bei der Weinprobe in einer traditionellen Weinkellerei.

Ein D.O.C.-Wein ist der samtige, volle, granatrote Aleatico di Puglia, der im ganzen Land als Dessertwein und Likörwein in geringen Mengen hergestellt wird.

Der bekannteste Wein in Rot, Weiß und Rosé heißt Castel

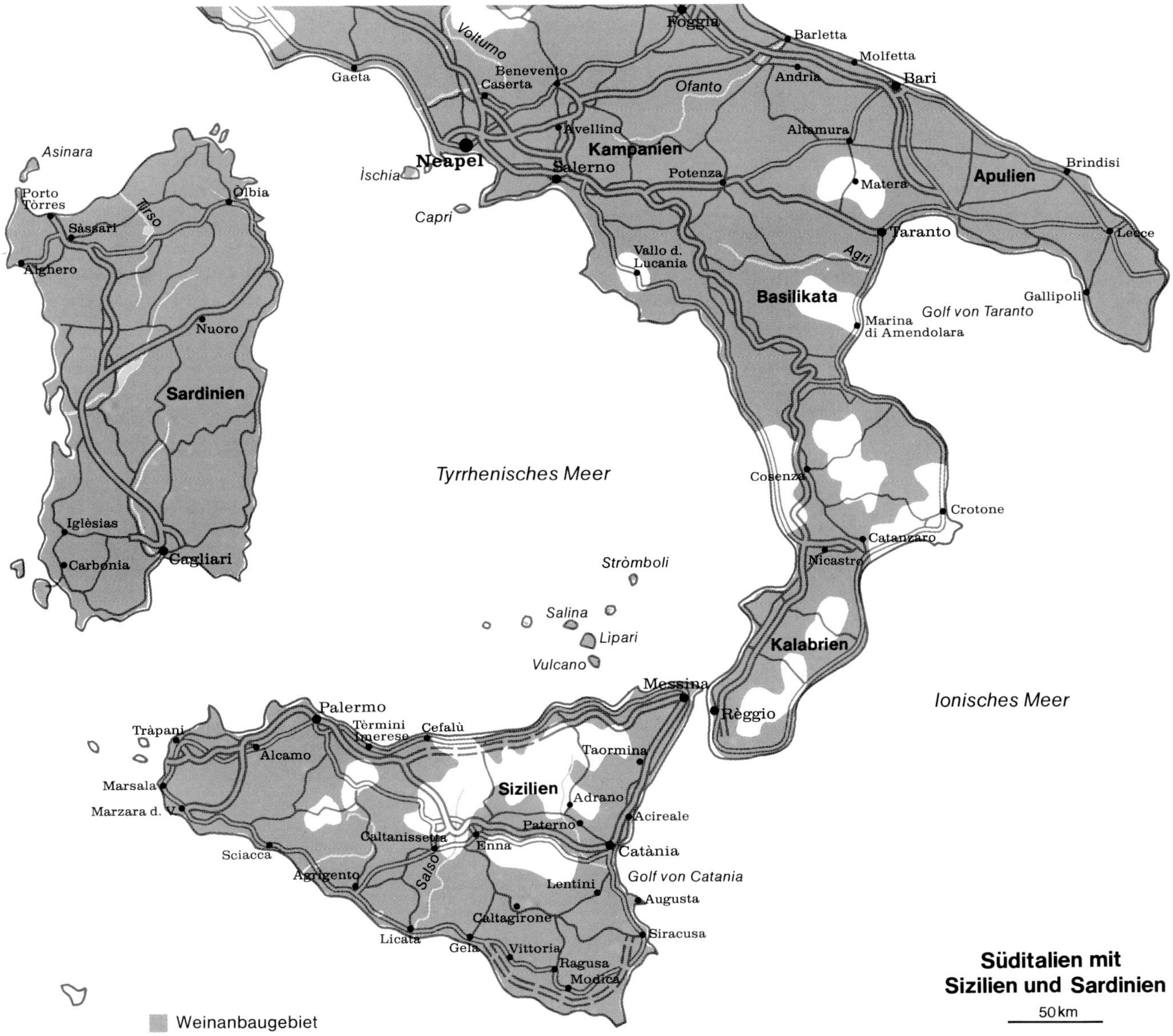

Süditalien mit Sizilien und Sardinien

50 km

del Monte nach der berühmten Burg Kaiser Friedrichs II. Er ist immer trocken, der Rotwein herb mit charakteristischem Bukett, der Roséwein angenehm fruchtig, der weiße weinig und spritzig.

Der D.O.C.-Wein Locorotondo wurde nach der gleichnamigen Stadt benannt. Der grünlich- bis strohgelbe Wein schmeckt für seine südländische Herkunft erstaunlich frisch und elegant.

Martina Franca ist ähnlich in der Art, er stammt aus der Gegend der Trulli, jener seltsamen runden, oben spitz zulaufenden Wohnhäuser unbekannten Ursprungs aus fernen Zeiten.

Neu in die Klasse der D.O.C.-Weine aufgenommen wurde der Salice Salentino, den es in Weiß und Rot sowie als Dessertwein gibt. Vor allem der rote kann höhere Qualitäten erreichen.

Basilikata – weitab vom Tourismus

Ein ungewöhnlicher Tatbestand gilt für dieses Gebiet: Es ist bei Touristen nahezu unbekannt. Und doch ist das gebirgige Land mit zwei kurzen Küstenstreifen sowohl am Ionischen als auch am Tyrrhenischen Meer voll landschaftlicher Reize. Lombardisch, byzantinisch, normannisch und spanisch waren die Herrscher, bevor das Königreich Neapel von ihm Besitz ergriff.

Ein einziger D.O.C.-Wein gedeiht an den Hängen des erloschenen Vulkans Monte Vulture. Aus der Aglianicorebe, die ihren Namen einer Verballhornung von Hellenica verdankt, wird ein rubinroter Wein gekeltert, der delikat duftet und mit dem Alter besser wird, wie sonst nur gute Rotweine aus dem Norden. Die trockene wie die halbsüße Version sind harmonisch und frisch.

Neben dem hochwertigen Aglianico del Vulture entstammen dieser Region goldfarbige Malvasiaweine, einen Schaumwein aus der Muskattraube vom Monte Vulture und andere Tafel- und Landweine, die man nur im Land selbst bekommt.

Olympiawein aus Kalabrien

Die südwestliche Spitze der langgezogenen, stiefelförmigen Halbinsel wird von der Region Kalabrien eingenommen. Wildromantische Steilküsten, tiefblaues Meer, gartenähnliche Landschaften wechseln sich ab mit beachtlichem Gebirge im Hinterland. Byzantinische und griechische Ursprünge stehen hier nebeneinander.

Der weitaus bekannteste Wein ist der Cirò, der als einer der ältesten Weine der Welt gilt, soll er doch ein ferner Nachfahre jenes Weines sein, der einstmals dem Gewinner der Olympischen Spiele gereicht wurde, als Süditalien griechischer Herrschaft unterstand. Heute noch trinken ihn die italienischen Olympiateilnehmer. Cirò Rot und Rosé sind körperreich, kräftig und warm, den Rotwein gibt es auch als Classico. Der weiße ist strohgelb, delikat und fruchtig; er wird jung getrunken.

Weitere 11 Weine tragen die kontrollierte Herkunftsbezeichnung, wobei der Greco di Bianco ebenfalls aus griechischer Zeit stammt. Der goldfarbene Dessertwein mit dem Duft von Orangenblüten gehört zu den teuren Raritäten Italiens.

Eine ältere D.O.C. besitzt der Donnici, ein junger, frischer, heller Rotwein aus der Gagliopporebe, die in diesem Gebiet Ursprung vieler Rotweine ist. Auch der volle, trockene Savuto gehört zu dieser Gruppe.

Sizilien – Insel der Griechen

Die größte Insel des Mittelmeeres ist auch das größte Weinbaugebiet Italiens und liegt mit Apulien mengenmäßig an der Spitze der italienischen Weinproduktion. Seine Lage, sein günstiges Klima und seine Schönheit haben im Verlauf der Geschichte immer wieder Völker zur Besetzung des Landes verführt. Weinbau wird seit Urzeiten betrieben. Sagenhaft war auch einst der Ruhm seines Marsalaweines, der ebenbürtig neben Sherry und Madeira stand. Marsala ist die Schöpfung eines Engländers aus dem 18. Jahrhundert. Heute genießt der braune, aufgespritete Dessertwein, nach der gleichnamigen Hafenstadt benannt, D.O.C.-Schutz. Der strohgelbe Grundwein wird mit Ausnahme des Marsala Vergine mit eingedicktem, erhitztem Most (cotto) oder süßem Wein und Alkohol (sifone) oder beidem versetzt. Er wird auf vier verschiedene Arten weiterverarbeitet: Der trockene bis süße Marsala fine oder I.P. muss mindestens 17 Volumenprozent Alkohol enthalten und 1 Jahr alt sein. Marsala Superiore mit Zusatz SOM, LP und GD muss mindestens 2 Jahre lagern und 18 Volumenprozent Alkohol enthalten. Er ist sehr trocken mit Holz oder Nussaroma oder süß. Marsala Vergine hat die höchste Qualität, er erhält keine Zusätze, sondern wird meist nach dem Solerasystem (siehe Seite 28) ausgebaut. Er ist hell, muss mindestens 5 Jahre lagern, sein Geschmack ist rassig und aromatisch, seine Art trocken, niemals süß. Die Marsala speciali bestehen aus 18-prozentigem Marsala und Zusätzen wie Ei, Kaffee, Mandeln, Bananen oder Erdbeeren, die den Weincharakter weitgehend zurückdrängen. Zwei hervorragende Aperitifweine sind der Vecchio Samperi, der dem Marsala ähnelt und in einer Art Soleraverfahren aus der Marsalatraube Grillo hergestellt wird, und der Stravecchio Siciliano aus Cerasuolo, der an alten Sherry erinnert. Stravecchio bedeutet »besonders alt«, und der Name weist darauf hin, dass der Wein mehr als 3 Jahrzehnte auf dem Fass lagern muss. Der alte Wein wird in nur kleinen Mengen abgezogen und jüngerer nachgefüllt.

Aus dem äußersten Süden der Insel stammen die goldgelben, schäumenden oder likörigen Muskatweine mit der

Ein Önkologe prüft den Marsala Superiore Dolce, der mindestens 2 Jahre lagert.

D.O.C. Moscato di Noto. Weitere Muskatweine tragen die Bezeichnungen Moscato di Siracusa und Moscato di Pantelleria, wobei es letzteren auch als Passito (aus getrockneten Trauben) mit oder ohne Zusatz von Alkohol und als Schaumwein gibt. Sie alle sind aromatisch, goldgelb bis amberfarben und mehr oder weniger süß. Moscato di Pantelleria stammt von einer kleinen Insel vor der tunesischen Küste.

Von den Liparischen Inseln stammt der Malvasia delle Lipari, der als »Nektar der Götter« oder auch als bester italienischer Marsala-Süßwein bezeichnet wird. Aromatisch und süß schmeckt die Normalversion, Passito und Liquoroso entsprechend milder und voller.

Interessant ist die Entwicklung bei den trockenen Tischweinen. Engagierte Weinerzeuger wie das Gut Regaleali, aber auch Duca di Salaparuta und eine Reihe anderer großer und kleiner Firmen haben vor allem aus einheimischen Rebsorten qualitativ hochstehende Weine entwickelt. Ein Markenname der Firma Duca di Salaparuta für Rot-, Weiß-, Schaum- und Aperitifweine lautet Corvo. Es sind Weine von guter Qualität, der weiße (Bianco) schmeckt samtig-herb und hat dank früher Ernte noch genügend frische Säure, auch der rote (Rosso) ist angenehm herb und mit 12 Volumenprozent Alkohol nicht zu schwer, sondern süffig und bekömmlich. Der Spumante Brut ist gut als Aperitif geeignet, der Stravecchio, der aufgespritet ist und lange in Fässern lagert, wird sowohl als Aperitif- wie als Dessertwein serviert.

Der feuerspeiende Vulkan Ätna hat den Rot-, Rosé- und

Weinberge nahe der Bucht von Arbatax auf Sardinien.

Weißweinen mit der kontrollierten Herkunftsbezeichnung Etna den Namen gegeben. Es sind angenehme Tropfen, der weiße ist frisch und hat den charakteristischen Duft der Carricanterebe, der rote kann bis 20 Jahre alt werden und schmeckt vollmundig und warm, der Rosé entsprechend frischer. Ein bemerkenswerter D.O.C.-Wein ist der grünlichgelbe Alcamo oder Bianco Alcamo aus dem westlichen Sizilien, der frisch und fruchtig schmeckt und ausgezeichnet zu Fisch passt.

Sardinien – die eigenwillige Schönheit

Nachdem der südlichste Punkt Italiens erreicht ist, wenden wir uns noch einmal nach Norden zu der Insel Sardinien, wo schon Phönizier und Griechen, später auch die Karthager Weinbau betrieben. Die Inselbewohner stellen heute einen herzhaft kräftigen Wein her, der gut zur rustikalen Küche passt. Auch hier bemüht man sich um trockenere, leichtere Weine. Die Anerkennung als D.O.C.G.-Wein fand 1996 der Vermentino di Gallura aus der gleichnamigen Rebsorte.

Ein bedeutendes Weinbauzentrum ist Cagliari. Der weiße Nuragus di Cagliari schmeckt gut zu Fisch, ist trocken und saftig, vielleicht ein wenig zu neutral. Ein kräftiger Rotwein ist der Cannonau di Sardegna, den es in verschiedenen Geschmacksrichtungen von trocken bis süß, aber auch als Riserva und Liquoroso gibt. Cannonauweine ohne D.O.C. gibt es auch in Rosé oder Weiß, und einige von ihnen sind den von der Kommission anerkannten ebenbürtig.

Aus Cagliari stammen der süße Rotwein Giro di Cagliari, der Monica di Cagliari, ebenfalls rot und häufig süß, selten trocken, und der Malvasia di Cagliari als bräunlicher Dessertwein. Der Nasco di Cagliari ist ein sherryähnlicher Weißwein, der einige Ähnlichkeit mit den roten Gewächsen des Gebiets hat, dabei relativ leicht und trocken ist. Es gibt ihn auch als süßen Liquoroso.

Eine Reihe von Muskatweinen mit dem typischen aromatischen Geruch und Geschmack der Muskatellertraube kommt aus Sardinien, der Moscato di Sardegna ist ein Schaumwein, den man mit dem Asti Spumante vergleichen kann.

Zum Schluss noch eine Spezialität: Der Vernaccia di Oristano aus der gleichnamigen Rebsorte, die in der Gegend um Cagliari gedeiht, ähnelt einem natürlichen, nicht mit Alkohol versetzten Sherry. Er wird wie dieser nach dem Solerasystem ausgebaut, hat dann 15 Volumenprozent Alkohol, ist trocken und schmeckt leicht nach bitteren Mandeln. Es gibt auch eine aufgespritete Version, doch ist sie nicht so fein.

Spanien

Als Riese mit Zwergenformat stellte sich dieses Land bisher im Hinblick auf den Weinbau dar. Spanien ist nach wie vor das Land mit der größten Rebfläche der Welt, steht aber bei den Weinerzeugern Europas erst an 3. Stelle. Trotz des Tourismus, der den Weinen zu Bekanntheit und Qualitätssteigerungen verhilft, wird Spanien in absehbarer Zeit wohl kein ernsthafter Konkurrent für die klassischen europäischen Exportländer werden. Es exportiert heute noch nicht einmal die Hälfte von Frankreich oder Italien.

Etwa 30 Hektoliter Wein werden pro Hektar Rebfläche erzeugt. In Frankreich und Deutschland zum Beispiel, wo man die Erträge zugunsten der Qualität beschränkt, liegen sie bei 70 beziehungsweise 85 bis 100 Hektoliter. Woran liegt das? Zuviel des Guten wirkte sich gerade in Spanien negativ aus. Im Prinzip eignet sich das Land wegen des warmen Klimas fast überall für Weinbau, schon Phönizier und Griechen hatten das erkannt und hier Reben angepflanzt. Doch gerade die Hitze schadete, die Weine gerieten nicht so frisch und fruchtig, wie das in den wichtigen Weinkonsumländern gewünscht wurde. Doch auch in Spanien hat sich in den letzten Jahren viel getan. Neben einheimischen werden auch internationale Rebsorten wie Chardonnay, Sauvignon, Cabernet Sauvignon und Pinot Noir eingesetzt.
Seit 1980 gibt es ein dem italienischen und französischen ähnliches Weingesetz, in dem kontrollierte Ursprungsgebiete (Denominación de Origen, D.O.) geschaffen wurden, von denen die wichtigsten im Folgenden kurz vorgestellt werden sollen. Außerhalb der abgegrenzten Zonen wird praktisch im ganzen Land Rebbau betrieben, doch dienen diese Flächen der Erzeugung von Tischweinen oder Landweinen.

Die kontrollierten Anbaugebiete

Auch Spanien hat seine Weingesetzgebung und damit die Aufteilung in geschützte Herkunftsgebiete den Regelungen der Europäischen Union angepasst. Viele Weine werden vielleicht nicht exportiert, doch ist es vor allem für Reisende interessant zu wissen, was sie bei einem Besuch des kulturgeschichtlich interessanten Landes erwartet. Dem Gebiet von Jerez ist wegen seiner Sonderstellung ein eigener Abschnitt gewidmet.

Rioja

Rioja ist neben Jerez im Ausland am längsten bekannt. Es liegt am mittleren Ebro, südlich vom krisengeschüttelten Baskenland in hügeliger, malerischer Landschaft, in der alte Städte, ehemalige Festungen gegen die Mauren, auf den Bergspitzen thronen.
Wer roten Riojawein im Regal einer Weinabteilung stehen sieht, wird vielleicht auf Grund des Preises keine höhere Qualität vermuten. Neugier macht sich hier jedoch bezahlt: Einen so guten Tropfen bekommt man selten für den Preis. War früher die facettenreiche Garnacha die Hauptrebsorte, wird heute der Tempranillorebe mehr und mehr der Vorzug gegeben.
Lagen- oder sortenreinen Ausbau kennt man hier nicht. Die Kunst besteht wie beim Bordeaux und beim Chianti im Verschnitt. Der Tempranillo verleiht den Weinen Eleganz, konzentrierte Aroma- und Geschmacksstoffe, und Mazuelo, Garnacha und Graciano geben ihnen den letzten Schliff. Der Ausbau von mindestens einem Jahr in Eichenfässern ist obligatorisch.
Bei der Weinwahl richtet sich der Kenner nach dem Namen der Kellerei, der Bodega. In neuerer Zeit sind die renommierten Kellereien bestrebt, vor allem Lesegut aus firmeneigenen Weinbergen zu verwenden – ein neuer Trend in diesem Gebiet!
Gebietsunterschiede machen einen Vergleich unter verschiedenen Riojaweinen vor allem im Land selbst interessant: So produziert das

Terrassenweinbau in Alicante in der Mittelmeer-Weinregion Valencia, Anbaugebiet preiswerter Konsumweine, heute um Steigerung der Qualität bemüht.

Etikett eines Rioja aus Logroño.

hoch gelegene Gebiet Rioja Alta zarte, fruchtige Weine, Rioja Baja, wo es heißer und trockener ist, schwerere, alkoholreichere Kreszenzen und Alavesa, das Land der kleinen Winzer schließlich würzige Rotweine und leichtere Claretes, hell gekelterte Weine aus roten Trauben.
Die Weißweine von Rioja, gewonnen aus einheimischen Rebsorten, vor allem Viura, sind nicht so bekannt wie die roten, werden aber auch zunehmend exportiert. Ein wichtiges Zentrum des Gebiets ist Haro, aber auch in Logroño, der bedeutendsten Stadt, spielt der Wein die Hauptrolle. Ein lohnendes Reiseziel für Weinfreunde ist die Region allemal.

Navarra

Östlich an das Gebiet von Rioja schließt sich Navarra an, wo in der überaus reizvollen Landschaft seiner romantischen Gebirgstäler Weine mit Zukunft gedeihen. In diesem kleinen Gebiet, das lange im Schatten seines großen Nachbarn stand, baut man neben dem Tempranillo auch Cabernet Sauvignon, Merlot und Chardonnay an. In kurzer Zeit ist es den Winzern gelungen, ihre Weine modernen Stils auf dem Weltmarkt durchzusetzen.

Die Qualitätsweinbaugebiete Kataloniens

Die kleine Region Alella, direkt nördlich von Barcelona gelegen, erzeugt vor allem helle, trockene Weißweine aus einheimischen, aber auch aus französischen Rebsorten, die hier besonders gut gedeihen, außerdem einige Rotweine.
In Penedés, mit 26.000 Hektar die größte katalonische Region, südlich von Barcelona gelegen, werden vor allem Weißweine modernen Stils erzeugt. Weißer Chardonnay und roter Cabernet Sauvignon werden sortenrein ausgebaut, was früher in Spanien nicht üblich war.
San Sadurni di Noya mit seinen kilometerlangen Kellern, die zum Nationaldenkmal erhoben wurden, ist die Hauptstadt der Cava-Produktion. Trotz der großen Konkurrenz – beim Cava die Champagne, beim Rotwein Ribera del Duero und Priorato, ist das Gebiet immer noch einer der großen Exporteure.
Tarragona ist das südlich an Penedés anschließende und mit 11.000 Hektar zweitgrößte Weinbaugebiet Kataloniens. Hier erzeugt man große Mengen Rotweine, die vor allem als Verschnittweine nach Frankreich exportiert werden. Die Weißweine gehen in die Schaumweinproduktion.
Priorato, eine kleine Enklave im großflächigen Tarragonagebiet, erzeugt auf kargen Böden mächtige, dunkle, konzentrierte Rotweine, die sich neuerdings einen Namen gemacht haben. Experimentierfreudige Winzer haben hier aus Garnacha, Mazueleo und Cariñena sowie Merlot, Syrah und Cabernet Sauvignon einen neuen Weintyp geschaffen, der Weinkenner aufhorchen lässt.
Weitere D.O.-Gebiete sind Ampurdán-Costa Brava im Nordosten, wo hauptsächlich Roséweine (70 Prozent) erzeugt werden, sowie Terra Alta, Costers del Segre und Conca de Barberá.

Die Provinz Aragón

Diese Provinz südlich von Zaragoza zeichnet sich vor allem durch ihr Kontinentalklima aus. Die Weine aus den vier kontrollierten Anbaugebieten sind im Ausland noch wenig bekannt. In So-

Hervorragende Rioja-Jahrgänge

1970, 1981, 1982, 1987, 1991, 1994, 1995, 1996

montano, Calatayud und Campo de Borja hat man schon einige Fortschritte erzielt, während Cariñena, das älteste Weinbaugebiet der Provinz mit seinem strengen Kontinentalklima (sehr heiße Sommer, kalte Winter) und seinen schwierigen Bodenverhältnissen noch am Anfang der Entwicklung zum moderneren Wein steht.

Wo liegt Cava?

Cava ist kein Gebiet. Sie werden es auf keiner Landkarte finden. Cava ist dennoch eine D.O., die allerdings nicht auf dem Etikett vermerkt ist. Die Weinbaubetriebe, die ihren nach der Flaschengärmethode bereiteten Schaumwein aus Macabeo, Parellada und Xarel-lo, neuerdings auch aus Chardonnay unter der D.O. Cava herstellen, befinden sich zu 95 Prozent in Katalonien.

In den Lavafeldern von Lanzarote wird für jeden Weinstock ein kleiner Krater gegraben, um ihn vor den atlantischen Winden zu schützen.

Die Weine Galiciens

Die feuchte, nebelreiche Nordwestküste Spaniens ist ein großer Weinproduzent. Valdeorras, Rías Baixas und Ribeiro heißen die wichtigsten der insgesamt 5 D.O.-Gebiete.

Nachdem die Weine dieser Provinz wegen ihrer Rückständigkeit fast in Vergessenheit geraten waren, gehören heute einige Weißweine aus Albariño, Godello und Treixadura wegen ihrer köstlichen Frische und ihres feinen Sortenbuketts zu beachtenswerten Spezialitäten des Landes. Besonders in Rías Baixas ernten die ersten Weinbaubetriebe Erfolge, die sie dem Albariño, der urwüchsigsten Rebsorte Spaniens zu verdanken haben. Der bekannteste Name in Galicien ist Ribeiro. Hier werden die neuen Weißweine aus Verschnitten alter spanischer Rebsorten hergestellt. Weniger bekannt ist der Name von Valdeorras, doch sollte man ihn sich merken, denn hier wird aus einer speziellen Rebsorte, dem Godello , ein goldfarbener, komplexer Weißwein gekeltert, der im besten Fall Spitzenweinqualität erreichen kann.

Mittelspanien

Geschlossener als im Norden liegen die D.O.-Gebiete Mittelspaniens beieinander. Die beiden Autonomen Regionen Kastilien-La Mancha und Kastilien-Leon bilden mit ihren zehn D.O.-Gebieten eine riesige Rebfläche von insgesamt etwa 220.000 Hektar. Die erste Region, die Hochebene südlich von Madrid, ist Spaniens fruchtbarstes und das größte Weinbaugebiet der Welt. Die abgegrenzten D.O.-Gebiete hier heißen Méntrida, La Mancha, Almansa, Valdepeñas und als neuestes Mondéjar. Aus diesem Rebenozean – anders kann man das von Horizont zu Horizont reichende grüne Wogen nicht bezeichnen – stammen die meisten Tischweine für den Export ins Ausland und in die spanischen Gebiete, die selbst keinen Wein produzieren, die Hauptstadt Madrid eingeschlossen.

Auch in diesen riesigen Gebieten ist man um mehr Qualität bemüht. So hat man in La Mancha, dem traditionellen Massenweingebiet, Verbesserungen in der Auswahl der Rebsorten – neben traditionellen Sorten kam der Merlot hinzu – und in den Kellertechniken vorgenommen. Das Gleiche gilt für Valdepeñas, die Enklave in der riesigen Weinebene, deren Weine zunehmend im Ausland zu finden sind.

Kastilien-Leon, dessen Weinberge vor allem an den Flüssen Duero und Ebro liegen, hat eine Reihe von Weinspezialitäten zu bieten, die auch Schaumweine, Roséweine und Sortenweine umfassen. Das größte Prestige genießen El Bierzo, Cigales, Ribera del Duero, Rueda und Toro. Der hier aus der Tempranillo-Traube hergestellte Vega Sicilia ist bereits seit über 100 Jahren einer der beliebtesten spanischen Rotweine. Diese Gebiete werden jedoch dank ihres steigenden Qualitätsbewusstseins in den nächsten Jahren noch mehr von sich reden machen.

Östlich an die Hochebene grenzt das Rebland der Regionen Valencia und Murcia, die bis zur Mittelmeerküste reichen. In den D.O.-Gebieten Utiel-Requena, Alicante und Valencia sowie Bullas, Jumilla und Yecla gedeiht Wein in verschwenderischer Fülle neben Südfrüchten und Gemüse. Der Wein von der Küste, auf schweren Böden unter heißer Sonne gereift, ist im Allgemeinen mächtig und alkoholreich. Leichter präsentieren sich die Gewächse aus dem hügeligen Hinterland. In der Autonomen Region Valencia, bei uns durch ihre Orangen bekannt, herrscht die Muskatellertraube in verschiedenen Sorten vor, aus denen unterschiedlich süße Weine gekeltert werden.

Die Inseln

Die im Mittelmeer gelegenen Balearen erzeugen zwar ebenfalls Wein, doch reicht dieser kaum aus, um Einheimische wie ausländische Besucher zu versorgen. Der Wein von Mallorca ist erdig und schwer. Nur in dem einzigen D.O.-Gebiet Binissalem erzeugt man einen frischen Rotwein aus der einheimischen Rebsorte Manto Negro, die trotz Anbau ausländischer und festländischer Trauben wie Tempranillo und Parellada, aber auch Cabernet Sauvignon und Chardonnay die wichtigste bleibt.
Auch auf den Kanarischen Inseln, die geographisch und klimatisch schon zu Afrika gehören, wird Wein angebaut. D.O.-Gebiete sind Lanzarote und La Palma. Der Malvasia de Lanzarote y Tenerife wird gern von Einheimischen und Touristen in den Bars konsumiert. Er schmeckt angenehm weich und ist nicht zu schwer.

Die Weinspezialitäten des Südens

Sherry und Málaga – ein leuchtender und ein nahezu erloschener Stern stehen am südlichen Weinhimmel Spaniens. Wurden sie früher als ebenbürtig betrachtet, so verbindet sie heute nur noch die geographische Nachbarschaft. Der Sherry hat wegen seines Nuancenreichtums und seiner vornehmen Art alle flüchtigen Modetrends überdauert.
Das südspanische Andalusien gliedert sich in vier D.O.-Gebiete, Jerez und Sanlúcar de Barrameda als Ursprung des berühmten Sherry, Condado de Huelva, Málaga und Montilla-Moriles.

Sherry

In der gesamten englischen Weinliteratur – und sie ist ebenso kenntnis- wie umfangreich – gebührt dem Sherry ein besonderes Kapitel oder zumindest ein Exkurs, kurz ein Podest, auf dem man ihn liebevoll betrachtet. Wenn Sherry auch in den mitteleuropäischen Ländern nicht die gleiche Stellung genießt, so hat er sich doch mit der Sitte des Aperitiftrinkens bei breiteren Schichten von Weintrinkern eingeführt.
Echter Sherry stammt ausschließlich aus dem D.O.-Gebiet Jerez in Andalusien, sein Name ist abgeleitet vom Namen der Stadt Jerez de la Frontera. Schon seit dem 15. Jahrhundert sind Weinexporte von hier nach England nachgewiesen.
Die besten Voraussetzungen für guten Sherry bieten die schneeweißen Kalkböden der sanft gewellten Hügellandschaft zwischen den alten Städten Jerez und Sanlúcar de Barrameda und Puerto de Santa Maria. Die Reben beziehen die Feuchtigkeit in dieser regenlosen Region ausschließlich aus dem Boden. Die klassische Rebsorte heißt Palomino, die sich als außerordentlich resistent gegen Krankheiten erwiesen hat. Für süße Sherrys verwendete man bisher hauptsächlich die Pedro Ximénez, doch ist sie anfälliger gegen Rebkrankheiten, so dass ihr Anbau zugunsten von Palomino zurückgeht, aus dem man inzwischen auch süße Verschnittweine bereitet. Ausschließlich für die Herstellung von süßen Sherrys verwendet wird der Moscatel.
Die Besonderheit der Sherrybereitung ist die Gärung in nicht ganz gefüllten Eichenholzfässern unter Luftzutritt. Auf dem gärenden Wein bildet sich von allein eine unterschiedlich dicke Hefeschicht, Flor genannt.
Nach etwa 6 Wochen wird die erste Probe entnommen, und der Kellermeister teilt den Wein in Kategorien von leicht und gut bis hart und sauer ein. Der Wein wird vom Hefetrub weg in ein anderes Fass abgestochen. Zur Konservierung erhält die beste Kategorie mit dicker Florschicht nur wenig reinen Alkohol, so dass sie schließlich 15 bis 15,5 Volumenprozent enthält, die Kategorie mit dünner Florschicht wird mit mehr Alkohol aufgespritet.

Die weißen Kreideböden von Südspanien eignen sich am besten für den Anbau der Sherry-Reben.

Die erste Kategorie ergibt später Finos, die zweite Olorosos. Nach weiteren Wochen wird wieder klassifiziert, und so geht es mindestens 9 Monate lang weiter, man verfolgt die Entwicklung und bewertet von neuem. Reifen Sherry gibt es in 3 Klassen: Fino, Palo Cortado und Oloroso.

Zur endgültigen Reifung bedient man sich des Solerasystems (siehe Seite 28). Aus den Fässern wird jedoch immer noch nicht das trinkfertige Produkt abgefüllt. Erst der Verschnitt mit süßem Wein aus angetrockneten Beeren, sehr altem Sherry oder Färbewein ergibt das Markenprodukt, das wir in Flaschen kaufen.

Nach all den komplizierten Vorgängen ergeben sich folgende Sherryarten: Fino enthält 17 bis 18 Volumenprozent Alkohol, ist trocken, herb, leicht und hell. Sherrys mit den zusätzlichen Bezeichnungen »dry«, »very dry«, und »very pale dry« haben ein besonders feines Mandelaroma. Manzanilla ist nach seiner Art ebenfalls ein Fino, nur stammt er aus Sanlúcar de Barrameda. Er enthält weniger Alkohol, ist besonders trocken und schmeckt etwas nach dem Salz des Meeres. Amontillado ist bernsteingelb, vollmundiger und körperreich und wird oft als »medium« oder »medium dry« bezeichnet. Auch er stammt vom Fino ab.

Oloroso, der »Wohlriechende«, enthält 18 bis 20 Volumenprozent Alkohol, ist trocken bis leicht süß, mit zartem Nussaroma.

Alle bisher genannten Sherrys sind Aperitifweine.

Cream Sherry, der einzige Dessertwein, stammt vom Oloroso ab. Er enthält 18 bis 20 Volumenprozent Alkohol und ist sehr süß, da er zusätzlich mit süßem Wein verschnitten wurde.

Málaga

Im D.O.-Gebiet Málaga wird ein gleichnamiger Dessertwein gewonnen, der die großen Tage seiner Berühmtheit hinter sich hat. Aus getrockneten Beeren von Moscatel und Pedro Ximénez, zwei Sherryrebsorten, gewonnen, muss er in den Bodegas der Hauptstadt Málaga reifen, um die D.O. zu erhalten.

Montilla-Moriles und Huelva

Montilla-Moriles, die heißeste Region Spaniens und etwas größer als Jerez, erzeugt dem Sherry ähnliche Finos und Amontillados aus nicht ganz reifen Pedro-Ximénez-Trauben, die nicht aufgespritet sind.

In Huelva werden Weißweine und sherryähnliche Dessertweine erzeugt.

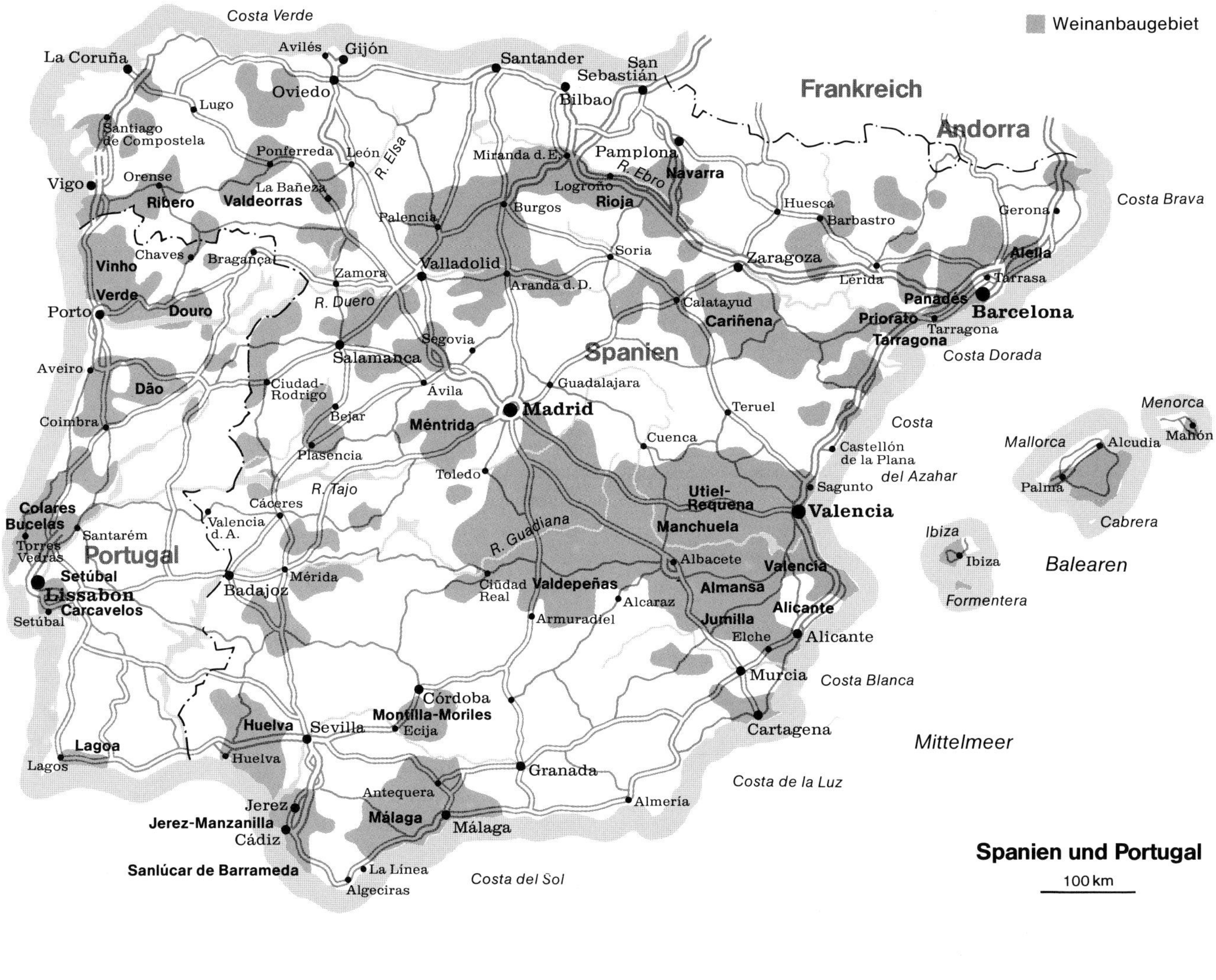

Portugal

Das westlichste Land Europas, von melancholischer Schönheit, war einstmals eine große Entdecker- und Seefahrernation. Schon im Mittelalter betrieb Portugal einen bedeutenden Weinhandel nach England. Auch heute noch ist der Wein neben Kork wichtigster Exportartikel.
Portugal erzeugt fast so viel Wein wie Deutschland, doch benötigt es dafür eine mehr als doppelt so große Rebfläche. Dazu tragen die landwirtschaftlichen Methoden ebenso bei wie schwieriges Gelände, zum Beispiel am Douro, Trockenheit und ähnlich wie in Spanien mitunter Mischkultur in den Weinbergen, vor allem mit Obstbäumen.

Die Qualitätsweine

Ist Portwein auch der berühmteste Wein Portugals, darf man nicht vergessen, dass nur 1 Prozent der Produktion aus Portweinen besteht. Von der spanischen Grenze im Norden bis Setúbal, südlich von Lissabon, erstreckt sich das portugiesische Weinbaugebiet in einem mehr oder weniger breitflächigen Streifen von Nord nach Süd.
Den meisten Wein produziert das Bergland an der Nordküste, ein dicht mit Kleinbauern besiedeltes Gebiet. Die Reben werden traditionell an Bäumen, moderner an Draht, sehr hoch gezogen, um Fäulnis und Mehltau zu vermeiden und um unter den Trauben noch Getreide zu ernten.
Fruchtbar ist die mit Reben bestandene Ebene von Ribatejo im Norden von Lissabon. Südlich der Hauptstadt wächst trotz des angenehmen Klimas weniger Wein, was historische Gründe hat: Die Mauren hatten hier die Rebstöcke ausgerissen, und nach der Wiedereroberung des Landes widmete sich der Adel lieber dem Oliven- und Weizenanbau – dabei ist es geblieben. Auch nach der Revolution von 1974, als sich die Landarbeiter die landwirtschaftlichen Flächen der Großgrundbesitzer aneigneten, betrieb man weiter bevorzugt Ackerbau.
Die Portugiesen trinken viel Wein – er gehört zum Alltag. Mit 50 Litern pro Kopf und Jahr trinken sie etwa doppelt so viel wie die Deutschen.

Vinho verde und Rosé

»Grüner« Wein oder Vinho verde ist nicht grün, der Name bezieht sich lediglich auf den Reifezustand der Trauben. Ein Teil der Weine ist sogar rot, doch der bekanntere ist weiß, er wird auch exportiert. Heimat dieser rassigen, spritzigen Tropfen ist der Norden des Landes an Minho und unterem Douro (Douro Litoral). Die Trau-

Weinberge mit Windmühle bei Sintra nordwestlich von Lissabon.

Herkunftszeichen der Region Dão.

ben für grünen Wein reifen hoch über der Erde, so dass die vom Boden reflektierte Hitze sie nicht mehr erreicht. Sie bleiben »grün«, leiden also nicht an der durch zu hohe Sonneneinstrahlung hervorgerufenen Überreife südländischen Lesegutes. Ein Merkmal der aus diesen Trauben gewonnenen Weine ist das Perlen, hervorgerufen durch eine zweite Gärung, die das Zuviel an Säure abbaut und Kohlensäure freisetzt. Heute wird allerdings mitunter auch Kohlensäure zugesetzt. Das Ergebnis ist ein alkoholarmer, dabei trockener, frischer Durstlöscher in allerdings sehr unterschiedlicher Qualität, die von wässrig-säuerlich bis duftig-spritzig reicht. Er wird bereits im Frühjahr nach der Ernte getrunken.
Den Vinhos verdes ähnlich sind die prickelnden Roséweine aus dem Norden des Landes, unter denen der in Bocksbeutelflaschen abgefüllte Mateus Prototyp und Star zugleich ist. Mateus Rosé wird alljährlich in riesigen Mengen auf den Markt gebracht und ist bis heute der meistverkaufte Roséwein der Welt. Die fränkischen Winzer haben übrigens vergeblich versucht, sich gegen die Verwendung dieser Flaschenform im Ausland zu wehren.

Etikett des bekanntesten portugiesischen Roséweines, des Mateus.

Douro

Das Gebiet am gleichnamigen Fluss ist vor allem bekannt als Heimat des weltberühmten Portweines, der jedoch nur 40 Prozent der Rebfläche beansprucht. Er wird auf Seite 177 näher beschrieben. Daneben gedeihen beachtliche rote Tafelweine.

Dão und Bairrada

Die seit rund 75 Jahren abgegrenzte Weinbauregion Dão liegt am gleichnamigen Fluss um das Zentrum Viseu. Hier wird an steilen Granithängen auf Terrassen hauptsächlich Tourigo, eine einheimische Rotweinrebe, angebaut.
Das Klima in dem Küsten fernen Gebiet ist heiß und trocken, im Herbst wird es jedoch schnell kalt, so dass die Trauben vor Überreife verschont bleiben. Zu diesem Zweck zieht man auch die Rebstöcke fast mannshoch. Das Ergebnis sind fruchtige, dunkle Rotweine mit Eichennoten, die neuerdings beachtliche Qualität erreichen können. Im Alter werden sie wie viele körperreiche, kräftige Rotweine feiner und eleganter. Auch die Weißweine, die früher breit und unausgeglichen ausfielen, sind heute dank moderner Kellertechniken frisch, kräftig und trocken.
Westlich des abgegrenzten Gebiets zur Küste hin wird um Bairrada Schaumwein sowie roter und weißer Tafelwein für die nahe gelegene Stadt Porto gekeltert.

Portugiesische Herkunftsbezeichnungen

Portugal, seit 1986 EU-Mitglied, hat seine Weingesetzgebung den europäischen Normen angepasst. Das System ist jedoch älter als das spanische, die Produktionszone für Portwein ist zum Beispiel über 200 Jahre alt und damit das älteste kontrollierte Herkunftsgebiet der Welt. Ein beachtlicher Teil der Produktion kommt aus gesetzlich bestimmten und kontrollierten Herkunftsgebieten (D.O.C.). Weitere Gebiete unterliegen der Bezeichnung Indicacão de Proviniência Regulamentada (I.P.R.), was den Landweinen entspricht. Der Rest der Weine wird als Vinhos de Mesa (Tischweine) verkauft.
Das Land hat in den letzten Jahren viel für die Förderung seiner Weinqualität getan und ist dabei seinen Traditionen in Bezug auf eigene, einheimische Rebsorten weitgehend treu geblieben.

Qualitätsweine um Lissabon

Neuerdings gesetzlich abgegrenzt ist Ribatejo, das Land am Tejofluss, aus dem früher nur einfache Konsumweine stammten. Heute kommen aus dem großen Gebiet östlich von Lissabon fruchtige Rot- und Weißweine auch aus internationalen Rebsorten. Einige Orte dürfen ihre Namen auf dem Etikett nennen. Torres Vedras, nördlich von Lissabon gelegen, unterliegt ebenfalls der D.O.C., erzeugt jedoch eher einfachere Konsumweine.
Ebenfalls nördlich von Lissabon liegen in der Provinz Estremadura die beiden Qualitätsweinbaugebiete Colares und Bucelas.
Colares an der Atlantikküste ist ein ungewöhnliches Gebiet. Die Reben – meist Ramisco – haben dank des Sandbodens die Reblauskatastrophe überstanden. Die Weinbauern müssen die Rebstöcke allerdings metertief eingraben, damit die Wurzeln an Nahrung aus dem Unterboden herankommen. Gegen die rauen Westwinde vom Meer werden die Pflanzen durch kleine Mauern geschützt. Das Ergebnis dieser Mühe sind gerbstoffreiche, fast schwarze, volle Rotweine, die frühestens nach 10 Jahren trinkbar werden, aber gute Qualitäten erreichen und nach Veilchen und Mandeln schmecken.
Bucelas, ein kleines Anbaugebiet im Landesinneren, erzeugt dagegen frische, trockene, dabei duftige Weißweine, die gern als »Rheinweine Portugals« bezeichnet werden. Die Produktion ist gering.
Die beiden Regionen südlich der Hauptstadt heißen Setúbal und Carcavelos. In beiden Gebieten werden Aperitif- beziehungsweise Dessertweine erzeugt. An den sonnendurchglühten Hügeln von Arrábida wächst die Muskatellertraube, die hier zu einem feinen, bernsteinfarbigen Dessertwein mit dem Namen Moscatel de Setúbal verarbeitet wird. Seine trotz der Süße aromati-

sche Fruchtigkeit verdankt der Wein unter anderem dem besonderen Herstellungsverfahren: Nachdem die Gärung frühzeitig durch Alkohol abgestoppt wurde, setzt man dem Most Traubenschalen und zerquetschte Weinbeeren zu, so dass das Muskataroma trotz des hohen Alkoholgehalts voll erhalten bleibt. Im Februar nach der Lese wird der Wein abgepresst und in große Container geleitet. Wiederum 1 Jahr später füllt man den Wein zur Reife in 600-Liter-Fässer, wo nicht unerhebliche Mengen verdunsten, so dass der Zuckergehalt stark und der Alkoholgehalt geringfügig weiter steigen.

Um den vornehmen Badeort Estoril liegt das kleine, schon 1908 abgegrenzte Gebiet Carcavelos, wo süße Weißweine mit 19 Volumenprozent Alkohol erzeugt werden. Sie schmecken gut gekühlt als Aperitif oder Dessertweine. An der Südküste werden im Feriengebiet Algarve einfache Weine erzeugt, die meist an Ort und Stelle getrunken werden.

Ein Neuankömmling in der Welt des Weines ist das Gebiet des Alentejo an der östlichen Grenze Portugals, wo interessante Entwicklungen im Gange sind. Hier werden hauptsächlich Rotweine erzeugt, von denen man in den kommenden Jahren sicherlich noch einiges hören wird. Ein Gebiet mit Zukunft!

Die Seefahrer

Portwein – rot oder weiß – heißt anders als alle anderen nach seinem Verschiffungshafen. Seine Echtheit beruht nicht auf dem Geburtsort. Und Madeira, der Wein von der gleichnamigen portugiesischen Kolonie vor der Küste Marokkos, verdankt seine Berühmtheit der Tatsache, dass er zur See gefahren sein muss, um gut zu sein.

Vielseitiger Portwein

Port ist wie Sherry ein englischer Wein – seine Entstehung verdankt er letztlich dem Vertrag Ewiger Freundschaft von 1373, der nach der Befreiung Portugals von den Mauren durch die Briten geschlossen wurde. Die Kriege gegen Frankreich kamen dem Handel mit Portugal nur entgegen. Vinho do Porto wurde zum ersten Mal 1678 erwähnt. Das Herkunftsgebiet für Portwein am oberen Douro ist seit 1756 als erstes Weinbaugebiet der Welt gesetzlich abgegrenzt, ein damals eingeführtes Monopol einer einzigen Gesellschaft wurde jedoch bald wieder abgeschafft. Im 19. Jahrhundert führte man die zylindrische Flasche ein, und seit 1840 setzt man Alkohol zu, um die Süße des Weines zu erhalten.

Die Trauben für Portwein gedeihen in wildromantischer Landschaft mit Schluchten und tief liegenden Flusstälern im Terrassenanbau. An den steilsten Bergen steht nur eine Reihe Rebstöcke zwischen kleinen Mauern, die die Erde festhalten. Das unwegsame Gelände erfordert heute noch viel menschliche Arbeitskraft, nur wenige Weinberge können mit dem Traktor befahren werden. Insgesamt 85 (!) Rebsorten sind an der Herstellung dieses Weines beteiligt, von denen einige empfohlen, andere zugelassen und wiederum andere nur geduldet sind. Für den Grundwein werden jeweils 3 bis 4 Sorten gemischt. Die Trauben werden sorgfältig verlesen und in Quintas, große weiße Kelterhallen mit-

Früher wurde der Grundwein für Portwein auf diesen malerischen Booten den Douro hinuntergebracht.

Portweinflasche

ten in den Weinbergen, gebracht. Früher wurde das Lesegut noch mit den Füßen gemaischt, um die Kerne nicht zu zerdrücken. Je nachdem, ob trockener oder süßer Port gewünscht wird, setzt man nach Beginn der Gärung Weingeist zu, der ebenfalls vom Douro stammen muss. Auch die Dosis ist gesetzlich festgelegt. Der Wein wird bis zum Frühjahr kühl gelagert und tritt dann die entscheidende Reise den reißenden Douro hinunter nach Porto beziehungsweise Vilanova de Gaia, die gegenüberliegende Hafenstadt, an.

Hier lagert der Wein mehrere Jahre in Holzfässern und wird schließlich so verschnitten, dass die in aller Welt bekannten Marken und Typen entstehen.

Die folgenden Ausdrücke stehen auf den Etiketten des fertig verschnittenen Portweins: Nach der Farbe unterscheidet man zunächst einmal rote und weiße Portweine. Die roten werden mit dem Alter heller. Sie sind »full« (dunkelrot), »red« oder »medium full« (rot), »ruby« oder »medium« (rubinrot), »tawny« (lohfarben), oder »light tawny« (hell lohfarben). Die weißen Portweine werden wie alle Weißweine im Alter eher dunkler. Sie sind »pale white« (blass), »straw coloured« (strohgelb) oder »golden white« (goldgelb).

Die Geschmacksnuancen lauten »extra dry«, »dry« oder »dry finish« beziehungsweise »medium dry«, »medium sweet« oder »medium rich«, »sweet« oder »very sweet«. Die weißen Portweine gehören in die Klasse der trockenen Aperitifweine, während die roten eher den Dessertweinen zuzurechnen sind. Portweine werden meist so verschnitten, dass sie gleichbleibende Markenqualität garantieren.

Wichtige Portwein-Jahrgänge

1945, 1955, 1963, 1966, 1970, 1980, 1983, 1985, 1992, 1994, 1997

Vintage Port, Novidade oder Jahrgangsport ist ein aus überdurchschnittlich guten Grundweinen eines einzigen Jahrganges zusammengestellter Wein, der nach 2 Jahren auf Flaschen gefüllt wird, mindestens 10 Jahre darin lagern muss und dann bis 40 Jahre und mehr trinkbar bleibt. Die Jahrgangsangabe in Verbindung mit den Ausdrücken »Vintage«, »Tipo Vintage«, »Vintage Style«, »Vintage Charactera« sowie das Abfülldatum sind obligatorisch. Jahrgangsportwein schmeckt relativ süß und voll, seine Farbe ist dunkel. Er muss vor dem Genuss abgegossen, dekantiert werden. Wird roter Jahrgangsport erst im 6. Jahr nach der Ernte auf Flaschen gefüllt, ist er reifer, bildet kein Depot mehr und braucht deshalb auch nicht dekantiert zu werden. Da er in dem Holzfass mehr Gerbstoffe aufnehmen konnte, schmeckt er etwas herber. Auf dem Etikett steht bei diesen alten Portweinen »Late bottled vintage«. Jahrgangsportweine sind jedoch immer die Ausnahme.

Noch höhere Qualität haben die Portweine mit Lesedatum. Diese Weine müssen 7 Jahre alt sein, wenn sie abgefüllt werden, und nach dieser Zeit noch einmal geprüft werden. Neben dem Wort »Porto« steht das Datum und »Reserva«, »Reserve« oder »House Reserve«. Daneben wird angegeben, wie lange der Wein auf dem Fass gelagert hat und wann er auf die Flasche abgefüllt wurde.

Garrafeira Ports werden lange vor dem Verkauf abgefüllt, sie müssen noch einmal geprüft werden, bevor sie in den Handel kommen.

An oberster Stelle steht der Portwein mit Altersangabe in englischer Sprache wie: »10

Mehrere Jahre lagert Portwein in Holzfässern in den Weinkellern von Vilanova de Gaia.

Kellermeister in einer Weinkellerei auf Madeira bei der Entnahme einer Probe aus dem Fass mit Hilfe eines traditionellen Probehebers.

Madeira-Etikett mit englischer Inschrift.

years old«, »20 years old«, »30 years old« und »over 40 years old«. Die schon genannten Angaben sind ebenfalls obligatorisch. In Flaschen exportierter Portwein trägt zusätzlich über dem Korken das Garantiesiegel »Selo de Garantia«.

Der altmodische Madeira

Auf der vor der Küste Marokkos gelegenen Vulkaninsel Madeira werden Reben in grandioser Gebirgslandschaft unter enormem Arbeitseinsatz im Terrassenanbau gezogen. Der höchste Berg der winzigen Insel ist immerhin 1800 Meter hoch. Weinbau gibt es auf Madeira schon seit dem 15. Jahrhundert, als Heinrich der Seefahrer hier Zuckerrohr aus Sizilien und Malvasiareben aus Kreta anpflanzte, um den Venezianern und Genuesern den Wein- und Zuckerhandel streitig zu machen. Der Zuckeranbau verschwand, der Weinbau blieb. Im 16. Jahrhundert kam eine weitere Malvasiaart dazu. Später pflanzte man auch Bual und Verdelho aus der Toskana sowie Sercial (Riesling) aus Deutschland.

Ursprünglich war Madeira ein Tischwein, doch als durch Kriegsgeschehen die Bestände wuchsen, begann man, den Wein mit Weinbrand haltbar zu machen.

Die Trauben für Madeira werden zwischen dem 15. August in Meereshöhe und Ende Oktober auf dem Berg gelesen. Die meist englischen Madeirafirmen kaufen das Lesegut und verarbeiten es selbst. Die Gärung erfolgt unter Einwirkung von Luft, oft müssen die Tanks gekühlt werden. Gesüßt wird der Wein entweder durch Unterbrechen der Gärung oder durch Hinzufügen von gestopptem Wein. Nach Beendigung der Gärung erfolgt die Kategorisierung des jungen Weines. Hier entscheidet sich, ob ein Jahrgangsmadeira oder ein nach dem Solerasystem (siehe Seite 28,) verschnittener normaler Markenwein entstehen soll.

Typisch für Madeira ist der folgende Schritt: Der Wein wird in Estufas (Öfen) mindestens 3 Monate auf 50°C erhitzt und karamellisiert. Danach muss er 12 bis 18 Monate ruhen. Gewöhnlicher Madeira wird nach 5 Jahren verschifft, bei höheren Qualitäten wartet man länger.

Die Geschmacksnuancen ergeben sich aus der Rebsorte, aus der der Wein zu mindestens 85 Prozent besteht und die auf dem Etikett angegeben ist. Dort ist zu lesen:

- *Sercial* ist hell, leicht und trocken bis sehr trocken, mit Nussgeschmack, in der Jugend sehr herb.
- *Verdelho* ist goldfarben, halbtrocken, elegant.
- *Bual oder Boal* ist mittel- bis dunkelbraun, körperreich, fruchtig und harmonisch.
- *Malmsey oder Malvasier* ist dunkelbraun, fruchtig, süß und sehr aromatisch. Die Lagerfähigkeit steigert sich mit dem Zuckergehalt.
- *Rainwater,* ein sehr heller Madeira, ist ein Verschnitt aus Verdelho und Sercial.

Madeira darf seinen Namen nur tragen, wenn er in Funchal, dem Hafen der Insel, verschifft wurde. Im Durchschnitt wird etwa ein Drittel der Gesamtproduktion als aufgespriteter Wein exportiert, der Rest als normaler Trinkwein von der Bevölkerung selbst konsumiert.

Ost- und Südosteuropa

Speziell gefördert werden Weinanbau und Weinerzeugung in den osteuropäischen Ländern, da Wein nicht nur von der einheimischen Bevölkerung, sondern auch von Touristen getrunken wird und außerdem – bei entsprechender Qualität – ein wertvoller Devisenbringer ist.
Die osteuropäischen Länder sind fast ausnahmslos Gebiete mit alter Weinkultur, die in den meisten Fällen auf griechische, in anderen auch auf römische Einflüsse zurückgeht. Rumänien gilt sogar als eines der ältesten Weinländer der Welt.

Ungarn

Weite Ebenen und ein großflächiger See, kontinentales Klima und eine lebensfrohe Bevölkerung, die gerne isst, trinkt, tanzt und musiziert, charakterisieren dieses uralte Weinland. Aus einer Vielzahl von einheimischen und internationalen Rebsorten werden sehr unterschiedliche Weine von leicht und spritzig bis feurig und körperreich gekeltert – darunter auch der weltberühmte Tokajer.

Die Rebfläche Ungarns ist etwas größer als die Deutschlands, der Ertrag allerdings liegt weit darunter. Ein Grund dafür ist, dass etwa ein Viertel der weinbaulich genutzten Fläche von Kleinstbesitzern bewirtschaftet wird. Außerdem werden 10 bis 15 Prozent der Trauben nicht gekeltert, sondern als Obst verzehrt. Ungarn ist innerhalb der osteuropäischen Länder – wenn man die Nachfolgestaaten der Sowjetunion als ein Land betrachtet – der Rebfläche nach das drittgrößte Weinland, im Export liegt es jedoch an 1. Stelle.

Die Rebflächen befinden sich zum Teil auf den Sandböden der Ungarischen Tiefebene, andere auf Vulkangestein oder Lößböden. Viele produzieren anerkannte Qualitätsweine. Das Gesetz von 1970/77 wurde 1990 dem EU-Weinrecht angepasst.

Das Rebsortiment ist groß: Die beste und am weitesten verbreitete Rotweinrebe heißt Kadarka, eine alte ungarische Sorte ursprünglich albanischer Abstammung, daneben werden auch französische Sorten (Cabernet, Malbec) sowie Blauer Portugieser und Kékfrankos (Blaufränkischer oder Lemberger) angebaut. Bei den Weißweinen dominieren Furmint und Hárslevelü als alte ungarische Sorten, beide von guter Qualität, daneben der ebenfalls ungarische Ezerjó, der jedoch nur bei Mór gute Weine ergibt, Kéknyelü (Blaustengler) und Leányka (Mädchentraube), wobei Letztere auch in Bulgarien und Rumänien verbreitet sind.

Nord-Transdanubien

Zwei große Seen bestimmen hier das Bild: das Ostufer des Neusiedler Sees, in Ungarn Fertötó genannt, und vor allem der Plattensee, ungarisch Balaton, das bekannte Feriengebiet. Der Plattensee ist der größte See Mitteleuropas, 77 Kilometer lang und 4 bis 10 Kilometer breit, am Fuß des Ungarischen Mittelgebirges gelegen, woraus sich eine für den Weinbau besonders günstige klimatische Situation ergibt. Am gebirgigen Nordostufer befinden sich daher auch die meisten Rebanlagen, die traditionell vor allem mit Weißweinreben bestockt sind.

Badacsony heißt der vulkanische Berg, der dem Gebiet und den Weinen seinen Namen gibt. Weinbau gab es hier schon unter Kaiser Probus. Der bekannteste Weißwein ist der Badacsonyi Szürkebarát. Das i am Ende des Gebietsnamens entspricht dem deutschen -er, der Szürkebarát oder Graumönch ist identisch mit der Sorte Pinot Gris oder Ruländer. Körperreich und goldgelb, dabei mineralisch, empfiehlt er sich zu Schweinebraten oder auch zu süßem Gebäck. 1969 war ein so gutes Jahr, dass der Wein in nummerierten Flaschen verkauft wurde.

Auch Badacsonyi Kéknyelü, aus einer alten ungarischen Sorte gekeltert, wird in ganz Europa verkauft. Der Wein schmeckt aromatisch, ist

goldgelb, mächtig, körperreich und dabei trocken. Badacsonyi Zöldszilváni aus Silvanerreben ist goldfarbig mit grünlichem Schimmer, fein duftig und körperreich. Badacsonyi Rizlingszilváni aus der in Ungarn sehr häufigen Müller-Thurgau-Rebe ist aromatisch, weich und körperreich. Der Olaszrizling (Welschriesling) schließlich liefert ebenfalls aromatische Weine, die sich durch einen leicht bitteren Nachgeschmack auszeichnen. Alle Weine aus Badacsony bis auf den Kéknyelü ähneln Spätlesen. In Ungarn trinkt man sie gern zu den kräftigen, fetten Gerichten des Landes wie Karpfen, Schweinefleisch oder Gans.
Das östlich angrenzende kleine Weinbaugebiet Balatonakali um das gleichnamige Dorf bringt stark muskataromatische Weine hervor, die aus Muskat-Ottonel gekeltert werden. Das östlichste Untergebiet am Ufer des Plattensees um Balatonfüred und Csopak fällt durch seine roten Sandsteinböden auf. In flacheren Lagen wächst hier vor allem Welschriesling. Balatonfüredi Rizling und Csopaki Rizling sind grünlich und schmecken dank höherer Säure süffiger und geschmeidiger als die Gewächse vom Vulkanberg Badacsony. Auf der Halbinsel Tihany, die das Ungarische Meer praktisch in zwei Teile teilt, hat man in neuerer Zeit Cabernet Franc angebaut, der hier tiefrote, aromatische, gehaltvolle Rotweine ergibt.
Am Südufer des Plattensees ist ein neuer Bereich, Dél Balaton, entstanden. Auf Sandböden stehen hier Sémillon Blanc, Muskateller, Chardonnay, Merlot und Pinot Noir. Direkt an der österreichischen Grenze gedeihen um Sopron an den Hügeln, die vom ungarischen Ufer des Neusiedler Sees aufsteigen, vor allem Rotweinreben wie Kékfrankos, Cabernet Sauvignon, Cabernet Franc, Merlot und Pinot Noir. Daneben gibt es Weißweine aus Traminer, Müller-Thurgau und Leányka.
Um Môr, zwischen Plattensee und Donau am Südhang des Vértesgebirges gelegen, wird die alte ungarische Rebsorte Ezerjó (Tausendgut) angepflanzt. Móri Ezerjó ist anders als die meisten anderen ungarischen Weißweine säurebetont, nicht zu voll und aromatisch, sondern eher fein und elegant.
Somló ist das kleinste ungarische Weingebiet. Es besteht aus einem einzigen, 443 Meter hohen Vulkankegel, an dessen Hängen seit Jahrhunderten berühmte Weinreben gedeihen. Furmint, die Tokajerrebe, wird hier bevorzugt angebaut. Somlói Furmint ist grüngelb, aromatisch und bukettreich, er muss 2 bis 3 Jahre lagern, bevor er sich voll entwickelt hat. Es gibt ihn in trockener und süßer Version.

Grenzüberschreitende Impulse

Das Interesse der Verbraucher an ungarischem Wein wächst – zu Recht. Aber auch das Interesse von österreichischen Winzern an ihren Nachbarn wächst. Der österreichische Winzer aus dem Mittelburgenland, der quasi vor seiner Tür, nur jenseits der Grenze bei Sopron einen zweiten Weinbaubetrieb für hervorragenden Rotwein eröffnet hat, steht nicht allein mit seiner Erkenntnis, dass in Ungarn gewachsener Wein in Europa große Chancen hat.

Süd-Transdanubien

Vom Südufer des Plattensees erstreckt sich dieses relativ kleine Gebiet bis zur Drau, dem Grenzfluss nach Kroatien. Der Weinbau am Seeufer spielt eine wichtige Rolle, doch geht er hier erst auf Initiativen aus neuerer Zeit zurück.
Balatonboglar gehört nicht zu den traditionellen Weingebieten, ein Staatsweingut baut auf dem äußerst frucht-

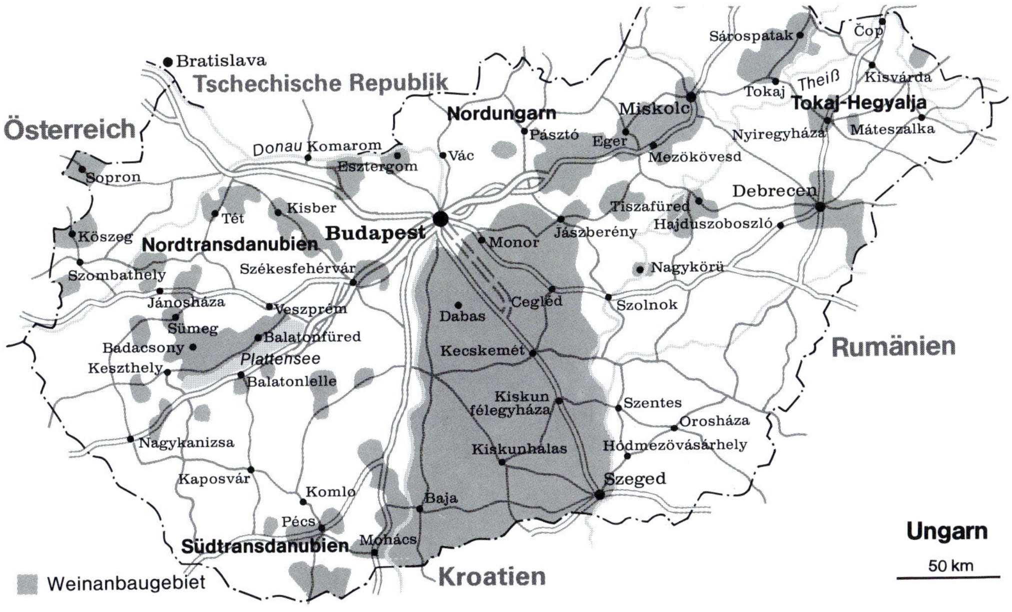

baren Boden Leányka (Mädchentraube), Sémillon Blanc, Traminer und Muskat-Ottonel an. Moderne Kellermethoden lassen hier Weißweine von anerkannter Qualität entstehen.
Klimatisch sehr warme Lagen gibt es an den Südhängen des Mecsekgebirges bei Pécs, wo vorzugsweise Zierfandler, eine österreichische Rebe, angebaut wird. Pécsi Cirfandli ist goldgelb, würzig und mild in der Säure.
Im Süden, nahe der kroatischen Grenze an den Hängen der Villányhügel, befinden sich die Weinberge von Villány Siklos. Der bekannteste Weißwein ist der Villányi Hárslevelü (Lindenblättriger) aus der gleichnamigen alten ungarischen Rebsorte, ein grünlicher, würziger Wein mit sortentypischem Aroma. Um die Stadt Villány selbst gedeihen hauptsächlich Rotweinreben, denen das fast mediterrane Klima zugute kommt. Der tiefrote Villányi Burgundi aus Kékfrankos (Blaufränkisch) ist fruchtig und körperreich, der Villányi Cabernet Franc angenehm herb, dabei harmonisch und aromatisch. Villányi Médoc Noir, der interessanteste Rotwein des Gebiets, wird aus der Bordeauxsorte Malbec gekeltert, die hier aromareiche, würzige und kräftige Weine ergibt. Auch Cabernet Franc und Pinot Noir werden angebaut.
Das Gebiet von Szekszárd, auf Donauhügeln gelegen, ist das älteste Rotweingebiet Ungarns. Es geht auf römische Ursprünge zurück, wobei die Donau sich als günstiger Transportweg erwies. Szekszárdi Burgundi, aus dem österreichischen Blaufränkisch, und Szekszárdi Cabernet, aus dem französischen Cabernet Sauvignon sowie Merlot, sind feine, leichte Rotweine. Die Weißweine stammen aus Bikavér, Chardonnay und Welschriesling.

Die Ungarische Tiefebene

Östlich an Transdanubien anschließend erstreckt sich südöstlich der Hauptstadt Budapest die Ungarische Tiefebene, von der nördlichen bis zur südlichen Landesgrenze, von der Donau bis zur Theiß. In Teilen der wegen seiner sandigen Dürre ehemals nur als Viehweidegebiet dienenden Puszta wird heute neben Obst auch Wein angebaut. Große Weinbauzentren sind die Städte Kecskemét und Szeged. Auf der rund 100.000 Hektar großen Rebfläche werden etwa 40 Prozent der ungarischen Gesamternte erzeugt. Es handelt sich hier meist um einfachere Tafel- und Markenweine.
Im äußersten Südosten um Vaskút sowie um Szeged wird Rotwein erzeugt. Der Vaskúti Nagyburgundí wird aus der Kékfrankos oder Blaufränkisch gewonnen, der hier auf sandigem Boden wächst und ein Maximum an Sonnenschein (2050 Stunden im Jahr) erhält. Vaskúti Nagyburgundí ist körperreich, aromatisch und säurearm.
Aus Cabernet Franc wird Hajósi Cabernet gekeltert, ein herber, dunkler, körperreicher Rotwein. Auch in Kískörös und Kunbaja, dem südlichsten Ort des Gebiets, gedeihen Rotweinreben auf Sandböden. Kískörösi Kadarka aus der gleichnamigen altungarischen Rebsorte ist ein gerbstoffreicher dunkler Rotwein. Der Kunbajai Kékfrankos schmeckt dem sehr warmen Klima entsprechend kräftig und feurig.
Der größte Teil der sandigen, weiten Puszta-Ebene ist mit Weißweinreben bestanden. In der Nähe der serbischen Grenze wachsen Müller-Thurgau (Kunbajai Rizlingszilváni), Mädchentraube (Kunbajai Leányka) und Lindenblättriger (Kunbajai Hárslevelü). Der Olaszrizling, bei uns Welschriesling genannt, ist am weitesten verbreitet. Die trockenen, frischen Weine schmecken leicht nach bitteren Mandeln.
Um Kecskemét, mitten in der großen Ebene, wachsen die sogenannten »Sandweine«. Eine wichtige Rebsorte ist hier der Zierfandler (Cirfandli), der sehr feinwürzige Weißweine ergibt.
Um Jaszberény im Norden der Ebene unweit Budapest wächst vermehrt Welschriesling; die Weine werden, wenn sie sortenrein sind, unter dem Namen Jaszberényi Rizling verkauft.

Das ungarische Weindorf Hajós, heute unter Denkmalschutz stehend, wurde im 17. Jahrhundert von deutschen Winzern gegründet.

Nordungarn

Nördlich der großen Tiefebene von der Landeshauptstadt bis zum Tokajergebiet reicht die Region Nordungarn mit dem höheren, waldreichen Mátra- und dem lieblich gewellten Bükk-Gebirge. Mátraalja ist die größte Gebirgsregion Ungarns. Im Schutz der relativ hohen Berge mit teils vulkanischem Gestein gedeihen an Südhängen hauptsächlich weiße Trauben, die zum Teil auch als Tafeltrauben devisenbringend nach Österreich und Bayern exportiert werden. Um die Stadt Gyöngyös liegen die Weindörfer Abasár, Nagyréde und das bekannte Debrö. Der Debröi Hárslevelü ist ein grünlichgelber, milder, aromatischer Wein. Olaszrizling wird auch hier angebaut, vor allem in Nagyréde und Abasár, wo aus ihm feinsaure, trockene, ausgeglichene Weine bereitet werden. Der würzige Muskotály (Muskat-Ottonel) profitiert von der Wärme des Gebiets und ergibt intensiv duftende, aromatische Weißweine. Mit wachsendem Qualitätsstreben werden hier neuerdings Chardonnay, Sauvignon Blanc und Sémillon Blanc angebaut.

Eger oder Erlau dagegen liegt inmitten eines kleinen Rotweingebietes an den südlichen Ausläufern des Bükk-Gebirges. Aus der alten Stadt stammt ein weithin bekannter Rotwein, Egri Bikavér oder Erlauer Stierblut genannt. Der kämpferische Name stammt aus dem 16. Jahrhundert, als die Türken die Stadt belagerten und der Wein nach der Legende den einheimischen Verteidigern den Mut und die Kraft verlieh, um den Kaffeetrinkern und Weinverächtern standzuhalten.

Der dunkelrote, mächtige, volle und dabei würzige Wein wurde früher hauptsächlich aus Kadarka gekeltert. Heute herrscht der Kékfrankos (Limberger oder Blaufränkisch) vor, der die dunkle Farbe und den Extraktreichtum mitbringt. Merlot, Opporto (Blauer Portugieser) und Cabernet werden zugegeben, um einen weichen Wein zu erzielen.

Aus Leányka wird ein würziger, leichter, feiner Weißwein gekeltert, aber auch internationale Sorten wie Chardonnay werden angebaut.

Oben: Kellermeister im Rotweinort Villány; unten: Rebfläche mit Blauem Portugieser, aus dem in Ungarn ebenfalls gute Ergebnisse erzielt werden.

Tokaj-Hegyalja

Die flächenmäßig kleinste Region im Nordosten Ungarns an der slowakischen Grenze bringt den legendären weißen Dessertwein hervor, der Ungarn als Weinland berühmt gemacht hat. Ludwig XIV. soll ihn »König der Weine und Wein der Könige« genannt haben. Tokaji Aszú wurde zur Zeit der k. u. k. Monarchie in Apotheken verkauft, so sehr glaubte man an seine Heilkraft. Heute hat er wie alle anderen süßen Berühmtheiten vergangener Epochen etwas von seinem Ruf eingebüßt – er ist aus der Mode gekommen. Dennoch lohnt es durchaus, einmal einen guten Tokajer zum Dessert zu probieren. Er wird nach wie vor in traditioneller Weise hergestellt und in besonders langhalsigen weißen Fla-

Tokajer – Wein der Könige, König der Weine.

schen mit Banderole und Kontrollnummer in den Handel gebracht.

Doch Tokajer ist nicht gleich Tokajer. Es gibt verschiedene Typen, und nur Aszú und Szamorodni sind berühmt, alle anderen sind normale Qualitätsweine aus dem Gebiet um die Stadt Tokaj.

Tokaj Aszú oder Ausbruch ist das, was man allgemein unter Tokajer versteht, ein natürlicher Süßwein ohne Zusatz von Alkohol. Die Weinbeeren für diese Spezialität, Furmint und Hárslevelü, werden so lange am Stock belassen, bis sie rosinenartig eingeschrumpft sind. Nach der Lese werden sie in kleine Gefäße mit 15 Litern Inhalt handverlesen und mit geringem Druck ausgequetscht. Den Brei füllt man in 135-Liter-Fässer mit normalem Most oder Jungwein um und vergärt beides zusammen. Die Menge der zugegebenen Trockenbeerenmaische wird mit Hilfe der Zahl der »Puttonyos«, Butten, angegeben. Je höher die Zahl, desto süßer und extraktreicher der Tokajer. Ein Tokaji Aszú mit 5 Puttonyos, der höchsten Zahl, enthält mindestens 120 Gramm Zucker pro Liter. Zum Vergleich: Eine deutsche Spätlese enthält etwa bis zu 50 Gramm Restzucker pro Liter. Entsprechend der Buttenzahl muss der Wein im Keller reifen: im Allgemeinen 1 Jahr pro Butte. Der Alkoholgehalt eines Tokajers ist mit 12 Volumenprozent nicht höher als bei einem Tischwein. Der Geschmack erinnert etwas an frische Brotkrusten, doch besticht hauptsächlich die trotz des Zuckergehaltes verbliebene Fruchtigkeit.

Langhalsige Tokajerflasche mit Tokajer Ausbruch.

Tokajer Eszencia gibt es heute so gut wie gar nicht mehr zu kaufen. Nach dem ungarischen Weingesetz wird sie so definiert: »Tokaji Aszú Eszencia ist ein überragender Aszú aus einem außergewöhnlichen Jahrgang, erzeugt in einer eng begrenzten Zone und von einer Qualität, die man nicht mehr mit der Zahl der Puttonyos messen kann.«

Ebenfalls ein Süßwein ist der Tokaji Szamorodni, doch werden ihm keine »Puttonyos« zugefügt. Er ist seiner Herstellungsweise nach eher so etwas wie eine Spätlese. Man vergärt Lesegut, das aus Trauben mit teils vollreifen, teils eingeschrumpften Beeren besteht. Lässt man der Gärung freien Lauf, entsteht ein trockener Aperitif. Ein Szamorodni Edes dagegen ist süß im Geschmack.

Tokaji Furmint hat wenig mit den süßen Berühmtheiten gemein, doch wird ihm immerhin nachgesagt, er habe eine wohltuende Wirkung auf den Organismus.

Die Nachfolgestaaten Jugoslawiens

Der Vielvölkerstaat Jugoslawien im Südosten Europas, bestehend aus Serben, Kroaten, Slowenen, Makedoniern und Montenegrinern, die wiederum teils christlichen, teils mohammedanischen Glaubens sind, existierte von 1945 bis 1991. Slowenien als unabhängiger Staat hat als einziger noch nennenswerten Export zu verzeichnen. Weinbau gibt es in fast allen Landesteilen.

Rebfelder im fruchtbaren Neretva-Delta in Dalmatien.

Die Rebfläche aller ehemaligen Teile Jugoslawiens ist zusammen gerechnet etwa doppelt so groß wie die Deutschlands. Obwohl im ganzen Land mit Ausnahme der karstigen Gebirge Rebanlagen anzutreffen sind, trinken die Jugoslawen im Durchschnitt weniger als die Deutschen. Immerhin sind 12 Prozent der Bevölkerung Muslime.

Trauben- und Weinexport spielten bis 1991 eine beachtliche Rolle im Wirtschaftsleben. Nicht weniger als 14 Lehr- und Versuchsanstalten bemühten sich um die Entwicklung dieses Landwirtschaftszweiges.

Die Ursprünge des Weinbaues sind in Istrien und Dalmatien auf griechische Einflüsse, in Slowenien auf römische Initiativen zurückzuführen. Feudalherren und Mönche erwiesen sich im Mittelalter als mächtige Förderer, die Türkenherrschaft danach machte fast alles wieder zunichte.

Etwa 300 Rebsorten gedeihen in diesem vielgestaltigen Land, wobei eine große Zahl traditioneller einheimischer Reben heute im Verschwinden begriffen ist. Die Weine im Norden ähneln den österreichischen und wurden in den vergangenen Jahrzehnten bevorzugt in die osteuropäischen Bruderstaaten exportiert.

Die Produktion und der Handel in den übrigen Staaten

waren infolge der Kriegswirren stark beeinträchtigt. Heute gibt es ausländische Investitionen, ein bescheidener Aufschwung zeichnet sich ab. Das Weingesetz von 1971 unterscheidet verschiedene Qualitätsstufen vom Tafelwein bis zum großen Wein, dessen Herkunft kontrolliert wird. Jahrgänge spielen kaum eine Rolle, was zum Teil auf die Verschnittpraxis, aber auch auf die Gleichmäßigkeit des Witterungsablaufs in diesen Ländern zurückzuführen ist.

Slowenien

Im Norden, an der Grenze nach Österreich und Italien gelegen, bringt die ehemals zur Steiermark gehörige Republik Slowenien frische, fruchtige, in keiner Weise südländische Gewächse hervor. Klimatisch profitiert das Land von der Adria im Westen und der Donauebene im Osten, die sich regulierend auf die von den Alpen beeinflussten Temperaturen auswirken. Wichtigstes Weinbauzentrum ist das Draubecken um Ljutomer. Unter dem Namen dieser Stadt mit Zusatz der Rebsorte kommen kräftige, bukett- und alkoholreiche, doch meist wenig nuancierte Weißweine auf den Markt, die heute noch einen wichtigen Exportfaktor darstellen.

Die wichtigsten Rebsorten sind sowohl Rheinriesling (Rajnski rizling) als auch Welschriesling (Italijanski rizling), Silvaner, Traminer und Sauvignon. Hin und wieder findet man noch Weine aus Sipon, die dem ungarischen Furmint entspricht. Aus den sehr verschiedenartigen Rebsorten ergeben sich beachtliche Geschmacks- und Farbunterschiede, doch der Grundcharakter der Weine ist ähnlich.

Ebenfalls aus den Flussniederungen der Drau stammen die Weine mit den Herkunftsbezeichnungen Ormož, Kapela, Radgona und Maribor.

Zwei kleinere Weinbaugebiete liegen an Save und Adria. Unter den Saveweinen ist vor allem der Roséwein mit dem Namen Cviček zu erwähnen,

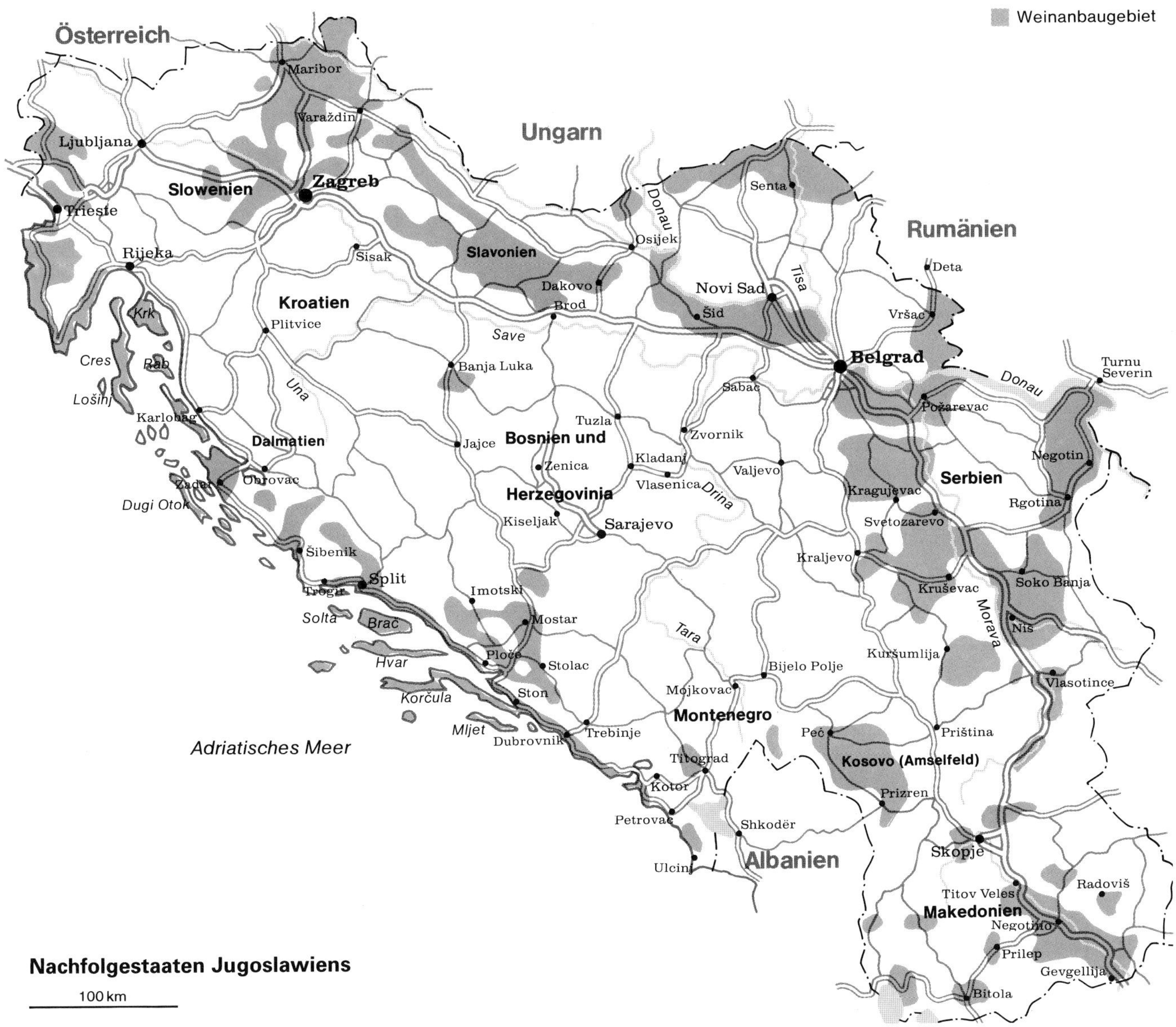

Nachfolgestaaten Jugoslawiens

Etikett eines dalmatinischen Rotweins, des Dingač.

ein dunkelfarbener, säurereicher Tropfen, der vor allem im Land selbst geschätzt wird. Kraški Teran, ein gerbstoffreicher Rotwein aus dem Eichenfass, wird bei Koper an der Adria erzeugt.

Kroatien

Das südlich angrenzende Kroatien, bestehend aus der Ferienhalbinsel Istrien und der langen Küste Dalmatiens sowie Slawonien, im Einflussbereich von Drau und Save gelegen, gehört neben Serbien zu den größten Weinbauregionen. Die besten Gewächse gedeihen im Becken der Save von der slowenischen Grenze südostwärts in Brod, Darnvar, Moslavina und um die Hauptstadt Zagreb. Weiter südlich befinden sich die Weinkulturen an den Hügeln von Kutjevo, Slavonski Brod, Vukovar, Ilok und Erdut. Die recht kräftigen Weißweine aus Riesling, Traminer, Sauvignon und Sémillon Blanc haben eine Spur von Süße. Sie gehören zu den besten des Landes.

In den Küstengebieten Dalmatiens richtet der kalte Nordwind, die Bora, die schon Autos ins Meer geworfen hat und Vögel erfroren vom Septemberhimmel fallen ließ, immer wieder Unheil in den Rebkulturen an: Dennoch gibt es eine beachtliche Produktion von kräftigen Weißweinen und dunklen, gerbstoffreichen Rotweinen, die von den Einheimischen häufig mit einem der im Übrigen hervorragenden Mineralwässer gemischt getrunken werden. Im Gegensatz zu Slowenien gibt es hier kaum große Genossenschaften. Kleinwinzer nützen in diesem kargen Landstrich jedes Fleckchen Erde zwischen den Felsen der Küste und auf den Inseln aus, um ein paar Rebstöcke zu ziehen.

Die dalmatinischen kräftigen Rotweine stammen überwiegend aus der einheimischen Rebsorte Mali Plavac, die besten Herkunftsgebiete heißen Pitovski Plaza, Zveta Nedelja, Vis, Lastovo, Postup und Dingač. Auf dem Etikett stehen Rebsorte und Herkunftsort, aber auch der Herkunftsort allein. Dingač, ein trockener, kraftvoller Rotwein von der Küste, wird bei uns häufig in kroatischen Restaurants angeboten.

Die Weinberge des kroatischen Zumberacka Gora liegen inmitten des satten Grüns einer spektakulären Berglandschaft.

Die dalmatinischen Weißweine sind relativ dunkelfarben und schwer. Eine Spezialität ist der trockene, amberfarbene Grk aus der gleichnamigen Rebsorte, ein an Sherry erinnernder Wein, der um Split und auf der Insel Korčula erzeugt wird. Prošek heißt ein weißer oder roter Dessertwein, der aus gekochtem Traubenmost oder rosinenartig geschrumpften Weinbeeren hergestellt und vor allem von den Einheimischen geschätzt wird. Der Ružica, ein dunkler, recht angenehmer Roséwein aus der Prokupacrebe, kommt aus keiner fest umrissenen Herkunftszone.

In Istrien, das ursprünglich italienisch war – ein Teil der Bevölkerung spricht heute noch italienisch –, erzieht man die Reben auf traditionelle italienische Art zum Teil in Mischkultur, an Bäumen oder Spalieren rankend. Der weiße Malvazya aus der Malvasierrebe sowie die Rotweine aus Cabernet und Burgunderarten sind von recht guter Qualität.

Bosnien-Herzegowina

Nur wenig Wein produziert die gebirgige, waldreiche Republik Bosnien-Herzegowina im Zentrum des Gebiets. Nur um Mostar, unweit der dalmatinischen Adriaküste, gedeihen Weine, die allerdings von guter Qualität sind. Der trockene und dabei kräftig schmeckende weiße Zilavka wird auch bei uns angeboten. Der Blatina, ein Rotwein aus der gleichnamigen Rebsorte, ist nicht so gut wie der Weißwein.

Serbien

Serbien mit der Hauptstadt Belgrad und die beiden autonomen Provinzen Kosovo und Voivodina bilden die flächenmäßig größte Weinbauregion.

Amselfelder aus dem Kosovo war früher der bekannteste jugoslawische Rotwein, der

in Massen in den Supermärkten Mitteleuropas verkauft wurde. Im Kosovo bediente man sich modernster Anbau- und Kellermethoden, die Weinerzeugung war entsprechend umfangreich.
Liegt Kosovo im Süden an der albanischen Grenze, so befindet sich sein Antipode, die Voivodina, unweit des ungarischen Szeged im Norden des Landes. Auch hier wird der Weinanbau modernisiert, die Rebflächen dehnen sich aus. Besonders im Bergland Fruška Gora werden aus Traminer und Sauvignon Weißweine steigender Qualität erzeugt. Aus Subotica, einem Ort nahe der ungarischen Grenze, stammt der Rizling von Kraljev Breg, ein einfacher Wein aus der Welschrieslingrebe.
Die meisten serbischen Weine werden aus Prokupac, einer einheimischen Rotweinsorte, gekeltert. Die Roséweine (Ružica) sind kräftig und manchmal geschmacklich gut, die Rotweine oft etwas schwer und breit. Die relativ besten stammen aus Zupa.
Südlich von Belgrad wird bei Smederevo ein weißer Tischwein unter dem Namen Smederevska und ein süßer Dessertwein mit der originellen Bezeichnung Smederevska Malaga hergestellt.
Feine Rot- und Roséweine stammen aus Alexandrovac im Tal der Morava, sie werden unter dem Namen Župsko Ružica beziehungsweise Župsko Crno verkauft.

Der Amselfelder aus dem Kosovo war der am meisten exportierte Wein Jugoslawiens.

Montenegro
Das kleine Weinbaugebiet Montenegro an der albanischen Grenze hat wegen seiner hohen Berge und seines recht rauen Klimas nur kleine Rebflächen an der Adriaküste, an Hügeln und in Flusstälern aufzuweisen. Aus den Rotweinsorten Vranac und Kratošija werden dunkle, kräftige Rotweine gekeltert. Mit Hilfe italienischer Technik werden hier gute Qualitäten erzielt.

Der Welschriesling, auch in Österreich und Ungarn eine wichtige Rebsorte, zählt in allen Balkanstaaten zu den Favoriten.

Makedonien
Dies ist der nördliche Teil der historischen Landschaft Macedonien, die auch zu Griechenland und Bulgarien gehört. Die Hauptstadt ist Skopje. Weinbau wird fast im ganzen Land betrieben und reicht bis in die Waldgebiete hinein. Das Klima begünstigt hier die Rebkultur, doch haben die Türken alle Rebstöcke zerstört, und als ab dem 19. Jahrhundert ein gewisser Wiederaufbau stattgefunden hatte, kam die Reblaus und zerstörte die Resultate unendlicher Mühe aufs Neue.
Der Weinbau wurde besonders stark gefördert, und nicht nur die Menge, sondern auch die Güte stiegen ständig. Prokupac und Kavadarka sind die wichtigsten Rotweinsorten, die wenigen Weißweine stammen hauptsächlich aus Zilavka und Smederevka. Daneben gibt es Rosé- und Dessertweine.
Große Genossenschaften bauen auch ausländische Sorten wie Merlot, Cabernet Franc, Gamay Noir und Blauen Spätburgunder an.

Tschechien und die Slowakei

Die Weine dieser Länder sind bei uns so gut wie unbekannt, es gibt sie außerhalb ihrer Grenzen nur selten zu kaufen. Doch sind auch diese ehemals der österreich-ungarischen Monarchie zugehörigen Staaten alte Weinländer, deren Tradition bis in die Römerzeit zurückreicht.
Die angebauten Rebsorten und damit die Weine entsprechen in ihrer Art etwa denen Österreichs und Ungarns, sie sind im Allgemeinen kraftvoll und kernig.
Rund 1 Million Hektoliter Wein erzeugen Tschechien und die Slowakei zusammen auf einer Rebfläche von ungefähr 40.000 Hektar. Zwar sind die beiden Staaten Weinländer mit Tradition, doch trinkt die Bevölkerung im Durchschnitt weniger als halb so viel Wein wie die Deutschen. Das hervorragende Bier spielt in den Konsumgewohnheiten eine große Rolle. Die Rebflächen sind unzusammenhängend, sie liegen in kleinen Inselchen verstreut hauptsächlich in der Nähe der österreichischen und der ungarischen Grenze, also im Süden des Landes.
Nach dem Weingesetz unterscheidet man hier die besseren Sortenweine, die meist trocken sind, und die einfacheren Markenweine.
Die Rebsorten sind in Güteklassen von I-III eingeteilt. Die meisten befinden sich in der Klasse I B. Knapp 20 Prozent der Rebfläche sind mit Reben der Klasse I A bepflanzt. Dazu gehören der Rheinriesling, der Traminer, die Burgunderarten sowie die drei Tokajersorten Furmint, Lindenblättriger, hier Lipovina genannt, und Gelber Muskat. Die am weitesten verbreitete Rebsorte in der nächsten Klasse I B ist der Welschriesling. Grüner Veltliner und Müller-Thurgau folgen dicht auf, die Mädchentraube, Leáňka, hat noch einen nennenswerten Anteil, andere sind nur auf kleinen Flächen zu finden. In

die Klasse II gehört nur der Ezerjó oder Tausendgut, in die Klasse III der Blaue Portugieser. Die Rebsorte wird auf dem Etikett genannt, Qualitätshinweise wie Herkunft oder Prädikat fehlen.
Neben den Sortenweinen gibt es die Markenweine, die gleichbleibend in Qualität und Geschmack hergestellt werden.
Die beiden tschechischen Landesteile Böhmen und Mähren und die unabhängige Slowakei sind vom Weingesetz in insgesamt 12 Sektionen untergliedert.

Böhmen – Nachbar Deutschlands

Nördlich von Prag an der Elbe liegt das böhmische Weinbauzentrum Mělník. Prag befindet sich auf dem gleichen Breitengrad wie der Rheingau, und in Böhmen werden auch »deutsche« Reben, das heißt Weißer Riesling, Ruländer und Traminer, zur Gewinnung von Weißweinen angebaut. Blauer Spätburgunder, Portugieser und Saint-Laurent werden zu Rotweinen gekeltert. Der deutschen Art entsprechen auch die gefälligen Tropfen, die teils als Sorten-, teils als Markenweine vermarktet werden. Die Rot-, Weiß- und Schaumweine von Mělník genießen einen guten Ruf. Weitere Weinbauorte sind Lítoměřice und Radnice an der Elbe sowie Brezanki und Velké Zernoseky westlich davon.

Mähren – Nachbar Österreichs

Die zweitgrößte Rebfläche nach der Slowakei hat Mähren aufzuweisen. Seine Weine, die fast ausschließlich nahe der österreichischen Grenze südlich von Brno (Brünn) gedeihen, ähneln denen des Nachbarn. Die Region Znojmo-Mikulov ist mit Qualitätsrebsorten bestanden, auch die Region Hustopeč-Hodonín bringt Sorten- wie Markenweine hervor, während aus Bzenec-Strážnice Markenweine kommen.
Angebaut werden im klimatisch günstigen Mähren Weißer Riesling, Müller-Thurgau und Grüner Veltliner, aber auch Pinot Noir, Portugieser und Lemberger.
Die mährischen Weißweine sind wie die niederösterreichischen frisch, leicht und würzig im Geschmack.
Auch in Mähren macht sich der Aufschwung bemerkbar. Man holte sich sogar Berater aus Australien.

Die Slowakei – Nachbar Ungarns

Das größte Weinbaugebiet mit rund 25.000 Hektar Rebfläche umfasst 8 Regionen. Auch hier ähneln die Weine denen des Nachbarn hinter der Grenze.
An das ungarische Tokajergebiet grenzt das slowakische, wo Tokajské Samorodné suché (trocken) und sladké (süß) sowie Tokajský vyběr (Auslese) nach dem Vorbild des klassischen, echten Tokajers hergestellt werden. Das Gebiet ist jedoch knapp ein Siebtel so groß wie die entsprechenden Qualitätsweinbaufläche in Ungarn. Die slowakischen Tokajer werden in 0,5-Liter-Flaschen abgefüllt, ihre Qualität ist gut.
Nördlich davon befindet sich die Region Ostslowakei nahe der Grenze zu Russland, wo Reben der ersten Qualität um Moldava und Sorance angepflanzt werden.
Die Region Modry Kameň mit dem gleichnamigen Weinbauzentrum befindet sich an den Hängen des slowakischen Erzgebirges, nördlich von Budapest entlang der ungarischen Grenze. Obwohl das Klima rau sein kann, erlebte der Weinbau hier einen rasanten Aufschwung. Die hier gekelterten Weißweine sind leicht und angenehm.
Am weitesten südlich liegt die Donauregion, dort wo der Fluss die Grenze zwischen Ungarn und der Slowakei bildet. Der Weinbau erfolgt hier an flachen Hügeln oder in der Ebene. Ein bekannter Markenwein ist der Svatopeterský rizling. Nördlich davon zwischen den Flüssen Nitra und Hron liegt die Region Nitra um die gleichnamige Stadt. Die Weine, die hier bei günstigem Klima gedeihen, schmecken angenehm und harmonisch.
Rote und weiße Sortenweine erzeugt die westlich daran anschließende Region Hlohovec-Trnava. Die Gewächse dieses Gebiets sind angenehm säurebetont.
Größere zusammenhängende Rebflächen weist die Region Kleine Karpaten bei Bratislava auf. Veltliner, Neuburger, Welschriesling, Silvaner und Muskatreben gedeihen unter anderen in dem traditionsreichen Gebiet. Die Hänge der Karpaten und der vorgelagerten Hügelkette haben sich in Verbindung mit der breit dahinziehenden Donau als besonders günstig für den Weinbau erwiesen. Im Norden von Bratislava und

Tschechien und die Slowakei

an den Westausläufern der Karpaten schließlich befindet sich noch eine Region mit verstreuten Rebflächen um Skálica und Záhorié. In diesem warmen Klima gedeiht vor allem Marken-Rotwein.

Die Nachfolgestaaten der Sowjetunion

Die Staatengemeinschaft im Osten gehört weinbaulich zu den Kleinen – nicht der Rebfläche, sondern seiner Bedeutung nach. Gerade hier erweist es sich wieder, dass Monumentalität im Weinbau nichts entscheidet, dagegen aber ein winziges Fleckchen Erde in begünstigter Lage Weltruhm erlangen kann.

Mit etwa 750.000 Hektar Rebfläche liegen die Staaten der ehemaligen Sowjetunion gleich hinter Italien, Frankreich und Spanien an 4. Stelle in der Welt. Die Ursprünge des Weinbaues reichen weit zurück in antike Zeit, als griechische Kolonialisten die Rebe bis zur Krim brachten. Krimwein war auch bis in die jüngste Vergangenheit das einzige bekannte Erzeugnis der Rebkultur.

Heute macht sich auch in diesen Ländern ein gewisses Qualitätsstreben bemerkbar. Die Produktion ist von 34 Millionen Hektoliter in den Achtzigerjahren auf 9 Millionen Hektoliter gefallen.

In 11 von 14 Republiken wird Weinbau betrieben, 90 Prozent der Rebfläche liegen im europäischen Teil des Landes, und zwar in den südlichen Regionen. Wichtige Rebsorten sind Gutedel, Cabernet Sauvignon, Riesling und Ruländer (Pinot Gris).

Die Weinregionen

Das größte Weinbaugebiet, Moldawien, gehörte erst ab 1945 zur Sowjetunion, früher war es ein Teil von Rumänien. Im ehemaligen Bessarabien wird vor allem im tief liegenden Dujesh-Tal ein Drittel der Gesamternte erzeugt. Angebaut werden französische Rebsorten wie Chardonnay, Cabernet Sauvignon und Malbec. Dank ausländischer Investitionen und der Hilfe von »Flying Winemakers« ist aus diesem Gebiet steigende Qualität zu erwarten. Die Rotweine im Stil von Bordeaux sind heute schon überdurchschnittlich.

und Branntweinerzeugung liefert Russland. Das Klima eignet sich wegen extremer Trockenheit und starken Temperaturschwankungen vielerorts nicht für Qualitätsweinbau. Die Rebfläche liegt weit verstreut in den Steppengebieten am Kaspischen Meer bis hin zum Kaukasus, wo Riesling und Aligoté feine säurereiche Weißweine ergeben. Seit dem 19. Jahrhundert werden hier aus den Champagnersorten

tiven, die den Weinbau wieder aufleben ließen.

Georgien bringt den höchsten Anteil an Weinen besserer Qualität hervor, da die Reben im Gebirge in großer Höhe (zwischen 1000 und 1350 Meter) gezogen werden. Von 400 angebauten Rebsorten dienen nur 16 der Weinerzeugung. Wenn die Weine auch bisher noch recht schwer und breit sind, ist in Zunkunft Besserung zu erwarten.

Im Bergland von Armenien gedeihen nur frostresistente Rebsorten.

Die Ukraine hat nach Moldawien die zweitgrößte Rebfläche. Von den Unterregionen ist die Krim mit ihren Schaumweinen die bekannteste. 12 Millionen Flaschen dieses Klassikers werden hier im Jahr erzeugt. An der ungarischen Grenze ist das Gebiet der Karpaten und der Küste bei Odessa Anbaugebiet hauptsächlich für Rotwein.

Robuste Tafelweine und Grundweine für die Sekt-

Chardonnay und Pinot Noir sowie Cabernet Franc hervorragende Schaumweine erzeugt.

Groß ist die Rebfläche von Aserbeidschan, wo schon die Griechen Reben kultivierten. Im Mittelalter kannte man anscheinend bereits die Pfropfmethode, die Reben kletterten an Bäumen hoch. Nachdem der Islam die uralte Weinkultur zum Erliegen gebracht hatte, gab es erst im 19. Jahrhundert neue Initia-

Tiflis ist Zentrum der georgischen Sektproduktion. Der Schaumwein ist von guter Qualität.

Jede der Unterregionen hat ihre Weintradition und ihre Spezialitäten, die je nach Landschaft stark variieren. In Tschudari steht einer der größten Rebstöcke der Welt; sein Durchmesser beträgt einen halben Meter, das Laub wirft einen Schatten von 80 Quadratmetern, und die Ernte beträgt jedes Jahr un-

glaubliche 500 Kilogramm. Zu den flächenmäßig Kleinen gehört das armenische Weinbaugebiet um Eriwan. Die weitgehend frostresistenten Rebstöcke wachsen auf künstlich bewässerter Vulkanerde im Bergland.
Weitere Weinbauregionen befinden sich im asiatischen Teil der GUS und zwar in der Reihenfolge ihrer Größe in Usbekistan, Tadschikistan, Kasachstan, Turkmenistan und Kirgisien.

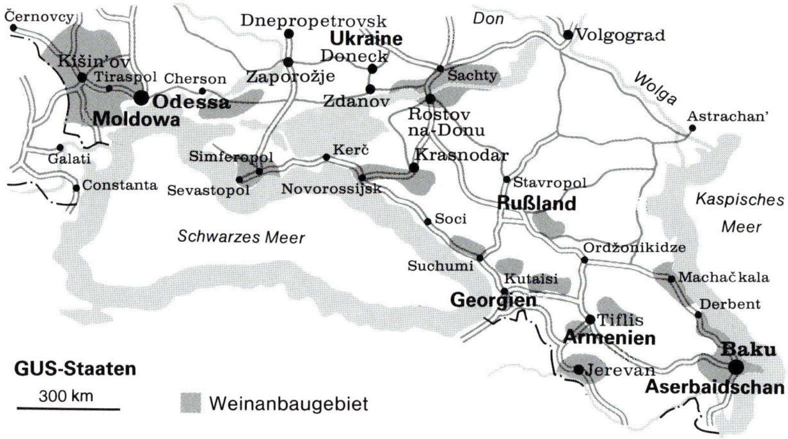

Die Weintypen

Dass die Weinfelder der GUS keine Lagenweine hervorbringen, ist angesichts der gigantischen Ausmaße des Weinbaues verständlich. Der Markenwein spielt hier eine große Rolle, die höchste Kategorie aber bilden Weine mit Nennung der Rebsorte und der Region.
Vor allem den Weißweinen, aber auch den roten Tischweinen fehlte es bisher an Fruchtigkeit und Frische. Das kontinentale Klima mit brütender Hitze und grimmiger Kälte erweist sich als ungünstig. Zum größten Teil ins westliche Ausland exportiert und daher am bekanntesten ist der Krimsekt, der wegen guter Qualität zu hohen Preisen verkauft wird. Andere Schaumweine tragen die Bezeichnung »Champanskia«. Wegen des heißen Klimas gibt es eine große Zahl süßer und aufgespriteter Dessertweine. Unter den halbsüßen Sorten mit weniger als 15 Volumenprozent Alkohol sind die Rot- und Weißweine aus Georgien zu erwähnen.
Vor allem auf der Krim bei Massandra werden süße Muskatweine erzeugt, die bei 12 bis 16 Volumenprozent Alkohol bis zu 30 Gramm Zucker pro Liter enthalten, Krasnyi Kamen und Tavrida gehören zu den besten. Auf der Krim und in Zentralasien werden auch »Tokajer«-Weine angebaut.
Usbekische Süßweine müssen 3 Jahre lagern und enthalten 16 bis 17 Volumenprozent Alkohol. Ähnliche Süßweine werden in Aserbeidschan, in Armenien und der Krim erzeugt. Einer von ihnen, der Kiurdamir, hat einen schokoladenähnlichen Nachgeschmack. Süß sind auch die Ruländer der Krim und der Selchino aus Georgien mit der Farbe von schwarzem Kaffee, die Gewächse von Turkmenistan und Tadschikistan.
Bis 20 Volumenprozent Alkohol enthalten die aufgespriteten Dessertweine, Imitationen berühmter Spezialitäten Italiens, Spaniens und Portugals.
Die besten »Portweine« kommen von der Krim und aus Aserbaidschan, der beste »Sherry« aus Armenien, der dem Original mit seinem Nussgeschmack und seinem feinen, fruchtigen Bukett ziemlich nahe kommt.
In Turkmenistan wird ein »Marsala« hergestellt und auf der Krim und Georgien eine Nachahmung von Madeira.

Rumänien

Die Griechen brachten die Weinkultur aus dem Osten, von Westen her kamen Siedler, die sie weiterentwickelten. Noch heute stellt Rumä-

Schaumweine aus Kasachstan und Georgien machen vielleicht eines Tages dem bekannteren Krimsekt Konkurrenz.

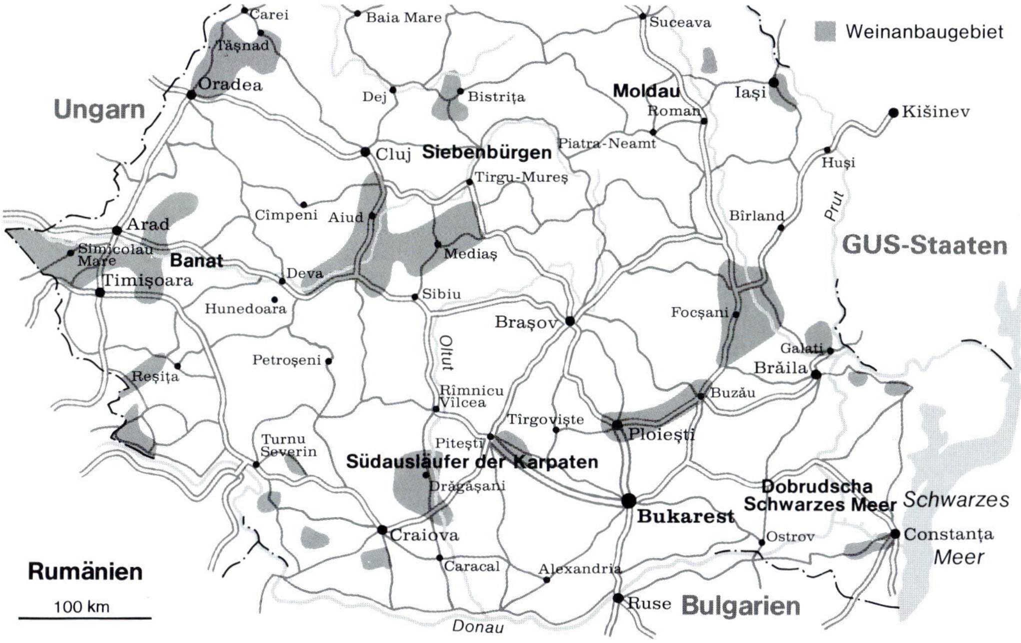

nien einen Sonderfall innerhalb der osteuropäischen Länder dar – kulturell wie auch weinbaulich.

Rumänische Weine sind hierzulande bekannt, sie tragen zum Teil sogar deutsche Aufschriften. Immerhin wird ein beachtlicher Teil der durchschnittlichen Weinernte von rund 5 Millionen Hektolitern exportiert. Rumänien ist nicht nur ein altes Weinland, auch heute wird von der Bevölkerung relativ viel Wein getrunken – 20 Liter pro Kopf und Jahr, fast ebenso viel wie in Deutschland.

Die Weinbaugebiete heute

In Siebenbürgen (Transsilvanien), das in der Mitte des Landes liegt, herrschen dank der sanften Hügel und zahlreichen Wasserläufe ideale Anbaubedingungen. Man vermutet, dass der Silvaner aus dieser Region stammt. Angebaut werden bevorzugt Mädchentraube, Ruländer, Welschriesling, Spätburgunder und Traminer, alles vertraute Namen.

Die trockenen bis halbsüßen Weißweine sind reich an feiner Säure, weshalb man sie

Kulturgeschichte – Weingeschichte in Rumänien

Manch einer wird sich fragen, warum in diesem osteuropäischen Land eine romanische Sprache gesprochen wird, und warum so viele Weine deutsche Namen tragen, daher ein kurzer Exkurs über die wechselvollen Geschicke eines Volkes und seiner Kultur.

Die ersten essbaren Trauben muss es schon in vorgeschichtlicher Zeit gegeben haben. Die Griechen unterhielten lebhafte Handelsbeziehungen zu den Ureinwohnern der Karpaten, den Dakern. Auf einer römischen Münze ist die Provinz Dakien durch Traube und Ähre charakterisiert. Die Römer hinterließen ihre Sprache und ihre Lebensart, als sie während der Völkerwanderung das Land verlassen mussten. Auch der Weinbau blieb in Transsilvanien, dem späteren Siebenbürgen, einem vom Gebirge umschlossenen Hochland, erhalten. Im 12. Jahrhundert siedelten sich hier Deutsche aus dem moselfränkischen Raum, genannt Sachsen, an und gaben dem Weinbau neue Impulse. Schon im Mittelalter genoss der Wein aus Cotnari jenseits der Karpaten internationalen Ruf.

Im 18. Jahrhundert, zur Zeit der österreichischen Herrschaft, siedelten sich die so genannten Banater Schwaben in einem Gebiet an, das heute unter Rumänien, Serbien und Ungarn aufgeteilt ist. Auch sie befassten sich intensiv mit Weinbau.

Durch Enteignung und Vertreibung der deutschsprachigen Bevölkerung ist ein Strukturwandel in der Weinwirtschaft erfolgt. Wie in allen osteuropäischen Ländern herrschen noch Großkellereien dort vor, wo früher Kleinwinzer nach westeuropäischer Art Weine individuell erzeugten. Allerdings kündigt sich auch hier in den letzten 10 Jahren seit der Wende ein Wandel an.

auch als die Moselweine Rumäniens bezeichnet. Die körperreichen, dabei fruchtigen Spitzenweine werden hier mit deutschsprachigen Prädikaten belegt. Die Rebflächen gruppieren sich um Oradea/Großwardein nahe der ungarischen Grenze, Bistrita/Bistritz, östlich davon, sowie Alba Julia/Karlsburg und Mediaş/Mediasch inmitten des Landes.

Das ehemals deutschsprachige Banat reicht im Norden an die ungarische, im Süden an die serbische Grenze heran. Nach Osten zu liegt es im Schutz der Karpaten. Die Weinberge befinden sich in der Umgebung von Teremia Mare/Marienfeld, bei Širia/Hellburg und Miniş/Menesch, wo heute eine Forschungsstation arbeitet, und im Süden bei Moldova Nouă/Neumoldau und Tirol/Königsgnad. Der hier angebaute Riesling de Banat hat nichts mit der bekannten Edelsorte zu tun, es handelt sich vielmehr um Zackelweiß. Die weißen Rebsorten Rulanda und Mädchentraube sowie die roten Kadarka, Cabernet und Spätburgunder gehören zum Rebsortiment. Die leichten Weißweine sind in der Überzahl.

Dealul Mare in den Südost-Karpaten wird wohl in Zukunft bei Weinfreunden noch mehr Beachtung finden. Die feinen Rotweine aus französischen Rebsorten, erzeugt mit Hilfe von französischem Know-how, entsprechen bereits heute internationalen Standards.

Der südliche Teil des Landes zwischen den Karpaten und der Donau, hier Grenzfluss nach Bulgarien, bringt südländisch kräftige, bukettreiche Rotweine und süße Weißweine hervor.

Wichtige Teile der Moldauregion gehören heute zur GUS, verblieben ist jedoch das schon seit dem Mittelalter berühmte Weinbaugebiet Cotnari, ferner gehören Iaşi und Odobeşti dazu.

Cotnari liegt weit von den beiden anderen Untergebieten entfernt im Norden des Landes. Die Weißweine schmecken etwas wie feiner Tokajer, sie sind ebenfalls Ausbruchweine (siehe Seite 40). Eine angenehme Säure, die von der Mädchentraube und Grasăa stammt, bringt Leben in die schwere Honigsüße. Iaşi, nahe der Grenze, erzeugt eher trockene, leichte Weißweine. In Odobeşti, der größten geschlossenen Rebfläche Rumäniens, werden wuchtige, körperreiche Rot- und Weißweine teils aus einheimischen (Galbenă de Odobeşti, Băbească), teils aus ausländischen Rebsorten (Welschriesling, Ruländer, Blauem Spätburgunder, Cabernet Sauvignon) bereitet.

In der Dobrudscha am Schwarzen Meer ist das jüngste Weinbaugebiet Rumäniens erst nach dem Zweiten Weltkrieg entstanden. Die Weine von Murfatlar sind süß und körperreich, die Rotweine bestechen durch ihren Johannisbeerduft. Nördlich und südlich des Zentrums befinden sich Weinbauinseln, wo zum Teil auch Tafeltrauben angebaut werden. Interessant ist das Weinmuseum von Constanta, einer von Griechen gegründeten Hafenstadt am Schwarzen Meer, wo Funde aus römischer und vorrömischer Zeit den Weinbau in der Antike belegen.

Weinstöcke in einem Kloster im bulgarischen Tarnovo.

Bulgarien

Mehr als die Hälfte der bulgarischen Weine wird exportiert. Die Rebfläche hat sich permanent vergrößert – Anbaugebiete für Tafeltrauben wurden in Weinbaugebiete verwandelt. Ein armes Land setzt auf Wohlstand durch Weinexport. Während im westlichen Europa die Weinvorräte zum Problem werden, fördert man in Osteuropa noch ein gewisses Wachstum, hofft man vor allem auf Devisen aus westlichen Ländern. Die Bulgaren selbst trinken relativ wenig Wein (im Schnitt nur halb so viel wie die Deutschen).

Großbetriebe bestimmen das Bild der bulgarischen Weinwirtschaft. Allerdings erhielten die einzelnen Kellereien seit Auflösung des Monopols der staatlichen Vinprom mehr Gelegenheit zur Eigeninitiative und damit zur Steigerung der Qualität. Die Forschungsinstitute von Pleven, Plovdiv und Sofia leisten Pionierarbeit auf ihrem Gebiet. Investitionen der EU tragen erste Früchte, die Qualität steigt. Ein Klassifizierungssystem, das den europäischen Standards entspricht, erleichtert die Orientierung. Doch nicht nur Europa, auch Australien hat dem Land bei der Modernisierung von Weinbergen und Kellereien hilfreich zur Seite gestanden. Trotz der Nähe des Schwarzen Meeres herrscht im Lande kontinentales Klima mit heißen Sommern und kalten Wintern.

Weinbau wird im ganzen Land betrieben. Leichter und feiner, meist auch trockener sind die Weine aus dem Norden und von der Küste, schwerer und körperreicher landeinwärts im Süden und Westen. Nach dem Gesetz von 1985 gibt es 27 kontrollierte Anbaugebiete (Controliran), auf den Etiketten steht meist die Rebsorte, manchmal der Produktionsort oder auch ein Markenname. Exportweine tragen Bezeichnungen in einer westeuropäischen Sprache.

Südlich der rumänischen Grenze, im Tal der Donau und ihrer Nebenflüsse, gedeiht die Gamzarebe, anderswo Kadarka genannt, aus der hier durchaus qualitätvolle, rubinrote Weine mit vorzüglicher Blume und 11 bis 13,5 Volumenprozent Alkohol gekeltert werden. Gamza ist die in Bulgarien am weitesten verbreitete Rebe.

Die Bordeauxrebe Cabernet Sauvignon liefert im nördlichen Landesteil fruchtige, kräftige Rotweine.

Im Schwarzmeergebiet Ostbulgariens gibt es hauptsächlich Weißweine, die nach der Rebsorte benannt sind. Der goldgelbe Dimiat mit grünlichem Schimmer ist angenehm säurereich und frisch.

In Ostbulgarien werden zahlreiche Marken-Weißweine erzeugt. Aus Karlovo in Zentralbulgarien stammt der Misket, ein hellgelber Muskatwein, der reicher an Alkohol ist und weich und harmonisch schmeckt.

In Süd- und Südwestbulgarien ist das Klima am heißesten, schwere Rotweine herrschen hier vor. Fast schwarz, voll und alkoholreich ist der Mavrud aus der gleichnamigen einheimischen Rebsorte, der bis 20 Jahre alt werden kann. Pamid heißt eine ebenfalls einheimische Rebe, der aus ihr gekelterte Rotwein ist jedoch eher süffig, hell und leicht. Ein Verschnitt aus beiden ist der Markenwein »Trakia«, er enthält zu 40 Prozent Mavrud und zu 60 Prozent Pamid.

Um Plovdiv wird ein heller, halbsüßer bis süßer Dessertwein, der Stanimaschka Malaga, aus zu Rosinen eingetrockneten Weinbeeren hergestellt.

Im äußersten Südwesten des Landes, nahe der makedonischen und griechischen Grenze wird in Melnik ein dunkelroter, voller, gerbstoffreicher Rotwein aus der Schiroka Melnischka Losa gekeltert, der unter dem Namen des Herkunftsgebietes auf den Markt kommt.

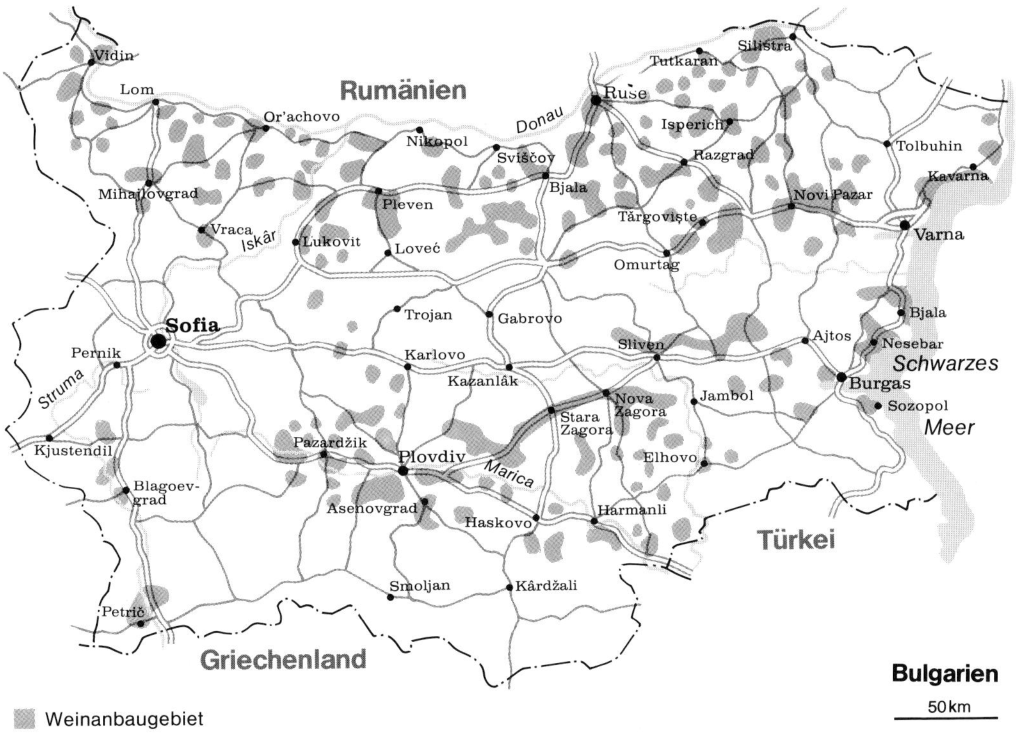

Östliches Mittelmeer und Naher Osten

An der Nahtstelle zwischen Orient und Okzident gelangen wir an die Ursprünge und an die Grenzen des Weinbaues zugleich. Gilt Griechenland als Ausgangspunkt und Initiator der Weinkultur überhaupt, so hat die Rebe dort nur noch Nahrungswert, wo der Koran den Alkoholgenuss verboten hat. Dennoch gibt es in den Ländern des Nahen Ostens eine bescheidene Weinerzeugung.

Griechenland

Das milde Mittelmeerklima begünstigt den Rebbau, die Hitze jedoch beeinträchtigt die Frische. Das Ursprungsland des Weinbaues muss heute zusehen, wie die »Schüler« dem »Meister« von einst den Rang ablaufen.
Obwohl Griechenland keine großen Qualitätsweine hervorbringt, ist es doch ein echtes Weinland mit ansprechenden Weinen. Es wird auf einer Rebfläche, die nur unwesentlich größer ist als die von Deutschland (130.000 Hektar), nur halb so viel Wein erzeugt (4 Millionen Hektoliter). Ein großer Teil der Traubenernte wird getrocknet und in Form von Rosinen oder Korinthen exportiert.
Die Griechen genießen Wein als tägliches Getränk, doch ist der Konsum in den letzten Jahren um fast ein Viertel zurückgegangen. Mit 25 Litern pro Kopf und Jahr konsumieren die Griechen wesentlich weniger als die Franzosen und Italiener, doch immer noch etwas mehr als die Deutschen.

Ein kleiner Teil der griechischen Weine stammt von abgegrenzten Flächen, die französischem Beispiel folgend in einem Weingesetz von 1974 festgelegt und später den EU-Richtlinien angepasst wurden. Original französisch sind auch die Bezeichnungen Appellation contrôlée und Vin de Pays.
Der allgemeine Trend zu besseren, frischeren Weinen hat auch vor Griechenland nicht Halt gemacht. So wurden vor allem in den größeren Betrieben die technologischen Voraussetzungen für Qualitätsweine geschaffen, aber auch zahlreiche kleinere Betriebe, die in Griechenland immer noch überwiegen, bemühen sich mit Erfolg um höhere Qualität.
Ausgebildete Önologen der jüngeren Generation helfen mit ihrem Fachwissen, dass hier typisch griechischer Wein vor allem aus zahlreichen lokalen Rebsorten, aber auch aus einigen der allerorts verbreiteten internationalen Sorten entstehen kann.
Der im Ausland bekannteste

Weinreben vor steilen Felsen in Griechenland.

Wein ist wahrscheinlich der Retsina. Er schmeckt streng und erinnert etwas an bittere Arznei. Grund dafür ist der Zusatz von Harz der Aleppokiefer während der Gärung, wodurch der Wein haltbar gemacht wird. Die Methode stammt aus der Antike, als die Weine noch in offenen Amphoren aufbewahrt wurden. Griechenlandreisende und Besucher griechischer Spezialitäten-Restaurants schätzen Retsina als das, was er ist: ein Original, das keine großen Ansprüche stellt und nicht nur gut zu den deftigen Gerichten der griechischen Küche passt, sondern sie auch bekömmlicher macht. Geharzter Rotwein heißt Kokkineli.

Die Weine mit kontrollierter Herkunftsbezeichnung, die den europäischen Qualitätsvorschriften entsprechen müssen, sind selbstverständlich nicht geharzt. Sie gedeihen sowohl auf dem griechischen Festland wie auf den unzähligen Inseln.

Peloponnes

Ein Drittel der Rebfläche befindet sich auf der nur durch den Kanal von Korinth vom Festland getrennten künstlichen Insel. Allerdings werden hier wie im übrigen Griechenland Tafeltrauben in großen Mengen gewonnen, die Weinerzeugung liegt bei 1 Million Hektoliter.

Aus Patras im äußersten Nordwesten kommt der Mavrodaphne, ein nach der Rebsorte benannter Qualitätswein, der auch auf einigen Inseln hergestellt wird. Es ist ein dunkelroter, süßer, aufgespriteter Dessertwein mit mindestens 15 Volumenprozent Alkohol, etwa vergleichbar mit italienischem Recioto. In Patras wird außerdem ein goldgelber, süßer Muskatwein erzeugt. Unter dem Namen der Stadt gibt es auch helle, trockene Weißweine aus der Rhoditisrebe. Eine der großen Weinkellereien, Achaia Clauss, hat hier ihren Sitz. Die roten und weißen Demestica-Weine dieses Hauses sind frisch und angenehm zu trinken.

In Nemea, der Nordostecke des Peloponnes, wo die Weinberge fast 900 Meter Höhe erreichen, wird ein fast schwarzer, gerbstoffhaltiger Rotwein aus der Agioritikorebe gekeltert und häufig in Barriques ausgebaut. Der aus dem oberen Nemea stammende Koutsi gilt als Spitzenwein. Ein leichter, dabei aromatischer, trockener Weißwein aus der einheimi-

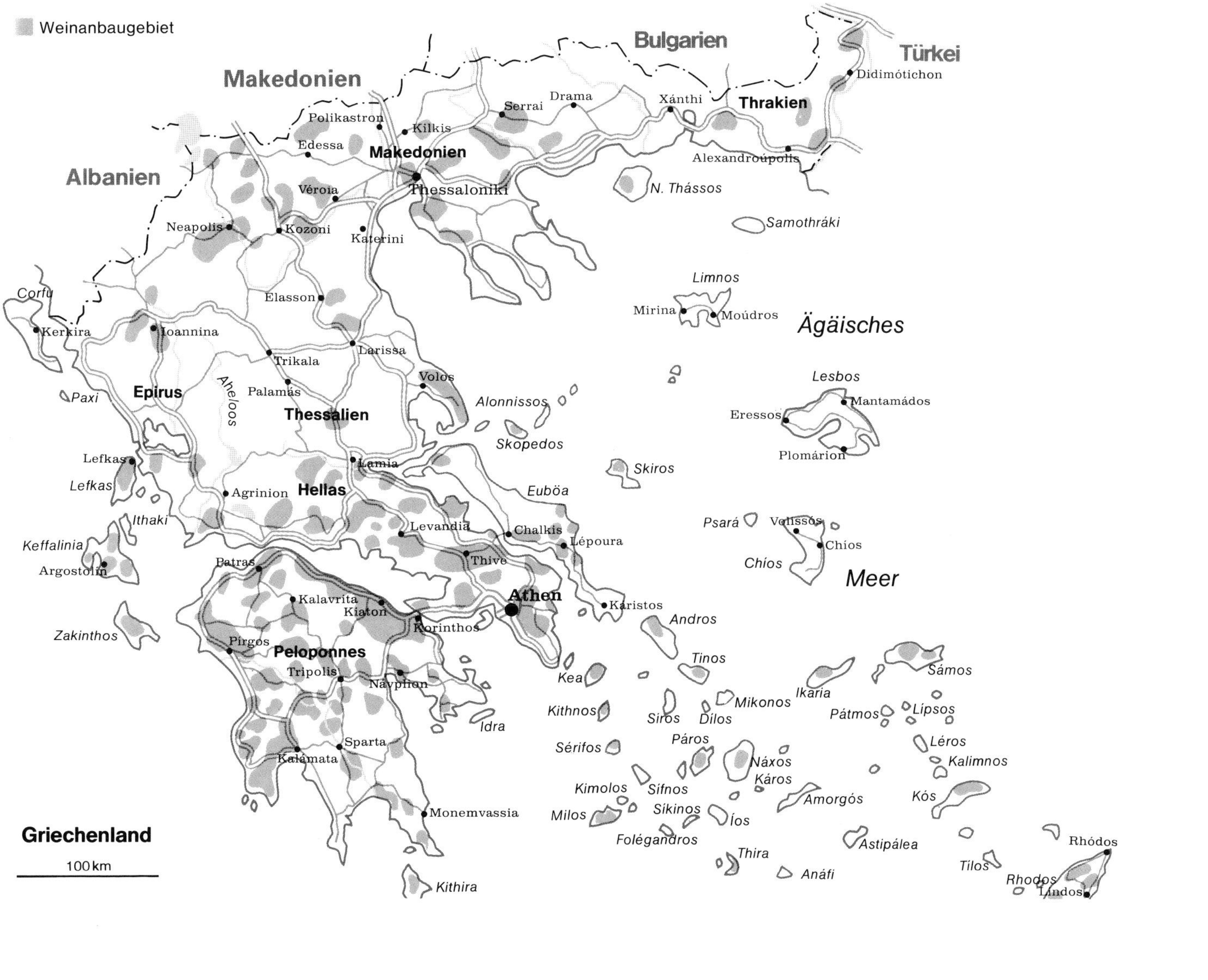

schen Sorte Moscophilero stammt aus Mantinia in der Mitte der Insel.

Mittelgriechenland

Die Halbinsel Attika ist Produktionsgebiet relativ säurereicher, frischer Weißweine aus der Savatianorebe. Die einfachen Weine werden jung getrunken. Aus dieser Region stammen auch die meisten Retsinaweine.
Eine Spezialität der Hauptstadt Athen selbst ist der Hymettos, ein trockener Weißwein von einem gleichnamigen Hügel vor den Toren der Stadt.
Kantza heißt ein kleines Gebiet nördlich von Athen. Leichter Rotwein kommt aus Mavroudi, ein recht angenehmer Roséwein wird aus Rhoditisreben gekeltert.
Euböa, die vorgelagerte Insel, erzeugt neben Retsina auch noch den roten geharzten Kokkineli.

Rundgebundene Reiser an Rebstöcken von Santorin. Auf diese Weise werden die Trauben vor starken Stürmen geschützt.

Kreta

Neben Tafeltrauben und Rosinen wird auf der Insel fast 1 Million Hektoliter Wein erzeugt. Die beiden A.O.-Gebiete Sitia, im Osten der Insel gelegen, und Dafne im Norden bringen einen kernigen roten Likörwein hervor, der gut altert. Archanes und Peza in der Umgebung von Heraklion sind bekannt für einen der besten Rotweine des Landes, Mavro Romeiko, der sich durch seine trockene, dabei vollmundige Art den landesüblichen Gewächsen überlegen zeigt.
Außerdem werden Rotweine aus Kotsifali, Liatiko und Mandilari gekeltert.
Kreta, Naxos und Paros sind die Urheimat des bekannten Malvasierweines, der seinen Namen vom Verschiffungshafen Monemvasia im Südpeloponnes bekommen hat. Malvasier wird heute im ganzen Mittelmeerraum erzeugt, es ist ein amberfarbener, aromatischer Dessertwein, der gut gekühlt auch als Aperitif schmeckt.

Ägäische Inseln und Kykladen

Auf den meisten Inseln im Ägäischen Meer wird in größerem oder kleinerem Ausmaß Weinbau betrieben, der jedoch meist nur lokale Bedeutung für Touristen wie Einheimische hat.

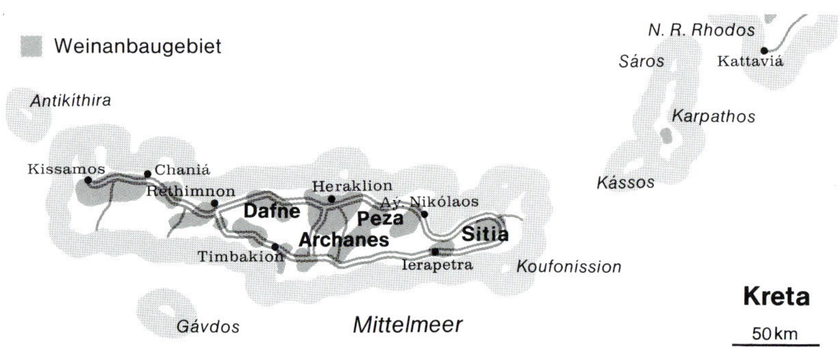

Eine Ausnahme ist Samos vor der türkischen Küste. Auf einer Rebfläche von rund 1700 Hektar wird der berühmte süße Muskatwein gleichen Namens hergestellt. Im Allgemeinen versetzt man ihn nicht mit Alkohol, doch existiert auch eine trockene, aufgespritete Variante. Der Anbau der Muskatellertrauben erfolgt auf schmalen Terrassen von der Küste bis in 800 Meter Höhe der bis auf 1570 Meter reichenden imposanten Berge. Die Trauben werden wegen der starken Höhenunterschiede über mehrere Wochen hinweg geerntet. Die 3 Sorten heißen Samos Doux (Likörwein), Samos Doux Naturel (sehr frühes Abstoppen der Gärung) und Samos Nectar (15 Volumenprozent Alkohol, aus getrockneten Trauben hergestellt).
Ein dem Samos nicht unähnlicher Wein wird auf der relativ großen Insel Limnos erzeugt. Der Muscat von Limnos ist goldgelb, elegant und angenehm. Es gibt ihn in süßer und trockener Version. Auf den sanft gewellten Hügeln der Inseln gedeiht auch die Rotweinsorte Limnio, die einen süßen, feuerroten, doch kernigen Wein ergibt.
Auf Paros und Santorin, den beiden größten Kykladeninseln, wurde eine originelle Methode entwickelt, um die Trauben vor den heftigen Stürmen der Ägäis zu schützen: Die Weinbauern binden die Reiser in Form eines Korbes, so dass das Laub einen Schutzschild um die Früchte bildet. Von den vulkanischen Böden der Insel Santorin, griechisch Thira, kommen alkoholreiche, dabei angenehm säurehaltige, trockene oder süße Weißweine, die den Namen der Insel auf dem

Etikett eines Rotweines aus Naoussa in Nordgriechenland.

Bei Kannaviou in der Gegend von Paphos auf Zypern zeigen sich die Südhänge des Toodos-Gebirges in voller Frühlingspracht.

Etikett tragen. Als »Vinsanto« wird die süße Variante bezeichnet.
Auf Rhodos schließlich wachsen zahlreiche Traubensorten. Der süße Malvasier und ein ebenfalls süßer Muskatwein in der Art der Samosweine stehen neben einem trockenen Weißwein mit dem Namen Lindos.

Nordgriechenland und die Ionischen Inseln

Die Rebflächen im gebirgigen Nordteil des Landes sind kleiner und liegen weiter verstreut als im Süden. Der höheren Lage haben die Weine allerdings auch ihre kernigere, frischere Art zu verdanken.
Naoussa in der Provinz Makedonien gilt als eines der besten Rotweingebiete, das zu Beginn des Jahrhunderts zwar von der Reblaus fast völlig verwüstet war, heute aber dank moderner Anbaumethoden einen hervorragenden kräftigen, trockenen Rotwein aus der Sorte Xynomavro erzeugt.
Nahe der makedonisch-albanischen Grenze befindet sich das A.O.-Gebiet Amyntheon, ebenfalls Heimat dunkelroter Still- und Schaumweine, die allerdings nicht an den Naoussa herankommen.
In Thessalien gedeihen an den Hängen des Olymp mehrere Rotweinsorten, die zusammen den Rapsani, einen recht angenehmen, nervigen, hellfarbenen Wein ergeben.
Aus dem 600 Meter hoch gelegenen Zitsa, einem A.O.-Gebiet im Nordosten des Landes, stammen ein frischer Weißwein sowie ein in 1. Gärung (siehe Seite 32), das heißt ohne Zusatz von Dosage, gewonnener Perlwein.
Korfu ist zwar eine landschaftlich äußerst reizvolle Insel, seine Weine haben jedoch nur lokale Bedeutung.
Auf Keffallinia vor Patras dagegen gibt es einen trockenen, leichten, feinen Weißwein, der nach der Rebsorte Robola heißt. Mavrodaphne und Muscat ähneln den gleichnamigen Gewächsen von Patras.

Zypern

Ein weit vorgeschobener Posten europäischer Weinkultur ist diese landschaftlich äußerst reizvolle Insel, legendärer Geburtsort der Göttin der Liebe und der Schönheit, Aphrodite, heute zweigeteilt zwischen Türken und Griechen, zwischen Islam und Christentum.
Vor den Küsten Syriens und der Türkei gelegen, erzeugt diese Insel seit der griechischen Antike Wein. Ritter des Templerordens pflanzten Rebstöcke um Limassol, die noch heute den bekannten Commandaria ergeben. Aus Zypern kamen im 15. Jahrhundert die ersten Rebstöcke nach Madeira. Auch der sizilianische Marsala und der ungarische Tokajer sollen ihre Urheimat auf dieser schönen Insel haben.
Zur Zeit der Türkenherrschaft ging der Weinbau zurück, ohne jedoch ganz zum Erliegen zu kommen. Die Engländer, immer auf der Suche nach geeigneten Gebieten, um ihrer Weinlei-

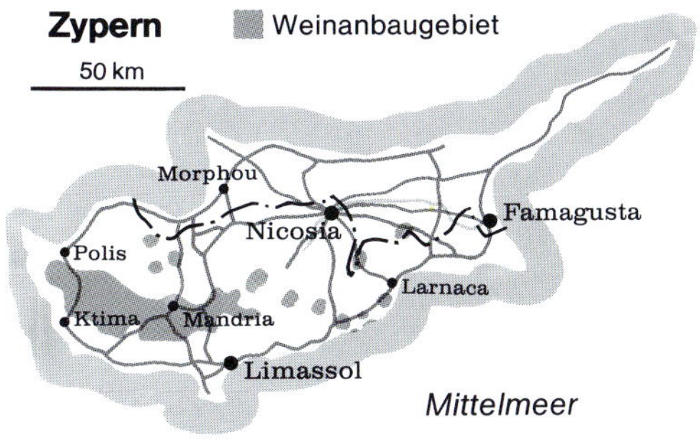

Weinetikett der Firma Keo in Limassol auf Zypern.

denschaft zu frönen, förderten die Rebkultur ab 1878. Die Reblaus verschonte die Insel, und heute stehen etwa 20.000 Hektar unter Ertrag, von denen neben Tafeltrauben Lesegut für 550.000 Hektoliter Wein eingebracht wird. Fast die Hälfte der zypriotischen Bevölkerung lebt vom Weinbau. In den letzten beiden Jahrzehnten hat man beachtliche Fortschritte in den Kellermethoden erzielt und neben den einheimischen Rebsorten auch die bekannten internationalen Sorten gepflanzt.

Die wichtigste rote Rebsorte der Insel ist Mavro neben Opthalm und Marathefrik (zusammen rund 80 Prozent der Rebfläche), die wichtigste weiße Rebe ist Xynisteri neben Muscat.

Wie alle von der Sonne verwöhnten, weinbaulich gesehen, eigentlich heimgesuchten Länder musste Zypern Anstrengungen unternehmen, um seine gewaltigen, starken Weine dem mitteleuropäischen Geschmack anzunähern. In den letzten Jahrzehnten hat es auf diesem Gebiet beachtliche Fortschritte gegeben.

Die Rotweine sind gerbstoffreich, kräftig und tiefrot. Sie passen gut zu stark gewürzten Speisen. Der Kokkineli, ein meist trockener, herber Wein, ist für einen Rosé recht dunkel. Die besten Weißweine, Aphrodite und Arsinoé, werden um Paphos erzeugt. Leider neigen sie häufig zum Braunwerden, verbunden mit einem unangenehmen Geschmackston. Der Fehler, der dem Wein seine Frische nimmt, ist auf die Beschaffenheit des durch die Hitze überreifen Lesegutes zurückzuführen.

Zypern erzeugt daneben auch eine große Zahl von Sherry-Imitationen, die hauptsächlich nach Großbritannien exportiert werden, sich heute jedoch nicht mehr Sherry nennen dürfen.

Als Zypernwein bekannt und berühmt ist jedoch einzig und allein der Commandaria, der nur von den Hängen der Troodosberge aus 14 Gemeinden stammen darf. Gewöhnlicher Commandaria ist nichts anderes als ein süßer Dessertwein. Echter Commandaria wird aus einer Mischung von an der Sonne getrockneten roten (Mavro) und weißen Trauben (Xynisteri) hergestellt, deren Maische miteinander langsam vergoren wird. Nach bis zu 25 Jahren Fassreife entsteht ein sehr süßer, samtiger Nektar, der viermal so viel Zucker enthält wie Portwein.

Türkei

In Kleinasien soll der Ursprung aller Weinkultur liegen, doch widersetzt sich der islamische Glaube der Bevölkerung heute einer Ausweitung der Weinerzeugung. Die Türkei eignet sich klimatisch gut für den Anbau von Reben, und es stehen immerhin rund 600.000 Hektar unter Ertrag. Die Trauben dienen jedoch nur zum geringsten Teil der Weinerzeugung, mehr als 95 Prozent werden als Tafeltrauben oder in Form von Dicksaft, Pasteten, Rosinen, Sultaninen und Zibeben verzehrt.

Dennoch beläuft sich die Weinproduktion auf rund 250.000 Hektoliter pro Jahr, und an der Universität von Ankara befasst man sich sowohl mit der Verbesserung der Anbaumethoden als auch mit der Weinbereitung. Die türkischen Rebanlagen sind über das ganze Land verstreut. Man kann 7 Anbaugebiete unterscheiden: Thrazien und das Gebiet um das Marmarameer bei Istanbul, die ägäische Küste, die Mittelmeerküste, Anatolien, unterteilt in Zentral-, Südost- und Ostanatolien, sowie die Schwarzmeerküste.

Ein angenehmer Wein gedeiht in der Umgebung von Izmir. 60 Prozent aller türkischen Weine kommen aus den Regionen Thrazien und Marmarameer. Die alkoholstarken Exportweine, die hauptsächlich als Verschnittsubstanz verwendet werden, stammen aus Ost- und Zentralanatolien.

Neben einheimischen werden die mitteleuropäischen roten Rebsorten Cabernet Sauvignon, Carignan, Grenache, Gamay und Blauer Spätburgunder sowie die weißen Clairette und Riesling angebaut.

Die türkischen Tischweine sind trocken, recht herb und alkoholreich. Trakya heißt ein hellroter, angenehmer Wein aus Thrazien, bekannt sind der dunkelrote Buzbag aus Anatolien, Doluca, Kavaklidere und Marmara. Der weiße Trakya aus der Sémillonrebe schmeckt stark aromatisch, der weiße Izmir leicht und fruchtig.

Misket heißt ein Süßwein aus Muskattrauben.

Obwohl Kemal Atatürk bereits 1925 eine Weinkellerei

Auf den kargen Golanhöhen in Israel trotzen die Reben des En Zivan Weinbergs der heißen Sonne.

gegründet hatte, haben sich die Konsumgewohnheiten der einheimischen Bevölkerung seither nicht wesentlich verändert. Nur 0,6 Liter werden pro Kopf und Jahr getrunken.

Israel

Eine Ausnahme inmitten der islamischen Welt bildet dieses Land mit seiner jungen Weinkultur. Fortschritt und Expansion kennzeichnen den Weinbau Israels, dem Edmond de Rothschild zu Ende des 19. Jahrhunderts erste Impulse gab.

Jung ist die Geschichte des Weinbaues in Israel eigentlich nicht. Schon in biblischer Zeit wurden Weinstöcke angepflanzt, wie viele Zeugnisse aus alter Zeit, unter anderem das Alte Testament, belegen. Die arabische Bevölkerung späterer Jahrhunderte ließ diesen Zweig der Landwirtschaft jedoch brachliegen, und so dauerte es bis in die Neunziger Jahre des 19. Jahrhunderts, bis wieder Reben gediehen. Südöstlich von Tel Aviv entstand durch Baron Edmond de Rothschild die erste Rebanlage, die heute noch zu den bedeutendsten des Landes zählt.

Ein zweites Anbaugebiet befindet sich am Carmelberg bei Haifa: Zichron Jacob. In letzter Zeit hat man bei Bersheba, Ascalon und Lachisch weitere Weinberge angelegt, so dass heute rund 6000 Hektar unter Ertrag stehen.

Erzeugt werden etwa 100.000 Hektoliter pro Jahr, etwa ein Drittel so viel wie in der Türkei, doch hat Israel nur etwas mehr als ein Hundertstel von dessen Rebfläche zur Verfügung. Die Weine kommen ohne Herkunftsangabe mit Markenbezeichnung in den Handel. Sie werden aus europäischen, vorwiegend französischen Reben, zum Beispiel den roten Sorten Alicante Bouschet, Grenache, Carignan und Cabernet Sauvignon sowie den weißen Clairette, Chenin Blanc, Chardonnay, Sauvignon Blanc und Muscat d'Alexandrie bereitet und sind zum überwiegenden Teil trocken.

Etwa 12 Prozent der Weine werden vor allem nach England und in die Vereinigten Staaten exportiert, wo jüdische Glaubensbrüder nach koscheren Gewächsen verlangen. Schon 1897 wurde zu diesem Zweck die Carmel Wine Company in London gegründet, die 1952 eine Filiale in New York eröffnete.

Forschungsstätten und Genossenschaften bemühen sich ständig um die Verbesserung der Qualität, was vor allem beim Weißwein zu guten Ergebnissen geführt hat.

Weinkellerei nahe der israelischen Hafenstadt Haifa.

Ägypten

Berühmt waren die ägyptischen Weine schon zur Zeit des Alten Reiches um 3000 vor Christi Geburt. Heute trinken nur 10 Prozent der Bevölkerung Wein. Dass die Weinerzeugung nicht ganz zum Erliegen kam, ist einem Griechen zu verdanken. In jüngster Zeit ist sie durch streng islamische Kräfte wieder in Gefahr.

Wäre Nestor Gianaclis nicht auf die Idee gekommen, den Wein der Pharaonen zu neuem Leben zu erwecken, hätte das geschichtsträchtige Land am Nil keinen Platz in diesem Buch gefunden. Er war es, der 1903 die ersten Reben pflanzte und unermüdlich Versuche anstellte, bis ihm 1931 die ersten Weine nach altägyptischer Art gelangen. Heute gehören zu dem nach ihm benannten verstaatlichten Weingut westlich von Alexandria 7000 Hektar von insgesamt 30.000 Hektar Rebfläche. Der Rest befindet sich im Besitz von Kleinbauern. Sie alle bauen neben europäischen Reben wie Muscat d'Alexandrie, Cabernet Sauvignon, Grenache und Sauvignon Blanc die altägyptischen Reben Belledi und Fayonni an. Letztere soll die Urform des Gutedel oder Chasselas sein.

Die Weine werden unter Markennamen verkauft. Ein Großteil wird in Hotels von europäischen und amerikanischen Touristen, aber auch von einheimischen koptischen Christen getrunken. Die weißen Tischweine sind zum Teil trocken und blumig, die Muskatweine sind süß und aromareich, die Rotweine trocken und wuchtig.

Afrika

Der gewaltige Kontinent reicht vom 37. Grad nördlicher bis zum 35. Grad südlicher Breite. Das bedeutet, dass der größte Teil sich innerhalb der tropischen Zone und damit außerhalb des für Weinbau günstigen Klimagürtels befindet. Nur im äußersten Norden und im extremen Süden sind die Anbauflächen weit genug vom Äquator entfernt, um den Trauben noch erträgliche Bedingungen zu bieten.
In vielen Staaten Schwarzafrikas wird heute Versuchsweinbau betrieben, teils um Wein zu gewinnen, teils um die Trauben als wertvolles Nahrungsmittel zu vermarkten.
Auf die letztgenannten Gebiete trifft der Begriff »Weinbauinseln« zu, sie werden daher auf Seite 216 und 217 vorgestellt.

Nordafrika

Wechselvoll war die Geschichte des Maghreb, wie die Araber den französisch geprägten Nordwesten des Kontinents nennen. Entsprechend verlief auch die Geschichte seines Weinbaues, der mit seinen Höhen und Tiefen ein getreues Spiegelbild der Kulturgeschichte dieses Gebiets ist.
Carthago, die bedeutendste Handelsstadt der Antike, gegründet im 9. Jahrhundert vor Christi Geburt und im heutigen Tunesien gelegen, betrieb in weiten Gebieten bis nach Algerien hinein Weinbau. Die zweite Zerstörung der Stadt und die Eroberung des Landes durch die Araber im Jahre 697 unserer Zeitrechnung zogen die Vernichtung der Weinberge nach sich. Erst im 19. Jahrhundert, als Franzosen, Italiener und Spanier in Nordafrika siedelten, kam es zu einer neuen Blüte des Rebbaues und der Einführung europäischer Kellertechniken. Heute regiert in Nordafrika wieder der Islam, was eine Schrumpfung der Rebflächen mit sich brachte.

Marokko

Am Nordwestrand Afrikas gelegen, erzeugt Marokko heute auf 50.000 Hektar Rebfläche Wein, weitere 25.000 Hektar sind mit Tafeltrauben bestanden. Das Klima des Landes zwischen Atlas- und Rifgebirge, Atlantik und Mittelmeer, eignet sich gut für den Anbau von Reben, für die Erzeugung großer Qualitäten ist es allerdings im Schnitt zu heiß.
Die meisten Weine sind rot oder rosé. Carignan, Cinsault, Grenache und Alicante Bouschet ergeben kräftige, bukettreiche Rotweine und angenehm frische Roséweine, die sich im Lande steigender Beliebtheit erfreuen. Die wenigen Weißweine neigen wegen der Hitze zum Braunwerden, sie werden aus Clairette, Macabéo und der Sherryrebe Pedro Ximénez erzeugt. Spezialitäten sind Schaumweine, Dessertweine und Vins gris, das sind sehr helle Roséweine, bei deren Herstellung rote Trauben wie weiße Trauben behandelt und vergoren werden.
Die erste Abgrenzung von Herkunftsgebieten erfolgte

Weinernte bei Hammamet in Tunesien.

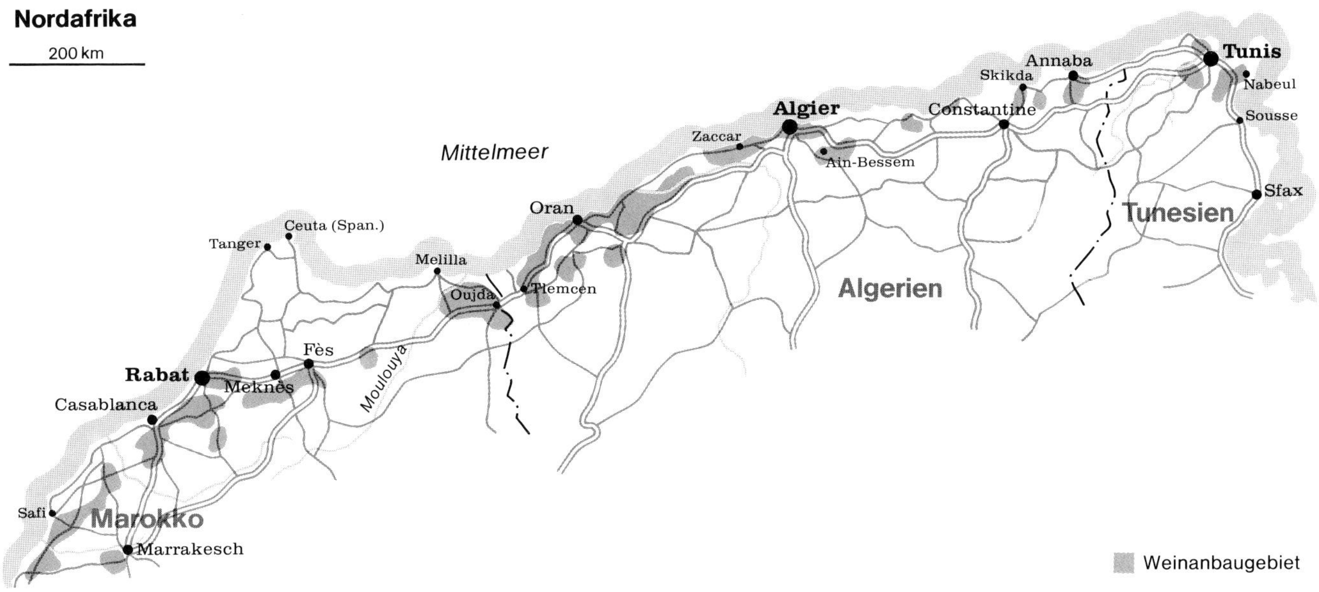

1934, seit 1971 gibt es die A. O. G., die Appellation d'origine garantie, die nach dem Muster der französischen Gesetzgebung angelegt, jedoch nicht so streng gehandhabt wird wie diese. Der nordöstliche Landesteil erzeugt ähnliche Weine wie das benachbarte Algerien. Während die Weine von Taza im Landesinneren sich hauptsächlich für Verschnittzwecke eignen, bringt Fèz bessere Qualitäten in Rot, Rosé und Weiß hervor. Meknes ist nicht nur bekannt für seine große Rotweinproduktion, die Gewächse dieses Gebiets gelten als die besten des Landes. Auch östlich von Rabat gedeihen noch gute Rotweine, während die Gewächse von Casablanca zwar das Altern gut vertragen, meist aber zu früh konsumiert werden.

Südlich von Casablanca sind die fruchtigen und trockenen Vins gris aus Boulaouan und El-Jadida besondere Spezialitäten des Landes.

Die Weinbereitung liegt vor allem in den Händen von staatlichen Kellereien, durch moderne, fortschrittliche Kellertechniken hat sich zum Beispiel das Privatunternehmen Cellier de Meknès einen Namen gemacht.

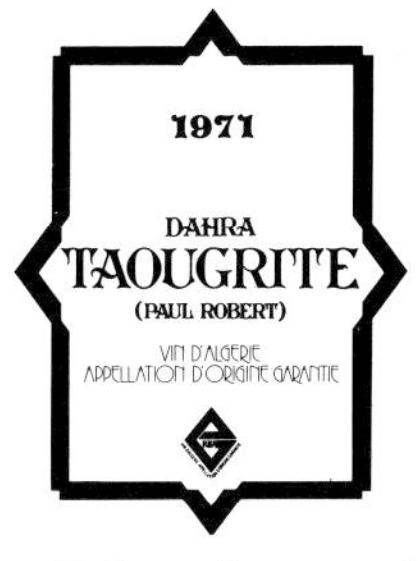

Oben: Etikett eines marokkanischen roten Markenweines. Unten: Etikett eines algerischen Rotweines mit garantierter Herkunftsbezeichnung.

Algerien

Das größte der drei maghrebinischen Länder steht mit 70.000 Hektar Rebfläche und 500.000 Hektolitern vom Umfang des Weinbaues eher an 1. Stelle. Zur Zeit der Kolonisation durch die Franzosen wurden hier ab 1830 riesige Weinfelder angelegt, vor allem als die Reblaus die südfranzösischen Plantagen vernichtet hatte und großer Bedarf an billigen Verschnittweinen bestand. Die Rebfläche betrug damals mehr als 400.000 Hektar. Der Ausbau erfolgte in industriellen Großkellereien. Heute wird der größte Teil der Ernte in die osteuropäischen Länder, an die Elfenbeinküste, nach Senegal und Madagaskar exportiert. Die Einwohner Algeriens trinken so gut wie keinen Wein.

Nachdem die Franzosen schon einige Gewächse aus den Gebirgsregionen als V.D.Q.S. und damit ihren eigenen Weinen ebenbürtig eingestuft hatten, schuf die Regierung der Volksrepublik Algerien nach der Unabhängigkeit 1970 ein neues Weingesetz, das 3 Anbauzonen und 2 Qualitätsstufen vorsieht: Vins à Appellation d'origine garantie (V.A.O.G.) und die Appellation d'origine simple (A.O.S.). Die 3 Anbauzonen unterteilen sich in die Küste, wo einfache, leichte Konsumweine erzeugt werden, die Hügel, Ursprungsgebiet feiner, leichter, bukettreicher Gewächse, die früher das V.D.Q.S.-Label trugen, und die hohen Berge, wo schwere Weine wachsen.

Die meisten Qualitätsweine kommen von den Hügeln westlich von Algier.

Aïn-Bessem-Bouïra, südöstlich der Hauptstadt gelegen, und Medea erzeugen dunkle, geschmeidige, alkoholreiche Rotweine. Die Roséweine sind kirschrot, fruchtig und süffig. Aus der Region El-Asnam stammen nervige, dunkelrote, kräftige Weine, die besten werden als Coteaux du Zaccar bezeichnet.

Das ehemalige Departement Oran unweit der marokkanischen Grenze war einst eine bedeutende Weinregion, die zwei Drittel aller algerischen Rotweine erzeugte. Sie gehörten zu den besten des Landes. Dahra ist der Name feiner, fruchtiger Hügelweine, die Coteaux de Mascara zeichnen sich ebenfalls als Qualitätsgebiete aus. Schließlich werden auf den Hügeln um die Stadt Tlemcen kraftvolle Rotweine hergestellt. Seit Algerien den französischen Markt verloren hat, sieht die Zukunft des Weinbaues in diesem Land nicht allzu rosig aus. Mit der zunehmenden Islamisierung wird im Inland nur wenig Wein konsumiert. Dennoch ist die Regierung weiterhin stark am Export interessiert.

Tunesien

Die Rebfläche des kleinsten nordafrikanischen Landes liegt um die Hauptstadt Tunis und ist nur 25.000 Hektar groß. Auch hier wird im Lande so gut wie kein Wein getrunken und das Wenige in den Hotels von Touristen konsumiert.
Allerdings hat auch Tunesien eine große Weinvergangenheit. Magon, ein Carthager, schrieb schon im 4. Jahrhundert vor Christi Geburt ein umfangreiches Lehrbuch über Weinbau. Trauben waren immer eine wichtige Einnahmequelle des Landes. 1936 vernichtete die Reblaus viele Weinberge, es folgten Jahre der wirtschaftlichen Misere, bis sich nach der Unabhängigkeit 1956 der Weinbau langsam erholte und sogar eine gewisse Zeit lang ein Wachstum zu verzeichnen war. Heute wird etwa die Hälfte der Weinproduktion exportiert. Das von den europäischen Kolonialisten eingeführte Rebsortiment besteht aus den Rotweinreben Carignan, Cinsault, Alicante Bouschet, Morastel und Mourvèdre und den weißen Rebsorten Pedro Ximénez, Sémillon, Sauvignon Blanc, Clairette, Ugni Blanc und Muscat.
Das Weingesetz aus den Vierzigerjahren sieht 3 Kategorien vor: Vins superieurs de Tunisie dürfen Weiß-, Rosé- und Rotweine heißen, wenn sie zwischen 11 und 13 Volumenprozent Alkohol enthalten und eine Blindprobe erfolgreich bestanden haben.
In die zweite Gruppe gehören die Muskatweine, die auch mit dem Herkunftsort bezeichnet werden dürfen. Es sind entweder aufgespritete oder natürlich süße, aromatische Dessertweine.
In die Klasse der Appellation contrôlée gehören die feinen Tischweine mit bestimmter Herkunft. Mornag heißt der einzige V.D.Q.S.-Wein, der in roter und weißer Version in großen Mengen ins Ausland exportiert wird.
Auch in Tunesien bemüht man sich um höhere Qualität. Die jährliche Weinproduktion hat trotz wesentlich geringerer Rebfläche die Marokkos erreicht.

Südafrika

Verglichen mit den Mittelmeerländern ist Südafrika ein junges Weinland. In äußerst reizvollen Landschaften gedeihen auf der südlichen Halbkugel Weine europäischen Stils von guter bis hervorragender Qualität.
Die Geschichte des südafrikanischen Weinbaues hat einen genau definierten Anfang: 1652 pflanzte der Holländer Jan van Riebeeck, Gründer der Kapkolonie, die ersten Rebstöcke am Tafelberg bei Kapstadt. Das Land mit dem mediterranen Klima war damals zu einem Zwischenlandeplatz für die Schiffe von Europa nach Asien ausersehen worden, um frische Nahrungsmittel und Getränke an Bord zu nehmen. Wenige Jahre später führten aus Frankreich geflüchtete Hugenotten den Weinbau im Franschhoektal nahe dem heutigen Paarl ein. Im 18. Jahrhundert begann die Familie Cloete mit der Produktion aufgespriteter Dessertweine. Vor allem der Constantia war hoch begehrt und bis in das 19. Jahrhundert groß in Mode. Die Reblauskatastrophe machte auch vor den südafrikanischen Weinbergen nicht Halt, doch durch Pfropfreben bekam man das Problem sehr schnell wieder in den Griff.
Heute werden auf 110.000 Hektar, was etwa der Rebfläche Deutschlands entspricht, 9 Millionen Hektoliter Wein erzeugt, außerdem große Mengen von Tafeltrauben, die wegen der jahreszeitlichen Verschiebung vor allem nach Europa exportiert werden. Wein wird in steigendem Maße ausgeführt, allerdings trinkt die südafrikanische Bevölkerung im Schnitt rund 9 Liter pro Kopf und Jahr. Das ist viel, wenn man bedenkt, dass der schwarze Bevölkerungsanteil (etwa 80 Prozent) so gut wie keinen Wein trinkt.
Weinbau und Weinbereitung erfolgen nach modernsten Methoden. Die halbstaatliche, genossenschaftlich organisierte K.W.V., Ko-operatieve Wijnbouwers Vereni-

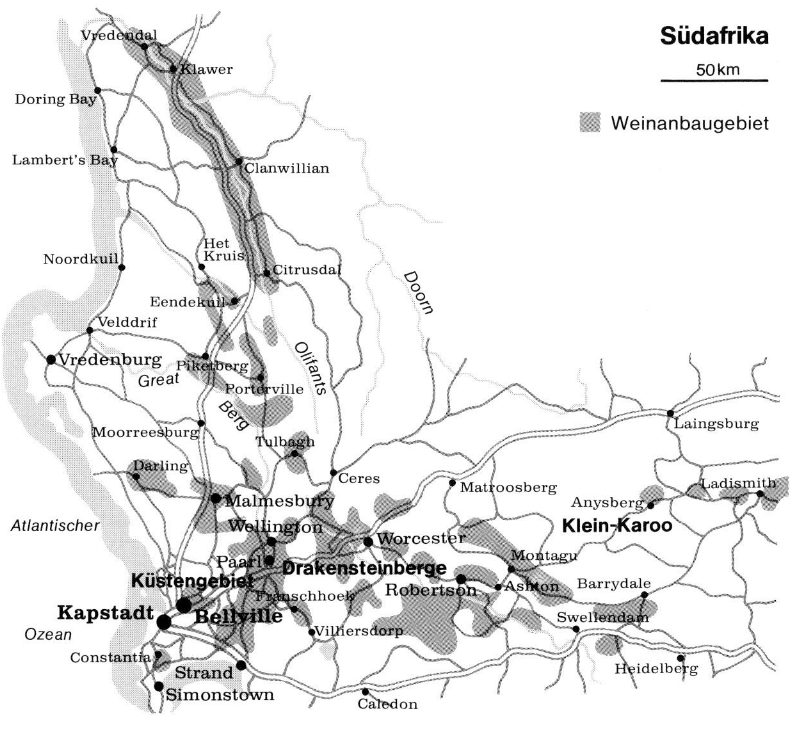

ging, setzt Mindestpreise fest und reglementiert die Produktion. Der Weinbau selbst befindet sich in der Hand von rund 4500 Farmern. Genossenschafts- und private wie staatliche Kellereien verarbeiten das Lesegut.
Viele Rebsorten tragen englische oder holländische Namen. Die am weitesten verbreitete weiße Sorte Steen entspricht dem französischen Chenin Blanc oder Pineau de la Loire, einer vor allem in der Touraine verbreiteten alten französischen Sorte, der White French ist mit der spanischen Sherrysorte Palomino identisch, der rote Hermitage mit der französischen roten Verschnittsorte Cinsault und der weiße Haanepoot mit dem würzigen Muscat d'Alexandrie. Wachsende Bedeutung haben von den weißen Sorten Chardonnay und Sauvignon Blanc, unter den roten Sorten Pinot Noir (Blauer Spätburgunder), Merlot und Cabernet Sauvignon. Letzterer ergibt Spitzenweine. Eine südafrikanische Spezialität ist die Kreuzung aus Blauem Spätburgunder (Pinot Noir) und Cinsault, die den Namen Pinotage trägt.
Das Weingesetz von 1973 wurde den Vorschriften der Europäischen Union angepasst. Es sieht nach europäischem Muster eine Kontrolle der Herkunft vor. 5 Gebiete, 13 Bereiche und 22 Gemarkungen wurden gesetzlich abgegrenzt. Jahrgangs- und Rebsortenangabe sind geregelt, die Angabe eines Erzeugers darf nur bei rund 90 anerkannten Betrieben erfolgen, die ausschließlich selbst abfüllen. Nicht kontrolliert werden dagegen Hektarerträge, Düngung, Pflanzenschutzmittel und Bewässerung.

Das sonnige Südafrika will seinen Export in Zukunft durch die Entwicklung von zugkräftigen Marken fördern.

Die 12 Anbaugebiete liegen in 2 unterschiedlichen Klimazonen: das Küstengebiet um Kapstadt mit reichlich Niederschlag im Winter und die trockene und heiße, hinter dem Drakensteingebirge gelegene Region Klein Karoo im Landesinneren.
Aus der unmittelbaren Umgebung von Kapstadt stammt der süße Constantiawein, der bis ins 19. Jahrhundert in großen Mengen nach Europa exportiert wurde.
Groot Constantia, gegründet 1685 und damit ältestes Weingut Südafrikas, war lange ein Staatsbetrieb. Heute wird hier Sauvignon und Merlot neben Weißem Riesling, Gewürztraminer und anderen internationalen Rebsorten angepflanzt. Man ist hier wie auch anderswo in diesem südlichen Land bemüht, die Weine dem europäischen Geschmack anzunähern, was so viel heißt wie dem Geschmack der Weinfreunde in aller Welt.
Die roten Kapweine, vor allem aus Paarl, Stellenbosch, Durbanville und Somerset West ähneln den französischen Spitzengewächsen. Die Frische der Roséweine wird mehr und mehr geschätzt. Unter den Weißweinen sind Riesling und Steen kräftig und kernig, wenn auch manchmal etwas herber als in Europa. Gerade bei der Weißweinbereitung legt man größten Wert auf niedrige Temperaturen im Keller, um den Weinen ähnliche Ausbaubedingungen zu verschaffen wie in Europa.
Neben roten und weißen Tischweinen werden im heißen Klein-Karoo-Gebiet auch Dessertweine sowie dem Sherry und dem Portwein ähnliche Weine erzeugt. Sie haben internationales Niveau. Der »Sherry« wird unter Mitwirkung der Florhefe vergoren und nach dem Solerasystem (siehe Seite 28) ausgebaut.
Weiße und roséfarbene Schaumweine in allen Geschmacksrichtungen von brut bis off-dry werden nach der Méthode Cap Classique, das heißt nach dem Flaschengärverfahren bereitet.
Das Weinbauzentrum mit 3 großen Kellereien ist Stellenbosch. An der Universität gibt es eine Fakultät für Weinbau und Önologie. Das staatliche Forschungsinstitut Nietvoorbij befindet sich vor den Toren der Stadt.
Paarl ist der Hauptsitz der K.W.V. mit ihren riesigen Kellern. Die Weinberge reichen bis in die Stadt hinein.
Hauptweinorte von Klein-Karoo sind Robertson und Montagu, 160 Kilometer östlich von Kapstadt.
Neuere Weinbaugebiete sind Walker Bay im äußersten Süden, wo Chardonnay und Pinot Noir angepflanzt werden, sowie Mossel Bay mit Sauvignon und Pinot Noir.
Seit der Aufhebung der politischen Sanktionen gegen Südafrika hat sich dieses Land erfolgreich in die Gruppe der bedeutenden Weinbauländer außerhalb Europas eingereiht. Es gibt hier in Zukunft noch viele interessante Weine zu entdecken.

Amerika

Bis vor wenigen Jahrzehnten wussten viele Europäer noch kaum etwas von der Existenz amerikanischer Weine: Das hat sich gründlich geändert. Kalifornische Weine gibt es fast überall zu kaufen , kanadische Eisweine genießen internationale Reputation und argentinischen Rotwein bekommt man vor allem in den Steakhäusern, aber auch im Handel.
Amerika ist der einzige außereuropäische Kontinent, der nennenswerte Qualitäten in großen Quantitäten hervorbringt. Zur Zeit entspricht die gesamte amerikanische Weinerzeugung von etwa 48 Millionen Hektolitern Wein bei knapp 800.000 Hektar Rebfläche etwa 25 Prozent der Weinproduktion aller europäischen Länder mit leicht steigender Tendenz. Auf Jahre der stürmischen Expansion ist eine Beruhigung zugunsten der Qualität eingetreten.
Auf dem nordamerikanischen Kontinent gibt es Weinbau sowohl in den USA als auch in Kanada, in Mittelamerika ausschließlich in Mexiko, während in Südamerika Argentinien, Chile, Uruguay und Brasilien bedeutenden, Peru und Bolivien geringen Weinbau aufzuweisen haben. In Ecuador, Kolumbien und Venezuela sind Bemühungen um den Rebbau im Gange, die Rebflächen befinden sich in Ausdehnung.
Allen amerikanischen Ländern gemeinsam ist der europäische Ursprung der Weinkultur, in allen Fällen waren es europäische Siedler, die das Weinwissen über den Ozean mitbrachten.

USA

Nach Beendigung des totalen Alkoholverbots, der sogenannten Prohibition, zwischen 1920 und 1933, wurden die Bewohner der USA in steigendem Maße zu Weintrinkern. Das kam am Anfang vor allem dem Import zugute – heute ist es jedoch »in«, amerikanischen Wein zu trinken. Man ist stolz auf die Eigenproduktion, mit einigem Recht, immerhin hat der Besitzer eines der berühmtesten Weingüter in Bordeaux, Philippe de Rothschild, in Kalifornien Weinberge erworben.
Die Geschichte des nordamerikanischen Weinbaues reicht in die Wikingerzeit zurück. Die wagemutigen Männer des frühen Mittelalters fanden Reben mit üppigen Trauben vor und nannten den neuentdeckten Kontinent »Vinland«. Leider stellte sich heraus, dass der aus den wild wachsenden Reben gewonnene Wein ungenießbar war. Es handelte sich nämlich um eine andere Spezies der großen Familie der Weingewächse, nicht um Vitis vinifera, sondern um Vitis labrusca, die sich später allerdings lebensrettend auf den europäischen Rebbau auswirken sollte. Zunächst versuchten europäische Siedler, ihre einheimischen Reben anzupflanzen. Alle Mühe war vergebens, die europäischen Reben gingen immer wieder ein. Man wusste nämlich noch nicht, dass die in Amerika verbreitete Reblaus die »guten« Europäerreben vernichtete, die »schlechten« Amerikanerreben dagegen verschmähte. Erst viel später versuchte man es mit Kreuzungen aus Europäer- und Amerikanerreben, die einigermaßen trinkbare Weine ergaben. Die Concord, Beispiel für eine solche Kreuzung, befindet sich noch im Osten der USA im Anbau.
Aus Amerika wurde die Reblaus dann nach Europa eingeschleppt, was hier zu der schlimmsten Katastrophe des Weinbaues führte, schließlich jedoch die Entdeckung des seither üblichen Pfropfrebenanbaues bewirkte.
Diese Pioniertat verhalf auch den Amerikanern zu Qualitätsweinen aus dem eigenen Land. Sie importierten nun Europäerreben und pfropften diese auf ihre Gewächse auf. Die Prohibition, das absolute Alkoholverbot in den Zwanzigerjahren, verzögerte eine hoffnungsvoll begonnene Entwicklung, die nach Aufhebung des Gesetzes, vor allem nach Beendigung des Zweiten Weltkrieges umso stürmischer einsetzte.
Heute werden auf der rund 320.000 Hektar großen Rebfläche etwa 25 Millionen Hektoliter Wein produziert, was fast der Hälfte der gesamten amerikanischen Weinerzeugung entspricht.
90 Prozent der Rebfläche befinden sich im Bundesstaat Kalifornien, der Rest verteilt sich auf New York State, Washington State, Ohio, Oregon, Illinois, Michigan, Pennsylvania, Virginia, Arkansas und Texas. Die letztgenannten Staaten beziehen ihre Anregungen aus den Forschungsergebnissen der University of California.
Der Geschmack der amerikanischen Weintrinker hat sich in den letzten Jahren stark verändert und verändert sich immer noch. Die schweren, dunklen Rotweine weichen leichten, fruchtigen Weißweinen und eleganten Rotweinen nach europäischem Muster, der Süßweinkonsum geht wie andernorts auch zurück.

Kalifornien

Weine aus diesem südwestlichen Bundesstaat haben in den letzten Jahren hohe Auszeichnungen bei internationalen Wettbewerben gewonnen. Die USA, und das heißt vor allem Kalifornien, stehen heute an 4. Stelle unter den Importländern für Wein in Deutschland. Das heißt jedoch nicht, dass sämtliche kalifornischen Weine europäischen Standard erreichen oder ihn gar übertreffen. Schließlich herrscht in Kalifornien subtropisches Klima, das die Weine oft weniger nuancenreich geraten lässt, der Großteil der kalifornischen Weine ist eher von einfacher Qualität. Die Spitzengewächse stammen aus den kühleren Tälern.

Die Ursprünge des kalifornischen Weinbaues reichen, anders als in den anderen US-Bundesstaaten, ins Zeitalter der spanischen Eroberung zurück, denn das Land gehörte zunächst zu Mexiko. Im 18. Jahrhundert pflanzten spanische Geistliche hier Rebstöcke aus der Heimat an. Die Misserfolge der Siedler an der Ostküste blieben ihnen erspart, da es im Westen keine Reblaus gab. Sie wurde erst um 1860 eingeschleppt. Nach einigen Rückschlägen, die auf die Aufhebung der geistlichen Orden durch den mexikanischen Staat und – nach der Eingliederung Kaliforniens 1848 in die Vereinigten Staaten – auf die Prohibition zurückzuführen waren, erlebte der kalifornische Weinbau besonders nach dem Zweiten Weltkrieg einen ungeahnten Aufschwung.

Die 300.000 Hektar Rebfläche, von deren Erträgen jährlich etwa 20 Millionen Hektoliter Wein produziert werden, befinden sich in klimatisch äußerst unterschiedlichen Gebieten. In den kühlsten Regionen herrschen Temperaturen etwa wie in den deutschen Weinbaugebieten, die heißesten sind tropisch. Die Weinqualitäten schwanken entsprechend den Klimazonen, die nuancenreichsten stammen aus kühlen Lagen, während die Weine aus den heißen Gebieten breit und alkoholreich geraten.

Ihrer geographischen Lage nach unterscheidet man 3 Küstenregionen und 3 landeinwärts gelegene Gebiete, neuerdings existieren über 50 Herkunftsbezeichnungen (American Viticultural Areas). Nördlich von San Francisco befindet sich Kaliforniens schönste und qualitativ ertragreichste Weinlandschaft, das Napa Valley, ein Flusstal zwischen Bergen, das in den Wintermonaten genügend Regen erhält und im Sommer von der Sonne ausreichend erwärmt wird. Wegen der Nachfrage nach den in aller Welt berühmten Spitzenrotweinen wird nur relativ wenig Weißwein gemacht. Die großen Rotweine werden aus den Bordeauxsorten Cabernet Sauvignon, Cabernet Franc und Merlot sowie aus der Burgundersorte Pinot Noir gemacht. Der einheimische Zinfandel und der italienische Sangiovese sind ebenfalls vertreten. Neben rebsortenreinen Lagenweinen werden auch Verschnitte erzeugt. Die hervorragenden Schaumweine werden zwar hier erzeugt, jedoch un-

Knorrige alte Rebstöcke im Dry Creek Valley im westlichen Sonoma County, wo neuerdings auch Rhônesorten angepflanzt werden.

Die Klimazonen in Kalifornien

Die University of California in Davis hat schon in den Fünfzigerjahren nach einer ausgeklügelten Wärme-Summierungsmethode die Weinbaugebiete in Klimazonen aufgeteilt, um den Winzern Empfehlungen für den Anbau verschiedener Rebsorten zu geben.
Zone I ist mit den europäischen Weinbaugebieten Mosel, Champagne, Burgund und Loire zu vergleichen. Hier werden entsprechend Riesling, Chardonnay, Pinot Noir und Sauvignon Blanc angebaut.
Zone II entspricht Bordeaux oder dem Piemont und eignet sich daher für Cabernet Sauvignon, Cabernet Franc, Merlot, Nebbiolo und Zinfandel.
Zone III ist etwas wärmer und entspricht den Côtes du Rhône und der Toskana. Hier werden Syrah, Grenache und Sangiovese angebaut.
Zone IV ähnelt Zentralspanien und Zone V Griechenland und Tunesien. Hier gedeihen Trauben für die Erzeugung von Dessertweinen.

ter Verwendung von Lesegut aus benachbarten Gebieten. Die angrenzende, durch eine Bergkette davon abgetrennte Region Sonoma zählt ebenfalls zu den berühmtesten Weinbaugebieten, wo jene Tropfen erzeugt werden, die heute die europäischen Kenner aufhorchen lassen. Sonoma ist etwas kühler als Napa Valley. Wichtige Rebsorten sind Chardonnay und Cabernet Sauvignon, doch auch Zinfandel und Merlot ergeben hier hervorragende Qualitäten.

In der Region Central Coast zwischen San Francisco und Santa Barbara wachsen die Rebstöcke an den Berghängen der Küste. Bedeutende Weingüter bemühen sich hier um weitere Qualitätssteigerung, wobei sie sich oft nach neuen Rebflächen umsehen mussten, da die sich ausbreitenden Städte südlich von San Francisco wertvolles Rebland vernichteten.

Die 3 von der Küste abgelegenen, heißeren Regionen Central Valley, Sierra Foothills und Southern California erzeugten bisher süße Dessertweine, doch auch hier strebt man heute leichtere, süffigere Weine an.

Bezeichnungen wie »Burgundy«, »Moselle«, »Rhine«, »Chablis« oder »Port« waren lange üblich, doch heute sind die Erzeuger von Qualitätsweinen selbstbewusst genug geworden, auf die Anlehnung an Europa zu verzichten und ihre Erzeugnisse nach dem wirklichen Inhalt zu benennen. Traubennamen, Lagenbezeichnungen und Gebietsangaben finden sich überall da, wo Qualität zu erwarten ist. Zusätzlich garantiert der Name einer renommierten Kellerei die Qualität.

Die meisten Rebsortennamen sind uns vertraut, andere kalifornische Reben sind Abarten bekannter Sorten und tragen daher eigene Namen. Der Zinfandel, die in Kalifornien am weitesten verbreitete Rotweinrebe, ist wahrscheinlich mit der italienischen Barbera verwandt. Die Weine von unterschiedlicher Qualität schmecken würzig und rund. Carignan, Cabernet Sauvignon, Barbera, Grenache und Pinot Noir sind uns vertraute Namen. Eine Spezialität ist die Missionsrebe Criolla, die aus der Zeit der ersten Weinbauversuche durch die Franziskanermönche stammt.

Die Roséweine sind oft frisch und fruchtig. Man stellt sie häufig dort her, wo die entsprechenden Rotweine zu kräftig und alkoholreich geraten würden. Bei den Weißweinen dominiert der French Colombard, gefolgt von Chenin Blanc, Chardonnay und Johannisberg Riesling, der unserem Weißen Riesling entspricht, während Grey Riesling und Emerald Riesling insofern irreführende Namen tragen, als es sich hier im ersten Fall um überhaupt keine Rieslingsorte, im zweiten um eine Rieslingkreuzung handelt. Insgesamt kann man sagen, dass hervorragende kalifornische Weine aus Cabernet Sauvignon stammen, der berühmten Bordeauxrebe, dem Chardonnay, der in Burgund die großen Weißweine ergibt, aus Pinot Noir, der Burgunderrebe von hohem Renommee, sowie der edlen Rieslingrebe und dem Gewürztraminer.

Hervorragende Jahrgänge in Kalifornien

1990, 1991, 1994, 1995, 1997, 1999

Rebstöcke im kalifornischen Napa Valley, dem Spitzenweingebiet Kaliforniens.

Etikett eines leichten kalifornischen Rotweines.

Washington State

Dieser Staat im Nordwesten der USA hat das größte Wachstum in Bezug auf Weinbau zu verzeichnen und liegt heute seiner Größe nach hinter Kalifornien an zweiter Stelle. Europäerreben werden erst seit den Sechzigerjahren angebaut. Die Saison hier ist kurz, es fällt wenig Regen, und die Winzer müssen die Weinberge das ganze Jahr durch bewässern. Die schwierigeren Anbaubedingungen haben zur Folge, dass in Washington ausschließlich Qualitätsweine gemacht werden – anders als in Kalifornien, wo wegen des warmen Klimas vor allem preiswerte Konsumweine erzeugt werden. Das wichtigste Gebiet ist die AVA Columbia Valley. Neben Riesling, der ersten hier heimischen Europäerrebe, werden heute Syrah, Chardonnay, Sémillon und Sauvignon angebaut. Es sind vor allem die eleganten Merlots, die diesem aufstrebenden Weinbaugebiet zu internationalem Ruhm verhelfen.

Oregon

In diesem kleinen Weinbaugebiet zwischen Kalifornien und Washington State, erzeugen meist kleine Winzerbetriebe aus Pinot Noir, Chardonnay und Pinot Gris kräftige, ausdrucksvolle Weine mit unterschiedlicher Jahrgangsqualität.

New York

Die Weine dieses nordöstlich gelegenen Bundesstaates stammten bis in die Fünfzigerjahre aus einheimischen Rebsorten und deren Kreuzungen (Hybriden). Heute haben die Winzer sich ausschließlich auf europäische Rebsorten umgestellt – und mit Erfolg. Chardonnay, Riesling, Merlot und Pinot Noir bilden heute das Rebsortiment, aus dem fruchtige, rebsortenreine Weine mit feiner Säure gemacht werden.

Hauptanbaugebiet ist der Finger Lake District an der kanadischen Grenze nordwestlich von New York City mit Zentrum Hammondsport, wo die Wasserflächen mehrerer Seen sich ausgleichend auf das raue Klima auswirken. Aus der Region Long Island stammen hervorragende Rotweine, die sich in einigen Fällen sogar mit kalifornischen Kreszenzen messen lassen.

Andere Bundesstaaten

Von lokalem Interesse sind Arizona, New Mexico, Texas und Oklahoma, Mississippi, Alabama und Florida im Süden sowie die Staaten an der Ostküste und ihre unmittelbaren Nachbarn. Insgesamt wird in 45 von 50 Staaten Wein hergestellt. Die Produktionsmenge beträgt jedoch insgesamt nur etwa 10 Prozent des Gesamtertrags.

Kanada

Dort, wo man nur Grizzlybären, lange Winter und nordische Sommer vermutet, gibt es nichtsdestoweniger Weinbau, wenn auch in bescheidenem Ausmaß.
Weinbau findet in Kanada vor allem im Einflussbereich der riesigen Wasserflächen des Erie- und Ontariosees sowie im Okanogantal im Westen unweit der Pazifikküste statt. Die Kanadier können heute 350.000 Hektoliter einheimischen Wein trinken, was etwa einem Drittel der insgesamt konsumierten Menge entspricht. Die Kanadier trinken im Durchschnitt immerhin 7 Liter Wein pro Kopf und Jahr, ebenso viel wie die Bürger der Vereinigten Staaten. Für den kanadischen Weinbau gilt etwa das Gleiche wie für den angrenzenden Finger Lake District. Auch hier bemüht man sich darum, trotz des kalten Klimas mehr und mehr Edelreben zu kultivieren. Nach dem kanadischen Klassifizierungssystem wird ein hoher Qualitätsstandard gefördert. Bedingung ist die Verwendung ausschließlich in Kanada gereifter Trauben, Sorten und Ertragsgrenzen sind allerdings nicht festgelegt.
Die besten Weißweine stammen aus Chardonnay, Riesling (in trockener und süßer Version) sowie Vidal, einer für kühle Regionen geeigneten Hybride, aus der feine Dessertweine gekeltert werden. Für Ontario bekannt sind die guten Eisweine aus den beiden letzten Sorten. Trotz des kühlen Klimas wird auch Rotwein aus Pinot Noir, Cabernet Franc und Merlot bereitet.

Ausgedehnte Rebflächen der Hillebrand Estates Winery auf der Niagara-Halbinsel, einer der besten Weinregionen Kanadas.

Mexiko

Der Ursprung des kalifornischen Weinbaues liegt in diesem mittelamerikanischen Staat, der hauptsächlich einfache Weine hervorbringt. Sie gelangen nicht nach Europa. Schon im 16. Jahrhundert pflanzten Jesuiten in Mexiko Reben an, um Messwein zu gewinnen. Die Orden wurden 1767 des Landes verwiesen und siedelten sich daher im nördlich angrenzenden Kalifornien an. Heute stehen in Mexiko etwa 45.000 Hektar Rebfläche im Ertrag, von denen der größte Teil auf der Halbinsel Baja California liegt. Etwa 1,5 Millionen Hektoliter Wein werden in Mexiko jährlich erzeugt, unterstützt vom Staat, der den Konsum von Schnaps verringern möchte. Die Mexikaner trinken dennoch pro Kopf und Jahr nur etwa 1 Glas (0,2 Liter) Wein.
Das heiße Klima des Landes wirkt sich nachteilig auf die Qualität des Lesegutes und damit der Weine aus, die durchwegs zu schwer und zu wenig nuanciert im Geschmack sind. Die relativ besten Weine stammen aus dem Gebiet nahe der kalifornischen Grenze. Hier werden sogar einige diesen verwandte, erstklassige Weine aus Zinfandel, Nebbiolo, Cabernet Sauvignon und Chenin Blanc von fortschrittlichen Winzern erzeugt.

Chile

Star unter den südamerikanischen Weinländern ist zweifellos Chile, das langgezogene Land an der Westküste des Kontinents. Vor allem seine Rotweine werden im Land selbst wie auch in den Vereinigten Staaten geschätzt. In den letzten Jahren ist der Export wieder stark angestiegen.
Chile ist ein echtes Weinland, seine Bewohner trinken im Jahr immerhin 15 Liter pro Kopf. Die Rebfläche umfasst 130.000 Hektar, etwas mehr als in Deutschland, mit dem Unterschied, dass die Weinerzeugung wesentlich geringer ist (4,5 Millionen Hektoliter pro Jahr). Das ist einerseits auf die Verwendung des Lesegutes als Tafeltrauben, andererseits auf die weniger intensive Bewirtschaftung zurückzuführen.
Die Geschichte des Rebbaues in Chile geht zwar schon auf das 16. Jahrhundert zurück, doch der Weinbau in seiner heutigen Form ist französischen und deutschen

Chilenischer Kellermeister bei der Weinprobe. Die chilenischen Rotweine finden auch in Europa immer mehr Anklang.

Aussiedlern zu verdanken, die ihre Rebstöcke im 19. Jahrhundert mitbrachten. Ein Großteil der Weine stammt deshalb aus den roten Sorten Cabernet Sauvignon, Pinot Noir und Merlot und den weißen Sauvignon Blanc, Sémillon, Riesling, Muskat und Trebbiano.

In dieser chilenischen Weinkellerei lagern die Weine in Holzfässern unter freiem Himmel.

Die europäischen Reben gedeihen naturgemäß vor allem im mittleren, klimatisch gemäßigten Teil dieses lang gestreckten Landes, das im Norden bis in die tropische, im Süden in die polare Zone hineinreicht.

Im Zentralgebiet nördlich und südlich von Santiago wirken sich die kühlen Winde aus dem Hochgebirge und der kalte Humboldstrom günstig auf das Klima und damit auf die Qualität der Weine aus. Von den 37.000 Hektar von Flüssen bewässerten Weinplantagen wird rund die Hälfte aller chilenischen Weine erzeugt, wobei die bordeauxähnlichen roten Cabernetweine bei weitem überwiegen.

Für ihre Qualität bekannt sind vor allem die Gewächse aus dem vom gleichnamigen Fluss bewässerten Maipótal.

Im fast regenlosen Norden des Landes am Rande der Atacamawüste werden Muskattrauben angebaut, die man zu alkoholreichen Weinen in der Art von Sherry, Portwein und Madeira verarbeitet.

Eine beliebte chilenische Spezialität ist der Pisco aus dem Elqui-Tal, ein würziger Weinbrand aus Muskattrauben, dessen Grundwein zusammen mit den Traubenschalen und -kernen vergoren wurde und daher ein besonders ausgeprägtes Aroma aufweist. Er reift in alten Eichenfässern, die dem Schnaps keine Farbe verleihen, so dass er hell und klar ist. Pisco hat eine eigene Herkunftsbezeichnung (Appellation contrôlée).

Im südlichen Zentralgebiet zwischen dem Fluss Maule und Concepción befindet sich Rebland in der küstennahen Trockenzone und ein kleines Rebgebiet im bewässerten Binnenland.

Die größte geschlossene Rebfläche des Landes befindet sich am Fuß der Küstengebirgskette, sie eignet sich vor allem für die Erzeugung leichter, frischer Weißweine aus Chardonnay und Sauvignon Blanc. Bekannt wegen seines speziellen Mikroklimas ist das Gebiet um Cauquenes. Südlich der Stadt Concepción bis zum Fluss Cautin, der Südgrenze des Weinbaues überhaupt, sind nochmals 8000 Hektar, hauptsächlich mit einer reich tragenden alten spanischen Rotweinsorte, dem Païs, bepflanzt.

Die chilenischen Rotweine aus Merlot, Cabernet, Pinot Noir, Malbec und Syrah haben in den letzten Jahren ihren Ruf so weit verbessert, dass man schon von »Super-Chilenen« spricht. Das hat neben der Qualität auch die Preise in die Höhe getrieben, so dass sich die chilenischen Rotweine auch in dieser Hinsicht neben den französischen und kalifornischen Konkurrenten sehen lassen können.

Argentinien

Im Lande der Gauchos und der saftigen Steaks erreichen Weinproduktion wie -konsum europäische Ausmaße. Der fünftgrößte Weinerzeuger der Welt wird in der nächsten Zeit nicht nur auf Grund seiner Größe von sich reden machen.

In Argentinien sind mehr als 200.000 Hektar Boden mit Rebstöcken bepflanzt. Das ist zwar wenig, wenn man die Größe des ganzen Landes betrachtet, doch immerhin entspricht die Rebfläche etwa derjenigen Portugals oder Rumäniens. Die überwiegend aus Weißen bestehende Bevölkerung spanischen und italienischen, aber auch deutschen Ursprungs gehört zu den größten Weinkonsumenten der Welt. Der Export hat sich in den letzten Jahren stark entwickelt, etwa 15 Prozent des Ertrags gelangen ins Ausland, vor zwanzig Jahren waren es 1,5 Prozent.

Wie in den anderen südamerikanischen Ländern haben spanische Siedler das Wissen um den Rebbau und die ersten Rebstöcke mitgebracht. Über den Ursprung des Weinbaues in Argentinien gibt es mehrere Theorien: Einige Historiker behaupten, Siedler hätten 1557 in Santiago del Estero damit begonnen, andere meinen, die ersten Pflanzen seien aus Bolivien herübergebracht worden. Fest steht, dass man sofort erkannte, wie günstig das Klima im westlichen Argentinien am Fuße der Andenkette war. 1561 wurde Mendoza gegründet, und nur wenige Jahre später gab es Weinberge in der Provinz San Juan. Die Produktion stieg von Jahr zu Jahr über den örtlichen Bedarf hinaus, und bald sah man sich gezwungen, den Qualitätsstandard so zu erhöhen, dass man den Wein auch in die dicht besiedelten östlichen Landesteile versenden konnte.

Im 19. und 20. Jahrhundert erreichten mehrere große Einwanderungswellen das Land, und die vielen neuen Bürger aus Frankreich, Spanien und Italien brachten sowohl Weinwissen als auch neue Rebsorten ins Land, zum Beispiel Cabernet, Malbec, Pinot, Barbera und Pedro Ximénez.

Heute wie damals befinden sich die Weinregionen ausschließlich im Westen des Landes zwischen dem Wendekreis des Steinbocks und dem 40. südlichen Breitengrad. Den weitaus größten Anteil an der Rebfläche hat die Provinz Mendoza, wo etwa drei Viertel aller Reben stehen. Weinberge liegen auch in der Provinz San Juan, der Rest verteilt sich auf Rio Negro an der Südgrenze des Weinbaues und die nördlichen Provinzen La Rioja, Catamarca und Salta.

Das Klima Westargentiniens eignet sich gut für den Rebbau. Sonnenschein und Kälte im Winter, die für die Vegetationsruhe sorgt, gibt es genug, nur fehlt es an Regen. Daher wurden schon früh Bewässerungsgräben angelegt, damit den Pflanzen das Schmelzwasser aus dem Hochgebirge zugute kommen kann. Wo nicht genügend Flusswasser vorhanden ist, behilft man sich mit künstlichen Brunnen. Für den notwendigen Schutz vor zu großer Hitze sorgen eigens angepflanzte schattenspendende Bäume. Die Reben werden nach dem Pergolasystem erzogen. Die Techniken der Weinbereitungen sind den europäischen ebenbürtig. Dem heißen Klima entsprechend ist der Anteil an Rot- und Roséweinen hoch, knapp zwei Drittel der Ernte entfallen auf diese beiden Weinarten, 20 Prozent werden zu Weißwein verarbeitet, und der Rest zum Verzehr als Obst verkauft.

Die argentinischen Weinberge werden schon seit alters mit raffinierten Kanalsystemen bewässert.

Die Provinz Mendoza, aus der etwa 90 Prozent der Weine stammen, ist vor allem für ihre Rotweine aus Malbec bekannt, aus dem weiche, samtige Weine erzeugt werden, die hohe Qualitäten erreichen können. Cabernet Sauvignon, Merlot, Syrah, aber auch die italienischen Sorten Sangiovese, Barbera, Bonarda und der spanische Tempranillo gewinnen mehr und mehr an Bedeutung für die Rotweinbereitung.

Im zweitgrößten Weinbaugebiet, San Juan, werden hauptsächlich weiße Rebsorten angebaut. Neben der aus Samen gezüchteten spanischen Rebsorte Criolla, deren Anbau mehr und mehr zurückgeht, findet man Cereza, Pedro Ximénez, die Sherrytraube, Sémillon und Sauvignon Blanc sowie die spanische Sorte Torrentés, die blumige, an Muskatweine erinnernde Tropfen ergibt. Da das Klima für die Erzeugung säurereicher, spritziger Tafelweine zu heiß ist, verarbeitet man das Lesegut teils zu Mostkonzentraten, teils zu sherryähnlichen Aperitifweinen, teils zu Weinbrand.

Die südlichen Weinbaugebiete erzeugen zwar geringere Quantitäten, doch ist die Qualität der Weine wegen des gemäßigten Klimas, das dem europäischen beziehungsweise chilenischen ähnelt, beachtlich. Auch hier dominiert die Malbecrebe, gefolgt von Barbera und den bei der Provinz Mendoza genannten französischen Sorten.

Verglichen mit Chile hat Argentinien eine größere Vielzahl an Rebsorten aufzuweisen, die es italienischen Einflüssen verdankt.

Brasilien und Uruguay

Italiener brachten den Weinbau in das größte und das kleinste Land Südamerikas. Die qualitativ noch wenig bedeutenden Weine werden hauptsächlich an Ort und Stelle konsumiert.

Obwohl die Portugiesen als die ersten Eroberer schon Rebstöcke nach Brasilien mitbrachten, kam es zu nennenswertem Weinbau erst, als nach dem Ersten Weltkrieg italienische Siedler sich verstärkt der Entwicklung der Weinkultur widmeten. Heute stehen knapp 60.000 Hektar Rebfläche unter Ertrag, und neben Tafeltrauben werden durchschnittlich 2,7 Millionen Hektoliter Wein erzeugt. Die Brasilianer selbst, Erfinder der Caipirinha, sind keine großen Weintrinker, der Konsum pro Kopf und Jahr liegt bei 1,5 Liter.

Klimatisch geeignet ist nur der südliche Landesteil, vor

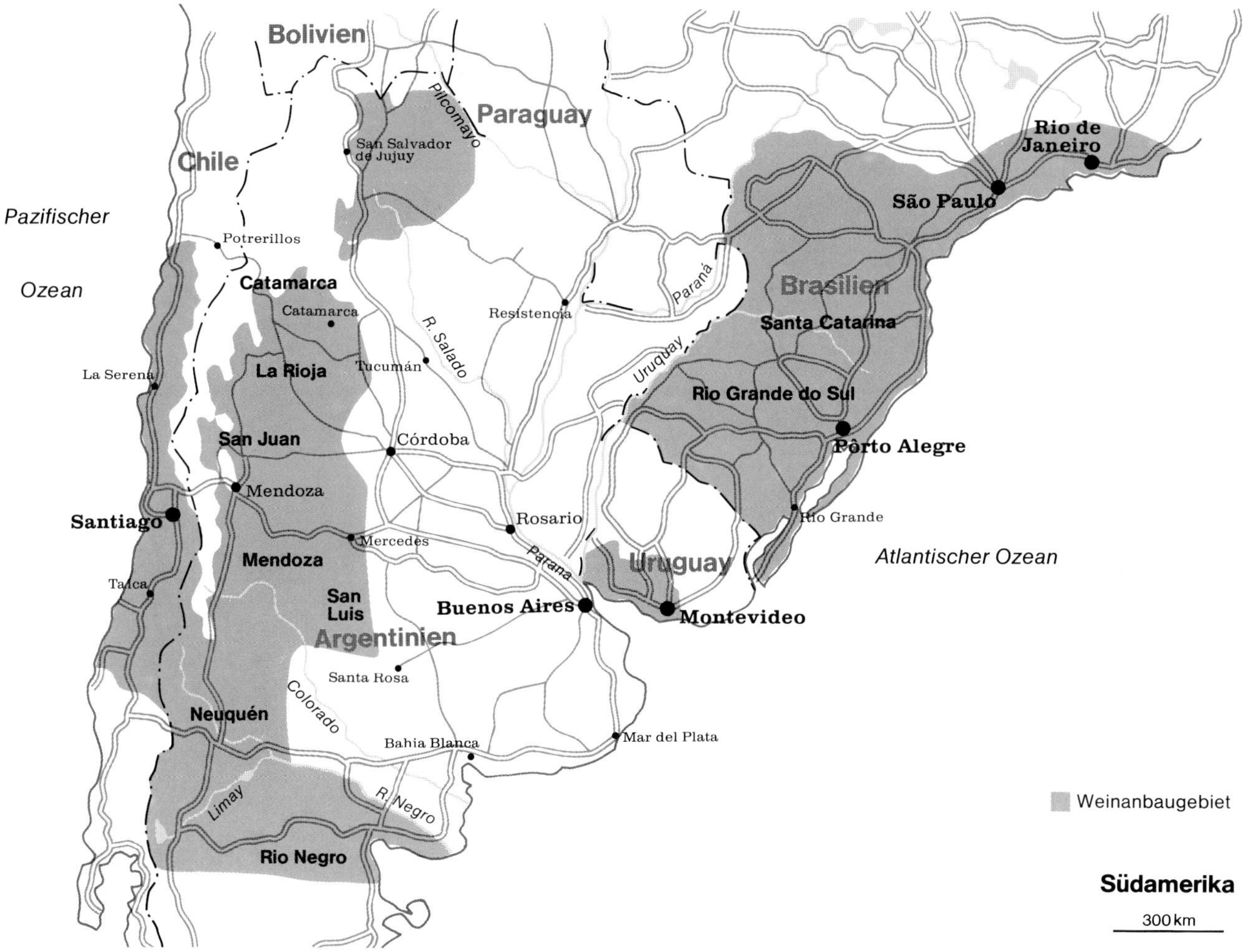

allem die Region um Rio Grande do Sul, die etwa auf dem gleichen Breitengrad wie die nördlichen chilenischen und argentinischen Weinbaugebiete liegt. Kleinere Rebflächen befinden sich bei Rio de Janeiro, São Paolo und Santa Catarina. In jüngster Zeit bemüht man sich in steigendem Maße um den Anbau europäischer Reben, doch ist das Klima auf Grund der Hitze und der hohen Luftfeuchtigkeit nicht besonders geeignet. Vor allem machen den Weinbauern eine Vielzahl von Rebkrankheiten zu schaffen. Neben den italienischen Rotweinsorten Barbera und Bonnarda gibt es Merlot- und Cabernetreben, aus Trebbiano und Malvasia stammen die Weißweine. Aus der Muskatrebe, die die Wärme gut verträgt, erzeugt man vorwiegend Schaumweine. Ein gültiges Weinbezeichnungsrecht gibt es noch nicht.

Uruguay dagegen ist eher ein Land der Weintrinker. 30 Liter werden im Durchschnitt pro Person im Jahr konsumiert, bei einer jährlichen Durchschnittsproduktion von 1 Million Hektoliter. Die Uruguayer trinken ihren Wein vorwiegend selbst, es werden sogar beträchtliche Mengen importiert.

Das Klima des südlich gelegenen Landes ist für Weinbau wesentlich besser geeignet als das brasilianische, es ist kühler, man kann es als gemäßigt bezeichnen. Die Weinkultur geht auf das Ende des vorigen Jahrhunderts zurück, als italienische Siedler die ersten Rebstöcke in der Nähe der Hauptstadt Montevideo pflanzten. Heute umfasst die Gesamtrebfläche rund 10.000 Hektar auf den Hügeln und in den Ebenen des Südens.

In Uruguay werden neben Rot- und Roséweinen auch Weißweine produziert. Die am weitesten verbreitete Sorte Harrigue ist nichts anderes als der aus den französischen Pyrenäen stammende Tannat, der auch hier kraftvolle dunkle Weine ergibt. Alicante, Carignan, Grenache und Cinsault werden höher eingeschätzt. Weißburgunder und Sémillon Blanc sind die Hauptrebsorten für Weißweine.

Nach dem Weingesetz von 1992 unterscheidet man 5 Weinregionen, doch ist hier vor allem der Name des Erzeugers bei der Weinwahl zu beachten. Joint Ventures mit europäischen Weinherstellern sind nicht selten. Flying Winemakers sind auch hier an der Verbesserung der Qualität beteiligt.

Australien und Neuseeland

Die steigende Zahl der Fernreisen hat dazu geführt, dass man mehr wissen möchte über die Weine von den fernen Antipoden, die heutzutage nicht mehr so unerreichbar sind wie zu Zeiten unserer Väter. Australische Weine stehen immer häufiger in den Weinhandlungen unserer Großstädte und haben ihre Freunde vor allem dort gefunden, wo man gern etwas Neues, noch nie Probiertes auf den Tisch bringt. So exotisch sind die Weine Australiens und Neuseelands jedoch nicht, wie man auf Grund der großen Entfernung vermuten könnte.

Australien

Eigentlich ist es in diesem Teil der Erde viel zu heiß und viel zu trocken – doch der Mensch lässt sich nicht so leicht entmutigen. Für viele europäische Siedler war der Weinbau mehr als nur eine Reminiszenz an die ferne Heimat. Ihr Pioniergeist war herausgefordert. Die Zeit hat ihnen Recht gegeben. Heute boomt und brodelt es in Australiens Weinindustrie, und Australische Flying Winemakers beraten Winzer in aller Welt.

In Australien fanden die Entdecker, anders als in Amerika, keine Wildreben vor. Alles, was heute dort wächst, ist seit dem Ende des 18. Jahrhunderts von europäischen Siedlern übers Meer gebracht worden. Die eigentliche Geschichte des australischen Weinbaues beginnt im 19. Jahrhundert, ist also ebenso jung wie wechselvoll. Unter unseren Augen vollziehen sich noch immer so grundsätzliche Wandlungen, dass jedes heute geschriebene Wort schon morgen überholt sein kann.

Obwohl Australien so weit entfernt liegt, blieb ihm die Reblauskatastrophe nicht erspart, so dass man sich schon früh auf Pfropfrebenanbau umstellen musste. Zu großen weinbau- und kellertechnischen Fortschritten kam es jedoch erst in den letzten Jahrzehnten. So erreichte man bei den Weißweinen durch Kühlung während der Gärung nach deutschem Vorbild mehr Frische, Leichtigkeit und Blume. Der rote Cabernet Sauvignon wurde nach dem Beispiel Bordelaiser Weingüter in kleineren, neuen Holzfässern vergoren. Hermitage, Cabernet Sauvignon, Sémillon Blanc und Weißer Riesling wurden zur Verbesserung des Sortiments verstärkt angebaut. Der große Einwanderungsstrom nach dem Zweiten Weltkrieg brachte erfahrene Fachleute mit neuen Ideen ins Land.

In den Siebzigerjahren hatte die Tischweinproduktion die bisher dominierende Menge süßer, aufgespriteter Sherry- und Portweinimitationen überrundet.

Neue Rebflächen wurden und werden in Distrikten angelegt, die bisher als ungeeignet gegolten hatten. Sogar im wüstenartig trockenen Landesinneren gedeihen einige Rebstöcke. Die größten Rebflächen befinden sich jedoch nach wie vor im Südosten des Kontinents, einzelne, kleine Weinbaugebiete an der Ostküste sowie an der Südwestküste bei Perth.

Insgesamt stehen heute rund 62.000 Hektar unter Ertrag. Das Wachstum ist gebremst, die Rebfläche hat sich in den letzten Jahren nicht mehr wesentlich vergrößert. Die australischen Einwohner trinken etwa 20 Liter pro Kopf im Jahr. Der Weinexport ist in den letzten Jahren immer weiter angestiegen, die Produktion hat 6 Millionen Hektoliter überschritten. Bei internationalen Degustationen belegten australische Weine nicht selten hervorragende Plätze.

South Australia

Dies ist die größte Anbauzone Australiens, wo vom einfachsten Konsumwein bis zum Spitzenwein alles vertreten ist, was Australien dem Weinfreund zu bieten hat.

Eine der größten und bekanntesten Weinregionen in diesem Bundesstaat ist Barossa Valley nahe Adelaide. Hier haben sich hauptsächlich deutsche Siedler aus Schlesien niedergelassen, die erfolgreich Weißen Riesling

anbauen. Die Weißweine sind fein und fruchtig und gehören zu den bemerkenswertesten des Landes. Die aus Cabernet und Shiraz gewonnenen Rotweine weisen ebenfalls Eleganz und Feinheit auf. Typisch deutsch ist das alljährliche Winzerfest.
In dem weiter nördlich gelegenen Clare Valley geraten die Weine wegen unterschiedlicher Klima- und Bodenverhältnisse besonders verschiedenartig. Riesling und Spitzen-Shiraz, aber auch Sémillon und Cabernet Sauvignon sind die wichtigen Rebsorten, aus denen sowohl Lagenweine als auch feine Cuvées erzeugt werden.
Ein weiteres Gebiet mit günstigem, das heißt feuchtem, kühlem Klima liegt südlich von Adelaide im McLaren Vale und Eden Valley. Shiraz und Cabernet Sauvignon gedeihen hier besonders gut.
Im Flusstal des Murray (Riverland) werden große Mengen preiswerter Fassweine sowie Chardonnays erzeugt. Traditionell waren in diesem Gebiet edelsüße Dessert- und Likörweine, »Sherrys« und Weinbrände zu Hause.
Adelaide, die Hauptstadt des Staates, liegt umgeben von Weinbergen, den Adelaide Hills, wo ein relativ kühles Klima herrscht. Die Weine aus Chardonnay, Sauvignon Blanc und Pinot Noir sind daher elegant und fein.
Gute Anbaubedingungen für Cabernet Sauvignon finden sich weiter südlich bei Coonawarra und Padthaway. Sowohl Riesling als auch Cabernet ergeben hier auf leuchtend roter, eisenhaltiger Erde exzellente Weine.

Victoria

Im Bundesstaat Victoria befinden sich etwa 6 Prozent der australischen Rebfläche in einem Flickenteppich aus Weinregionen mit kleineren Weinbaubetrieben. Hier werden zum Teil Weltklasseweine erzeugt. Aufgespritete Muscatweine sind Spezialitäten dieses Bundesstaates.
Im Westen haben Schweizer Siedler ein kleines Anbaugebiet am Fuß der Grampian Mountains geschaffen, wo leichte Weißweine vom Typ Champagner oder Riesling, aber auch robustere Weißweine und aromareiche, kräftige Rotweine erzeugt werden. Sehr bekannt ist der »Champagne Great Western« aus der kargen Landschaft gleichen Namens.
Im Nordosten und der Mitte des Bundesstaates, wo früher nach Gold gegraben wurde, befand sich bis zum Reblausbefall die größte Weinregion Australiens. Jetzt werden hier Muscats erzeugt, daneben aber auch, dem allgemeinen Trend folgend, mehr und mehr leichte Tafelweine.
Im Goulbourn Valley nördlich von Melbourne gibt es über 100 Jahre alte Rebstöcke, es ist kühl und feucht, Qualitätsweine sind häufig, die bekannteste Rebsorte ist hier Marsanne.
Mornington Peninsula, im südlichen Victoria gelegen, ist eine neue Weinregion, eine Halbinsel mit kühlem Klima, so dass die Trauben langsam reifen und spät gelesen werden können. Das einzige Problem ist der heftige Wind, daher müssen die Rebstöcke geschützt werden, was dem Wachstum dieser Region bisher nicht geschadet hat.

New South Wales

Der Bundesstaat New South Wales, das Mutterland australischer Weinkultur, ist heute, was den Umfang des Weinbaus betrifft, von South Australia überrundet worden. Berühmt ist nach wie vor das Hunter Valley, wo 1823 Australiens erste Rebstöcke gepflanzt wurden.
Die Weißweine dieses Tales waren schwer und goldgelb, so dass man sie »Honig aus dem Huntertal« nannte. Heute werden hier charakteristisch schmeckende Rotweine hergestellt. Die Hauptrebsorten sind Shiraz, Pinot Noir und Cabernet für Rotweine und Sémillon und Chardonnay für die weißen.
Im Murrumbidge Valley liegt die Region Riverina, wo der meiste Wein dieses Bundesstaates erzeugt wird. Das Klima ist heiß und trocken, daher müssen die Weinberge bewässert werden. Die Weine aus Chardonnay, Sémillon, Shiraz und Cabernet werden weltweit exportiert, am bekanntesten ist ein Dessertwein aus edelfaulen Sémillon-Trauben.
Mudgee wurde erst in den letzten Jahren wieder entdeckt, hochwertiger Cabernet Sauvignon, bukettreicher Shiraz und volle, runde Weißweine sind die Erzeugnisse dieses Gebiets.

Western Australia liegt etwas abseits der großen Weinbaugebiete und hat ein für den Weinbau günstiges Klima aufzuweisen.

Ein kleines, neues, dabei sehr kühles Weinbaugebiet ist Orange, wo die Weine zart und fein geraten. Chardonnay und Pinot Noir sind die wichtigen Rebsorten.

Western Australia

Etwas abseits liegen die 2000 Hektar Rebfläche des westaustralischen Bundesstaates. Hier befinden sich im Swan Valley östlich von Perth Rebpflanzungen jüngeren Datums. Die kräftigen Rotweine vom Burgundertyp zeichnen sich durch ein charakteristisches Aroma aus, auch die Weißweine sind vollmundig und körperreich.

Hochwertige Weine stammen dank eines günstigen Klimas aus der Region Margaret River, südlich von Perth in Küstennähe gelegen. Das Rebsortiment ist hier besonders reichhaltig. Besonders leichte und elegante Weine stammen auch aus einem neuen Gebiet an der Südküste des Kontinents, Mount Barker.

Auf den Etiketten australischer Weinflaschen findet man statt der Imitationen europäischer Namen heute ausschließlich Bezeichnungen, die die Rebsorte und das tatsächliche Anbaugebiet beim Namen nennen. Obwohl es noch kein verbindliches Benennungssystem gibt, sind die Informationen durchaus mit europäischen Etikettaufschriften zu vergleichen.

Neuseeland

Hell, fruchtig und frisch sind die zumeist weißen Weine Neuseelands, das wegen seiner Nähe zur Antarktis für die Erzeugung »nördlicher« Kreszenzen prädestiniert ist. Der Weinbau auf den neuseeländischen Inseln geht schon auf missionarische Aktivitäten des 19. Jahrhunderts zurück, als Pater Samuel Marsden hier 1829 die ersten Rebstöcke pflanzte, doch erst in jüngster Vergangenheit entstand das, was neuseeländischen Wein beachtenswert macht. Seit dem Ende der Fünfzigerjahre zeichnet sich eine stürmische Entwicklung ab. Die Rebfläche schnellte von knapp 400 Hektar auf rund 8000 Hektar empor, und Bemühungen um eine gehobene, ja exportwürdige Qualität verstärken sich. Heute werden 4 Prozent der Produktion von 500.000 Hektolitern pro Jahr ausgeführt. Die Neuseeländer selbst trinken im Durchschnitt 10 Liter pro Kopf und Jahr, was zwar noch nicht an den Konsum eines der großen weinbautreibenden Länder heranreicht, doch für das Interesse der Bevölkerung am Wein spricht.

Wegen ihres gemäßigten Klimas ist vor allem die nördliche der beiden Inseln für Weinbau geeignet, auf der südlichen ist es, abgesehen von einigen wenigen Stellen, bereits zu kalt.

Angebaut werden daher wie in den nordeuropäischen Weinbaugebieten vor allem weiße Rebsorten (85 Prozent) wie Sauvignon Blanc und Chardonnay, die dem neuseeländischen Weinangebot mit seinen leichten, frischen Kreszenzen seine nördliche Note verleihen. Die Rotweine aus Cabernet Sauvignon, Pinot Noir und Merlot sind säurereich und hell, vielleicht etwas nordisch-streng, es fehlt den Trauben an Wärme. Der Anbau von Hybriden, die noch vor 25 Jahren über die Hälfte des Rebsortiments ausmachten, ist um 90 Prozent zurückgegangen, das heißt, alle neuen Rebfelder sind mit europäischen Rebsorten bepflanzt worden.

Wie in Australien macht sich auch hier die Abkehr von Dessertweinen und die Hinwendung zum leichten Tischwein bemerkbar. In Neuseeland enthielten die Moste aus klimatischen Gründen für wirklich gute »Sherrys« oder »Ports« ohnehin zu wenig Zucker.

Die Erzeugnisse der einzelnen Weinregionen unterscheiden sich nur unwesentlich voneinander. Im Norden liegt das Weinbaugebiet von Auckland, wo Siedler aus Dalmatien entscheidend an der Entwicklung der Weinkultur beteiligt waren. Südlich davon, an der Hawkes Bay, befindet sich die Urzelle des neuseeländischen Weinbaues, aus der sich heute etwa 700 Hektar Rebfläche entwickelt haben. Chardonnay mit Zitrusnuancen und Rotweine aus einem Verschnitt von Cabernet Sauvignon, Merlot und Cabernet Franc sind die Spezialitäten des Gebiets.

Größere Weinplantagen liegen in der Poverty Bay, kleinere im Westen der Insel, nördlich Wellington. Die südliche Insel ist nur bei Nelson, Blenheim und Christchurch mit Reben bepflanzt.

Weinstraßen, Weinclubs und die erfolgreiche Beteiligung an internationalen Wettbewerben zeugen vom Leistungsstreben der großen Firmen, die ihre Aktivitäten zum Teil von Australien auf die Inseln ausgedehnt haben. Große deutsche Weinfirmen, wie man sie wegen des Charakters der Weine vermuten könnte, gibt es hier nicht, doch sind zahlreiche deutschstämmige Emigranten in der Forschung wie in den Kellereien tätig.

Weinbauinseln

Neben den klassischen und den aufstrebenden Weinländern stehen all jene, die aus klimatischen, religiösen oder kulturellen Gründen nur wenig eigenen Wein erzeugen. Sie bilden eine äußerst heterogene Gruppe, aus der vielleicht einige Mitglieder zu echten Weinländern aufsteigen werden, andere aber ihre Bemühungen aus verschiedenen Gründen wieder einstellen könnten. Alle Länder am Rande des Weltweinbaues aufzuzählen, ist wohl kaum möglich und interessant. Ein kurzer Überblick über die wichtigsten Entwicklungen sollte jedoch um der Originalität dieser Gebiete willen nicht fehlen.

Europa

Den europäischen Weinbauinseln fehlt es an Wärme, nicht aber an der Liebe zum Wein. Hier wird jeder Sonnenstrahl eingefangen, jeder widrige Wind abgehalten, um ein paar Trauben zur Reife zu bringen. All diese Länder sind nichtsdestoweniger in alter Zeit einmal Weinländer gewesen. Die Veränderung des Klimas und die steigenden Ansprüche durch bessere Tansportmöglichkeiten haben hier zum Rückgang der Weinkultur geführt.

Beginnen wir mit Europas bedeutendster Weinbauinsel, der Insel der Weinkenner und Weinfans, wo es angeblich schon zur Zeit der Römer, sicher aber zu Zeiten Wilhelms des Eroberers Weinbau gegeben hat: Großbritannien. Der Niedergang begann mit der Säkularisation der Klöster durch Heinrich VIII., sicher hat aber auch die Eroberung Aquitaniens dazu geführt, dass man Reben lieber im Bordelais als im kühlen England pflanzte.

Nach dem fast totalen Erlöschen englischen Weinbaues macht sich heute ein neuer Aufschwung bemerkbar, der vor allem auf ein 1949 erschienenes Buch über die Traubenkultur in England von Edward Hyam und die entsprechenden Forschungen von Ray Barrington Brock zurückgeht. Auf etwa 1000 Hektar Rebfläche werden heute rund 27.000 Hektoliter Wein im Jahr erzeugt. Die englischen Weine sind ihrer nördlichen Heimat gemäß leicht, frisch, blumig und säurebetont. Sie müssen fast immer mit Zucker angereichert werden. Fast drei Viertel der Trauben sind von der Sorte Müller-Thurgau und anderen deutschen Neuzüchtungen. Die Hybride Seyval Blanc wird nie die Anerkennung der Europäischen Gemeinschaft finden, dennoch bauen die Winzer Englands sie noch an.

Die Rebflächen liegen verstreut in günstigen, geschützten Lagen Süd- und Ostenglands, sowie auf den Inseln Wight und Jersey. Die English Vineyard Association führt Weinprüfungen durch und verleiht Weinsiegel.

Holland und Belgien, beide in alten Zeiten echte Weinbauländer, haben sich nach einem völligen Erliegen der Weinkultur zunächst im Weinbau unter Glas versucht. Dem wesentlich preisgünstigeren Angebot aus südlichen Ländern konnten sie nicht standhalten. So betreibt man heute auf kleinen Flächen verstärkt Freilandanbau, in Holland von Müller-Thurgau, Weißem Riesling, etwas Spätburgunder und Auxerrois, in Belgien dagegen hauptsächlich von Hybridenreben. Ein Großteil der hier angebauten Trauben wird als Tafeltrauben verzehrt. In Holland gibt es den Maaswijn, in Belgien werden Weißweine in der Nähe von Overijse erzeugt.

Auch in Polen gab es seit jeher eine beachtliche Weinkultur, die von den Klöstern gefördert wurde. Heute liegen vereinzelte Rebfelder unweit Warschau sowie bei Zielona Góra, dem ehemals deutschen Grünberg in Schlesien, das früher einmal große Mengen Sekt erzeugt hat.

Mehr als eine Weinbauinsel ist eigentlich Albanien, das auf 5000 Hektar immerhin 170.000 Hektoliter, den Gewächsen der benachbarten Balkanländer ähnliche Weine erzeugt. Die Bevölkerung selbst trinkt nur wenig Wein, mehr als die Hälfte wird exportiert.

Außereuropäische Länder

Zu kalt ist es in den meisten außereuropäischen Ländern, die es mit dem Weinbau versuchen, meist nicht – im Gegenteil. In den letzten Jahren befasst man sich in den tropischen Gebieten mit Forschungen in dieser Richtung. Ein aufstrebendes Weinland ist mit rund 25.000 Hektar Rebfläche zweifellos Japan, wo es zwar schon seit dem 12. Jahrhundert Rebbau gibt, doch die Weine wurden lediglich als Arzneimittel konsumiert. Erst seit dem 19. Jahrhundert und verstärkt mit der wirtschaftlichen Anbindung des Landes an den Westen ist der Bedarf an Traubenwein gewachsen. Japan ist auf dem Weltmarkt längst zum interessanten Importeur geworden. Mehr als 1 Million Hektoliter erreichen alljährlich den Inselstaat, und die Japaner gelten als Kenner. Um den inländischen Bedarf zu decken – die Japaner trinken bereits durchschnittlich 1,2 Liter pro Kopf und Jahr –, verstärkt man die Bemühungen um Rebenzucht und -anbau. Das feuchte, kühle Klima eignet sich allerdings nicht besonders gut dafür, Pilzkrankheiten sind häufig. Japanische Weine werden teils aus europäischen Edelreben, teils aus amerikanischen Hybriden und teils aus asiatischen Sorten gekeltert. Zu den Letzteren gehört die japanische Sorte Koshu, deren Urheimat in China vermutet wird. Die Rebanlagen sind über die ganze Insel Hondo verteilt.

Besucher aus Fernost schätzen seit langem die Atmosphäre auf deutschen Weinfesten; jetzt bemühen sie sich verstärkt um den Weinbau in ihrer Heimat.

In Südkorea wurde ebenfalls schon früh Wein angebaut, doch erst in den Siebzigerjahren stieg das Interesse an der Weinbereitung stark an. Versuche mit geeigneten Rebsorten werden staatlich gefördert. Die Koreaner sind dabei, den Weingenuss für sich zu entdecken, so dass die Nachfrage nach den durchwegs frischen, hellen, spritzigen Weinen zur Zeit größer ist als die Produktion.

China bezeugt in letzter Zeit ebenfalls gesteigertes Interesse am Weinbau und der Weinbereitung. Die Rebfläche umfasst 190.000 Hektar. Die Rebkultur ist sehr alt, einige Historiker behaupten, dass sie schon 2000 Jahre vor Christi Geburt existierte. Etwa 100 Jahre vor Christi Geburt wurden Rebstöcke aus Persien vor dem Kaiserpalast angepflanzt, doch erst 800 Jahre später verbreitete sich die Kunst der Weinbereitung auch in anderen Teilen Chinas. Immer wieder versuchten die regierenden Kaiser, Weinstöcke einzuführen, doch Reiswein und Schnaps blieben das eigentliche Volksgetränk. Die meisten Trauben werden als Tafeltrauben verzehrt, der Wein ist weitgehend für den Export bestimmt. Die Rebsorten sind zum großen Teil chinesisch, aber Versuche mit europäischen Reben sind im Gang. In neuester Zeit gibt es sogar ausländische Investitionen. Chardonnay, Riesling, Gamay, Merlot und Cabernet Sauvignon werden hier und da angebaut. Erzeugt werden Weine aller Farben und Typen in den klimatisch günstigen Provinzen zwischen dem 32. und 44. nördlichen Breitengrad.

Indien hat ebenfalls eine 2000 Jahre alte Weinkultur, doch gibt es heute nur noch ein paar Weingärten bei Madras, die von französischen Priestern im 19. Jahrhundert angelegt wurden und die Wein für den örtlichen Bedarf ergeben. Wenn sich heute die Rebfläche stark vergrößert, so dient die Entwicklung lediglich der Erzeugung von Rosinen und Tafeltrauben.

In den Ländern des Vorderen Orients gibt es wegen des islamischen Glaubens der Bevölkerung zwar Rebbau, aber keinen Wein. Das trifft vor allem auf den Irak, den Iran und Afghanistan zu, während es in Jordanien und Syrien eine geringe Produktion gibt. Der einzige »Ausreißer« in diesem Gebiet ist der Libanon, wo Château Musar im Bekaatal international anerkannte Weinqualität liefert. Bordeauxähnliche Rotweine und Barrique-Weißweine aus einer einheimischen Sorte sichern diesem Land einen Platz in den aktuellen Weinführern. Daneben gibt es noch eine Reihe weiterer Weingüter mit beachtenswerten Qualitäten.

In Afrika wird außer in den genannten nordafrikanischen Staaten sowie in Südafrika nur sehr wenig Rebbau betrieben. Einige der in den letzten Jahrzehnten unabhängig gewordenen schwarzafrikanischen Staaten bemühen sich heute um die Gewinnung von Wein, allen voran Tansania. Sie lassen Fachleute in Europa ausbilden. Zimbabwe baut ungefähr die gleichen Rebsorten an wie Südafrika, in Madagaskar und Réunion existiert der Reb- und Traubenanbau schon seit dem 17. Jahrhundert. Gerade in diesen jungen Staaten wird viel Geld und Forschergeist eingesetzt, um Neues zu entdecken und zu fördern.

GRAND
DE
GRAND CRU CLASSÉ
PAUILLAC
750ml

Zum Nachschlagen

Lexikon der Fachbegriffe

Immer wieder begegnen dem Weinfreund auf Etiketten, Weinpreislisten und Getränkekarten Fachausdrücke, die ihm zwar vertraut klingen, deren Sinn ihm manchmal jedoch unklar ist. Das Gleiche gilt für Weincharakterisierungen in fremden Sprachen: Selbst derjenige, der die andere Sprache gut beherrscht, muss sich mit der Bedeutung der Worte in Bezug auf Wein erst vertraut machen. Im Folgenden werden die wichtigsten Ausdrücke der Weinansprache erklärt bzw. mit den notwendigen Zusätzen ins Deutsche übertragen.

Deutsch

Abbau Nachlassen der Weinqualität nach Überschreiten des geschmacklichen Höhepunktes.

Abfüller Nicht unbedingt identisch mit dem Weinerzeuger. Muss auf dem Etikett in Deutschland angegeben werden. Sind Erzeuger- und Abfüllbetrieb identisch, steht »Erzeugerabfüllung« auf dem Etikett.

Abgang Nachgeschmack, den ein Wein im Mund hinterlässt; hält bei gehaltvollen Weinen lange an.

Abstich Umfüllen des jungen Weines von einem Behälter in einen anderen, um ihn vom Hefetrub zu trennen.

Abstimmung Zufügen von in Wein gelöstem Zucker zum füllfertigen Schaumwein, um einen bestimmten Süßegrad (von trocken bis süß) zu erreichen.

Alkoholgehalt In Grad (°) oder Volumenprozent (% vol.) ausgedrückter Anteil an Weingeist oder Äthylalkohol. Muss auf dem Etikett angegeben werden. Weine aus kühleren Breiten enthalten weniger Alkohol (8 bis 12 Volumenprozent) als die aus südlichen Ländern (bis 15 Volumenprozent). Dessertweine wie Sherry, Port und Madeira werden mit reinem Alkohol versetzt, das heißt, sie werden auf 16 bis 23 Volumenprozent aufgespritet.

Amerikanerreben Alle Rebsorten, die aus Amerika stammen, sowie Kreuzungen mit diesen. Der Begriff wird hauptsächlich in Bezug auf reblausfeste Unterlagen angewendet.

Amtliche Prüfung Nach dem deutschen Weingesetz aus Kontrolle des Lesegutes auf den Reifegrad, chemischer Analyse und Verkostung bestehende Prüfung der Weine zur Anerkennung eines bestimmten Prädikates durch staatliche Stellen.

anreichern Zugabe von Rohrzucker zum Most, um höhere Alkoholgrade zu erreichen. In den Ländern unterschiedlich gesetzlich geregelt.

Aroma Geschmack und Geruch eines Weines.

Art Ein für seine Herkunft, seinen Jahrgang und seine Rebsorte charakteristischer Wein hat Art.

aufspriten Mit Alkohol versetzen.

Barrique Kleines Holzfass (im Bordelais etwa 225 l). Ursprünglich nur in Frankreich verwendet, heute zunehmend auch in Italien, Deutschland, Österreich, der Schweiz, Spanien, Australien und Kalifornien für den Ausbau von Rot-, aber auch Weißweinen eingesetzt, um diesen einen je nach Holzart unterschiedlichen typischen »Barriqueton« zu verleihen.

Bereich In Deutschland ein aus mehreren Lagen zusammengefasstes Gebiet, aus dem geschmacklich ähnliche Weine stammen.

bestimmtes Anbaugebiet (abgekürzt: b. A.) Eines der insgesamt 13 vom deutschen Weingesetz festgelegten Anbaugebiete für Qualitätsweine.

Biowein Allgemeine Bezeichnung für Weine aus biologischem Anbau und weitgehend chemiefreier Bereitung. Verbindliche gesetzliche Regelungen gibt es bisher noch nicht. Die Verbände der Biowein-Hersteller setzen sich die Normen, zum Beispiel für Düngemitteleinsatz und Schwefeldosierung, selbst. Bioweine erfreuen sich wachsender Beliebtheit.

bissig Bezeichnung für Weine mit stark hervortretender Säure.

Bitzler Noch trüber, gärender Traubenmost.

Blindprobe Weinprobe ohne Kenntnis der Etikettangaben eines Weines.

blumig Bezeichnung für Weine mit feinem, zartem Duft.

Bodensatz (auch Depot) Bei bestimmten Portweinen, aber auch bei einigen alten Rotweinen setzen sich Bestandteile des Weines im Verlauf der Zeit am Boden ab. Bei Weißweinen findet man häufig Weinsteinkristalle am Boden. Beides bedeutet keine Wertminderung.

breit Plump, ohne Feinheiten.

Bukett Steigerung von Blume. Gesamtheit der mit der Nase feststellbaren Eindrücke. Bestimmte Rebsorten, Bukettsorten genannt, ergeben besonders intensive Geruchseindrücke, die im Extremfall auch aufdringlich sein können.

Buschenschenke Mit einem »Buschen« Kiefern- oder Fichtenzweige gekennzeichneter ländlicher Weinausschank in Österreich.

dekantieren Vom Bodensatz oder Depot abgießen. Meist genügt es, wenn man den Wein vorsichtig in eine Karaffe umgießt. Ein Dekantierkörbchen, in dem die Flasche schräg liegt, erfüllt ebenfalls den Zweck, den Wein vom Satz zu trennen.

Depot Dasselbe wie Bodensatz.

Diabetikerwein Nach dem deutschen Weinrecht ein Wein mit geringem Restzuckergehalt (Obergrenze 4 Gramm pro Liter) mit festgelegten Höchstwerten für schwefelige Säure (150 Milligramm pro Liter) und Alkohol (12 Volumenprozent).

dick Plump, meist zu süß, zu alkohol- und extraktreich, das Gegenteil von elegant.

Domäne In Deutschland ein Weinbaubetrieb des Staates; auch ehemals staatliche oder staatlich privilegierte, heute private Besitztümer werden noch Domäne genannt. Eine französische »domaine« ist lediglich ein größerer landwirtschaftlicher Betrieb.

Dosage In Wein gelöster Zucker, den man dem Schaumwein zusetzt, um die 2. Gärung einzuleiten und um nach Beendigung der Gärung den Geschmack zu beeinflussen.

dünn Bezeichnung für Weine, denen es an Extrakt, Aroma und auch an Alkohol fehlt.

durchgegoren Weine, die so lange gegoren haben, bis nahezu der gesamte Zucker in Alkohol und Kohlendioxid aufgespalten wurde. Das Ergebnis bezeichnet man auch als trocken.

Edelfäule Der Befall durch den Grauschimmelpilz *(Botrytis cinerea)* ruft an reifen Beeren Edelfäule hervor. Die Säuren werden verzehrt, der Zuckergehalt steigt. Weine aus edelfaulem Lesegut sind zucker- und extraktreich.

edelfirn Noch angenehmer Geschmackseindruck bei sehr alten Weinen.

Einzellage Nach dem deutschen Weingesetz kleinste Einheit einer Rebfläche.

elegant Bezeichnung für rassige, feine Weine mit betonter Säure und ausreichendem Alkoholgehalt.

Erziehung Wuchslenkung der oberirdischen Teile eines Rebstockes. Form und Art der Erziehung hängen von Tradition und Klima des betreffenden Landes ab. Die Erziehung beeinflusst den Mengenertrag, aber auch die Möglichkeit maschineller Bearbeitung im mehr oder weniger geneigten Gelände.

Essigstich Krankheit des Weines, hervorgerufen durch Bakterien, die mit den Beeren in den Most gelangen. Sie wandeln Alkohol in Essigsäure um und machen den Wein ungenießbar.

Europäerrebe Europäische Rebsorte mit eigenen Wurzeln ohne amerikanische Unterlage. Anfällig gegen die Reblaus.

Extrakt Im Wein gelöste feste Stoffe, die nach Verdampfen der Flüssigkeit übrig bleiben: Zucker, Säuren, Mineralstoffe, Gerb- und Farbstoffe, Stickstoffverbindungen und höhere Alkohole.

fad Bezeichnung für säurearme Weine, die flach und unbedeutend schmecken.

Federweißer Noch trüber, gärender Traubenmost.

feurig Bezeichnung vor allem für Rotweine, aber auch für Weißweine, die alkohol- und körperreich, wuchtig und voll sind und »schnell ins Blut gehen«.

Finesse Eigenschaft eines feinen, dabei ausdrucksvollen Weines.

Firne Alterston von Weißweinen, die ihre Frische und ihr Sortenbukett verloren haben. Ist das Stadium der Edelfirne überschritten, lässt der Geschmack nach, der Farbton wird dunkler.

flach Bezeichnung für säure- und geschmacksarme Weine.

Flaschengärung Verfahren zur Herstellung von Schaumweinen, bei dem die 2. Gärung, die aus Stillwein Schaumwein macht, in der Flasche stattfindet.

Florhefe Hefeart, die nur in Südspanien (Sherrygebiet), Südafrika und dem französischen Jura (Château-Chalon) vorkommt. Sie überzieht den Wein mit einer dicken Schicht, so dass man von weiteren wilden Hefen und Bakterien nichts mehr zu befürchten braucht und daher den Inhalt der Fässer der Luft aussetzen kann. Der Geschmack dieser Hefe geht auf den Wein über.

flüchtig Bezeichnung für Weine, deren Duft- und Geschmacksstoffe sich im Glas schnell verflüchtigen.

Flying Winemakers Neuer Berufsstand international tätiger, beratender Önologen. Zunächst kamen die Fachleute aus Australien und vermittelten vor allem in Massenweinbaugebieten Frankreichs den Winzern technische Kenntnisse, um ihre Produkte zu verbessern. Heute sind sie überall tätig, wo aus Quantität Qualität und damit Wettbewerbsfähigkeit entstehen soll.

frisch Bezeichnung vor allem für junge, aber auch für ältere Weine, die neben genügend Säure noch einen gewissen Anteil an Kohlendioxid enthalten.

fruchtig Bezeichnung für Weine, die erfrischend nach Trauben schmecken, deren Geschmackston aber auch an andere Obstsorten erinnern kann.

Fuchsgeschmack (Foxton) Unangenehmer Geschmack amerikanischer Trauben.

Gärung Chemischer Vorgang, bei dem unter Einwirkung von Hefen Zucker in Alkohol und Kohlendioxid aufgespalten wird. Die alkoholische Gärung ist die Grundvoraussetzung für die Bereitung von Wein.

gefällig Bezeichnung für einfache, harmonische Weine ohne besonders hervortretende Eigenschaften.

Genossenschaftswein Von einer Winzergenossenschaft bereiteter Wein.

Gerbsäure Korrekter wäre der Ausdruck »Gerbstoffe« für die Inhaltsstoffe der Traubenschalen und -stiele, die im Mund ein zusammenziehendes Gefühl hervorrufen, aber auch die Haltbarkeit eines Weines erhöhen. Rotwein enthält mehr Gerbstoffe als Weißwein.

geschmeidig Bezeichnung für glatte, harmonische Weine mit einer gewissen Eleganz und feiner Säure.

Gespritzter In Österreich beliebter Durstlöscher, eine Mischung aus Wein und Mineral- oder Sodawasser.

glanzhell Höchste Bewertung für die Klarheit eines Weines.

glatt Bezeichnung für einen harmonischen, süffigen, milden Wein.

Großlage Nach dem deutschen Weinrecht Zusammenfassung mehrerer ähnlicher Einzellagen.

grün Bezeichnung für einen unreifen, unangenehm sauren Wein.

halbtrocken In der Europäischen Gemeinschaft geregelter Begriff; darf auf Weine angewendet werden, deren Zuckerwerte den Gesamtsäuregehalt um weniger als 10 Gramm pro Liter übersteigen. Absolute Höchstgrenze für den Zuckergehalt: 18 Gramm pro Liter. Halbtrockener Schaumwein enthält dagegen 33 bis 50 Gramm pro Liter Restzucker.

harmonisch Bezeichnung für Weine, deren Duft- und Geschmacksstoffe im Verhältnis zueinander ausgeglichen sind.

Harzwein Mittels Baumharz konservierter Wein; in Griechenland üblich.

Hausmarke Bei uns vor allem in der Sektbranche übliche Sonderfüllung für die Gastronomie oder Handelsfirmen.

herb Wein mit hohem Gerbstoffgehalt; in der Gastronomie auch Bezeichnung für säurereichen Wein.

herzhaft Bezeichnung für angenehm säurereichen, kräftigen Wein.

Heuriger In Österreich Bezeichnung für den zuletzt geernteten Wein vom 11.11. des Lesejahres bis zum gleichen Termin des folgenden. Der gleiche Begriff gilt auch für Weinschenken.

hochfarbig Bezeichnung für Weißweine, die auf Grund von zu wenig Schwefelzusatz und zu viel Luftzutritt dunkel geworden sind und ihre Frische verloren haben.

Hybride Kreuzung zwischen amerikanischen und europäischen Rebsorten.

Jahrgang Jahr der Traubenernte, spielt vor allem in den nördlichen Weinländern mit unterschiedlichem Witterungsablauf eine Rolle.

Jahrhundertwein Wein aus einem hervorragenden Jahrgang.

Jungfernwein Der erste Wein von einem neu angepflanzten Weinberg.

Jungwein Noch nicht von der Hefe abgetrennter Wein, dessen Gärung weitgehend beendet ist.

Kellerei Betrieb, der Trauben zu Wein verarbeitet; der Ausdruck wird auch auf Weinverkaufsräume angewendet.

kernig Bezeichnung für einen kräftigen, körper- und säurereichen Wein.

Kir Erfrischendes Getränk aus trockenem Weißwein und schwarzem Johannisbeerlikör (Cassis).

Kirchenfenster Schlieren, die stark glyzerinhaltige, »ölige« Weine an der Wand des Weinglases bilden.

klein Bezeichnung für einen Wein, dem es aus verschiedenen Gründen an Geschmack, Aroma und Charakter fehlt.

Konsumwein Gebräuchliche, jedoch gesetzlich nicht festgelegte Bezeichnung für einen sehr einfachen Wein.

Korkbrand In den Korken eingebrannte Inschrift. Nach dem heute gültigen deutschen Weingesetz keine Garantie mehr für die Weinqualität.

Korkgeschmack Fehlgeschmack, hervorgerufen durch schon am Baum erkrankte Korkrinde. Ein Wein mit Korkgeschmack muss zurückgenommen werden.

körperreich Bezeichnung für Weine mit reichlich Alkohol und Extraktstoffen; sie wirken voll und rund.

kräftig Bezeichnung für kernige, herzhafte Weine mit betonter Säure, reichlich Extrakt und Alkohol.

Kronkorken Neuerdings bei Konsumwein häufig verwendeter Flaschenverschluß aus Metall mit Kork- oder Plastikeinlage.

kurz Bezeichnung für Weine, deren Geschmackseindruck nach dem Hinunterschlucken verschwindet.

Lage In einigen europäischen Ländern weingesetzlicher Begriff für die Herkunftsbezeichnung, der die genaueste Auskunft beinhaltet. Der Lagenname ist der Name des Weinberges, von dem der Wein stammt. Er ist gesetzlich geschützt.

lebendig Bezeichnung für spritzige, jugendliche, nicht unbedingt junge Weine mit betonter Säure.

leicht Bezeichnung für alkohol- und extraktarme, doch oft angenehme, süffige, bekömmliche Alltagsweine.

lieblich Bezeichnung für säurearme, leicht süße Weine, oft mit Bukett und feinem Geschmack.

Luftgeschmack Unangenehmer Geschmackston, der entsteht, wenn Wein zu lange mit Luft in Berührung kommt.

Mager Bezeichnung für Weine, denen es an den wichtigsten Inhaltsstoffen fehlt.

Maische Brei aus gemahlenen, zerquetschten Trauben.

markant Bezeichnung für charaktervolle, ausdrucksstarke Weine.

matt Bezeichnung für schale Weine, die ihre Frische zum Beispiel durch Berührung mit Luft verloren haben.

mild Bezeichnung für säurearme Weine.

Most Unvergorener Traubensaft.

naturrein Heute nicht mehr gültige Bezeichnung für unverbesserte Weine. Seit 1971 durch neue Begriffe ersetzt.

nervig Bezeichnung für finessenreiche, dabei ausdrucksvolle und säurebetonte Weine.

nett Bezeichnung für wenig bemerkenswerte, doch saubere Weine.

nobel Bezeichnung für edle, vornehme Weine.

ölig Bezeichnung für glyzerinhaltige, leicht dickflüssige Weine.

parfümiert Bezeichnung für Weine, deren Bukett aufdringlich hervortritt.

Perlwein Schwach schäumender Wein, der bei 20 °C einen Kohlensäuredruck von 1 bis 2,5 bar aufweisen muss. Die Herstellungsmethoden sind die gleichen wie bei Schaumwein.

pikant Bezeichnung für lebendige Weine mit feiner Säure und Eleganz.

plump Bezeichnung für schwere, alkoholreiche Weine, denen es an Säure und Ausdruck fehlt.

reif Bezeichnung für Weine, die sich auf dem Höhepunkt ihrer Entwicklung befinden.

reintönig Bezeichnung für Weine ohne Nebengeschmack oder -geruch.

Riede, Ried Österreichisches Wort für »Lage«.

rund Bezeichnung für harmonische Weine mit einer gewissen Fülle.

saftig Bezeichnung für fruchtige, volle Weine, deren Restsüße gut mit nicht zu geringer Säure harmoniert. Den gegenteiligen Eindruck hinterlässt ein trockener Wein im Mund.

samtig Bezeichnung für Rotweine, die reich an Extraktstoffen, jedoch nicht zu säure- oder gerbstoffreich sind.

sauber Bezeichnung für einwandfreie Weine ohne weitere hervorstechende Qualitäten.

Säure Bestandteil des Weines, den man bei der Analyse in Promille ausdrückt. Er gibt positive Geschmackseindrücke, die von fruchtig und frisch bis reif reichen, aber

auch negative, wenn die Säure als spitz oder hart empfunden wird.
Sauser, Suser Noch trüber, gärender Traubenmost.
schal Bezeichnung für einen matten, abgestanden schmeckenden Wein.
Schaumwein Aus stillem Grundwein gewonnener schäumender Wein, der bei 20°C mindestens 3 bar Druck aufweisen muss. Durch Zusatz von Dosage wird eine 2. Gärung in Drucktanks oder in der Flasche eingeleitet. Ein einfacheres Verfahren sieht eine 2.Gärung ohne Zuckerzusatz vor.
Schillerwein Hellroter Wein aus weißen und roten Trauben.
schnapsig Bezeichnung für Weine, deren Alkohol geschmacklich zu stark hervortritt.
schwer Bezeichnung für meist in warmen Gebieten gewachsene Weine, die reichlich Alkohol- und Extraktstoffe enthalten.
schwefeln Notwendige Maßnahme, um den Wein frisch und klar zu erhalten. Weiß- und Roséweine sind meist etwas stärker geschwefelt als Rotweine, die zulässigen Obergrenzen sind entsprechend unterschiedlich geregelt.
Seewein In Deutschland Wein vom Bodensee, in Österreich vom Neusiedler See.
Sekt Bezeichnung für deutschen Qualitätsschaumwein.
Spiel Bezeichnung für Nuancenreichtum im Geschmack, immer mit höherer Qualität verbunden.
spitz Bezeichnung für meist aus nicht genügend ausgereiften Trauben hergestellte Weine, deren Säure unangenehm hervortritt.
spritzig Bezeichnung für meist junge Weine, die noch Kohlensäure enthalten und daher erfrischend wirken.
stahlig Bezeichnung für rassige Weine mit angenehm hohem Säuregehalt.
Stillwein Nicht schäumender Wein. Gegensatz: Perlwein, Schaumwein.
stoffig Bezeichnung für extraktreiche Weine mit Fülle und Kraft.
süffig Bezeichnung für leichte, angenehme, nicht zu ausdrucksvolle, nicht zu saure und nicht zu süße Weine, von denen man gern etwas mehr trinkt.
süß Bezeichnung für Weine mit hohem Restzuckergehalt aus reifem bis überreifem Lesegut, in nördlichen Anbaugebieten verbunden mit niedrigem Alkoholgehalt (Trockenbeerenauslese).

Tankgärung Verfahren zur Schaumweinherstellung, bei dem die 2. Gärung in Großtanks stattfindet.
Tischwein Sowohl Bezeichnung für Weine, die man zum Essen trinkt, als auch für einfache, leichte Weine.
Trester Rückstände, die nach dem Abpressen des Mostes oder Saftes zurückbleiben. Aus ihnen werden sehr einfache Weine oder gute Branntweine gewonnen. Die bekanntesten Tresterschnäpse sind der italienische Grappa und der französische Marc.
trocken Durchgegorener Wein mit geringem Restzuckergehalt, nicht zur verwechseln mit herb.

überschwefelt Bezeichnung für Weine mit zu hohem Gehalt an schwefeliger Säure, die aus diesem Grund stechend riechen.
unreif Bezeichnung für Weine, die wegen zu kurzer Lagerung geschmacklich noch nicht auf der Höhe sind.
Ursprungsbezeichnung Gesetzlich geregelte Angabe auf dem Etikett, die die Herkunft des Weines ausweist.

verschlossen Bezeichnung für Weine, deren Geschmack nicht voll zur Geltung kommt, weil sie entweder kurz vorher transportiert oder auf Flaschen gezogen wurden, oder aber, weil sie noch unentwickelt sind.
Verschnitt Mischen von Trauben, Mosten oder Grundweinen.
Verkostung Weinprobe.
versetzt Österreichische Bezeichnung für Weine, die eine besondere Behandlung durchgemacht haben (zum Beispiel Wermut, Schaumwein).
Vinothek Weinsammlung, auch Weinhandlung.
voll Bezeichnung für körperreiche Weine.
vornehm Bezeichnung für Weine von edlem Charakter und feiner Art.

warm Bezeichnung für Rotweine mit angenehm gehobenem Alkoholgehalt, die rund und weich schmecken.
weich Bezeichnung für milde, säurearme Weine ohne viel Charakter.
Weingut Landwirtschaftlicher Betrieb, der auf eigenem Gelände und in eigenen Betriebsräumen Reben anbaut und Weine bereitet. Mindestgröße in Deutschland: 2 Hektar Rebfläche.
weinig Bezeichnung für fruchtige Weine, deren übrige Geschmackskomponenten harmonisch und ausgewogen sind.
Weißherbst Hellroter Qualitätsroséwein aus bestimmten Gebieten Deutschlands, aus nur einer einzigen Rebsorte gekeltert.
Winzergenossenschaft Zusammenschluss mehrerer Winzer auf genossenschaftlicher Basis zur gemeinsamen Verarbeitung des Lesegutes und zum gemeinsamen Verkauf des fertigen Weins. Auch Herstellung und Abgabe von Pfropfreben können auf genossenschaftlicher Basis erfolgen.
wuchtig Bezeichnung für aromatische, volle, schwere Weine mit relativ hohem Alkoholgehalt.
würzig Bezeichnung für Weine mit spezifischem Aroma aus bestimmten, ausgeprägt schmeckenden Rebsorten, vor allem aus den verschiedenen Muskatvarianten und ihren Kreuzungen.

zart Bezeichnung für sehr feine Weine ohne jegliche Schwere.
zuckern Dasselbe wie »Anreichern«, das heißt Hinzufügen von Zucker zum Most zur Erhöhung des Alkoholgehaltes (nicht süßen!).
Zweitwein Spezialität des Bordelais. Große Châteaux bieten unter einem abgewandelten Namen preiswertere Weine z.B. von jungen Rebstöcken oder aus ungünstigen Jahrgängen an, deren Qualität aus verschiedenen Gründen nicht dem berühmten Namen entspricht.

Französisch

acerbe unreif, sauer
agressif Bezeichnung für einen Wein mit zu hohem Säuregehalt oder zu viel Gerbstoff.
aigu spitz
ambré amberfarben; bei älteren Weißweinen akzeptabel, bei jungen Weißweinen ein Fehler.
amer bitter; Weinfehler, der vor allem bei Burgunder-Rotweinen auftritt; kann am Anfang durch Pasteurisierung behoben werden.
année Jahrgang
Appellation d'Origine contrôlée (A.O.C. oder A.C.) kontrollierte Herkunftsbezeichnung
âpre rau; negative Eigenschaft von Weinen, die aus minderwertigen Rebsorten stammen oder zu lange mit den Schalen und Stielen vergoren worden sind.
aromatique fruchtig, blumig
assemblage Verschnitt
astringent adstringierend durch hohen Gerbstoffgehalt
austère streng; Eigenschaft von jungen Rotweinen, denen es noch an Harmonie und Weichheit fehlt, die aber entwicklungsfähig sind.

Blanc de Blancs Weißwein aus hellen Trauben
Blanc de Noirs Weißwein aus dunklen Trauben
bouchonné korkig
bouquet Bukett
bouqueté bukettreich, würzig
bourru Bezeichnung für in Gärung befindlichen trüben Most.
brillant klar

capiteux schwer, alkoholreich
Cépage, Vin de Rebsortenreiner Wein; der Ausdruck wird vor allem für die neuen Landweine verwendet.
Chai ebenerdige Kellerei
Château Weingut, Lage, vor allem im Bordelais; darf nicht auf Etiketten von Landweinen stehen.
Cidre Apfelmost, Apfelwein
Clairet Heller Rotwein; nicht zu verwechseln mit Roséwein.
Climat Lage im Burgund; gleichbedeutend mit Château im Bordelais.
complet vollkommen, groß
Coopérative Genossenschaft
corsé vollmundig, körperreich
court en bouche kurz
Crémant feinperlender Champagner
Cru Lage: Ein Vin de cru ist ein Wein mit nobler Herkunft; in Bordeaux soviel wie Château; die Klassifizierungen von Bordeaux und Burgund verwenden diesen Terminus.
cuit, Vin Durch Erhitzung konzentrierter Traubenmost; Spezialität der Provence, die zu Weihnachten getrunken wird.
Cuve close Tankgärung
Cuvée 1. Weinmenge, die aus ein und demselben Gärbottich stammt, 2. Verschnitt von Weinen aus verschiedenen Gärbottichen.

Débourbage erster Abstich
décharné mager, dünn
Dégustation Verkostung
Dentelle wörtlich: Spitze: Bezeichnung für sehr feine, zarte Weißweine und Champagner.
distingué vornehm, nobel
doux süß
Doux Naturel, Vin (VDN) aufgespriteter Süßwein
dur hart, unreif, zu stark gerbstoff- und säurebetont

élégant vornehm, elegant
enveloppé verschlossen, da Alkohol und Glycerin die feinen Aroma- und Bukettstoffe überdecken; meist auf Südweine angewendet.
équilibré harmonisch, ausgeglichen

faible mager, dünn
fatigué Zustand des Weines unmittelbar nach der Abfüllung
fermé unentwickelt, verschlossen
fin Unter »vin fin« versteht man einen Wein höherer Qualität, wenn

ein Wein »finesse« besitzt, entspricht er dem, was wir einen feinen, zarten Wein nennen.
Fleur Florhefe, ein »vin de fleur« ist unter einer Florschicht gereift.
fondu harmonisch
fourré vollmundig, körperreich
frais frisch
franc sauber, angenehm, fehlerfrei
fruité fruchtig

généreux ausdrucksvoll, körperreich
gouleyant süffig
gras Durch hohen Glyceringehalt dickflüssiger Weißwein.
Gris, Vin Sehr heller Roséwein, bei dessen Herstellung die roten Trauben ohne vorherige Gärung sofort abgepresst, also wie Weißweintrauben behandelt wurden.
Gris de Gris Weine aus roten Trauben, die selbst bei Vollreife nur rosa bis graugrüne Schalen und helles Fruchtfleisch haben.

harmonieux harmonisch

léger leicht, alkoholarm
Lie Hefe; »sur lie« abgefüllte Weine sind direkt von der Hefe auf die Flasche gefüllt und machen dort noch eine leichte 2. Gärung durch.
Liqueur, Vin de (VDL) Nicht gleichbedeutend mit Likör, sondern alkoholreicher, dabei nicht so zuckerhaltiger Wein wie Süßwein.
louche leicht trüb; kann ein Zeichen beginnender Krankheit oder nicht abgeschlossener Gärung sein.

madérisé, Vin Wein mit Oxidationsgeschmack
maigre dünn, gehaltlos
Marc Trester, Tresterschnaps
Millésimé Jahrgang
mince Alkoholarmer, sauberer Wein, mit einem Mangel an Geschmacksstoffen und Bukett
Mise en bouteilles à la propriété Erzeugerabfüllung; Entsprechendes gilt für alle übrigen Ausdrücke wie château, mas, domaine.
Mistelle Traubenmost, dessen Gärung durch Zugabe von reinem Alkohol unterbunden wurde.
moëlleux mild; angewandt auf Weißweine zwischen trocken und süß.
mou fad
moustillant leicht perlend, pikant
Moût Most
musqué, Vin Wein mit Muskataroma
Mutage Unterbrechen der Gärung durch Alkohol

nerveux nervig, charaktervoll
Œil de Perdrix heller Roséwein

Paille, Vin de Strohwein
Pelure d'Oignon Farbe alter Rotweine sowie sehr heller Rot- und Roséweine, die zwischen Orange und Rotbraun liegt.
perlant leicht perlend, wie es bei Weinen geschieht, die von der Hefe abgefüllt werden; gesetzlich nicht definiert.
pétillant Perlwein, gesetzlich definiert; moussiert nicht so stark wie Schaumwein, jedoch mehr als ein »Vin perlant«.
pinçant spitz
plein voll, alkoholreich, ausgeglichen und angenehm körperreich
pointu spitz
Pourriture noble Edelfäule
Primeur Soviel wie Heuriger, der neue Wein der letzten Lese.

Queue »Vin de Queue« stammt aus den nach mehreren Durchgängen zuletzt gelesenen Trauben im Sauternes. Diese Trauben sind zum Großteil nicht von Edelfäule befallen, sie werden wegen der Frostgefahr gepflückt.

racé rassig
Récolte Ernte, Lese
reglingard säuerlich, klein
Renarder Wein mit Fuchsgeschmack (Foxton)
Robe schöne Farbe
robuste kräftig
rond rund, weich, körper- und alkoholreich

sec trocken; Weißwein, dessen Restzuckergehalt unter 2 Gramm pro Liter liegt, oder Schaumwein mit 2 bis 4 Prozent Dosage (extra sec und brut enthalten weniger). Die EU-Gesetzgebung erlaubt einen höheren Restzuckergehalt bei Weißweinen, wenn die Säure entsprechend hoch ist.
seveux saftig, aromatisch
solide kräftig
souple geschmeidig, weich; Alkohol und Säure stehen in ausgewogenem Verhältnis, der Gerbstoffgehalt tritt nicht zu deutlich hervor.
suave feinsüß, die Bezeichnung wird auf die besten weißen Süßweine angewandt, deren Geschmackskomponenten in perfekter Harmonie zueinander stehen, gekrönt von köstlicher Süße.

Tastevin flache Silberschale zum Probieren von Wein.
tendre zart, frisch und leicht; gilt für Weine mit geringer Säure im besten Alter.
Terroir, Goût de Charakteristischer Geschmack, in dem sich der Boden ausdrückt, auf dem der Rebstock steht.
tuilé Durch Oxidation hervorgerufene ziegelrote Farbe von Rotweinen, die ihren Höhepunkt überschritten haben.

velouté samtig
vert Bezeichnung für Weine aus nicht genügend ausgereiftem Lesegut oder für sehr junge Weine.
vif lebendig, gesund, mit angenehmer Säure
vigoureux kräftig
Vin Delimité de Qualité Supérieure (V.D.Q.S.) Wein aus gesetzlich begrenztem Anbaugebiet
vineux alkoholreich
viril männlich, charaktervoll

Italienisch

abboccato mild, süß
acerbo unreif, sauer
acido säurereich
amabile leicht süßlich, nicht zu schwer
amaro bitter
ambrato amberfarben, hochfarbig
Annata Jahrgang
aromatico aromatisch
asciutto trocken

Bianco, Vino Weißwein
brillante klar

caldo voll, alkoholreich
Cantina Kellerei
Cantina sociale Genossenschaft
Cerasuolo kirschroter Wein, dunkler Rosé
Chiaretto Roséwein aus hell gekelterten Rotweintrauben
Classico Wein aus dem Kernstück eines Herkunftsgebietes
Cooperativa viticola Winzergenossenschaft
corposo körperreich

Degustazione Verkostung
delicato zart
Denominazione di origine controllata (D.O.C.) kontrollierte Herkunftsbezeichnung
Denominazione di origine controllata e garantita (D.O.C.G.) kontrollierte und garantierte Herkunftsbezeichnung
dolce süß
duro hart, sauer, unausgeglichen

enantico weinig
Enoteca Weinhandlung
erbaceo unreif, grasig
etereo flüchtig

fatto reif, vollendet ausgebaut
Fattoria Weingut
fresco frisch, kühl
frizzante perlend, moussierend
frizzantino gering perlend; betrifft vor allem Weine, die von der Hefe abgefüllt wurden.
gasificato mit Kohlensäure versetzt
giallo paglierino strohfarben
Gradazione alcoolica Alkoholgehalt
granato granatrot

imbottigliato abgefüllt
invecchiato gelagert, gereift

leggero leicht, harmonisch
limpido glanzhell
liquoroso alkoholreich, natürlich oder aufgespritet

Metodo classico Flaschengärung
morbido weich

Odore Duft
Origine Herkunft

pallido blass
passante süffig
Passito süßer Wein aus angetrocknetem Lesegut
pastoso wuchtig, süß
pieno vollmundig
povero mager, dünn
profumato bukettreich, aromatisch

raffreddato gekühlt
Retrogusto Nachgeschmack
Riserva Wein mit kontrollierter Herkunft (D.O.C. oder D.O.C.G.) und vorgeschriebener längerer Lagerzeit
robusto kräftig, vollmundig
Rosato, Vino Roséwein
Rosso, Vino Rotwein
Rosso granato granatrot
Rosso rubino rubinrot
rotondo rund, voll

Sapore Geschmack
secco trocken
Spumante Schaumwein
stravecchio sehr alt, nur bei D.O.C.-Weinen zugelassen

tenue zart, fein
Tenuta Weingut
torbido trüb

Vecchio Alt; Prädikat für D.O.C.-Weine mit längerer Lagerzeit.
Vellutato samtig
Vendemmia Lese, Jahrgang
vigore saftig
Vino da tavola Tafelwein ohne kontrollierte Herkunftsbezeichnung
Vino con Indicazione geografica (VgT) gehobener Tafelwein mit regionaler Herkunftsbezeichnung
Vino novello neuer Wein
vinoso weinig
vivace spritzig, lebhaft
vuoto arm, mager

Verzeichnis der Weinnamen

Verzeichnis der französischen Weine mit kontrollierter Herkunftsbezeichnung (A.C.)

Das System der kontrollierten Herkunftsbezeichnungen variiert in Frankreich von Region zu Region. Die Tabellenform soll die Hierarchie von der regionalen Herkunftsbezeichnung bis hin zur engsten Lagenbezeichnung verdeutlichen. Die Buchstaben hinter den Herkunftsbezeichnungen bedeuten:
W = Weißwein, r = Roséwein, R = Rotwein, G = Gelbwein, St = Strohwein, S=Süßwein; L = Likörwein.

Bordeaux

In Bordeaux liegt das Hauptgewicht der Herkunftsbezeichnungen bei den Unterregionen, deren Namen auch mit Ortsnamen identisch sein können. Die großen Gewächse der berühmten Wein-Châteaux tauchen in der Liste der Appellations contrôlées nicht auf, da sie im Médoc die A.C. der zugehörigen Gemeinde, in einigen Fällen, wie zum Beispiel in Graves, sogar nur die A.C. des Untergebiets tragen. Die klassifizierten Châteaux sind gesondert im Anschluss angeführt. In Saint-Émilion ist die Klassifizierungsstufe in die A.C. einbezogen.

Allgemeine oder regionale Herkunftsbezeichnungen	**Unterregionale Herkunftsbezeichnungen**	**Gemeinde-bezeichnungen**
Bordeaux W R	Blaye oder Blayais W R	Barsac W
Bordeaux clairet r	Bordeaux-Côtes-de-Francs W R	Listrac-Médoc R
Bordeaux mousseux W r	Bordeaux-Haut-Benauge W	Margaux R
Bordeaux rosé r	Bourg oder Bourgeais W R	Pauillac R
Bordeaux sec W	Cadillac W	Saint-Estèphe R
Bordeaux Supérieur W R	Canon-Fronsac R	Saint-Julien R
Crémant de Bordeaux W	Cérons W	
	Côtes de Blaye W	
	Côtes-de-Bordeaux-Saint-Macaire W	
	Côtes de Bourg W R	
	Côtes de Castillon R	
	Entre-deux-Mers W	
	Entre-deux-Mers-Haut-Benauge W	
	Fronsac R	
	Graves W R	
	Graves Supérieures W	
	Graves-de-Vayres W R	
	Haut-Médoc R	
	Lalande-de-Pomerol R	
	Loupiac W	
	Lussac-Saint-Émilion R	
	Médoc R	
	Montagne-Saint-Émilion R	
	Moulis oder Moulis-en-Médoc R	
	Néac R	
	Pessac-Léognan W R	
	Pomerol R	
	Premières-Côtes-de-Blaye W R	
	Premières-Côtes-de-Bordeaux W R	
	Puisseguin-Saint-Émilion R	
	Saint-Émilion R	
	Saint-Émilion Grand Cru R	
	Saint-Georges-Saint-Émilion R	
	Sainte-Croix-du-Mont W	
	Sainte-Foy-Bordeaux W R	
	Sauternes W	

Burgund

Burgund hat das komplizierteste Bezeichnungssystem, da es in 5 Untergebiete mit unterschiedlichen Abstufungen zerfällt. Nur in Burgund haben die Spitzenlagen (Grands Crus) eine eigene Appellation. Sie alle befinden sich in der Côte d'Or.

Regionale oder allgemeine Herkunftsbezeichnungen

Bourgogne W R
Bourgogne Aligoté W
Bourgogne Clairet r
Bourgogne Grand Ordinaire Clairet oder Rosé r
Bourgogne mousseux W r R
Bourgogne Ordinaire W R
Bourgogne Ordinaire Clairet oder Rosé r
Bourgogne Passe-tout-grains r R
Bourgogne Rosé r
Crémant de Bourgogne W r

Unterregionale Herkunftsbezeichnungen

Bourgogne Côtes d'Auxerre W
Bourgogne Irancy r R
Coteaux du Lyonnais r R

CÔTE DE NUITS
Bourgogne Clairet (oder Rosé)
Hautes-Côtes-de-Nuits r
Bourgogne Hautes-Côtes-de-Nuits R
Côtes-de-Nuits-Villages W R
Vins fins de la Côte de Nuits W R

CÔTE DE BEAUNE
Bourgogne Clairet (oder Rosé)
Hautes-Côtes-de-Beaune r
Bourgogne Hautes-Côtes-de Beaune R
Côte-de-Beaune W R
Côte-de-Beaune-Villages R

CÔTE CHALONNAISE
Bourgogne Clairet – Côte Chalonnaise R
Bourgogne Côte Chalonnaise W R

MÂCONNAIS
Mâcon W r R
Mâcon Supérieur W r R
Mâcon -Villages W
Pinot-Chardonnay-Mâcon W

BEAUJOLAIS
Beaujolais W r R
Beaujolais supérieur W r R
Beaujolais-Villages W r R

Gemeindebezeichnungen

CHABLIS
Chablis W
Chablis Grand Cru W
Petit Chablis W

CÔTE DE NUITS
(Die Gemeindebezeichnungen der Côte de Nuits können ergänzt werden durch den Namen einer als Premier Cru eingestuften Lage)
Chambolle-Musigny R
Fixin W R
Gevrey-Chambertin R
Morey-Saint-Denis W R
Nuits oder Nuits-Saint-Georges W R
Vosne-Romanée R
Vougeot W R

CÔTE DE BEAUNE
(Die Gemeindebezeichnungen der Côte de Beaune können ergänzt werden durch den Namen einer als Premier Cru eingestuften Lage)
Aloxe-Corton W R
Auxey-Duresses W R
Beaune W R
Blagny R
Chassagne-Montrachet W R
Chorey-lès-Beaune W R
Côte-de-Beaune (in Verbindung mit einem Ortsnamen) R
Dezize-lès-Maranges W R
Ladoix W R
Maranges R
Meursault W R
Monthélie W R
Pernand-Vergelesses W R
Pommard W R
Puligny-Montrachet W R
Saint-Aubin W R
Saint-Romain W R
Santenay W R
Savigny oder Savigny-lès-Beaune W R
Volnay R

CÔTE CHALONNAISE
Bourgogne Aligoté-Bouzeron W
Givry W R
Mercurey W R
Montagny W
Rully W R

MÂCONNAIS
Mâcon mit Ortsnamen W r R
Pouilly-Fuissé W
Pouilly-Loché W
Pouilly-Vinzelles W
Saint-Véran W

BEAUJOLAIS
Beaujolais mit Ortsnamen W r R

Lagenbezeichnungen

CHABLIS
Chablis Grand Cru mit Lage W
Bourgogne Grand Ordinaire W R
Chablis Premier Cru mit Lage W

CÔTE DE NUITS
Bonnes Mares R
Chambertin R
Chambertin-Clos-de-Bèze R
Chapelle-Chambertin R
Charmes-Chambertin R
Clos des Lambrays R
Clos de la Roche R
Clos de Tart R
Clos de Vougeot R
Échézeaux R
Grande Rue R
Grands-Échézeaux R
Griotte-Chambertin R
Latricières-Chambertin R
Mazis-Chambertin R
Mazoyères-Chambertin R
Musigny W R
Richebourg R
Romanée R
Romanée-Conti R
Romanée-Saint-Vivant R
Ruchottes-Chambertin R
La Tâche R

CÔTE DE BEAUNE
Bâtard-Montrachet W
Bienvenues-Bâtard-Montrachet W
Charlemagne W
Chevalier-Montrachet W
Corton W R
Corton-Charlemagne W
Criots-Bâtard-Montrachet W
Montrachet W
Volnay Santenots R

BEAUJOLAIS
Brouilly R
Chénas R
Chiroubles R
Côte de Brouilly R
Fleurie R
Juliénas R
Morgon R
Moulin-à-Vent R
Régnié R
Saint-Amour R

Champagne

In der Champagne gibt es die einfache Appellation für Schaumweine, die beiden anderen für Stillweine. Eine Hierarchie existiert nur unter den Champagnerhäusern.

Champagne W r
Coteaux Champenois W r R
Rosé des Riceys r

Côtes du Rhône

Allgemeine Herkunftsbezeichnungen
Côtes-du-Rhône W r R
Côtes-du-Rhône-Villages W r R

Gemeinde- und Untergebietsbezeichnungen
Château-Grillet W
Châteauneuf-du-Pape W R
Châtillon-en-Diois W r R
Clairette-de-Die W
Clairette-de-Die mousseux W
Condrieu W
Cornas R
Côte-Rôtie R
Coteaux de Die W
Coteaux du Tricastin W r R
Côtes-du-Lubéron W r R
Côtes-du-Rhône mit oder ohne Ortsnamen W r R
Côtes-du-Rhône-Villages R
Côtes-du-Ventoux W r R
Crémant de Die S
Crozes-Hermitage oder Crozes-Ermitage oder Hermitage W R S
Gigondas r R
Lirac W r R
Muscat de Beaumes-de-Venise S
Rasteau S
Saint-Joseph W r R
Saint-Péray W
Saint-Péray mousseux W
Tavel r
Vacqueyras W r R

Elsass

Die Hierarchie der elsässischen Weine beruht hauptsächlich auf den verschieden bewerteten Rebsorten.

Allgemeine Herkunftsbezeichnungen
Alsace oder Vin d'Alsace W r R
Alsace Grand Cru W
Alsace oder Vin d'Alsace Gewurztraminer W
Alsace oder Vin d'Alsace Riesling W
Alsace oder Vin d'Alsace Tokay-Pinot Gris oder Pinot Gris W
Alsace oder Vin d'Alsace Muscat W
Alsace oder Vin d'Alsace Pinot oder Klevner W
Alsace oder Vin d'Alsace Sylvaner W
Alsace oder Vin d'Alsace Chasselas oder Gutedel W
Alsace oder Vin d'Alsace Pinot Noir R
Crémant d'Alsace W r
Vin d'Alsace Edelzwicker W

Gemeindebezeichnungen
Alsace oder Vin d'Alsace mit Gemeindebezeichnung
Alsace oder Alsace Grand Cru mit Lagenbezeichnung

Zentralmassiv

Côte Roannaise r R

Jura

Das System der Herkunftsbezeichnungen im Jura ist einfach, umso größer ist die Vielfalt der Weinarten.

Allgemeine Herkunftsbezeichnungen
Côtes du Jura W r R G S
Côtes du Jura mousseux W
Arbois W r R G S
Arbois mousseux W
Crémant du Jura W
Macvin du Jura W

Gemeindebezeichnungen
Arbois-Pupillin W r R G S
Château-Chalon G
L'Étoile W G S
L'Étoile mousseux W

Korsika

Die Appellation contrôlée der korsischen Weine ist relativ jung. Sie stammt aus dem Jahr 1976.

Allgemeine Herkunftsbezeichnungen
Vin de Corse W r R

Gemeindebezeichnungen
Ajaccio W r R
Patrimonio W r R
Muscat du Cap-Corse W
Vin de Corse Calvi W r R
Vin de Corse Coteaux du Cap-Corse W r R
Vin de Corse Figari W r R
Vin de Corse Porto-Vecchio W r R
Vin de Corse Sartène W r R

Loiretal

Die Herkunftsbezeichnungen können mit dem Zusatz »Val de Loire« verbunden werden.

Allgemeine oder regionale Herkunftsbezeichnungen
Für die Gebiete Anjou und Touraine gelten:
Crémant de Loire W r
Rosé de Loire r

Die folgenden Bezeichnungen gelten für einzelne Regionen:

Anjou W R
Anjou Gamay R
Anjou mousseux W r
Anjou pétillant W r
Cabernet d'Anjou r
Muscadet W
Rosé d'Anjou r
Rosé d'Anjou pétillant r
Touraine W r R
Touraine mousseux W r R
Touraine pétillant W r R

Unterregionale Herkunftsbezeichnungen
Anjou-Coteaux de la Loire W
Anjou-Villages R
Cabernet de Saumur r
Cheverny W r R
Coteaux de l'Aubance W
Coteaux de Saumur W
Coteaux du Layon W
Coteaux du Loir W r R
Cour Cheverny W
Muscadet des Coteaux de la Loire W
Muscadet Côtes de Grandlieu W
Muscadet de Sèvre-et-Maine W
Saumur W R
Saumur mousseux W r
Saumur pétillant W

Gemeindebezeichnungen
Blanc Fumé de Pouilly W
Bonnezeaux W
Bourgueil r R
Chinon W r R
Coteaux du Layon mit Gemeindenamen
Jasnières W
Menetou-Salon W r R
Montlouis W
Montlouis mousseux W
Pouilly fumé W
Pouilly-sur-Loire
Quarts-de-Chaume W
Quincy W
Reuilly W r R
Saint-Nicolas-de-Bourgueil r R
Sancerre W r R
Saumur-Champigny R
Savennières W
Touraine-Amboise W r R
Touraine-Azay-le-Rideau W
Touraine-Mesland W r R
Vouvray W
Vouvray mousseux W
Vouvray pétillant

Lagenbezeichnungen
Savennières-Coulée de Serrant W
Savennières-Roche-aux Moines W

Languedoc-Roussillon

Die Liste der Weine mit A.C. ist hier relativ kurz. Es handelt sich meist um traditionsreiche Spezialitäten, wie zum Beispiel die mit (L) gekennzeichneten Likörweine.

Allgemeine Herkunftsbezeichnungen
Blanquette Méthode Ancestrale W
Clairette du Languedoc W
Corbières W r R
Costières de Nîmes W r R
Coteaux du Languedoc W r R
Côtes du Roussillon W r R
Côtes du Roussillon-Villages R
Grand Roussillon W r R
Grand Roussillon Rancio W r R
Minervois W r R

Gemeindebezeichnungen
Banyuls S
Banyuls Grand Cru S
Blanquette de Limoux W
Clairette de Bellegarde W
Collioure R
Corbières R
Coteaux du Languedoc mit Gemeindenamen W r R
Côtes du Roussillon-Villages-Caramany R
Côtes du Roussillon-Villages-Latour-de-France R
Crémant de Limoux W
Faugères W R
Fitou R
Limoux W r
Maury S
Muscat de Frontignan S L
Muscat de Lunel S
Muscat de Mireval S
Muscat de Rivesaltes S
Muscat de Saint-Jean-de-Minervois S
Rivesaltes S
Saint-Chinian R
Vin de Frontignan S L

Der Südwesten

Die Weinbauregion Südwest besteht aus voneinander unabhängigen kleineren Weinbaugebieten. Eine Hierarchie wie zum Beispiel im Burgund ergibt sich deshalb nicht.

Béarn W r R
Béarn Bellocq W r R
Bergerac W r R
Bergerac sec W
Buzet W R
Cahors R
Côtes de Bergerac R
Côtes de Duras W R
Côtes de Montravel W
Côtes du Frontonnais r R
Côtes du Frontonnais-Fronton r R
Côtes du Frontonnais-Villaudric r R
Côtes du Marmandais W r R
Gaillac W r R
Gaillac doux W
Gaillac mousseux W r
Gaillac Premières Côtes W
Haut-Montravel W
Irouléguy W r R
Jurançon W
Jurançon sec W
Limoux W
Madiran R
Marcillac r R
Monbazillac W
Montravel W
Pacherenc-du-Vic-Bilh W
Pécharmant R
Rosette W
Saussignac W

Provence

In der Provence überwiegen die Landweine.

Allgemeine Herkunftsbezeichnungen
Coteaux d'Aix-en-Provence W r R
Les-Baux-de-Provence W r R
Coteaux Varois W r R
Côtes de Provence W r R

Gemeindebezeichnungen
Bandol oder Vin de Bandol W r R
Bellet W r R
Cassis W r R
Palette W r R

Savoyen

Allgemeine oder regionale Herkunftsbezeichnungen
Mousseux de Savoie W
Pétillant de Savoie W
Roussette de Savoie W
Vin de Savoie W r R
Vin de Savoie mousseux W
Vin de Savoie pétillant W

Gemeindebezeichnungen
Crépy
Mousseux de Savoie Ayze W
Roussette de Savoie mit Gemeindenamen W
Seyssel W
Seyssel mousseux W
Vin de Savoie mit Gemeindenamen W r R
Vin de Savoie Ayze mousseux W
Vin de Savoie Ayze pétillant W

Die klassifizierten Gewächse von Bordeaux

Médoc

Die Klassifizierung von 1855 ist nur einmal verändert worden: 1973 rückte Château Mouton-Rothschild in den 1. Rang auf. Außerdem wurden im gleichen Jahr die Premiers Grands Crus classés nach dem Alphabet geordnet. Die übrigen stehen unverändert in der Reihenfolge ihres Ansehens.

Premiers Crus

Château	*Gemeinde*
Lafite-Rothschild	Pauillac
Latour	Pauillac
Margaux	Margaux
Mouton-Rothschild	Pauillac

Deuxièmes Crus

Château	*Gemeinde*
Rausan-Ségla	Margaux
Rauzan-Gassies	Margaux
Léoville-Las-Cases	Saint-Julien
Léoville-Poyferré	Saint-Julien
Leoville-Barton	Saint-Julien
Durfort-Vivens	Margaux
Lascombes	Margaux
Gruaud-Larose	Saint-Julien
Brane-Cantenac	Cantenac
Pichon-Longueville	Pauillac
Pichon-Longueville-Comtesse de Lalande	Pauillac
Ducru-Beaucaillou	Saint-Julien
Cos d'Estournel	Saint-Estèphe
Montrose	Saint-Estèphe

Troisièmes Crus

Château	*Gemeinde*
Giscours	Labarde
Kirwan	Cantenac
d'Issan	Cantenac
Lagrange	Saint-Julien
Langoa-Barton	Saint-Julien
Malescot-Saint-Exupéry	Margaux
Cantenac-Brown	Cantenac
Palmer	Cantenac
La Lagune	Ludon
Desmirail	Margaux
Calon-Ségur	Saint-Estèphe
Ferrière	Margaux
Marquis d'Alesme-Becker	Margaux
Boyd-Cantenac	Margaux

Quatrièmes Crus

Château	*Gemeinde*
Saint-Pierre	Saint-Julien
Branaire-Ducru	Saint-Julien
Talbot	Saint-Julien
Duhart-Milon-Rothschild	Pauillac
Lafon-Rochet	Saint-Estèphe
Pouget	Cantenac
Beychevelle	Saint-Julien
Prieuré-Lichine	Cantenac
Marquis-de-Terme	Margaux
La Tour-Carnet	Saint-Laurent

Cinquièmes Crus

Château	*Gemeinde*
Pontet-Canet	Pauillac
Batailley	Pauillac
Haut-Batailley	Pauillac
Grand-Puy-Lacoste	Pauillac
Grand-Puy-Ducasse	Pauillac
Lynch-Bages	Pauillac
Lynch-Moussas	Pauillac
Dauzac	Labarde
Armailhaq	Pauillac
du Tertre	Arsac
Haut-Bages-Libéral	Pauillac
Pédesclaux	Pauillac
Belgrave	Saint-Laurent
Camensac	Saint-Laurent
Cos-Labory	Saint-Estèphe
Clerc-Milon	Pauillac
Croizet-Bages	Pauillac
Cantemerle	Macau

Sauternes und Barsac

Die Klassifizierung stammt von 1855.

Grand Premier Cru

Château	*Gemeinde*
Yquem	Sauternes

Premiers Crus

Château	*Gemeinde*
La Tour-Blanche	Bommes
Lafaurie-Peyraguey	Bommes
Clos Haut-Peyraguey	Bommes
Rayne-Vigneau	Bommes
Suduiraut	Preignac
Coutet	Barsac
Climens	Barsac
Guiraud	Sauternes
Rieussec	Fargues
Sigalas-Rabaud	Bommes
Rabaud-Promis	Bommes

Deuxièmes Crus

Château	*Gemeinde*
Myrat	Barsac
Doisy-Daëne	Barsac
Doisy-Dubroca	Barsac
Doisy-Vedrines	Barsac
Arche	Sauternes
Filhot	Sauternes
Broustet	Barsac
Nairac	Barsac
Caillou	Barsac
Suau	Barsac
De Malle	Preignac
Romer-du-Hayot	Fargues
Lamothe-Despujols	Sauternes
Lamotte-Guignard	Sauternes

Saint-Émilion

Die Gewächse dieses Gebiets wurden erst 1954 offiziell klassifiziert. Das System wurde 1996 revidiert. Die Châteaux Ausone und Cheval-Blanc haben eine Sonderstellung unter den Premiers Grands Crus.

Premiers Grands Crus

»A«
Ausone
Cheval-Blanc

»B«
Angélus
Beauséjour-Bécot
Beauséjour (Duffau-Lagarosse)
Belair
Canon
Clos Fourtet
Figeac
La Gaffelière
Magdelaine
Pavie
Trottevieille

Grands Crus

L'Arrosée
Balestard-la-Tonnelle
Bellevue
Bergat
Berliquet
Cadet-Bon
Cadet-Piola
Canon-la-Gaffelière
Cap de Mourlin
Chauvin
Clos-de-l'Oratoire
Clos-des-Jacobins
Clos Saint-Martin
Corbin
Corbin-Michotte
Couvent des Jacobins
Curé Bon
Dassault
Faurie-de-Souchard
Fonplégade
Fonroque
Franc-Mayne
Grand-Mayne
Grand Pontet
Guadet Saint-Julien
Haut-Corbin
Haut-Sarpe
La Clotte
La Cluzière
La Dominique
Lamarzelle
Laniote
Larcis-Ducasse
Larmande
Laroque
Laroze
La Serre
La Tour-du-Pin-Figeac (Giraud-Belivier)
La-Tour-du-Pin-Figeac (Mouneix)
La Tour-Figeac
Le Prieuré
Les Grands Murailles
Matras
Moulin-du-Cadet
Pavie-Decesse
Pavie-Macquin
Pavillon-Cadet
Petit-Faurie-de-Soutard
Ripeau
Saint-Georges-Côte-Pavie
Saint-Martin
Soutard
Tertre-Daugay
Troplong-Mondot
Villemaurine
Yon-Figeac

Graves

Die Châteaux von Graves wurden erst durch ein Dekret von 1959 klassifiziert. Nur Château Haut-Brion erhielt diese Ehre schon 1955, zusammen mit den Gewächsen des Médoc.

Premier Cru (1855 klassifiziert)

Château	*Gemeinde*
Haut-Brion	Pessac

Weiße Graves

Château	*Gemeinde*
Carbonnieux	Léognan
Domaine de Chevalier	Léognan
Couhins-Lurton	Villenave-d'Ornon
Couhins	Villenave-d'Ornon
Olivier	Léognan
Laville-Haut-Brion	Talence
Bouscaut	Cadaujac
Latour-Martillac	Martillac
Malartic-Lagravière	Léognan
Haut-Brion	Pessac

Rote Graves

Château	*Gemeinde*
La-Mission-Haut-Brion	Talence
Haut-Bailly	Léognan
Domaine de Chevalier	Léognan
Carbonnieux	Léognan
Malartic-Lagravière	Léognan
Latour-Martillac	Martillac
Latour-Haut-Brion	Talence
Smith-Haut-Lafitte	Martillac
Olivier	Léognan
Bouscaut	Cadaujac
Fieuzal	Léognan
Pape-Clément	Pessac

Pomerol

Für dieses Gebiet existiert keine gesetzliche Klassifizierung, doch wird Château Pétrus allgemein als Premier Grand Cru angesehen.

Verzeichnis der italienischen Weine mit kontrollierter und garantierter Herkunftsbezeichnung (D.O.C.G.)

W = Weißwein, r = Roséwein, R = Rotwein

Piemont
Asti oder Asti spumante und Moscato d'Asti W
Barbaresco R
Barolo R
Bracchetto d'Acqui oder Acqui W
Gattinara R
Gavi, Cortese di Gavi W
Ghemme R

Lombardei
Franciacorta W
Valtellina Superiore R

Venetien
Recioto di Soave W

Toskana
Brunello di Montalcino R
Carmignano R
Chianti R
Chianti Classico R
Vernaccia di San Gimignano W
Vino Nobile di Montepulciano R

Emilia-Romagna
Albana di Romagna W

Kampanien
Taurasi R

Umbrien
Montefalco Sagrantino R
Torgiano Rosso Riserva R

Sardinien
Vermentino di Gallura W

Verzeichnis der italienischen Weine mit kontrollierter Herkunftsbezeichnung (D.O.C.)

Mit wachsendem Qualitätsbewusstsein ist die Liste der Weine mit kontrollierter Herkunftsbezeichnung seit 1966, dem Jahr der ersten Verleihung, immer länger geworden.

Abruzzen
Controguerra
Montepulciano d'Abruzzo
Trebbiano d'Abruzzo

Aostatal
Valle d'Aosta

Apulien
Aleatico di Puglia
Alezio
Brindisi
Cacc'e Mmitte di Lucera
Castel del Monte
Copertino
Galatina
Gioia del Colle
Gravina
Leverano
Lizzano
Locorotondo
Martina, Martina Franca
Matino
Moscato di Trani
Nardò
Orta Nova
Ostuni
Primitivo di Manduria
Rosso Barletta
Rosso Canosa
Rosso di Cerignola
Salice Salentino
San Severo
Squinzano

Basilikata
Aglianico del Vulture

Emilia-Romagna
Bosco Eliceo
Cagnina di Romagna
Colli Bolognesi W
Colli Bolognesi Classico Pignoletto
Colli d'Imola
Colli di Faenza
Colli di Parma
Colli di Rimini
Colli di Scandiano e di Canossa
Colli Piacentini
Lambrusco di Sorbara
Lambrusco Grasparossa di Castelvetro
Lambrusco Salamino di Santa Croce
Pagadebit di Romagna
Reggiano
Reno
Romana Albana Spumante
Sangiovese di Romagna
Trebbiano di Romagna

Friaul/Julisch-Venetien
Carso
Colli Orientali del Friuli mit Unterzonen
Collio, Collio Goriziano
Friuli-Annia
Friuli Aquileia
Friuli Grave
Friuli Isonzo
Friuli Latisana

Kalabrien
Bivongi
Cirò
Donnici
Greco di Bianco
Lamezia
Melissa
Pollino
Sant'Anna di Isola Capo Rizzuto
Savuto
Scavigna
Verbicaro

Kampanien
Agilianico del Taburno
Aversa
Campi Flegrei
Capri
Castel San Lorenzo
Cilento
Costa d'Amalfi
Falerno del Massico
Fiano di Avellino
Galluccio
Greco di Tufo
Guardia Sanframondi
Guardiolo
Ischia
Penisola Sorrentina
Sannio
Sant'Agata de' Goti, Sant'Agati dei Goti
Solopaca
Taburno
Vesuvio

Latium
Aleatico di Gradoli
Aprilia
Bianco Capena
Castelli Romani
Cerveteri
Cesanese del Piglio
Cesanese di Affile
Cesanese di Olevano Romano
Circeo
Colli Albani
Colli della Sabina
Colli Etruschi Viterbesi
Colli Lanuvini
Cori
Est! Est!! Est!!! di Montefiascone
Frascati
Genazzano
Marino
Montecompatri Colonna
Tarquinia
Velletri
Vignanello
Zagarolo

Ligurien
Cinque Terre
Colli di Luni

Colline di Levanto
Golfo del Tigullio
Riviera Ligure di Ponente
Rossese di Dolceacqua

Lombardei
Botticino
Capricano del Colle
Cellatica
Garda
Garda Colli Mantovani
Lambrusco Mantovano
Lugana
Oltrepò Pavese
Riviera del Garda Bresciano
San Colombano
San Martino della Battaglia
Terre di Franciacorta
Valcalepio
Valtellina

Marken
Bianchello del Metauro
Colli Maceratesi
Colli Pesaresi
Esino
Falerio dei Colli Ascolani
Lacrima di Morro d'Alba
Rosso Conero
Rosso Piceno
Verdicchio dei Castelli di Jesi
Verdicchio di Matelica
Vernaccia di Serrapetrona

Molise
Biferno
Molise
Pentro di Isernia

Piemont
Albugnano
Barbera d'Alba
Barbera d'Asti
Barbera del Monferrato
Boca
Bramaterra
Canavese
Carema
Colli Tortonesi
Colline Novaresi
Colline Saluzzesi
Cortese dell'Alto Monferrato
Coste della Sesia
Dolcetto d'Acqui
Dolcetto d'Alba
Dolcetto d'Asti
Dolcetto delle Langhe Monregalesi
Dolcetto di Diano d'Alba
Dolcetto di Dogliani
Dolcetto di Ovada
Erbaluce di Caluso, Caluso
Fara
Freisa d'Asti
Freisa di Chieri
Gabiano
Ghemme
Grignolino d'Asti
Grignolino del Monferrato Casalese
Langhe
Lessona
Loazzolo
Malvasia di Casorzo d'Asti, Casorzo
Malvasia di Castelnuovo Don Bosco
Monferrato
Nebbiolo d'Alba
Piemonte
Pinerolese
Roero
Roero-Arneis
Rubino di Cantavenna
Ruchè di Castagnole Monferrato
Sizzano
Valsusa
Verduno, Verduno Pelaverga

Sardinien
Alghero
Arborea
Campidano di Terralba
Cannonau di Sardegna (auch Oliena, Nepente di Oliena, Capo Ferrato, Jerzù)
Carignano del Sulcis
Girò di Cagliari
Malvasia di Bosa
Malvasia di Cagliari
Mandrolisai
Monica di Cagliari
Monica di Sardegna
Moscato di Cagliari
Moscato di Sardegna
Moscato di Sorso-Sennori
Nasco di Cagliari
Nuragus di Cagliari
Sardegna Semidano
Vermentino di Sardegna
Vernaccia di Oristano

Sizilien
Alcamo, Bianco di Alcamo
Cerasuolo di Vittoria
Contea di Sclafani
Contessa Entellina
Delia Nivolelli
Eloro
Etna
Faro
Malvasia delle Lipari
Marsala
Menfi
Moscato di Noto
Moscato di Pantelleria
Moscato Passito di Pantelleria
Moscato di Siracusa
Sambuca di Sicilia
Santa Margherita di Belice

Südtirol-Trentin
Alto Adige, Südtirol, Südtiroler
Kalterersee, Lago di Caldaro
Teroldego Rotaliano
Trentino
Trento
Valdadige

Toskana
Ansonica Costa dell'Argentario
Barco Reale di Carmignano
Bianco della Valdinievole
Bianco dell' Empolese
Bianco di Pitigliano
Bianco Pisano di San Torpè
Bolgheri, Bolgheri Sassicaia
Candia dei Colli Apuani
Capalbio
Colline dell'Etruria Centrale
Colli di Luni (auch in Ligurien)
Colline Lucchesi
Cortona
Elba
Montecarlo
Monecucco
Monteregio di Massa Marittima
Montescudaio
Morellino di Scansano
Moscadello di Montalcino
Orcia
Parrina
Pomino
Rosso di Montalcino
Rosso di Montepulciano
San Gimignano
Sant'antimo
Sovana
Val d'Arbia
Valdichiana
Val di Cornia, Val di Cornia Suvereto
Vin Santo del Chianti
Vin Santo del Chianti Classico
Vin Santo di Montepulciano

Umbrien
Assisi
Colli Altotiberini
Colli Amerini
Colli del Trasimeno, Trasimeno
Colli Martani
Colli Perugini
Montefalco
Orvieto
Torgiano

Venetien
Bagnoli di Sopra, Bagnoli
Bardolino
Bianco di Custoza
Breganze
Colli Berici
Colli di Conegliano
Colli Euganei
Gambellara
Garda (auch in der Lombardei gelegen)
Lessini Durello
Lison Pramaggiore
Lugana (auch in der Lombardei gelegen)
Montello e Colli Asolani
Prosecco di Conegliano-Valdobbiadene
Recioto della Valpolicella (Valpantena)
San Martino della Battaglia (auch in der Lombardei gelegen)
Soave
Valdadige (auch in Verona, Trento und Bozen gelegen)
Valpolicella, Valpantena
Vini del Piave, Piave

Nachbemerkung

Die Namen der deutschen Qualitätsweine basieren zum überwiegenden Teil auf den Namen der Gemeinde beziehungsweise des Ortsteiles, in deren Grenzen die Reben gewachsen sind. Die deutschen Weinorte sind daher in den Karten auf Seite 108 bis 130 eingezeichnet. Der näheren Bestimmung dienen außerdem die Namen der zur Zeit existierenden 150 Groß- und ca. 2600 Einzellagen. Die wichtigsten namengebenden Gemeinden Österreichs und der Schweiz sind ebenfalls in die entsprechenden Gebietskarten eingetragen.

Register

A

B

N

O

P

Q

R

S

T

U

V

W

X

Z

Impressum

Bildnachweis
Pierre André, Aloxe-Corton, 83
Anthony-Verlag, Starnberg, 13 o., 117
Australian Wine Bureau, 214
BASF Limburgerhof 19 /3. R. li
Bavaria-Verlag Gauting: Alexandre, 35, Boehm, 19/ 1. R. mi, Frass, 19/ 2. R. re, 19/ 3. R. re, Gruber, 19/ 2. R. mi, HL, 39, Kummels, 206, Lorenz, 166 u., Theißen, 26 o., Thonig, 38
Bildarchiv preussischer Kulturbesitz, 11
Bilderberg, Hamburg, 158 u.
Jean Bottin, Paris, 95, 172, 179, 200
Norbert Bretschneider, Geisenheim, 58
Riki Breu, 34, 55, 59, 155, 160
Burgenländische Landesregierung, Eisenstadt, 140
C.I.V.C., Épernay, 75, 76
Caves de la Reine Pédauque, Savigny-lès-Beaune, 78, 84
Caves, Düsseldorf, 199
Comité Interprofessionel du Vin de Champagne, Epernay, 25, 49, 54, 57 u., John Hodder, 22 (2), Jean-Marie Lecomte , 74, 159, 190
B. und C. Desjeux, Paris, 106
Deutsches Weininstitut (DWI), 12, 52, Dieth, 109, 120, 127, 147, 217, Hartmann, 17, 28 o., 29, 36, 50 o., 53, 105, 111, 115, 119, 128, 132 (2)
dpa, Frankfurt, 66, 121
Französisches Fremdenverkehrsbüro, Frankfurt, 99
Leif Geiges, Staufen, 20 u., 27, 28 u.
Robert Gigler, München, 196
Werner Heydenreich, Wiesbaden, 43, 44, 67
Informationsbüro Sherry, Hamburg, 173
Italienisches Institut für Außenhandel, Düsseldorf, 68, 156, 157
Jürgens-Foto, Köln, 189, 192
Gerhard Klammet, Germering (Luftbild G 42/1264, Freigabe durch die Regierung von Oberbayern), 131
Leah Lourie, Paris, 92 u.
Kurt L. Mayer, Oestrich 16, 19/1. R. re, 41 o., 110
Manfred Mehlig, Lauf, 113, 114
Ministerio de economia, Mendoza, 211
Werner Neumeister, München, 70, 71, 92 o., 107, 169
Office des vins de Neuchâtel, Neuchâtel, 23 o.
Österreichische Fremdenverkehrswerbung, Wien, 19/ 2. R. li, 50 u., 134 (2), 141
Österreichische Weinmarketingserviceges.m.b.H., 64, 137, 138, 187
Pictor, München, 205
Willy Pragher, Freiburg, 153, 184
Prenzel-IFA, München, 161, 166 o., 175
Birgit Rademacker, München 69 (2), 182, 183 (2), 203, 208
Roebild, Frankfurt, 20 o., 41 u.
Schenk, Baden-Baden, 46
Toni Schneiders, Lindau, 31, 123, 125, 145 u., 171, 177
Schweizerische Verkehrszentrale, München, 146
Schweizerische Verkehrszentrale, Zürich, 150
Servicio agricola y ganadero, Santiago, 209, 210
Silvestris, Kastl, 194
Sopexa, Düsseldorf, 19/ 3. R. mi, 21, 26 u., 33 u., 42, 56, 57 o., 97, 100
StockFood 8, 73, 81, 88, 90, 91, 102, 104, 142, 165, 168, 178, 197, 198, 218
Studio Teubner, Füssen, 19/ 1. R. li
Verband Schweizer Weinexporteure, 145 o., HP Siffert, 15, 149
Verwaltung der Staatlichen Weinbaudomäne, Niederhausen, 23 u.
Heinz-Gert Woschek, Mainz, 47, 87, 103
ZEFA/ Kerth, 163

Die deutschen Jahrgangsbeurteilungen basieren auf dem Anteil hoher Präsikatsweine. Die Angaben lieferten die zuständigen Weinwerbestellen bzw. Winzervereine. Für die französischen und italienischen Jahrgangsbeurteilungen danken wir der Sopexa, bzw. dem italienischen Außenhandelsinstitut, Düsseldorf, für die österreichischen der Österreichischen Weinmarketing Ges.m.b.H., Wien.

Redaktion: Claudia Bruckmann
Lektorat: Gesa Gunturu
Korrektur: Michaela Grabinger
Titelfoto: Julia Hoersch
Umschlaggestaltung: independent Medien-Design
Herstellung: Renate Hutt
Layout und Satz: Johannes Kojer
Karten: Gerd Oberländer
Zeichnungen: Peter Schimmel
Druck: Appl, Wemding
Bindung: Großbuchbinderei Monheim
ISBN: 3-7742-3087-0

Auflage:	5.	4.	3.	2.	1.
Jahr:	05	04	03	02	01

Das Original mit Garantie

Ihre Meinung ist uns wichtig. Deshalb möchten wir Ihre Kritik, gerne aber auch Ihr Lob erfahren. Um als führender Ratgeberverlag für Sie noch besser zu werden. Darum: Schreiben Sie uns! Wir freuen uns auf Ihre Post und wünschen Ihnen viel Spaß mit Ihrem GU-Ratgeber.

Unsere Garantie: Sollte ein GU-Ratgeber einmal einen Fehler enthalten, schicken Sie uns das Buch mit einem kleinen Hinweis und der Quittung innerhalb von sechs Monaten nach dem Kauf zurück. Wir tauschen Ihnen den GU-Ratgeber gegen einen anderen zum gleichen oder ähnlichen Thema um.

Ihr Gräfe und Unzer Verlag
Redaktion Kochen
Postfach 86 03 25
81630 München
Fax: 089/41981-113
e-mail: leserservice@graefe-und-unzer.de